高等职业教育校企合作双元新形态教材
高等职业教育汽车类专业系列特色教材

新能源汽车电工电子技术（微课版）

（含任务工单）

主　编　冯青华　陈双双

副主编　江　泉　张博峰

西南交通大学出版社
·成　都·

图书在版编目（CIP）数据

新能源汽车电工电子技术 ：微课版 ：含任务工单. 1，新能源汽车电工电子技术 / 冯青华，陈双双主编. 成都：西南交通大学出版社，2025. 6. --ISBN 978-7-5774-0258-1

Ⅰ. U469. 7

中国国家版本馆 CIP 数据核字第 2025K50N21 号

Xinnengyuan Qiche Diangong Dianzi Jishu （Weike ban）（Han Renwu Gongdan）

新能源汽车电工电子技术（微课版）（含任务工单）

主　编 / 冯青华　陈双双

策划编辑 / 陈　斌　余崇波

责任编辑 / 余崇波

责任校对 / 左凌涛

封面设计 / GT 工作室

西南交通大学出版社出版发行

（四川省成都市金牛区二环路北一段 111 号西南交通大学创新大厦 21 楼　610031）

营销部电话：028-87600564　　028-87600533

网址：https://www.xnjdcbs.com

印刷：四川玖艺呈现印刷有限公司

成品尺寸　185 mm × 260 mm

总 印 张　23.25　　总字数　613 千

版　　次　2025 年 6 月第 1 版　　印次　2025 年 6 月第 1 次

书　　号　ISBN 978-7-5774-0258-1

套价（全 2 册）　68.00 元

课件咨询电话：028-81435775

图书如有印装质量问题　本社负责退换

《新能源汽车电工电子技术（微课版）（含任务工单）》编委会

主　编

陕西职业技术学院　冯青华　　烟台汽车工程职业学院　陈双双

副主编

陕西交通职业技术学院　江　泉　　陕西职业技术学院　张博峰

编　委

阿勒泰地区职业技术学校	任郁婷
安康职业技术学院	王华龙
宝鸡职业技术学院	马　兰
博尔塔拉职业技术学院	郭建超
博尔塔拉职业技术学院	晏　宾
博尔塔拉职业技术学院	任川江
道通科技股份有限公司	王兴瑞
兰州现代职业学院	白彩盛
山东交通职业技术学院	刘本超
陕西工业职业技术大学	李晓艺
陕西工业职业技术大学	岳梦楚
陕西职业技术学院	锁雅芹
陕西职业技术学院	李　瑞
陕西职业技术学院	苗　苗
陕西职业技术学院	任晓雨
陕西职业技术学院	尚雨洁
陕西职业技术学院	祝秦园
陕西景泰汽车销售服务有限公司	屈斌峰
陕西天益教育科技有限公司	王　林
陕西省西安沣东新城广汽埃安体验中心	张　志
武汉理工大学	杨胜兵
西安中宝汽车销售服务有限公司	魏小龙
西安星耀领航汽车服务有限责任公司	高　松
烟台汽车工程职业学院	李臣华
烟台汽车工程职业学院	祝政杰
烟台汽车工程职业学院	白秀秀
烟台汽车工程职业学院	王永浩

西安方程豹汽车销售有限公司浐灞分公司	李少彬
西安电力机械制造公司机电学院	王耀龙
新疆交通职业技术学院	代菲菲
新疆交通职业技术学院	寇星源
新疆交通职业技术学院	百合提·努尔
新疆农业职业技术大学	马继龙
延安职业技术学院	刘　振
延安职业技术学院	李雄伟
镇安县职业教育中心	贾金琦
镇安县职业教育中心	祁军安

前 言 Preface

在全球倡导绿色环保、可持续发展的大背景下，新能源汽车产业如日中天，成为引领未来交通变革的重要力量。据统计，截止到 2024 年，中国新能源汽车产销量自 2015 年以来连续 10 年世界第一，2023 年汽车出口量超越日本成为全球第一。2023 年，中国新能源汽车产销分别完成了 958.7 万辆和 949.5 万辆，同比分别增长 35.8%和 37.9%，新车销量达到汽车新车总销量的 31.6%；2024 年，中国的新能源汽车产销分别完成了 1288.8 万辆和 1286.6 辆，同比分别增长 48.3%和 46.2%，新车销量达到汽车新车总销量的 40.9%。

近年来，新能源汽车得到了不断的推广和应用，电力电子技术的应用为新能源汽车的发展提供了广阔的发展空间。为了满足高等职业院校新能源汽车相关专业的教学需求，我们精心编写了这本活页式教材《新能源汽车电工电子技术（微课版）（含任务工单）》。本教材具有以下特点：

1. 紧扣新能源汽车发展趋势

随着全球环保、能源战略调整和汽车工业的新发展，汽车产业进入了电动化、智能化阶段。随着科技的飞速进步，新能源汽车在动力系统、电子控制、智能网联等方面不断创新。本教材紧密围绕新能源汽车的发展动态，将电工电子技术与新能源汽车的实际应用深度融合，多方面阐述了电工电子技术的重要作用，使学生能够准确把握行业发展脉搏，为未来投身新能源汽车领域做好充分准备。

2. 活页式设计，灵活实用

作为活页式教材，本书具有极大的灵活性。教师可以根据教学实际情况，轻松调整教学内容的顺序和组合，满足不同专业方向和教学进度的需求。学生也可以根据自己的学习进度和兴趣点，自主选择学习内容，提高学习的主动性和针对性。同时，活页式设计方便教材内容的更新和补充，能够及时反映新能源汽车领域的最新技术和发展成果，确保教材始终保持时效性和实用性。

3. 注重实用性与可操作性

高职教育强调培养学生的实际操作能力和职业素养。本教材在内容编排上，注重理论与实践相结合，通过实例分析、案例研究和实验实训，让学生在学习理论知识的同时，能够亲自动手操作，掌握新能源汽车电工电子技术的实际应用技能。教材中还配备了详细的实验指导和操作步骤，帮助学生更好地理解和掌握实验内容，提高学生的实践能力和解决问题的能力。

4. 内容系统全面

本教材内容分为安全用电知识及急救训练、新能源汽车常用电工工具、新能源汽车常用仪器仪表、常用导线的连接、新能源汽车直流控制电路、新能源汽车交直流电路、新能源汽车喇叭电路及变压器、新能源汽车执行器与控制、新能源汽车电力电子元件、新能源汽车常用变换电路、新能源汽车电子及计算机基础、新能源汽车电动门窗升降机等多个方面。从基础知识到专业技术，从原理分析到实际应用，构建了一个系统全面的知识体系。每个章节都设有明确的学习目标、重点难点和课后习题，帮助学生巩固所学知识，提高学习效果。

5. 丰富的教学资源支持

为了更好地辅助教学，本教材还配备了丰富的教学资源，包括教学课件、微课视频等。这些教学资源可以通过网络平台进行共享，方便教师教学和学生自主学习。

本教材是编者结合多年教学经验和行业需求精心编写而成，项目一、项目三、项目六、项目十一由陕西职业技术学院冯青华负责编写；项目四、项目五、项目七由烟台汽车工程职业学院陈双双负责编写；项目九、项目十由陕西交通职业技术学院江泉负责编写；项目二、项目八、项目十二由陕西职业技术学院张博峰负责编写。本书根据专业和岗位分析，依据企业对汽车类专业一线岗位的知识、能力需要进行建设，可作为高职高专院校汽车类相关专业电工电子基础教材使用，同时，可作为中职学校和职业高中等汽车类相关专业参考使用，也可供广大汽车类、电气类维修技师、工程师自学之用或作为汽车类相关岗位培训之用。

由于编者水平有限，不足之处，欢迎广大读者批评指正，不胜感激！

编　者

2024.10

《新能源汽车电工电子技术》先导片

目 录

Project 1

项目一

安全用电知识及急救训练

任务一 安全用电知识

核心知识点

电力是国民经济的重要能源。随着我国经济的发展，整个社会的用电量急剧增加，如果电力使用不当，很可能发生用电事故，造成电器损坏、电气火灾甚至人员触电身亡等严重后果。所以必须将安全用电常识牢记在心，不可怠慢。下面从几方面介绍安全用电的基本知识。

一、安全用电的重要性

（一）电能的产生和应用

1. 电的基本知识

物质由原子和分子构成，构成原子的粒子有：质子（带正电）、中子（不带电）及电子（带负电）。

物体内可自由移动的电子发生定向移动便会产生电流。电流有两个参数：方向和大小，单位是安培（A）。根据这两个参数随着时间的变化情况，一般有直流和交流 2 种常见电流。

（1）直流电（DC）：方向随时间保持不变。例如：干电池、蓄电瓶、新能源汽车动力电池等属于直流电源，手机、电动车、电动无人机等属于直流负载。

（2）交流电（AC）：方向随时间保持周期性变化，变化周期的倒数就是交流电的频率。比如：传统汽车交流发电机、水力发电站、火力发电厂等属于交流电源，单相异步电动机、三相交流电机、家用洗衣机等属于交流负载。

直流电和交流电通过变换电路（如整流电路、逆变电路等），可以在一定范围内相互变换。

2. 物体的导电能力

根据物体内部存在可自由移动电子的多少，分为导体、半导体和绝缘体，但导体、半导体和绝缘体并非绝对，在一定条件下，可以相互转化。

（1）常见的导体有：各类金属、石墨、电解液、大地、人体等。

（2）常见的半导体有：硅、锗等。

（3）常见的绝缘体有：塑料、橡胶、玻璃、木头等。

3. 电的形式

自然界中的电主要以静电、雷电、电磁感应等方式存在。这种自然产生的电无法提供持续稳定的能量输出，因而暂时没有被有效地利用来为生产服务，反而会给我们的生产生活带来不便，甚至是危害。

生产生活中所用到的电多为太阳能、势能（水力发电）、动能（风力发电）、核能、蒸汽能（火力发电）等能量通过发电机组转化而来，最终通过整流、逆变、并网、输送等环节到达用电设备，为其提供持续稳定的能量输出，是生产生活的主要能源之一。

我国著名的三峡大坝就是世界上最大的水力发电工程，标志着我国的水利工程和水力发电技术达到了世界一流水平。

4. 电能的应用

我国的低压用电设备多采用 220 V/380 V、50 Hz 的电能，也就是我们常说的工频交流电。对于便携式的用电设备，一般采用不同电压等级的蓄电池供电，属于直流供电负载。

我国的家用低压用电设备多采用 220V 50 Hz 的交流电，比如：电视机、电冰箱、空调、洗衣机、电烤箱等；工业用电主要是三相工频交流电，其电压为 380 V，频率为 50 Hz，也可提供 220 Hz 交流电，可以满足生产过程各设备对于 380 V AC 及 220 V AC 的需求。

所有的用电设备都离不开电。如果停电了，短期内会对人们的日常生活造成很大的影响，如果是大面积、长时间停电，还会对工厂、企业带来极大的经济损失。换言之，电能对于人类现代化的生活与发展非常重要。

（二）电的危害和安全用电的重要性

电作为应用最为广泛、最不可或缺的一种能量，在使用过程中，如果不能被很好地驾驭，将会造成人体触电、电气火灾等事故。

1. 人体触电

人体的电阻值通常在 1.7 kΩ 左右，当人体接触带电物体时，会形成电势差，在非安全电压下，人体可以作为电流路径，形成自触电部位到大地的电流。在电流流经人体时，会对人的器官、神经系统、肌肉等造成损伤，引发呼吸麻痹、心跳停止等生理反应。

人体触电的前提是人体成为了电流回路中的一部分。触电一般分直流触电和交流触电。其中直流触电是人体接触电路的正负极直接构成回路，安全电压在 60 V 以下。交流触电是人体接触火线，与大地形成了回路或人体同时接触了火线和零线形成了回路，安全电压在 36 V 以下，如图 1-1 所示。有些触电事故伴随着高空坠落或摔跌等机械性创伤，这类创伤起因是触电，但不属于电流对人体的直接伤害，称为触电的二次事故。

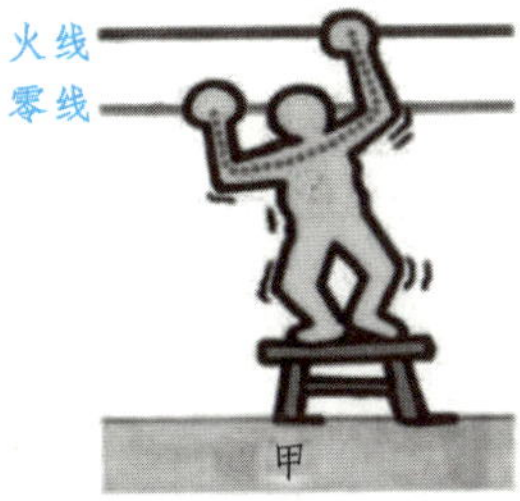

（a）交流两相触电

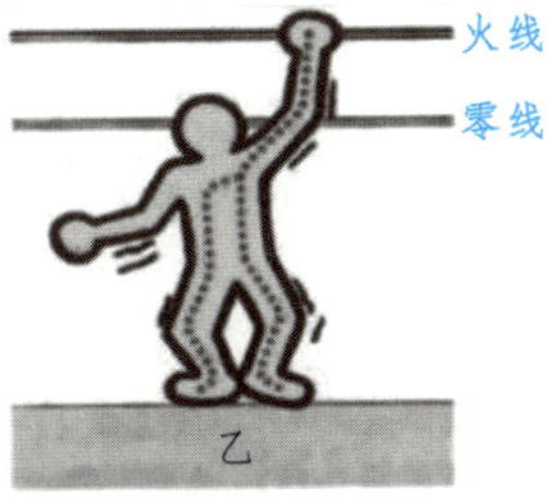

（b）交流单相触电

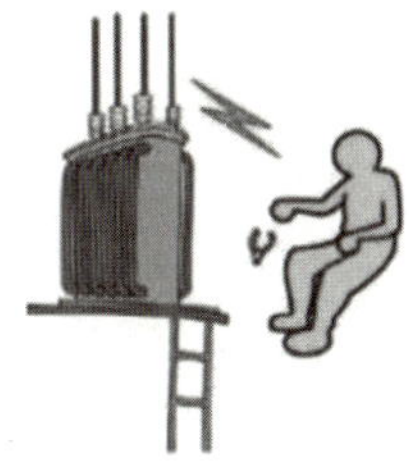
（c）二次事故

图 1-1　交流触电与触电的二次事故

2. 电气火灾

电气火灾一般是指由于电气线路、用电设备、器具以及供配电设备出现故障性释放热能（如高温、电弧、电火花等），以及非故障性释放的能量（如电热器具的炽热表面），在具备燃烧条件下引燃本体或其他可燃物而造成的火灾，也包括由雷电和静电引起的火灾。

根据历年的火灾事故原因统计，电气火灾占全部火灾总数的 30%左右，在各类火灾中居首位。一般引起电气火灾的原因有：短路、接触不良、过载、铁心过热、散热不良、漏电、电压过高或过低、设备故障、照明灯具故障、电火花、电弧等原因。

3. 安全用电的重要性

电能为人类科技进步所作出的贡献毋庸置疑，但其致命性决定了其必将是安全管理的重要对象。所以，掌握正确的安全用电知识尤为重要，绝大多数的触电事故都是因为违规操作、安全意识淡薄导致的。防止触电需要按照规范作业，但自身的安全意识也需要时刻保持。

1.1.1　安全用电的重要性

（三）安全保护措施

1. 电气设备保护措施

（1）电气设备的金属外壳要采取接地保护或接零保护，安装自动断电装置。

（2）尽可能采用安全电压，或者使用隔离变压器。

（3）保证电气设备具有良好的绝缘性能。

（4）工作中设立保护装置及警告标牌。

（5）保证人或物与带电体的安全距离。

（6）定期检查用电设备。

2. 人身安全保护措施

（1）采用电工安全防护用具和电工安全操作用具。

（2）尽量养成进行电工作业时单手操作的习惯。

（3）在无电的线路设备上作业时，把无电作业当作带电作业来进行，在带电作业时应有工作监护人。

（4）紧固螺钉时一定要注意周围的带电体。

（5）任何情况下检修电路和电器都要确保断开电源，仅仅断开设备上的开关是不够的，还要拔下插头，没有插头的设备需要验电。

二、触电的概念、触电程度的相关因素

（一）触　电

1. 什么是触电

我们的生活、工作离不开电，但是电对我们的伤害也很大，触电严重还会危及到生命，因此一定要多了解触电方面的知识，以便提前采取一些相关的预防措施。

触电是指人的身体某个部位直接或间接触及带电体时，有一定强度的电流通过人体，产生了各种伤害人体的现象。

流经人体电流的大小与外加电压和人体电阻有关。

2. 人体电阻

人体可被视作导体，其阻值主要取决于皮肤电阻。一般情况下，干燥的皮肤在低电压环境下具有较高的电阻特性，大约是 100 kΩ。当所接触电压高达数百伏时或人体皮肤处于潮湿状态时，人体电阻便会下降至 1 kΩ 左右，此时，人体就极易发生触电危险。人体电阻的大小，是衡量触电后人体遭受伤害程度的重要物理因素之一，其值并不是一个固定的数值。人体电阻的影响要素有：人体触电面积、身体状况、皮肤干燥程度等。

3. 人体的安全电压

人体是一个等效电阻，流过人体的电流大小与外加电压有关。为了确保安全的条件，把 36 V 以下的电压规定为行业安全电压。

（二）触电程度的相关因素

1.1.2　触电的概念、触电程度的相关因素

电作为重要的能量之一，在没有有效的控制和约束的情况下，可能会发生非预期的能量释放，从而对人体造成伤害。在人体接触带电物体时，形成电势差，非安全电压下，人体可以作为电流路径，在电流流经人体时，对人的器官、神经系统、肌肉等造成损伤，引发呼吸麻痹、心跳停止等生理反应。

电流对人体的伤害程度如表 1-1 所示，主要受电流大小、持续时间、电流路径、电流种类、人体状态等因素影响。电流越大、持续时间越长，电流流经路径越靠近心脏，其对人体的伤害越大。

表 1-1　电流对人体的伤害程度表

序号	参数	特点
1	触电电流	电流越大，伤害越大
2	触电时间	时间越长，伤害越大
3	电流路径	越靠近心脏，伤害越大
4	人体电阻	电阻越小，伤害越大
5	电流种类	与频率相关，25 ~ 300 Hz 的交流电伤害远大于直流
6	人体状态	与健康状况、皮肤完整程度有关

三、触电的方式

触电的方式主要分为直接触电和间接触电，无论哪种方式，对人体的伤害都是极大的。

1.1.3　触电的方式

（一）直接触电

直接触电是指人体任何部位直接触及处于正常运行条件下的电气设备的带电部分而形成的触电，分为单相触电和两相触电两种情况。

1. 单相触电

如图 1-2 所示，单相触电指人站在地上或其他接地体上，身体的某一部位直接触到带电体的某一相而形成的触电。在三相四线制低压供电系统当中，当人体与任何一条端线接触时，就有电流流过人体，这时人体承受的电压是电源的相电压。

（a）单相触电　（b）带电设备触电

图 1-2　单相触电

2. 两相触电及高电压直流触电

当人体的不同部位分别接触到同一电源的两根不同电位的相线时，电流由一根相线经人体流到另一根相线导致的触电现象称为两相触电，如图 1-3 所示。

当人体直接接触高电压的直流电时，电流也会通过身体，导致触电，称为高电压直流触电。

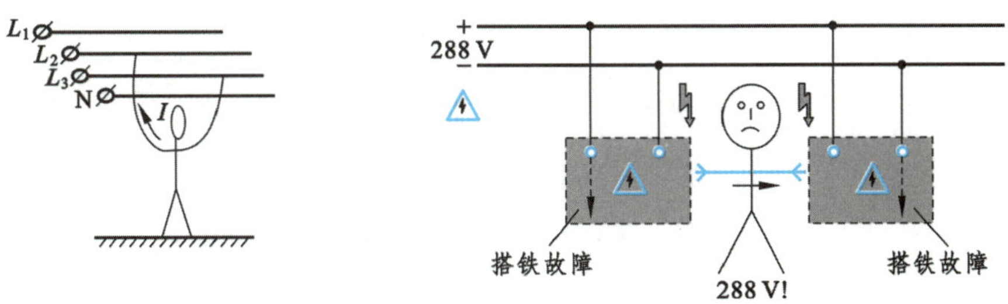

（a）两相触电　（b）直流触电

图 1-3　交流两相触电及直流触电

在中国，两相电压一般为 380V 50 Hz，单相电压一般为 220 V 50 Hz，所以，两相触电比单相触电有更大的危险性。

直流电和交流电均可使人发生触电，对人体产生伤害，但是交流电压对人体伤害的阈值却只有直流的 50%。相同条件下，直流电比交流电对人体的危害较小。

在电击持续时间长于一个心搏周期时，直流电的心突颤动电流比交流电高好几倍。直流电在接通和断开瞬间，平均感知电流约为 2 mA。当接近 300 mA 直流电流通过人体时，在接触面的皮肤内会感到疼痛，随通过时间的延长，可引起心律失常、电流伤痕、烧伤、头晕等，但这些症状是可恢复的；如超过 300 mA 则会造成人失去知觉；达到数安培时，只要几秒，则可能造成内部烧伤甚至死亡。

（二）间接触电

间接触电是指电气设备在故障情况下，使正常工作时不带电的金属外壳处于带电状态，当人体触及这些带电的设备外壳时发生的触电。

当外壳接地的电气设备绝缘损坏而使外壳带电，或导线断落发生单相接地故障时，电流由设备外壳经接地线、接地体（或由断落导线经接地点）流入大地，向四周扩散，在导线接地点及周围形成强电场。

1. 接触电压触电

当人体触及漏电设备外壳时，因人体触电点与脚处于不同的电位而形成电位差，称为接触电压，由接触电压引起的触电称为接触电压触电，如图 1-4 所示。

2. 跨步电压触电

当人体进入有电位分布区域时，两脚间（人的跨步距离约 0.8 m）就会因地面电位不同而使两脚间产生电位差，称为跨步电压，由跨步电压引起的触电也称为跨步电压触电。如图 1-4 所示，两脚间的径向距离越大、离高压线落地点越近，则跨步电压越高，触电危害越大。

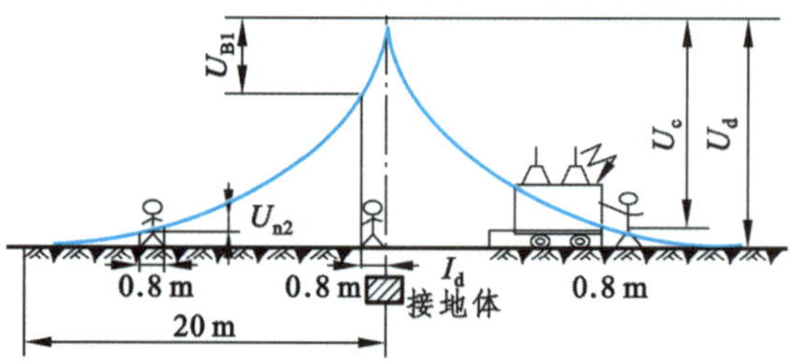

图 1-4　接触电压触电和跨步电压触电

除了直接触电和间接触电以外，还有静电电击、残余电荷电击和雷电电击等。

（三）伤害方式

按人体所受伤害方式的不同，触电又可分为电击和电伤两种。

1. 电　击

电击主要是电流通过人体内部，影响呼吸系统、心脏和神经系统，造成人体内部组织的破坏，乃至死亡。电击的主要特征：伤害人体内部；在人体的外表没有显著的痕迹；致命电流较小。

按照发生电击时电气设备的状态，电击可分为直接接触电击和间接接触电击。

（1）直接接触电击，是触及设备和线路正常运行时的带电体发生的电击（如误触接线端子发生的电击），也称为正常状态下的电击。

（2）间接接触电击，是触及正常状态下不带电，而当设备或线路故障时意外带电的导体发生的电击（如触及漏电设备的外壳发生的电击），也称为故障状态下的电击。

大约 85%以上的触电死亡事故都是由电击造成的，是对人体内部组织的破坏，危害较大，通常所说的触电事故基本上都是指电击。

2. 电　伤

电伤主要是指电流的热效应、化学效应、机械效应等对人体表面或外部造成的局部伤害。

电伤会在人体上留下明显伤痕，分为电弧灼伤、电烙印和皮肤金属化。

（1）电弧灼伤是由弧光放电引起的。比如低压系统带负荷（特别是感性负荷）拉裸露的闸刀开关时、错误操作造成的线路短路、人体与高压带电部位距离过近而放电，都会造成强烈弧光放电。电弧灼伤也能使人致命。

（2）电烙印通常是在人体与带电体紧密接触时，由电流的化学效应和机械效应引起的伤害。

（3）皮肤金属化是由于电流或电弧作用（熔化或蒸发）产生的金属微粒渗入表皮所造成的伤害。

四、触电的原因及预防

1.1.4　触电的原因及预防

（一）触电的原因

1. 单凭经验去工作

工作中有些操作人员往往会麻痹大意，单凭经验去工作。在操作或检修电气设备时，不严格按照规程办事，以致酿成事故。例如，某厂电工在拆除由接触器控制的风机电机时，按下停止按钮，认为已经无电，未经验电就进行检修，结果引发触电，后经检查，接触器仍有一相触头连接带电。

2. 违章作业

违章作业常常是造成触电的重要原因。实际表明，由操作者本人过失造成触电的情况较多。例如，某输油站为双回路供电，某日上午，对二段进线外线路停电，准备更换避雷器。下午 5 时 10 分，电工高某和蒋某负责更换已停电的二段进线杆上的避雷器，由于物件较多，当监护人蒋某返回变电所取避雷器时，高某脱离监护视线，误登当时正在运行的一段进线电杆，被 10 kV 高压电击落至杆下水田中，致使左手臂烧伤。操作者粗心大意、不经核实、在监护人不在场的情况下单人作业，严重违反操作规程，直接导致了这次事故的发生。

3. 绝缘降低或火线碰壳

陈旧或其绝缘老化、受潮的电气设备，或在较大振动场所或经常要移动的设备，都容易发生漏电或火线碰壳。当触及这些设备而又无保护措施时，便会引起触电，较常见的是在携带式电动工具上发生的触电事故。此外，电气设备均应采取保护接零或保护接地措施。

4. 不利环境

安装在有导电介质和酸、碱液等腐蚀介质，以及潮湿、高温等恶劣环境中的导线、电缆及电气设备，其绝缘容易老化、损坏，还会在设备外层附着一层带电物质而造成漏电。此外，在狭窄或光线昏暗的场所检修电气设备时，也易发生触电。

5. 缺乏系统全面的电气知识

电气设备多而繁杂，各有其结构特性和安全要求，操作者很难对所有方面都熟悉。

6. 电气设备维护保养不善

电气设备要经常维护保养，尤其是安装在恶劣环境的电气设备，若不做好经常性的维护保养工作，极易造成绝缘老化。对设备接零、接地系统维护不善，会造成零线断路，接零、接地失效；电机绝缘或接线破损会使其外带电；对铜铝过渡接头不加维护，会因接头过热而发生事故；对已损坏的电气设备零部件，如刀闸的胶盖、刀开关的灭弧罩、熔断器的插件、移动设备的电源线等，若不及时更换则极易引起触电；电线接头处用绝缘胶布缠绕，时间长久便会失去黏性，使接头裸露，误碰后即会造成触电。

7. 其他不安全因素

在检修设备时，尽管已拉开开关，但设备上仍会有电串入而引发触电；又如因生产或检修需要而敷设临时线，有的电工认为反正是临时用电，随便用破旧电线应付使用，敷线时不严格按照规范进行；等等。这些隐患都是造成触电的原因。

（二）触电事故发生规律

了解触电事故发生的规律，有利增强防范意识和防止触电。根据对触电事故的统计分析，可得出以下规律。

1. 触电事故季节性明显

统计资料表明，事故多发于第二、三季度，且 6 月至 9 月份较为集中。主要原因：一是天气炎热，因出汗造成人体电阻降低，危险性增大；二是多雨、潮湿，电气设备绝缘性能降低，容易漏电；三是这段时间用电量增加，也是事故多发的原因。

2. 低压设备触电事故多

普通人群接触低压设备机会较多，因人们思想麻痹，缺乏安全知识，导致低压触电事故多。但在专业电工中，高压触电事故却比低压触电事故多。

3. 携带式和移动式设备触电事故多

主要原因是：工作时操作者要紧握设备走动，人与设备连接紧密，危险性增大；这些设备工作场所不固定，设备和电源线都容易发生故障和损坏；单相携带式设备的保护零线与工作零线容易接错，造成触电事故；等等。

4. 电气连接部位触电事故多

统计资料表明，很多触电事故发生在接线端子、缠接接头、焊接接头、电缆头、灯座、插座、熔断器等分支线、接户线处，这是由于这些连接部位机械牢固性较差，接触电阻较大，绝缘强度较低以及可能发生化学反应，造成相关的触电事故较多。

5. 冶金、矿业、建筑、机械行业触电事故多

由于这些行业生产现场条件较差，不安全因素较多，配电设备、架空线路、电缆、开关、配电箱等电气设备，在长期使用中受高温、高湿、粉尘、碾压、摩擦、腐蚀等因素影响，使电气绝缘损坏、接地或接零保护不良而导致漏电，以致触电事故多。

6. 中青年工人、非专业电工、合同工和临时工触电事故多

由于他们是主要操作者，经验不足，接触电气设备较多，又缺乏电气安全知识，或责任心不强，易出现操作漏电的机器设备、使用漏电的电动工具、湿手操作机器开关/按钮等情况，以致触电事故多。

7. 错误操作和违章作业造成的触电事故多

其主要原因是安全教育不够、安全制度不严和安全措施不完善等。

（三）触电的预防措施

1. 直接触电的预防

（1）绝缘措施：良好的绝缘是保证电气设备和线路正常运行的必要条件。例如，新装或大修后的低压设备和线路，绝缘电阻不应低于 0.5 MΩ；高压线路和设备的绝缘电阻不低于 1 000 MΩ。在维护新能源汽车高电压系统时需要采取的高电压安全防护措施，包括个人的安全防护、绝缘维修工具的使用以及对工作环境的选择等。

（2）屏护措施：凡由金属材料制作的屏护装置，应妥善接地或接零。

（3）间距措施：在带电体与地面间、带电体与其他设备间应保持一定的安全间距。间距大小取决于电压的高低、设备类型、安装方式等因素。

2. 间接触电的预防

（1）加强绝缘：对电气设备或线路采取双重绝缘，使设备或线路绝缘牢固。

（2）电气隔离：采用隔离变压器或具有同等隔离作用的发电机。

3. 跨步电压触电的预防

（1）跳跃离开：当人体误入电流入地点地面电位区域时，应两脚并拢或单腿跳跃，离开电位分布区 10 m 以外。

（2）穿靴鞋：当人穿靴鞋时，人体受到的接触电压和跨步电压将大大降低。

任务二　触电急救

核心知识点

当发现有人触电，首要任务是迅速让其脱离电源，这是确保后续救援的关键前提。随后，立即检查触电者的状态，包括意识、呼吸和心跳等。若触电者意识不清且呼吸、心跳停止，应争分夺秒地展开心肺复苏操作。在进行心肺复苏时，准确的按压位置、恰当的按压深度和频率至关重要，同时配合有效的人工呼吸。保持呼吸道畅通也不容忽视，要及时清理可能的异物。在整个过程中，要尽快呼叫专业急救人员前来支援。此外，施救者自身安全必须放在首位，避免因不当操作导致自己也陷入危险。还需注意的是，在等待专业救援期间，要持续进行有效的急救措施，不轻易放弃。总之，准确掌握这些核心要点，能为触电者赢得宝贵的生存机会，最大程度减少伤亡。

一、脱离电源的方法

1.2.1　脱离电源的方法

（一）使触电者脱离低压电源的方法

1. 拉

附近有电源开关或插座时，应立即拉下开关或拔掉电源插头。

2. 切

若有绝缘完好的钢丝钳或断线钳、有干燥木柄的斧头或铁锹等利器，均可以用来切断电线以断开电源。

3. 挑

即用绝缘工具或干燥的木棍等将触电者身上的电线挑开。

4. 拽

即用戴上手套或包缠干燥衣物等绝缘物品的手拖拽触电者衣物，或站在干燥的木板、橡胶垫等绝缘物品上，用一只手拖拽触电者衣物。

5. 垫

若触电者由于肌肉痉挛，导致手指紧握导线不放松或导线缠绕在身上时，可设法把干木板或绝缘垫塞到触电者身下，使其与地面隔离，然后再采取其他办法切断电源，如图 1-5 所示。

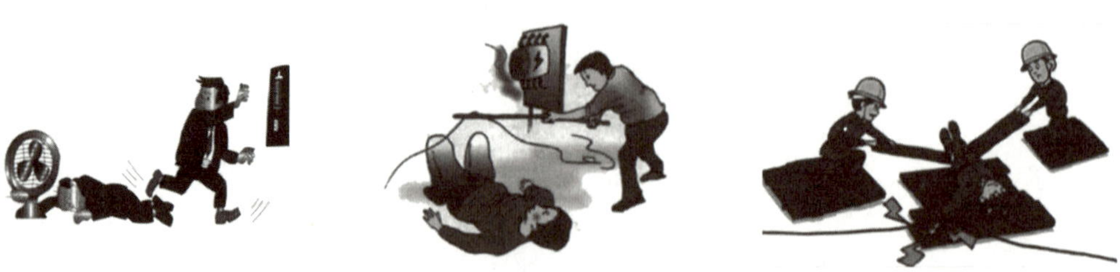

（a）切　（b）挑　（c）垫

图 1-5　使触电者脱离低压电源

（二）使触电者脱离高压电源的方法

1. 带电设备上触电

救护人员戴上绝缘手套、穿上绝缘靴，拉开电源开关；或用相应电压等级的绝缘工具拉开高压开关，切断电源。

2. 架空线路上触电

用电话通知当地电力部门迅速停电，并迅速抢救。或采取应急措施，如抛掷足够截面、适度长度的金属软导线，使电源线短路，迫使保护装置动作，断开电源。

3. 高压线落地触电

戴好绝缘手套，穿好绝缘靴后，用与触电电压相符的绝缘杆挑开电线。触电者脱离带电导线后应迅速带至 8 ~ 10 m 范围以外，并立即开始触电急救。

（三）现场救护环境安全的注意事项

（1）应防止触电者脱离电源后可能出现的摔伤事故。当触电者站立时，要注意触电者倒下的方向并考虑保护触电者。

（2）未采取任何绝缘措施，救护人不得直接接触触电者的皮肤和潮湿衣服。

（3）救护人不得使用金属和其他潮湿的物品作为救护工具。

（4）在使触电者脱离电源的过程中，救护人最好用一只手操作，以防救护人触电。

（5）夜间发生触电事故时，应解决临时照明问题，以便在切断电源后进行救护，同时应防止出现其他事故。

（6）注意是否有多种或多处漏电可能。

（7）注意是否完全切断电源，如：普通开关只能断开一根导线，若安装不规范，则可能只断开了零线，导致开关虽然断开但线路仍可能带电。

（四）对人体伤害程度的因素

1. 电流大小

通过人体的电流越大，人体的生理反应和病理反应越明显，引起心室颤动所用的时间越短，危险性越大。

2. 感知电流和感知阈值

在一定概率下，通过人体引起人有任何感觉的最小电流称为该概率下的感知电流，感知电流的最小值称为感知阈值。概率为 50%时，成年男性的平均感知电流约为 1.1 mA，成年女性约为 0.7 mA。

3. 摆脱电流和摆脱阈值

在一定概率下，人体触电后能自行摆脱带电体的最大电流，称为该概率下的摆脱电流。摆脱电流与人体生理特征、电极形状、电极尺寸等因素有关。概率为 50%时，成年男性的摆脱电流约为 16 mA，成年女性约为 10.5 mA。

摆脱阈值是电流效应中应注意的一个阈值。当人用手握带电导体时，如流过手掌心肌肉的电流超过此值，手掌心肌肉的反应将是不由自主地紧握带电导体而不是摆脱带电导体，从而使电流得以持续通过人体。导致此效应的最小电流称为摆脱阈值。

4. 室颤电流和室颤阈值

电流通过人体时引起心室发生纤维性颤动的最小电流，称为室颤电流，室颤电流的最小值称为室颤阈值。室颤电流是短时间作用的最小致命电流。当电流持续时间超过心脏波动周期时，人的室颤电流约为 50 mA；当电流持续时间短于心脏波动周期时，人的室颤电流约为数百毫安。致命电流约为 50 mA，持续时间在 1 s 以上。

5. 电流持续时间

（1）电流持续时间越长，能量累积越大，室颤电流越小。

（2）电流持续时间越长，与心脏波动周期特定相位重合的可能性越大，室颤的可能性越大。

（3）电流持续时间越长，由于人体发热出汗和电流对人体的分解作用，人体电阻变得越小，通过人体的电流将越大，对人体组织的伤害就越大。

6. 电流途径

人体在电流的作用下，没有绝对安全的途径。

7. 不同途径的伤害

（1）电流通过心脏会引起心室颤动及心脏停止跳动而导致死亡。

（2）电流通过中枢神经及有关部位，会引起中枢神经强烈失调而导致死亡。

（3）电流通过头部严重损伤大脑，也可能使人昏迷不醒而死亡。

（4）电流通过脊髓会使人瘫痪。

（5）电流通过人体的局部肢体，可能引起中枢神经强烈反射而导致严重后果。

8. 危险性大的途径

（1）流过心脏的电流越多，电流路线越短的途径是人体遭受电击危险性越大的途径。

（2）左手至前胸是最危险的电流途径。

（3）右手至前胸、单手至单脚、单手至双脚、双手至双脚也都是很危险的电流途径。

9. 电流种类

不同种类的电流对人体伤害的构成不同，危险程度也不同，但各种电流对人体都有致命危险。

（1）直流电流在流动期间人体没有感觉，只有在接通和断开时人才会感知。接通和断开瞬间直流感知阈值约为 2 mA。

（2）交流电流 15 ~ 100 Hz 在基准电流通路下，大于 0.5 mA 时为感知区。

（3）作用时间不超过 0.1 ~ 10 ms 的电流称作冲击电流。冲击电流对人体的作用有感知阈值、疼痛阈值和室颤阈值，没有摆脱阈值。

10. 电压高低

当人体的电阻一定，触电电压越高，通过人体的电流越大，就越危险。根据国家电力部门规定：凡设备电压为交流 1 000 V 以上、直流 1 500 V 以上的称为高压，电压为交流 1000 V 及以下、直流 1 500 V 及以下的称为低压，交流 36 V 或直流 60 V 以下的称为安全电压。

11. 电流频率

实践证明，直流电对血液有分解作用，而高频电流不仅没有危害还可以用于医疗保健。电流频率在 50 ~ 60 Hz 时对人体的危害最大。

12. 人体阻抗

人体阻抗包括皮肤、血液、肌肉、细胞组织及与其接合部在内的含有电阻和电容的阻抗。皮肤电阻与人的身体状况、年龄等因素有关。人体电阻是皮肤电阻和体内电阻之和，在计算过程中人体电阻一般取值为 1.7 kΩ。

二、现场救护

1.2.2 现场救护

（一）判断触电者的伤害情况

触电者若闭目不语、神志不清，应让其就地仰卧平躺，确保气道通畅。可呼叫其名或轻拍其肩，禁止摇动触电者头部，这一过程不应超过 5 s。

触电者若神智昏迷，丧失意识，应立即检查其呼吸、心跳情况。这一过程不应超过 10 s。

1. 看

查看伤员的胸部、腹部有无起伏动作，瞳孔是否放大。

2. 听

用耳贴近伤员的口鼻处，倾听有无呼吸声音。

3. 试

测试伤员口鼻处有无气流，再用两手指测试颈动脉有无搏动。

（二）触电者的常见症状和急救方法

如果盲目救人，不仅无法挽救他人生命，反而会加重伤者的伤势，甚至有可能危害到自己的生命安全。遇到触电者的症状较严重时，及时拨打 120 急救电话，尽快呼叫医务人员或向有关医疗单位求援。在专业救助人员抵达现场前，哪怕一人之力甚微，也要不遗余力地救人。

1. 神志尚清醒，但心慌力乏、四肢麻木

该类人员一般只需将其扶到清凉通风处休息，让其就地安静地躺下来，休息 1 ~ 2 h，并注意观察，暂时不要站立或走动，让其自然慢慢恢复。但要派专人照料护理，因为有的病人在几小时后会发生病变而突然死亡。

若发现触电者呼吸和心跳很不规则甚至接近停止，应赶快抢救。

2. 有心跳，但呼吸停止或极微弱

应将触电者就地仰面平躺，并用 5 s 时间呼叫伤员或轻拍其肩部。若仍然是有心跳、呼吸停止或极微弱的状况，应该对该类触电者采用人工呼吸法进行急救，频率是每分钟约 12 次。

人工呼吸口诀为：清理口腔防堵塞，鼻孔朝天头后仰，贴嘴吹气胸扩张，放开口鼻换气畅。

如无颈部创伤，清除口腔中的异物和呕吐物时，可一手按压开下颏，另一手用食指将固体异物钩出，或用指套或手指缠纱布清除口腔中的液体分泌物。

3. 仰头抬颏法

用一只手按压伤病者的前额，使头部后仰，同时另一只手的食指及中指置于下颏骨骨性部分向上抬，使下颏尖、耳垂连线与地面垂直，如图 1-6 所示。

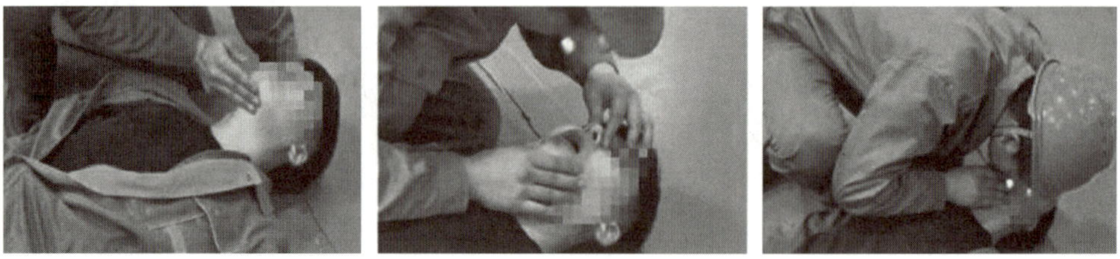

（a）步骤 1　（b）步骤 2　（c）步骤 3

图 1-6　仰头抬颏法操作图

4. 双下颏上提法（颈椎损伤时）

将肘部支撑在患者所处的平面上，双手放在患者头部两侧并握紧下颏角，同时用力向上托起下颏。如果需要进行人工呼吸，则将下颏持续上托，用拇指把口唇分开，用面颊贴紧患者的鼻孔进行口对口呼吸。

5. 有呼吸，但心跳停止或极微弱

只要判断心脏骤停，应立即进行胸外按压，即采用人工胸外心脏按压法来恢复病人的心跳，以维持重要脏器的功能，采取“当胸一手掌、中指对凹膛、掌根用力向下压、压下突然收”的胸外按压法。

6. 人工胸外心脏按压法

胸外按压患者应仰卧位于硬质平面上，头、颈、躯干平直无扭曲。按压部位为：胸骨中下 1/3 交界处或双乳头与前正中线交界处。

按压方法：按压时上半身前倾，双肩正对患者胸骨上方，一只手的掌根放在患者胸骨中下部，然后两手重叠，手指离开胸壁，双臂绷直，以髋关节为轴，借助上半身的重力垂直向下按压，每次抬起时掌根不要离开胸壁，并应随时注意有无肋骨或胸骨骨折。按压频率：至少 100 次/min；按压幅度：至少 5 cm 或者胸廓前后径的 1/3，压下与松开的时间基本相等，压下后应让胸廓充分回弹，如图 1-7 所示。

（a）跪跨腰间　（b）中指对凹膛

（c）向下按压　　　　（d）突然放松

图 1-7　胸外心脏按压操作

按压职责更换：每 2 min 更换按压者，每次更换尽量在 5 s 内完成。

7. 心跳、呼吸均已停止者

这种状态也叫“假死”，该类人员的危险性最大，抢救的难度也最大。应该采用人工呼吸和胸外按压两种方法结合进行抢救。在等待医务人员赶到和送往医院途中，不能停止抢救。

最好是两人一起抢救，如果仅有一人抢救时，应先呼气 2 次，每次 1.5 s 左右，再挤压心脏 30 次，如此反复交替进行。

（三）触电急救的注意事项

1. 触电症状的再判定

（1）用心肺复苏法抢救触电者，要随时观察其发生的变化，按压吹气 1 min 后（相当于单人抢救时做了 4 个“30/2 压吹循环”），应用看、听、试的方法，在 5 ~ 7 s 内完成对触电者呼吸和心跳是否恢复的再判定。

（2）若判定颈动脉已有搏动，但无呼吸，则暂停胸外按压，再连续大口吹气 4 次，每次 1 ~ 1.5 s，然后可按每 4 ~ 5 s 吹气一次，即 12 ~ 16 次/min。

（3）在整个抢救过程中，要每隔数分钟进行一次再判定，且每次判定时间均不得超过 5 ~ 7 s。

2. 抢救过程中的移动与转院

（1）心肺复苏应在现场就地坚持进行，不要单纯为了方便而随意移动触电者，确有需要移动时，抢救中断时间不应超过 30 s。

（2）确需移动或将触电者送往医院时，应使触电者平躺在担架上，并在其背部垫上平、硬、阔的木板，在这个过程中不得中断抢救。

（3）抢救过程中应尽量创造条件，用冰袋为触电者脑部降温，争取心、肺、脑能尽快全面复苏。

3. 触电者伤情好转后的处理

（1）如触电者的心跳和呼吸经抢救后均已恢复，可暂停心肺复苏法操作。但心跳和呼吸恢复的早期有可能还会再次骤停，故要严密监护，不能麻痹，要随时准备再次抢救。

（2）触电者伤情恢复初期，可能会出现神志不清、精神恍惚或情绪躁动，这时应保持冷静与安静，并尽量设法让其安静下来，以利于恢复健康。

4. 触电急救其他注意事项

（1）触电急救时，注射强心针应特别慎重，否则可能会出现适得其反的效果。

（2）对昏迷、失去知觉或处于“假死”状态的触电者，在进行人工呼吸和胸外按压的同时，有条件的可配合针灸疗法，如强刺人中、百会、涌泉穴位，或者用粗针在人中、少泽、少商等穴位“点刺出血”，也会有一定的辅助疗效。

（3）对于电伤和摔跌造成的局部外伤，现场救护中也应做适当处理，以防止细菌感染及摔跌骨折刺伤周围组织，来减轻触电者的痛苦和便于转送医院。

（四）外伤的处理

对于触电者电伤和摔跌造成的局部外伤，在现场救护中也应作适当处理，可防止细菌侵入感染及摔跌骨折刺破皮肤、周围组织、神经和血管，避免引起损伤扩大，若触电者有出血状况要立即设法止血。

1. 一般性的外伤的处理

用无菌生理食盐水或清洁的温开水冲洗后，再用适量的消毒纱布、防腐绷带或干净的布类包扎，经现场救护后送医院处理。

2. 动、静脉出血的处理

用手指、手掌或止血橡皮带在出血处供血端将血管压瘪在骨骼上而止血，同时，速送医院处理。

3. 伤口出血不严重的处理

用消毒纱布或干净的布类叠几层盖在伤口处压紧止血。

4. 摔伤四肢骨折的处理

首先止血、包扎，然后用木板、竹竿、木棍等物品临时将骨折肢体固定并速送医院处理。

Project 2

项目二

新能源汽车常用电工工具

任务一　汽车常用电工工具的结构和作用

核心知识点

常用的电工工具主要包括验电器、螺丝刀、钳子、扳手、电烙铁等，了解常用电工工具的结构和作用是电工入门的重要步骤，也是提高工作效率和工作质量的关键。同时，在使用这些工具时，必须严格遵守安全操作规程，确保人身安全和设备安全。

2.1.1　验电器的结构和作用

一、验电器的结构和作用

（一）验电器的概念

验电器也称验电笔，俗称电笔，它是用来检测导线、电器和电气设备是否带电的一种电工工具。常分为氖管验电笔和数字感应验电笔，如图 2-1 所示。

（a）氖管验电笔　　（b）数字感应验电笔

图 2-1　验电笔

（二）氖管验电笔结构与工作原理

氖管验电笔的外形常做成螺丝刀式或钢笔式。如图 2-2 所示为氖管验电笔的组成，主要包括笔尖金属体、高压电阻、氖管、弹簧、笔尾金属体。

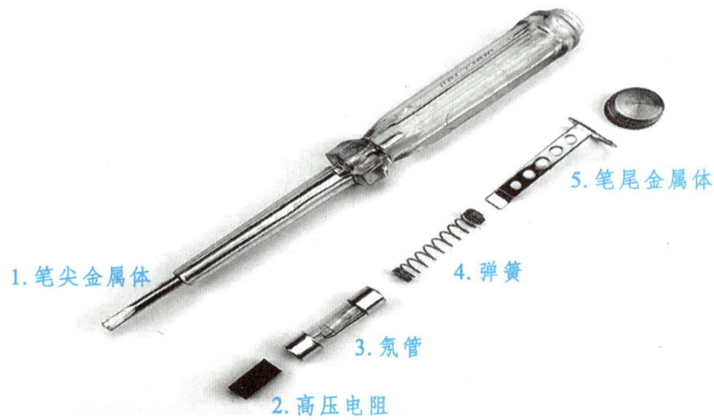

图 2-2　氖管验电笔组成

氖管验电笔的工作原理：当测试带电体时，金属探头触及带电导体，并用手触及验电笔后端的金属挂钩或金属片，此时电流通过验电笔端、氖泡、电阻、人体和大地形成回路而使氖泡发光。只要存在一定的电位差（通常是 60 V 以上），验电笔就会发出光；如果不亮，则表明该物体不带电。

如图 2-3 所示，当用验电笔去检测某一导体是火线还是零线时，火线、验电笔、人体、大地形成回路，验电笔和人体是回路上的两个电阻。根据欧姆定律，通过验电笔的电流（也就是通过人体的电流）I=加在验电笔和人体两端的总电压 U 除以验电笔和人体两端的总电阻 R。测火线时，火线与地线之间有电压 U 为 220 V 左右，人体电阻一般很小，因此通常只有几百到几千欧姆，而验电笔内部的电阻值通常有几兆欧，通过验电笔的电流很小，通常不到 1 mA，这样小的电流通过人体时，对人没有伤害，而这样小的电流通过测电笔的氖泡时，氖泡会发光。测零线时，U=0，I=0，也就是没有电流通过测电笔的氖泡，氖泡当然不发光。这样我们可以根据氖泡是否发光判断火线还是零线。

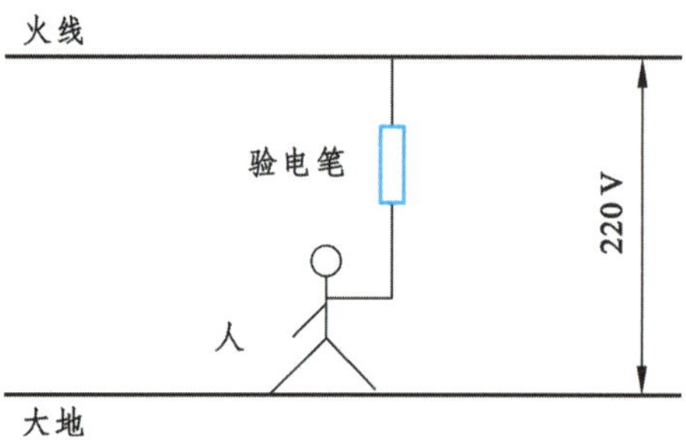

图 2-3　氖管验电笔工作原理

二、螺丝刀、钳子、扳手的结构和作用

2.1.2　螺丝刀、钳子、扳手的结构和作用

（一）螺丝刀的结构和作用

螺丝刀，也称为螺钉旋具、起子、改锥或改刀，是一种用来旋紧或拆卸螺丝钉的常用五金工具，如图 2-4 所示。

螺丝刀的种类很多，传统的有一字和十字两种，如图 2-5 所示。随着电子产品的日益丰富，梅花、五角等刀头的使用也变得频繁起来。

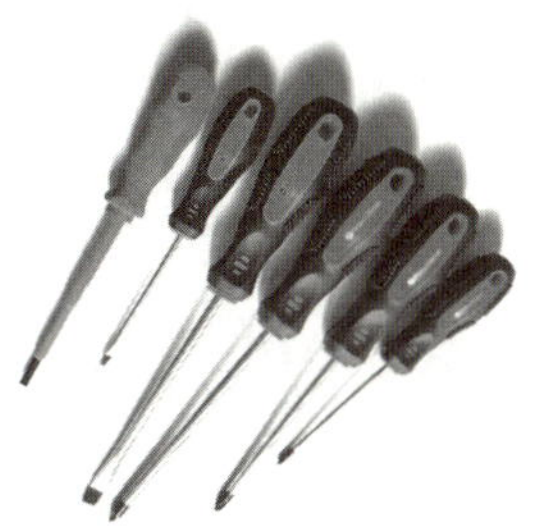

图 2-4　常用螺丝刀

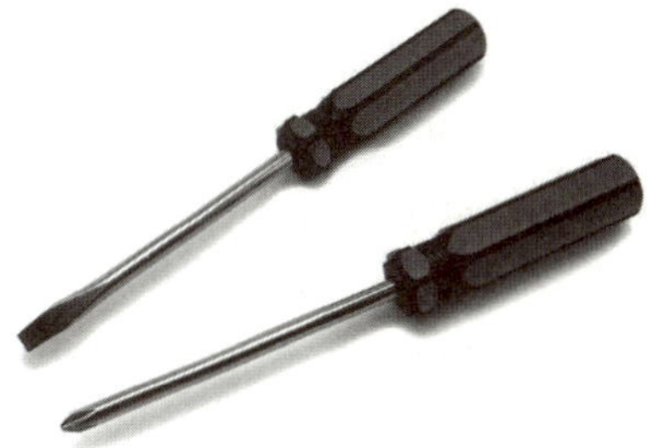

图 2-5　一字和十字螺丝刀

（二）钳子的结构和作用

钳子是一种用于夹持、固定加工工件或者扭转、弯曲、剪断金属丝线的手工工具。钳子的外形呈 V 形，通常包括手柄、钳腮和钳嘴三个部分，如图 2-6 所示。

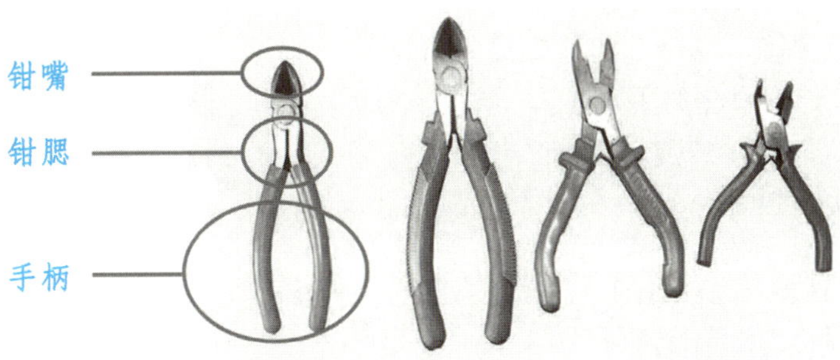

图 2-6　常用的钳子及钳子结构

钳子按其主要功能和使用性质，钳子可分为钢丝钳、尖嘴钳、斜口钳、剥线钳等，如图 2-7 所示。

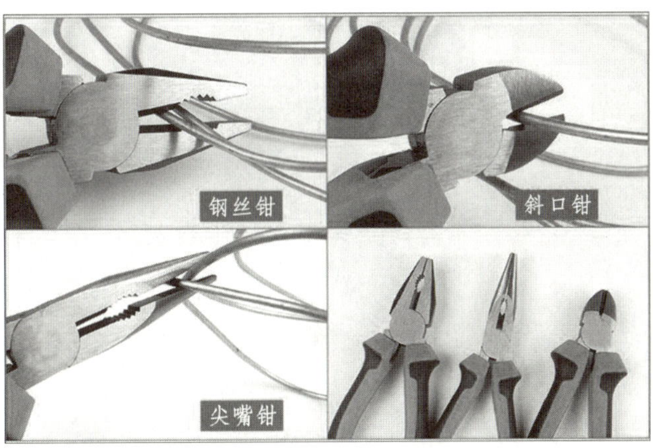

图 2-7　常用的钳子的分类

（1）钢丝钳：有 150 mm、175 mm、200 mm 及 250 mm 等多种规格。柄部加有耐压 500 V 以上的塑料绝缘管，可带电剪切 380/220 V 电线。

（2）尖嘴钳：尖嘴钳又叫修口钳，主要用来剪切线径较细的单股或多股线，以及给单股导线接头弯圈、剥塑料绝缘层等。尖嘴钳的常用规格有 130 mm、160 mm、180 mm、200 mm 四种。尖嘴钳由于头部较尖，适用于狭小的工作空间或带电操作低压电气设备。使用尖嘴钳弯曲导线接头的操作方法是：先将线头向左折，然后紧靠螺杆依顺时针方向向右弯即可。

（3）斜口钳：斜口钳也叫斜嘴钳、偏口钳，在剪切导线，尤其剪掉焊接点上多余的线头或印制电路板安放插件后过长的引线时，选用斜口钳效果最好。斜口钳钳身长 160 mm 且带塑胶绝缘柄的斜口钳最为常用。

（4）剥线钳：是专用于剥削较细小导线绝缘层的工具，耐压等级为 500 V。适用于直径 3 mm 及以下（小的为 0.5 mm）的塑料或橡胶绝缘电线、电缆芯线的剥削，如图 2-8 所示。

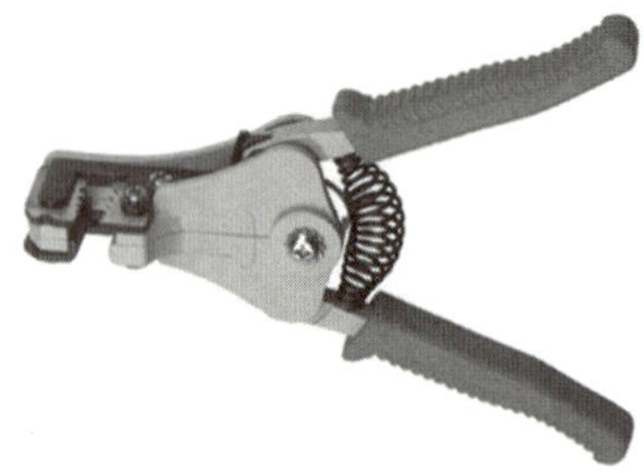

图 2-8 剥线钳

（三）扳手的结构和作用

扳手是一种常用的安装与拆卸工具，是利用杠杆原理拧转螺栓、螺钉、螺母和其他螺纹紧持螺栓或螺母的开口或套孔固件的手工工具。扳手通常用碳素结构钢或合金结构钢制成，种类有：套筒扳手、棘轮扳手、梅花扳手、开口扳手、活动扳手、六角扳手等，如图 2-9 所示。

图 2-9 常用扳手

三、电烙铁的结构和作用

2.1.3 电烙铁的结构和作用

电烙铁是电子制作和电器维修的必备工具，主要用于焊接电子元件及导线。电烙铁工具套件一般由电烙铁、烙铁架、清洁海绵、焊锡丝、助焊剂组成，如图 2-10 所示。

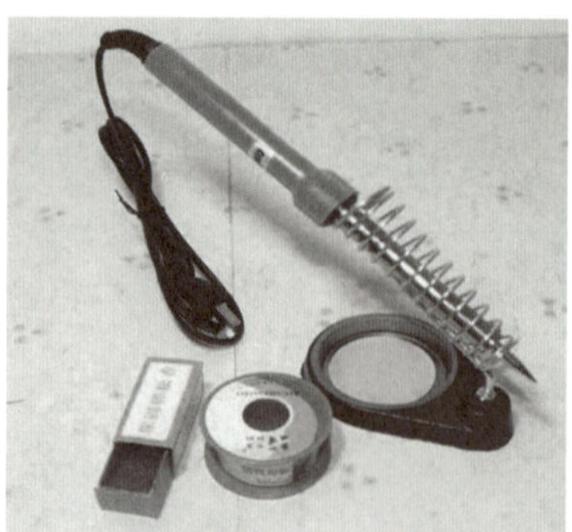

图 2-10 电烙铁工具套件

（一）电烙铁分类

电烙铁的分类方式有很多：按机械结构可分为内热式电烙铁和外热式电烙铁；按功能可分为吸锡式电烙铁和无吸锡电烙铁；根据用途不同又分为大功率电烙铁和小功率电烙铁。

（二）电烙铁结构及作用

1. 内热式电烙铁

内热式是指“由内部发热”。内热式电烙铁由手柄、连接杆、弹簧夹、烙铁心、烙铁头组成，其结构如图 2-11 所示。

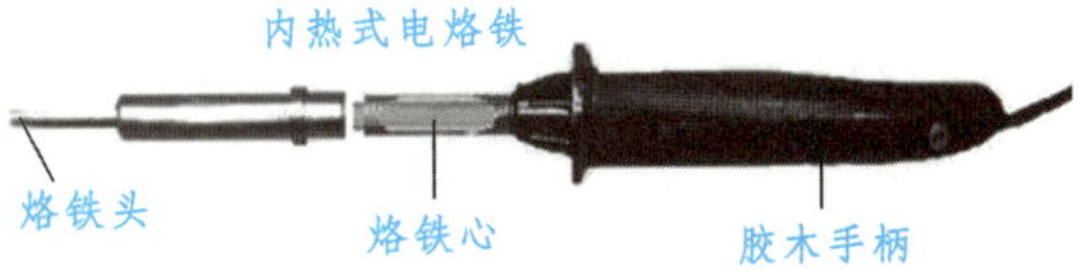

图 2-11　内热式电烙铁

由于烙铁心安装在烙铁头里面，故称为内热式电烙铁。内热式电烙铁发热快，热利用率高。

内热式电烙铁的常用规格为 20 W、50 W 等。

2. 外热式电烙铁

外热式是指“由外部发热”，由于烙铁心安装在烙铁头外面，故称为外热式电烙铁。外热式电烙铁由烙铁头、烙铁心、外壳、胶木手柄、电源引线、插头等部分组成，其结构如图 2-12 所示。

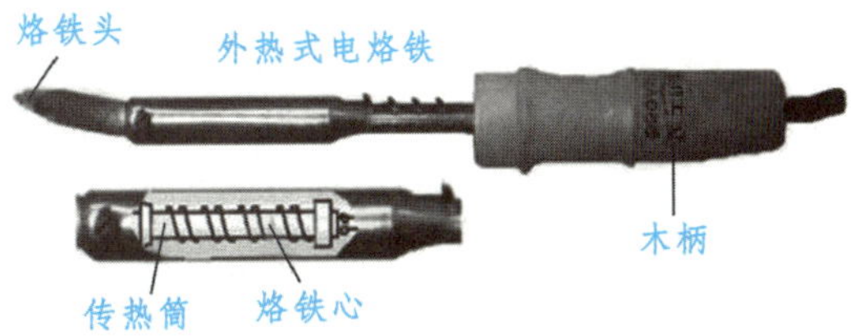

图 2-12　外热式电烙铁

外热式电烙铁加热效率低，加热速率较慢，一般需要预热 6 ~ 7 min。外热式电烙铁的规格很多，常用的有 25 W、45 W、75 W、100 W 等。

需要注意的是：烙铁心是电烙铁的关键部件，它是将电热丝平行地绕制在一根空心瓷管上构成，中间的云母片绝缘，并引出两根导线与 220 V 交流电源连接。

3. 恒温电烙铁

恒温电烙铁由烙铁头、烙铁架、控温器、烙铁柄等部分组成，其结构如图 2-13 所示。

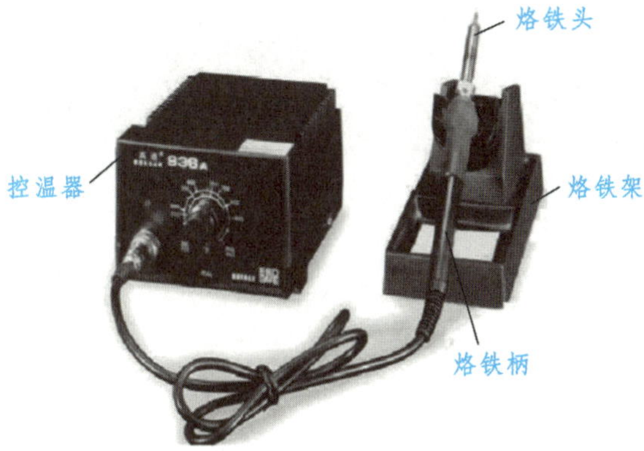

图 2-13　恒温式电烙铁

在恒温电烙铁的烙铁头内，装有带磁铁式的温度控制器，通过控制通电时间实现温度控制。一般用来焊接温度不宜过高、焊接时间不宜过长的元器件。

4. 吸锡式电烙铁

吸锡式电烙铁是将活塞式吸锡器与电烙铁融为一体的拆焊工具，一般由吸锡按钮、回弹按钮、插头、塑料手柄、不锈钢套管、吸嘴组成，其结构如图 2-14 所示。

吸锡式电烙铁具有使用方便、灵活，适用范围宽等优点，但不足之处是每次只能对一个焊点进行拆焊。

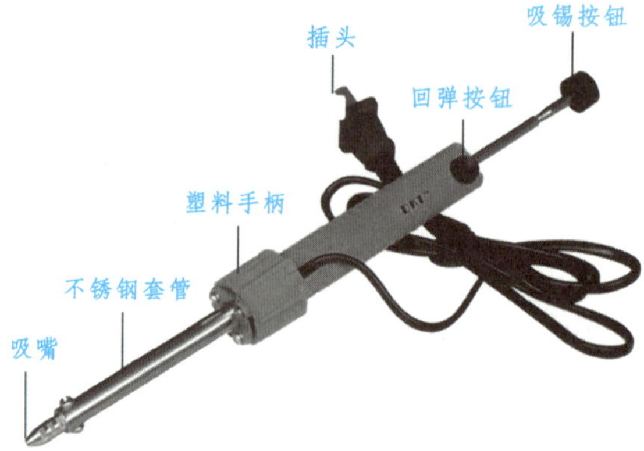

图 2-14　吸锡式电烙铁

5. 热风枪焊台

随着表面贴装元件的广泛使用，热风枪焊台的使用也变得日益频繁。热风枪焊台又称为贴片电子元器件拆焊台，利用发热电阻丝的枪芯吹出的热风对元件进行焊接与摘取元件，其结构如图 2-15 所示。

热风枪焊台专门用于表面贴片安装电子元器件，特别是多引脚的 SMD（表面贴装器件）集成电路的焊接和拆卸。

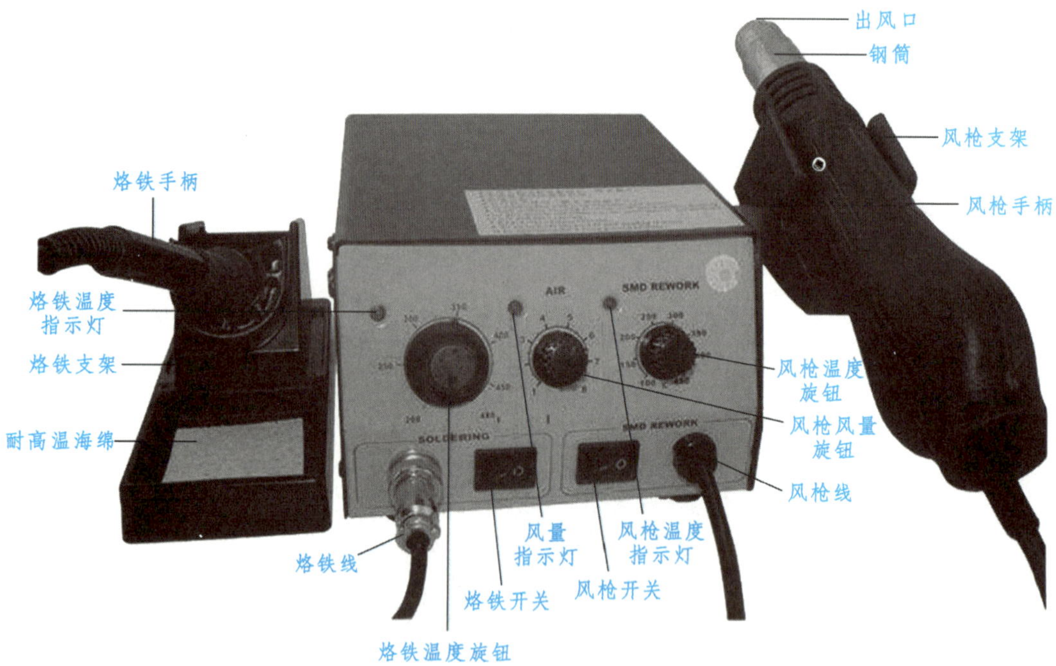

图 2-15　热风枪焊台

（三）电烙铁工作原理

通过电源线把交流电加到烙铁心的两端，由于烙铁心属于一种发热电阻丝，可以直接把电能转换成热能，再通过热传导作用，将热能传导给烙铁头，加热焊锡丝后可进行焊接。电烙铁控温范围一般为 100 ~ 400 °C

（四）电烙铁选择

选用电烙铁时，可以从以下几个方面进行考虑：

（1）焊接集成电路、晶体管及受热易损元件时，应选用 20 W 内热式或 25 W 的外热式电烙铁。

（2）焊接导线及同轴电缆时，应选用 45 ~ 75 W 外热式电烙铁，或 50 W 内热式电烙铁。

任务二　常用电工工具的使用

核心知识点

常用的电工工具使用主要包括以下几个方面：（1）工具选择与使用前的准备；（2）正确使用各种电工工具；（3）工具的使用安全与维护。正确使用和维护电工工具对于保障电工工作的安全和效率至关重要。在使用电工工具时，不仅要掌握正确的使用方法，还要注重工具的保养和维护，以确保其长期有效地工作。同时，佩戴适当的防护用品也是保障电工安全的重要措施之一。

一、验电器的正确使用

2.2.1　验电器的正确使用

1. 氖管验电笔使用注意事项

（1）使用验电笔之前应先检查验电笔，首先要检查其内部有无安全电阻、是否有损伤、有无进水或受潮，并在带电体上检查其是否可以正常发光，检查合格后方可使用。

（2）在明亮的光线下使用验电笔时，应注意避光。

（3）螺丝刀式验电笔笔杆较长，应加装绝缘套管，避免测试时造成短路或触电事故。

（4）使用完毕后，要保持验电笔清洁，并放置在干燥处，严防碰摔。

2. 氖管验电笔使用方法

使用验电笔时，拇指、中指和无名指轻轻捏住验电笔笔身，食指接触笔尾金属体或笔挂。当带电体与接地之间电位差大于 60 V 时，氖管产生辉光，证明有电。如图 2-16 所示为验电笔的正确使用步骤。

注意：人手绝对不能接触验电笔的笔尖金属体，以防触电。

（a）捏住笔身　　（b）食指接触笔尾　　（c）笔尖接触带电体

图 2-16　氖管验电笔使用步骤

3. 氖管验电笔其他用途

（1）测试交、直流电以及直流电正负极。

验电笔除了可以测量设备是否带电外，还能测试出来交、直流电，以及直流电的正负极。在用验电笔判别交、直流电时，用目测可以直接看出来。直流电的验电笔氖泡只有一头发光；

测试交流电时，氖泡的中间会发光。

测试正负极时，把验电笔两端连接在直流电正负极之间，发光的一端（手握）为电源的负极，不亮的一端（电笔金属笔尖）为正极。还有一种方法，就是利用直流电由负极流向正极的原理进行测试。电源电压为 110 V 及以上，若人与大地绝缘，一只手摸电源任何一极，另一只手持验电笔，电笔金属头触及被测电源另一极，氖泡前端（笔尖）发光，所测的就是负极，相反则是正极。

（2）测量相线的同相或异相。

判断电源是同相和异相的方法是，人体站在对地绝缘的物体上，两只手各拿一支电笔，同时触及两根带电的导线，若是同一相，两支电笔不会发光。若是异相，两支验电笔就会同时发光，这是因为同相之间没有电位差，而异相之间有电位差产生电压，就会有电流在验电笔和人体之间流过。此时不用担心会触电，由于验电笔里的电阻值很大，流过人体的电流是非常小的，所以人体不会触电，可放心使用。

二、螺丝刀、钳子、扳手的使用

2.2.2　螺丝刀、钳子、扳手的使用

（一）螺丝刀的使用

1. 螺丝刀使用注意事项

（1）带电作业时，手不可触及螺丝刀的金属杆，以免发生触电事故。

（2）电工不可使用金属杆直通握柄顶部的螺丝刀，以免发生触电事故。

（3）为避免螺丝刀的金属杆触及带电体时手指碰触金属杆，电工应在螺丝刀金属杆上穿套绝缘管。

2. 螺丝刀使用方法

小螺丝刀的使用：小螺丝刀一般用来紧固或拆卸电气装置接线桩上的小螺钉，使用时可用大拇指和中指夹住握柄，用食指顶住握柄的末端捻旋，不能打滑，以免损伤螺钉头槽。

大螺丝刀的使用：大螺丝刀一般用来紧固或旋松大的螺钉。使用时，用大拇指、食指和中指夹住握柄，手掌顶住握柄的末端，以适当力度旋紧或旋松螺钉，刀口要放入螺钉的头槽内，不能打滑。

（二）钳子的使用

1. 钳子的使用注意事项

钢丝钳：

（1）使用前必须检查钳柄绝缘是否完好。

（2）剪切带电导线时，不得同时剪切相线和零线，以免发生短路故障。

尖嘴钳：

（1）不可使用绝缘手柄已损坏的尖嘴钳切断带电导线。

（2）操作时，手离金属部分的距离应不小于 2 cm，以保证人身安全，以免发生触电事故。

（3）因钳头尖细，又经过热处理，钳夹物不可太大，用力切勿过猛，以防损坏钳头

（4）钳子使用后应清洁干净。钳轴要经常加油，以防生锈。

斜口钳：

（1）对粗细不同、硬度不同的材料，应选用大小合适的斜口钳。

（2）不能用斜口钳剪断较粗较硬的物品，以免弄伤刀口。

（3）剪导线扎带时要小心，以免伤到导线。

剥线钳：

（1）要根据导线的粗细型号，选择相应的剥线刀口。

（2）不能把剥线钳当钢丝钳使用，以免损伤剥线钳。

2. 钳子的使用方法

在使用钳子时，通常以右手进行操作。将钳口朝向内侧，此时将小指伸于两钳柄中间抵住钳柄，这种握持方式有利于对钳切部位进行精准控制。同时，这样的握持能够使钳柄张开动作更为灵活，从而高效地张开钳头，满足实际操作需求。不同的钳子在使用的时候方法基本相似，如图 2-17 所示。

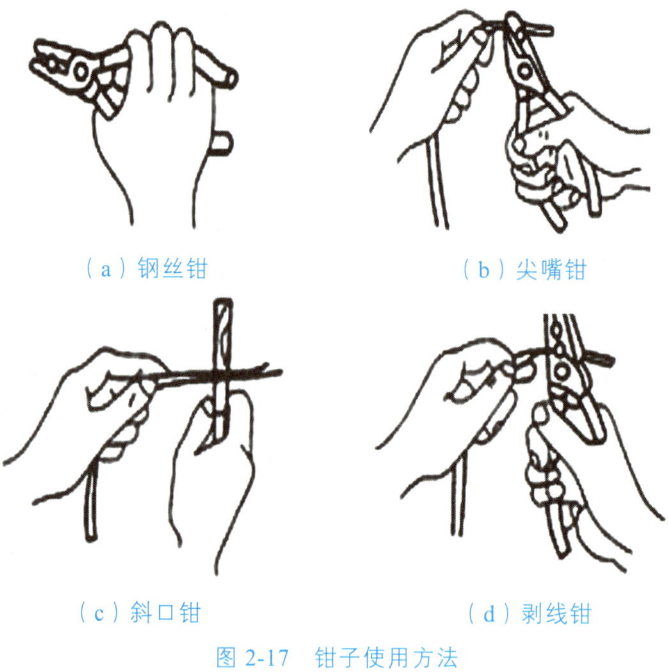

（a）钢丝钳　（b）尖嘴钳

（c）斜口钳　（d）剥线钳

图 2-17　钳子使用方法

（三）扳手的使用

1. 扳手的使用注意事项

（1）扳动生锈的螺母时，可在螺母上滴几滴润滑油。

（2）活动扳手的扳口夹持螺母时，呆扳唇在上，活扳唇在下。活动扳手切不可反过来使用。

（3）不准把扳手当榔头、锤子、撬棍等使用。

（4）使用时，右手握手柄，手越靠后，扳动起来越省力。

2. 扳手的使用方法

（1）选择合适型号的扳手：根据要操作的螺栓或螺母大小选择相应尺寸的扳手，确保扳手与螺栓或螺母的尺寸匹配。

（2）握住扳手：将手握住扳手手柄部分，用拇指和其他手指紧紧抓住，保持稳定的握持力。

（3）调整扳手嘴口：如果扳手具有可调节的嘴口宽度，根据螺栓或螺母的尺寸，旋转扳手上的调节螺丝，使嘴口打开或闭合到合适的位置。

（4）对准螺栓或螺母：将扳手的嘴口对准螺栓或螺母，确保嘴口全面套住，并处于正确的角度。

（5）施加力量：通过手臂的力量或其他辅助工具（如延长杆）施加力量，顺时针方向拧紧螺栓或逆时针方向松开螺栓。注意不要用过大的力量，以免损坏螺栓或扳手。

（6）完成操作：当完成拧紧或松开螺栓/螺母后，停止施加力量，保持扳手的稳定握持，确保螺栓或螺母已经牢固或松开。

三、钎焊方法和训练

2.2.3　钎焊方法和训练

（一）电烙铁的使用注意事项

（1）尽量使用低温焊接，高温会使烙铁头加速氧化，降低烙铁头寿命。在焊接过程中，温度太低，影响焊锡的流动性；温度太高（超过 400 °C 时），易使沾锡面氧化，并可能烧坏灯珠或其他元器件，焊接效果也不完全或不美观。若焊接过程中有白烟冒出或表面有白粉凹凸不平、无光泽，即可判断为使用温度过高。

（2）在焊接时，切勿施压过大。施压过大，会使烙铁头受损变形。只要烙铁头能充分接触焊点，热量就可以传递。另外，选择合适的烙铁头也有助于导热，如图 2-18 所示为不同形状烙铁头。

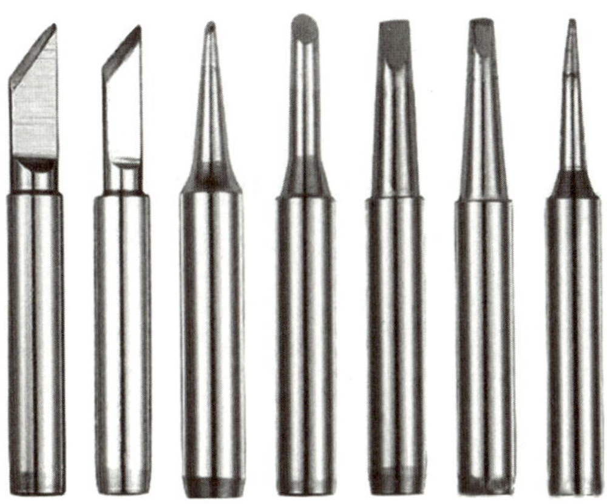

图 2-18　不同形状烙铁头

（3）经常保持烙铁头上锡。当工作完成后，不焊接时将烙铁头擦拭干净后重新沾上新锡于尖端部分，将其存放在烙铁架上并关闭电源，可以减少烙铁头的氧化可能性，使烙铁头更耐用。

（4）保持烙铁头干净并及时清理氧化物。如果烙铁头上有黑色氧化物，烙铁头可能会不上锡，须立即进行清理。清理时先把烙铁头温度调到约 250 °C，再用清洁海绵清洁烙铁头，然后再上锡。不断重复，直到把氧化物清理干净为止。若沾锡面已氧化不能沾锡，烙铁头形成一层氧化膜变黑，用海绵也无法清除时，可用 600 ~ 800 目的砂纸轻轻擦拭，然后用内有助焊剂的锡丝绕于擦过的沾锡面，予以加温，等锡接触溶解后再重新加锡。

（5）选用活性低的助焊剂。活性高或腐蚀性强的助焊剂在受热时会加速腐蚀烙铁头，因此不可使用含氯或酸的助焊剂。

（6）电烙铁放在烙铁架上较长时间不使用时，将温度调低至 200 °C 以下，并将烙铁头加锡保护。不再使用电烙铁时，将烙铁头擦拭干净后重新沾上新锡于尖端部分，并小心地把电烙铁摆放在合适的烙铁架上，以免烙铁头受到碰撞而损坏。

（7）选择合适的烙铁头。选择合适的烙铁头尺寸和形状是非常重要的，选择合适的烙铁头能使工作更有效率，而且能增加烙铁的耐用程度。

（二）电烙铁的使用方法

一般采用焊接五步法进行焊接，如图 2-19 所示。

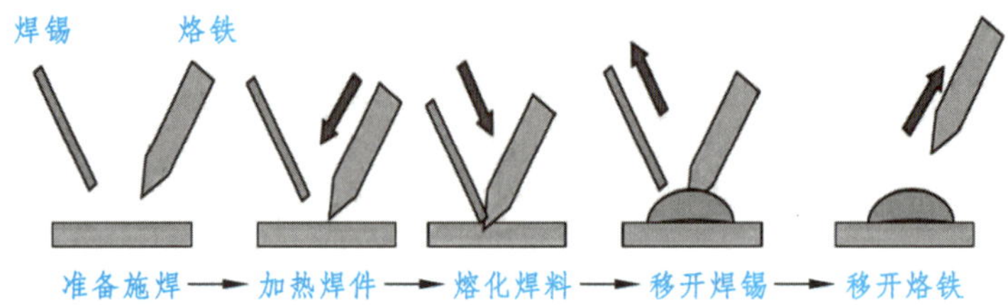

图 2-19　焊接五步法

焊接前要注意烙铁不能离鼻子太近，以减少有害气体的吸入。一般情况下，烙铁到鼻子的距离应不少于 30 cm，通常以 40 cm 为宜。

第一步：准备施焊。

准备好焊锡丝和烙铁。此时特别强调的是烙铁头部要保持干净，即可以沾上焊锡。

第二步：加热焊件。

将烙铁接触焊接点，注意首先要保持烙铁加热焊件各部分，例如印制板上引线和焊盘都要受热，其次要注意让烙铁头的扁平部分接触热容量较大的焊件，烙铁头的侧面或边缘部分接触热容量较小的焊件，以保持焊件均匀受热。

第三步：熔化焊料。

当焊件加热到能熔化焊料的温度后将焊丝置于焊点，焊料开始熔化并润湿焊点。

第四步：移开焊锡。

当熔化一定量的焊锡后将焊锡丝移开。

第五步：移开烙铁。

当焊锡完全润湿焊点后移开烙铁，注意移开烙铁的方向应该是大致 45°的方向。

（三）焊点检查

在目视或者显微镜的观察下，合格的焊点轮廓光滑，呈弯月形，无虚焊、锡量过多、锡量过少、冷焊、空洞、拉尖等缺陷，如图 2-20 所示。

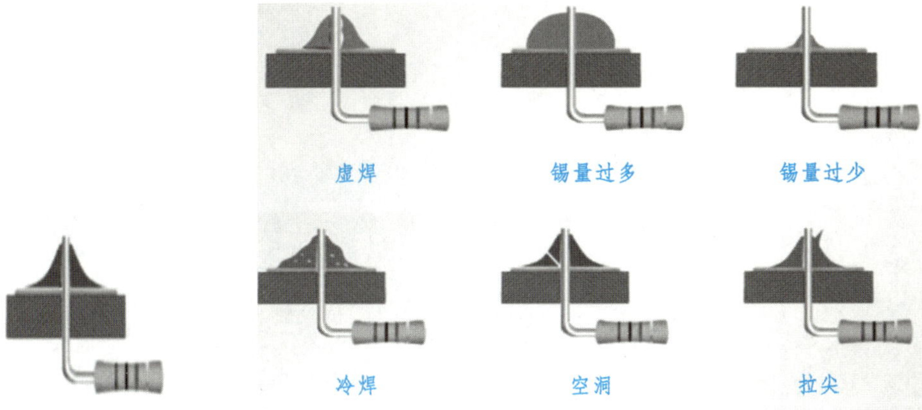

（a）合格的焊点　　（b）不合格的焊点

图 2-20　焊点检查

Project 3

项目三

新能源汽车常用仪器仪表

任务一　汽车常用仪器仪表的结构和作用

核心知识点

汽车仪器仪表是车辆的重要组成部分，它们不仅提供了驾驶员所需的关键信息，还是确保汽车正常运行和安全行驶的关键因素。这些仪器仪表通过显示各种参数，如速度、转速、油量、水温等，帮助驾驶员了解汽车的状态，从而做出正确的驾驶决策。

一、常用电工仪表的分类和结构

3.1.1　常用电工仪表的分类和结构

（一）电工类仪表的重要性

电工类仪表主要用于电压、电流、电能、电功率等电量和电阻、电感、电容等电路参数的测量，它在电气线路及设备的安装、使用与维修过程中，对整个电气系统的检测、监视和控制都起着十分重要的作用。

作为从事电工电子行业的人员，必须掌握电工类仪表的基本知识，能够正确使用和维护电工仪表，熟练掌握常用电工类仪表和汽车仪表的使用方法。

常用电工仪表如图 3-1 所示。

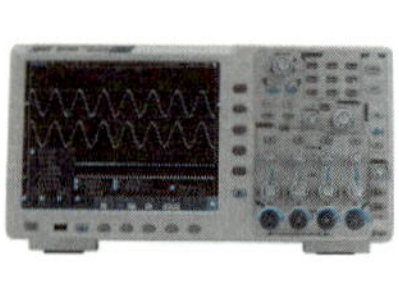

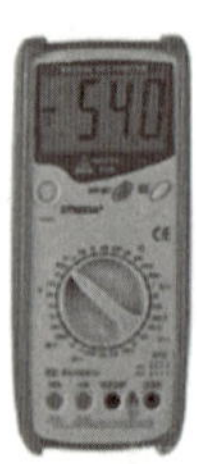

（a）示波器　（b）万用表　（c）功率表　（d）兆欧表

图 3-1　常见电工仪表

（二）常用电工类仪表的分类

1. 按测量方法分

比较式：比较式仪表需将被测量与标准量进行比较后才能得出测量的数值，常用的比较式仪表有电桥、电位计等。其测量过程简单，操作容易，但准确度不高。

直读式：直读式仪表将被测量的数值由指针在刻度盘上直接指示出来，常用的电流表、电压表等均属直读式仪表。其结构复杂，造价较高，测量过程复杂，但准确度高。

2. 按显示方法分

指针式：用指针和刻度盘指示被测量的数值。

数字式：先将测量的模拟量转化为数字量，然后以数字的形式显示出来。

3. 按被测量种类分

分为电流表、电压表、功率表、频率表、相位表等。

4. 按电流种类分

分为直流表、交流表、交直流两用表。

5. 按准确度等级分

电工仪表按准确度可分为 0.1、0.2、0.5、1.0、1.5、2.5、5.0 七个等级。准确度等级的数字越小，仪表的准确度越高。

6. 按使用性质和装置方法分

分为固定式和便携式。

7. 按仪表结构及工作原理分

磁电式：标度均匀，灵敏度较高，但过载能力较差。

电磁式：标度不均匀，准确度不高，但过载能力强。

电动式：标度不均匀，过载能力差，但测量交流的灵敏度高。

铁磁电动式：标度不均匀，准确度也较低，但有较大的转动力矩，受外界磁场的影响小，耐振动。

感应式：标度不均匀，准确度较低，但转动力矩大，受外界磁场的影响小，且过载能力强。

流比计：能消除电压、频率的波动等外界影响，但标度不均匀，过载能力较差。

（三）常用电工类仪表的准确度

准确度等级是指符合一定的计量要求，使误差保持在规定极限以内的测量仪器的等别、级别。仪表准确度等级共 7 个，见表 3-1。

如果选用准确度 1.5%级，量程 30 V 的电压表，则测量结果中可能出现的最大绝对误差为 $\pm 1.5\% \times 30 = \pm 0.45$ V，测量 25V 时的最大相对误差为 $\pm 0.45 \div 25 \times 100\% = \pm 1.8\%$。

测量结果的精确度不仅与仪表的准确度等级有关，而且与它的量程也有关。

表 3-1　准确度等级

准确度等级	基本误差
0.1%	± 0.1%
0.2%	± 0.2%
0.5%	± 0.5%
1.0%	± 1.0%
1.5%	± 1.5%
2.5%	± 2.5%
5.0%	± 5.0%

（四）常用电工类仪表的选择注意事项

（1）按性质选择：看被测量是直流还是交流，以便选用直流仪表或交流仪表。

（2）按实际需要：根据工程性质，只要使测量结果的误差在工程实际允许范围内即可。

（3）按电阻大小：对测量电压的电压表，内阻越大越好，常要求电压表内阻值要大于被测对象 100 倍。

（4）按量值选择：不要用大量程的仪表去测量小量值，避免读数不准。

（五）常用仪表的检修

（1）观察法：通过人的眼睛观察、发现故障的方法。观察法主要用于检查零件变质损坏、电路板漏焊、虚焊、线间的短路烧焦、断线和元器件焊错等。

（2）触摸法：通过人的手指或其他部位去触摸元器件，从而发现元器件是否有过热或应该发热而不热的现象（如电源变压器及电子管等应该有发热现象），从而间接地判断故障部位的方法。

（3）静态测量法：通过万用表去测量线路中的直流工作电压、相电流，从而确定故障。这是排除故障常用的一种方法，对于测试线性电路尤为重要。

以上方法只是常用仪表调试或维修中的一些常用方法，实际应用时彼此间并孤立，有时需要几种方法交错使用，对测试结果进行综合分析，才能做出正确的判断。

二、万用表的结构和作用

（一）万用表定义

万用表是一种多功能、多量程的测量仪表，一般以测量电压、电流和电阻为主要目的，可以测量交直流电流、电压以及电阻和音频电平等，有的还可以测电容量、电感量以及半导体参数等。

（二）万用表的分类

1. 指针式万用表

指针式万用表是一种带有整流器的，可以测量交直流电流、电压及电阻等多种电学参量的磁电式仪表。指针式万用表也是最开始的一种万用表类型，表盘为指针式，我们需要选择合适的挡位，然后进行计算，如图 3-2 所示。

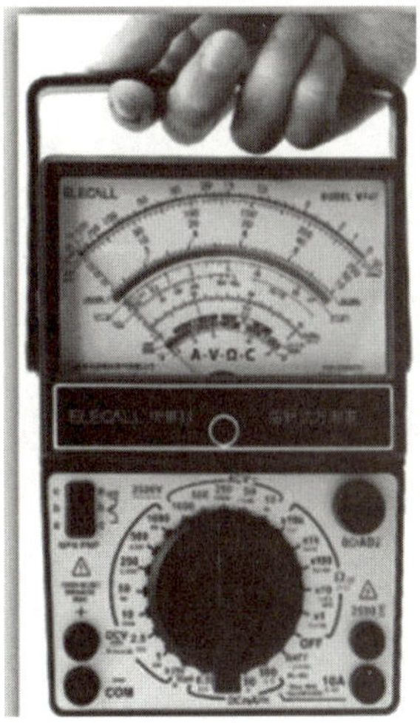

图 3-2　指针式万用表

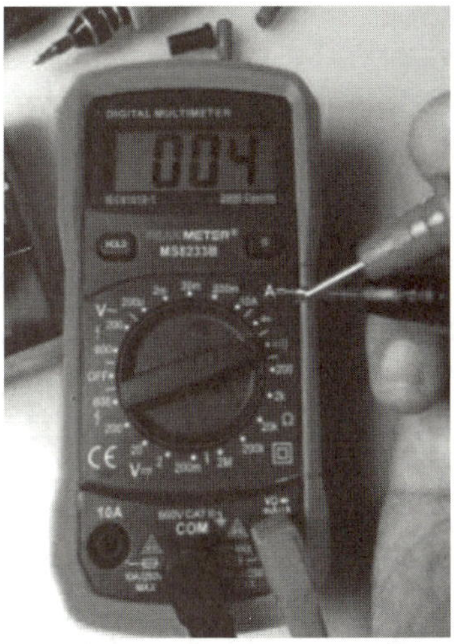

图 3-3　数字式万用表

2. 数字式万用表

数字式万用表只要我们选择好挡位，在测量过程中就会显示出数值，省去计算的过程。它的显示装置具有直观方便、精度高、寿命长等优点，如图 3-3 所示。

3. 钳形电流表

钳形电流表主要用于测量线路中的电流，因为电流表表头有互感器，能够准确测量出线路中经过的电流值，如图 3-4 所示。

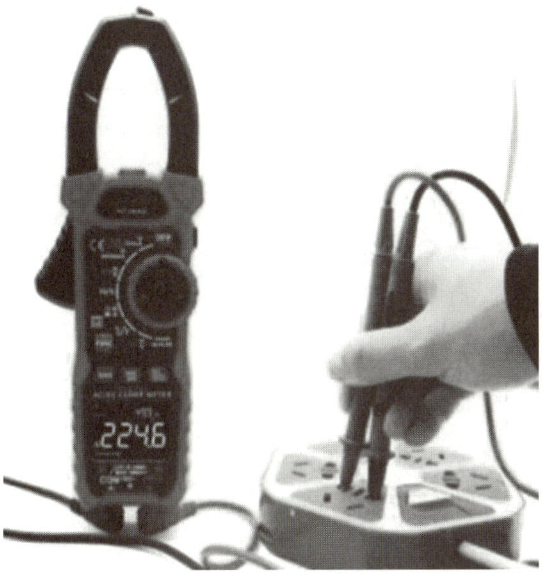

图 3-4　钳形电流表实物图

（三）万用表的结构

1. 指针式万用表

3.1.2 万用表的结构和作用

指针式万用表通常由表头、表盘、表笔、转换开关、调零部件、电池、整流器和电阻器等组成。

（1）表头一般是一只磁电式的直流电流表，它是万用表的主要部件，由指针、磁路系统、偏转系统和表盘组成。

（2）表盘是被测参量的刻度盘，上面印有多种符号及数值，符号“A-V-Ω”分别这只电表可以测量电流、电压和电阻。

（3）转换开关用来选择被测电量的种类和量程。大部分万用表只有一个转换开关，而500型万用表有两个转换开关以配合选择测量项目及量程。

2. 数字万用表

数字式万用表通常由表头、选择开关、表笔和表笔插孔量程等组成。

（1）表头一般由一只模拟/数字转换芯片、外围元件和液晶显示器组成，为磁电系测量机构，它只能通过直流，利用二极管将交流变为直流，从而实现交流电的测量。测量值由液晶显示屏直接以数字的形式显示。

（2）选择开关是一个多挡位的旋转开关，用来选择测量项目和量程。一般的万用表测量项目包括：直流电流、直流电压、交流电压、电阻。每个测量项目又划分为几个不同的量程以供选择。

（3）表笔分为红、黑二支。使用时应将红色表笔插入标有正极符号的插孔，黑色表笔插入标有负极符号的插孔。

（四）万用表的特点

万用表共用一个表头，集电压表、电流表和欧姆表于一体，不仅可以用来测量被测量物体的电阻、交直流电压，还可以测量直流电压，甚至有的万用表还可以测量晶体管的主要参数以及电容器的电容量等。数字式万用表的测量值由液晶显示屏直接以数字的形式显示，读取方便，有些还带有语音提示功能。

万用表的直流电流挡是多量程的直流电压表，表头并联闭路式分压电阻即可扩大其电压量程；万用表的直流电压挡也是多量程的直流电压表，表头串联分压电阻即可扩大其电压量程。分压电阻不同，相应的量程也不同。

（五）万用表的作用

1. 测量电压

万用表是一种多功能电测量仪器，可以测量电压、电流、电阻等多种物理量。其中，测量电压是其最基本的功能之一。万用表可以快速准确地测量直流电压和交流电压。

2. 测量电流

除了测量电压，万用表还可以测量电流。它可以通过连接电路的方式测量直流电流和交流电流，还可以通过电阻式测量直流小电流。

3. 测量电阻

与电压、电流测量相比，万用表还可以用来测量电阻，并显示其具体值。这一功能使得万用表成为了检测电路中故障的必备工具之一。

4. 适用于多个领域

万用表的应用领域非常广泛，不仅可以用于电子工程、机械维修、实验教学等领域，还可以在航空航天、化学实验等领域中进行使用。无论是在哪个领域中，万用表都可以为电工人员提供准确的数据和帮助。

三、示波器的结构和作用

（一）示波器的定义

示波器就是一款用来显示和记录随时间变化的电量的仪器。比如说电压、电流等，它比万用表更准确、更形象。示波器一般由信号采集装置（探针、探头等）、处理器与显示装置组成。

汽车电子控制系统中，电气系统、传感器、控制器与执行器之间基本上都是通过电子信号进行工作的，一旦出现问题，需要借助故障诊断仪、万用表、示波器等进行诊断。

汽车示波器对波形进行采样，如图 3-5 所示，并用模数转换器将模拟图像转换为数字波形，最后将波形重现到屏幕上面。在数字示波器中，存储波形点的长度，通常称为存储长度。由于处理要求非常快，这些存储器不是通用的同步内存，而是专用的高速存储器，价格较贵，因此较便宜的示波器都使用标准配置。触发系统决定了保存点的开始和结束点的位置。存储器里面的波形最后传送到显示系统中进行显示。

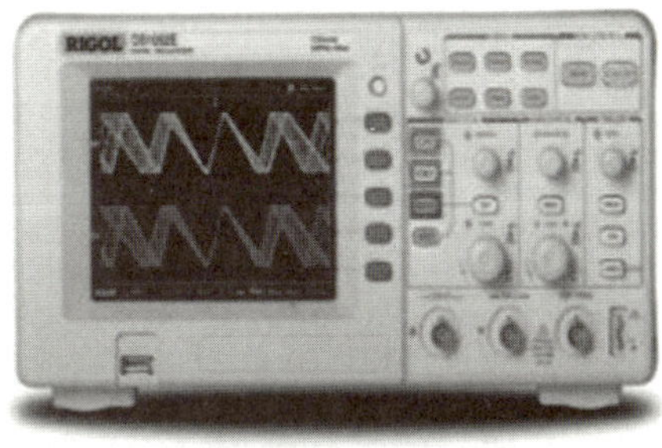

图 3-5　示波器

（二）示波器的类型

汽车示波器主要分为数字示波器与模拟示波器，如果按照通道数量来分，又有单通道、双通道等。为满足需求、简化操作，还有各种专用示波器。

模拟示波器和数字示波器都可以用来测试，模拟示波器是老式的示波器，是由阴极射线管内移动的光速形成的，显示器上显示的电压波形称为光迹。模拟示波器一般用于测试那些要求实时显示并且变化很快的信号，或者很复杂的信号。

而使用数字示波器是采集模拟的电压信号，然后将其转换为数字信息记录下来，再通过显示屏将其重现，用来显示周期性相对比较强的信号，另外由于是数字信号，数字示波器内置的 CPU 或者专门的数字信号处理器可以对其处理分析，并可以保存波形等，分析处理数据更加便捷。

还有一些示波器其本身并不带显示屏，需要连接电脑或手机等，其功能全面、成本低、携带方便，软件灵活高效。

（三）模拟示波器的结构

3.1.3 示波器的结构和作用

模拟示波器使用电子枪扫描示波器的屏幕，偏转电压使电子束从上到下均匀扫描，将波形显示到屏幕上，它的优点在于实时显示图像。

1. 示波管

阴极射线管（CRT）简称示波管，是示波器的核心。它将电信号转换为光信号。如图 3-6 所示，电子枪、偏转系统和荧光屏三部分密封在一个真空玻璃壳内，构成了一个完整的示波管。

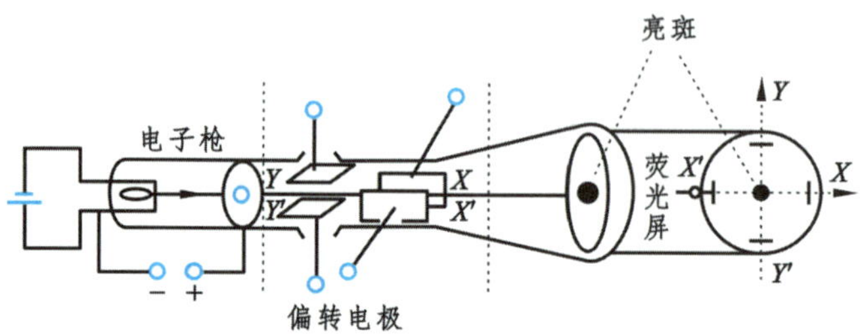

图 3-6 示波管平面图

2. 荧光屏

现在的示波管屏面通常是矩形平面，内表面沉积一层磷光材料构成荧光膜。在荧光膜上常又增加一层蒸发铝膜。高速电子穿过铝膜，撞击荧光粉而发光形成亮点。铝膜具有内反射作用，有利于提高亮点的辉度；铝膜还有散热等其他作用。当电子停止轰击后，亮点不能立即消失而要保留一段时间。亮点辉度下降到原始值的 10%所经过的时间叫作余辉时间。余辉时间短于 10 μs 为极短余辉，10 μs ~ 1 ms 为短余辉，1 ms ~ 0.1 s 为中余辉，0.1 s ~ 1 s 为长余辉，大于 1 s 为极长余辉。一般的示波器配备中余辉示波管，高频示波器选用短余辉示波管，低频示波器选用长余辉示波管。由于所用磷光材料不同，荧光屏上能发出不同颜色的光。一般示波器采用发绿光的示波管，以保护人的眼睛。

3. 偏转系统

偏转系统控制电子射线方向，使荧光屏上的光点随外加信号的变化描绘出被测信号的波形。*Y*、*Y′*和 *X*、*X′*两对互相垂直的偏转板组成偏转系统。*Y* 轴偏转板在前，*X* 轴偏转板在后，因此 *Y* 轴灵敏度高。两对偏转板分别加上电压，使两对偏转板间各自形成电场，分别控制电子束在垂直方向和水平方向偏转。

4. 示波管的电源

为使示波管正常工作，对电源供给有一定要求。规定第二阳极与偏转板之间电位相近，偏转板的平均电位为零或接近为零。阴极必须工作在负电位上。栅极 G 相对阴极为负电位，而且可调，以实现辉度调节。第一阳极为正电位，也应可调，用作聚焦调节。第二阳极与前加速极相连，对阴极为正高压，相对于低电位的可调范围为 ± 50 V。由于示波管各电极电流很小，可以用公共高压经电阻分压器供电。

（四）数字示波器的结构

相比于模拟示波器，数字示波器是目前普遍采用的技术，通过模拟/数字转换把被测电压模拟量数字化，其后存储、数字处理和波形分析显示，如图 3-7 所示。

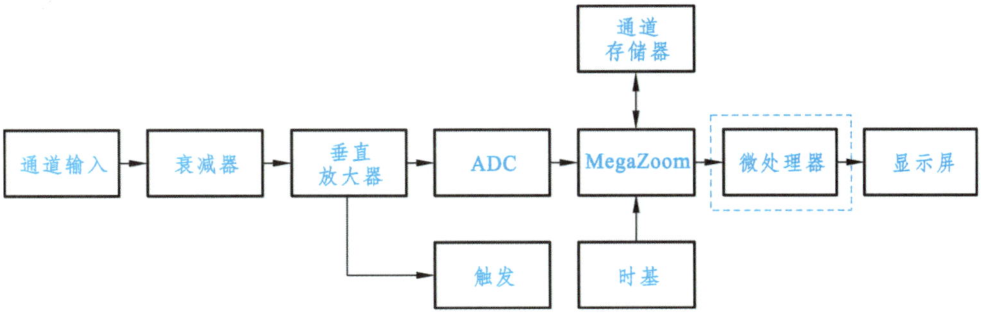

图 3-7　示波器结构简图

1. 处理电路

数字示波器的第一个组成部分是处理电路。数字示波器测量信号时，被测信号经模-数变换器送入数据存储器，通过键盘操作，可对捕获的波形参数的数据，进行加、减、乘、除、求平均值、求二次方根值、求均方根值等的运算，并显示出答案数字。

为了增强示波器的综合能力，数据处理是必须的。另外预触发能够让我们看到触发前的波形情况。和模拟示波器一样，使用数字示波器来测试，也需要调整垂直幅度、水平时间间隔和触发设置。

2. 显示装置

数字示波器内部带有波形和字符驱动电路，外部装有数字显示器，有的产品在示波管荧光屏上既可显示波形，又可显示字符，现在大多采用液晶显示屏或带触摸的高清显示屏。

（五）示波器的作用

汽车电子设备的有些信号变化非常快，变化周期达到 1 ms，通常测试仪器的扫描速度应该是被测信号的 5 ~ 10 倍。许多故障信号是间歇的，时有时无，这就需要仪器的测试速度高于故障信号的速度。

当汽车的电子设备或线路出故障时，就需要维修人员着手采集所有相关的数据。示波器能显示电路中电子运动的轨迹，其方法是将电压随时间的变化以曲线的方式显示出来，所示电压的大小取决于电路中的电流和电阻。根据示波器上显示的电压随时间变化的曲线，我们可以准确地判断电路中存在的问题。要使示波器发挥出最大的功效，就需要对所采集到的波形进行对比分析。

任务二　汽车常用仪器仪表的特点和使用方法

核心知识点

汽车仪器仪表是车辆运行状态的直观体现，对驾驶员而言，它们能够提供诸如速度、油量、水温、转速等关键车辆信息，帮助驾驶员实时了解车辆的工作状态，从而做出准确的驾驶决策，确保行车安全。此外，汽车仪器仪表还能为故障诊断提供重要线索，有助于及时发现并解决问题，有效避免潜在的安全隐患。

3.2.1　万用表的使用方法

一、指针式万用表的使用

指针式万用表是一种多功能、多量程的测量仪表，一般万用表可测量直流电流、直流电压、交流电流、交流电压、电阻和音频电平等，有的还可以测交流电流、电容量、电感量及半导体的一些参数。

指针式万用表的读数精度较数字式万用表稍差，但指针摆动的过程比较直观、明显，其摆动速度和幅度有时也能比较客观地反映被测量值的大小和方向。常见型号有 MF30、MF47、MF50、MF500 等。

（一）使用方法

1. 检查表内电池

分别将倍率转换开关置于 R×1 挡（测 1.5 V 电池）和 R×10 k 挡（测较高电压电池），将表笔相碰看指针是否指在零位，如调整旋钮后，指针仍不能指在零位，则需更换电池。

2. 机械调零

使用前检查指针是否指在机械零位上，即指针在静止时是否指在电阻标度尺的“0”刻度处。若不在，应用小改锥左右调节机械调零旋钮，使指针的位置准确指在“0”刻度处，如图 3-8 所示。

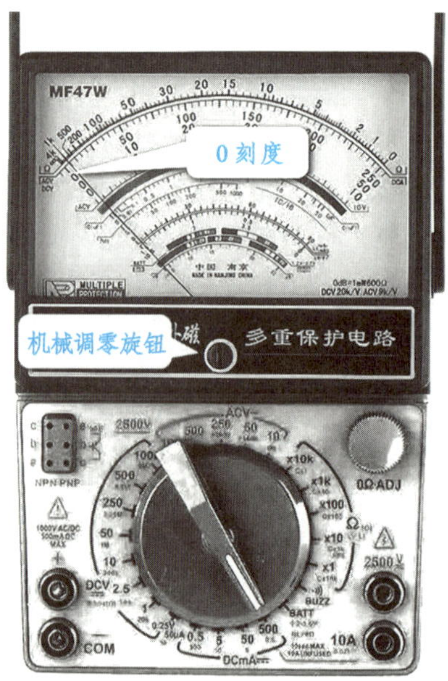

图 3-8　指针式万用表机械调零

3. 测量直流电压

首先，将红、黑表笔分别插入“+”“-”插孔中，把转换开关拨到直流电压挡，并根据所测电压的高低选择合适的量程。当被测电压数值范围不清楚时，可先选用较高的测量范围挡，再逐步选用低挡，测量的读数最好选在满刻度的 2/3 处附近。

其次，把万用表并接到被测电路上，红表笔接到被测电压的正极，黑表笔接到被测电压的负极，不能接反。

最后，根据指针稳定时的位置及所选量程，正确读数。

4. 测量交流电压

首先，把转换开关拨到交流电压挡，并根据所测电压的高低选择合适的量程。若被测电压数值范围不清楚时，应和直流电压测量方法一样，由高到低，逐级调整到合适的挡位。

其次，将万用表两根表笔并接在被测电路的两端，不分正负极。

最后，根据指针稳定时的位置及所选量程，正确读数，其读数为交流电压的有效值。

5. 测量直流电流

首先，把转换开关拨到直流电流挡，选择合适的量程。在测量前若不能估计被测电流的大小，则应先用最高电流挡进行测量，以免指针偏转过度而损坏表头。

如图 3-9 所示，将被测电路断开，把万用表串接在被测电路中。注意正、负极性不可接反，电流从红表笔流入，从黑表笔流出。测量时若万用表指针反偏，说明极性接反，这时将表笔“+”　“-”极性对调即可。

最后，根据指针稳定时的位置及所选量程，正确读数。

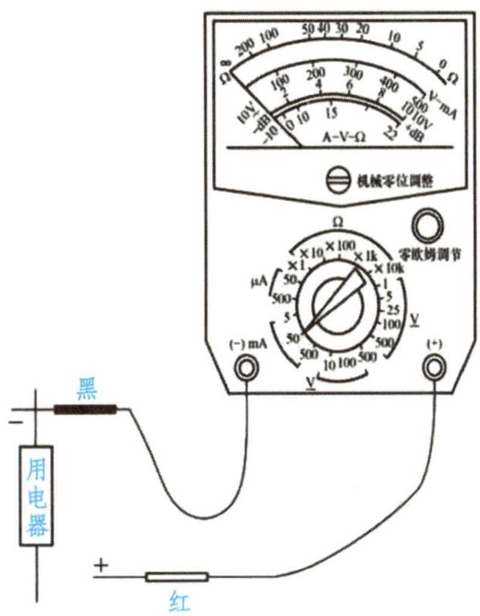

图 3-9　指针式万用表测电流

6. 欧姆调零

当两表笔短接时，R_x=0，此时表头电流达到最大，指针应达到满刻度偏转。若指针不能偏转到满刻度位置，则可通过调节欧姆调零旋钮调节流入表头的电流，以达到当 R_x=0 时，指针指示零点的目的。

7. 测量电阻

首先，把转换开关拨到欧姆挡，选择合适的量程，如图 3-10 所示。

其次，两表笔短接，进行欧姆调零，即转动零欧姆调节旋钮使指针打到电阻刻度右边的“0”处。如无法调至“0”处，必须更换电池。

最后，将被测电阻脱离电源，用两支表笔接触电阻两端，用表头指针显示的读数乘以所选量程的倍率数即为所测电阻的阻值。如选用 R × 100 挡测量，指针指示 40，则被测电阻值为 40 × 100 = 4 000 Ω = 4 kΩ。

图 3-10 指针式万用表量程选择拨盘

（二）使用注意事项

（1）在测量时，不能旋动转换开关，特别是高电压和大电流时，严禁带电转换量程。

（2）测量电阻时，每换一次倍率挡都要重新进行欧姆调零。如果电路中有电容器，应先将其放电后才能测量，严禁带电测量电阻。

（3）不准用两只手捏住表笔的金属部分测电阻，否则会将人体电阻并接于被测电阻而引起测量误差。

（4）不允许用万用表电阻挡直接测量高灵敏度表头内阻，以免烧坏表头。

（5）测量完毕后，最好将转换开关置于交直流电压最高或空挡位置上。

二、数字式万用表的使用

数字万用表是一种多用途电子测量仪器，一般包含安培计、电压表、欧姆计等功能，有时也称为万用计、多用计、多用电表，或三用电表。它既有用于基本故障诊断的便携式装置，也有适用于工作台的专业装置，部分高端产品的分辨率甚至可以达到七八位。主要用于物理、电气、电子等测量领域。

（一）使用方法

1. 交、直流电压的测量

把红表笔插入“V/Ω”孔，黑表笔插入“COM”孔，根据需要将挡位/量程开关拨至直流电压或交流电压范围内的合适位置。接通电源开关，将测试笔连接到被测源的两端，读数即显示。在显示直流电压值的同时，将显示红表笔端的极性。如测量值显示为“-”，则说明红表笔接的是被测电压的低端。如果显示器只显示“1”，表示超出量程，功能开关应置于更高的量程。在测量仪器仪表的交流电压时，应当用黑表笔去接触被测电压的低电位端（如信号发生器的公共地端或机壳），以消除仪表对地分布电容的影响，减少测量误差，如图 3-11 所示。

图 3-11　万用表测直流电压

2. 交、直流电流的测量

将挡位/量程开关拨至直流电流或交流电流范围内的合适位置，红表笔根据被测电流大小插入“20 A”孔或“mA”孔，黑表笔插入“COM”孔，并通过表笔将万用表串联在被测电路中即可（应注意被测电流的极性）。在测量直流电流时，数字万用表能自动转换或显示极性。

3. 电阻的测量

如图 3-12 所示。将挡位/量程开关拨至电阻挡范围内的合适量程，红表笔插入“V/Ω”“V/Ω”孔，黑表笔插入“COM”孔。两表笔连接到被测电阻上，显示器将显示被测电阻值。如果被测电阻值超出所选择量程的最大值，万用表将显示过量程“1”（即溢出状态，为无穷大），这时应选择更高的量程。电阻开路或无输入时也显示“1”，应注意区别。对于大于 1 MΩ 的电阻，要几秒钟后读数才能稳定，这是正常的。当检查内部线路阻抗时，要保证被测线路所有电源切断，所有电容放电。

图 3-12　万用表测量电阻

4. 二极管的测量

数字万用表上的二极管测量挡标注有二极管图形符号，将挡位/量程开关拨至该挡，把黑表笔插入“COM”插孔，红表笔插入“V/Ω”孔。接通电源开关后，将两支表笔分别接在二极管两端或三极管 PN 结的两端。正向情况下，万用表会显示二极管正向压降的近似值（一般锗管的正向压降为 0.2 ~ 0.3 V，硅管的正向压降为 0.5 ~ 0.8 V）。反向情况下，显示屏应显示“1”，表明二极管不导通，或者说明此二极管反向漏电流大。

（二）使用注意事项

（1）当显示屏出现“LOBAT”或“←”时，表明电池电压不足，应予更换。

（2）测量完毕，应关上电源；若长期不用，应将电池取出。

（3）更换电池或熔丝时，应切断电源开关，且注意熔丝应与原机熔丝相同。

（4）不宜在日光及高温、高湿环境下使用与存放，使用时应轻拿轻放。

三、绝缘表的使用方法

为了防止绝缘材料由于发热、受潮、污染、老化等原因所造成的损坏，为便于检查修复后的设备绝缘性能是否达到规定的要求，都需要经常测量其绝缘电阻。

3.2.2　绝缘表的使用方法

（一）什么是兆欧表

绝缘表，又叫兆欧表，是测量兆欧姆（MΩ）数量级电阻值的仪表，它的刻度是以兆欧（MΩ）为单位的。传统的机械式兆欧表又称摇表，是由高压手摇发电机及磁电式双动圈流比计组成，具有输出电压稳定、读数正确、噪声小、摇动轻，且装有防止测量电路泄漏电流的屏蔽装置和独立的接线柱。

（二）绝缘测量仪表的类型

1. 手摇式兆欧表

手摇式兆欧表是由高压手摇发电机及磁电式双动圈流比计组成，电源为手摇发电机，又称摇表，如图 3-13 所示。

图 3-13　手摇式兆欧表

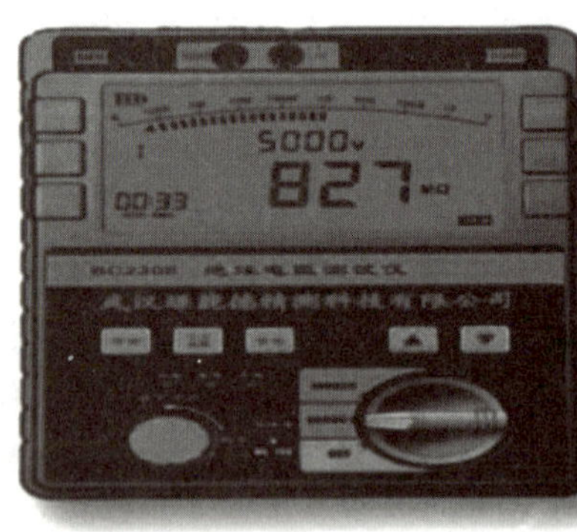

图 3-14　电动式兆欧表

2. 电动式兆欧表

电动式兆欧表采用 6 ~ 12 V 电池作为直流电源，通过直流变换器进行反馈与稳压处理，从而输出稳定的直流电压（范围在 100 ~ 5 000 V），如图 3-14 所示。其测量机构是一个设计简洁的电流表头，整体构成了一个电动式（或称为晶体管式）的绝缘电阻表。

3. 数字式兆欧表

数字式兆欧表根据数字仪表的原理，采用 D/A 转换器将所测绝缘电阻值转换为数字显示，即数字绝缘电阻表，如图 3-15（a）所示。

4. 智能化兆欧表

智能化兆欧表是在数字化的基础上，使用单片机技术研制的智能化绝缘电阻表，测量数据采集、计时、计算、打印全部自动化，如图 3-15（b）所示。

5. 专用型兆欧表

专用型兆欧表用于双水内冷发电机测量定子绕组绝缘性能，要求输出功率大，而且有补偿回路和测量回路，输入端接地，如图 3-15（c）所示。

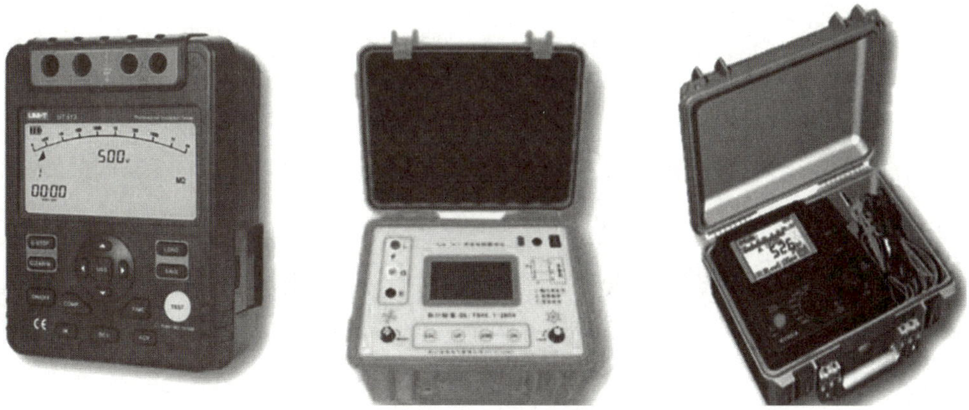

（a）数字式兆欧表　　（b）智能化兆欧表　　（c）专用型兆欧表

图 3-15　兆欧表实物图

（三）手摇式兆欧表

1. 特点及用途

手摇式兆欧表优点是比较方便，但缺点是输出电压难以保证。兆欧表是专供用来检测电气设备、供电线路的绝缘电阻的一种便携式仪表。电气设备绝缘性能的好坏，关系到电气设备的正常运行和操作人员的人身安全。

2. 工作原理

手摇式兆欧表工作原理如图 3-16 所示。

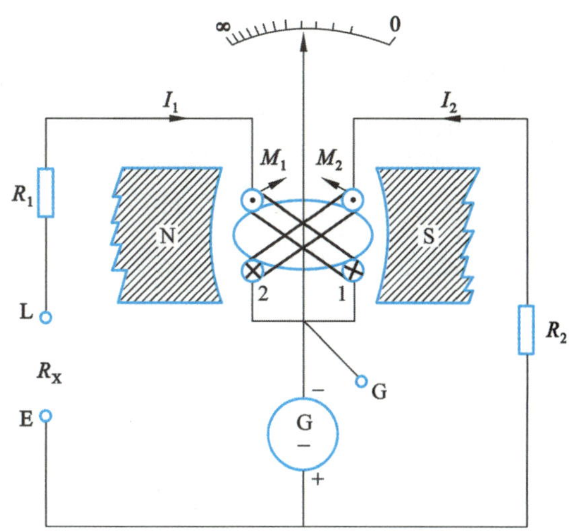

图 3-16　手摇式兆欧表的工作原理

被测电阻 R_x 接在 L 与 E 端之间。摇动直流发电机的手柄，发电机两端产生较高的直流电压，线圈 1 和线圈 2 同时通电。

当以 120 r/min 转速均匀摇动手柄时，通过线圈 1 的电流 I_1 与气隙磁场相互作用产生转动力矩 M_1；通过线圈 2 的电流 I_2 也与气隙磁场相互作用产生反作用力矩 M_2，M_1 与 M_2 方向相反，由于气隙磁场是不均匀的，所以转动力矩 M 不仅与线圈 1 的电流 I_1 成正比，而且还与线圈 1 所处的位置有关。

在测量 R_x 时，随 R_x 的改变，I_1 改变，而 I_2 基本不变。线圈 2 主要是用来产生反作用力矩的，这个力矩基本不变。当 $R_x \to 0$ 时，I_1 最大，兆欧表的指针在转动力矩和反作用力矩的作用下偏转到最大位置。当 $R_x \to \infty$ 时，$I_1 \to 0$，指针在反作用力矩的作用下偏转到最小位置，所以兆欧表可以测量 0 ~ ∞ 之间的电阻。

（四）数字式兆欧表

1. 特点及用途

数字式兆欧表不需人力做功，由电池供电，量程可自动转换。一目了然的面板操作和 LCD 显示使得测量十分方便和迅捷。

仪表采用便携式设计，便于野外操作，是测量大型变压器、互感器、发电机、高压电动机、电力电容、电力电缆、避雷器等绝缘电阻的理想测试仪器。

2. 工作原理

数字兆欧表由中大规模集成电路组成，测量时机内电池作为电源经 DC-DC 变换产生的直流高压由 E 极出经被测试点到达 L 极，从而产生一个从 E 到 L 极的电流，经过 I-U 变换经除法器完成运算，直接将被测的绝缘电阻值由 LCD 显示出来，如图 3-17 所示。

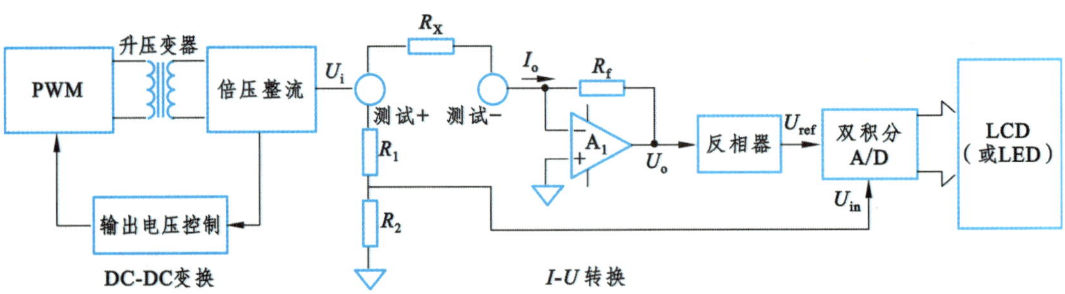

图 3-17　数字兆欧表工作原理

（五）兆欧表的选用

1. 电压选用

兆欧表的额定电压一定要与被测电气设备或线路的工作电压相适应。

2. 范围选用

兆欧表的测量范围要与被测绝缘电阻的范围相符合，以免引起大的读数误差。

3. 种类选用

手摇式绝缘表简称摇表，也叫兆欧表，在电工班组里配备比较普遍，因其使用简单、直接、方便、耐用、便宜等优点而被广泛使用，兆欧表的电压等级应高于被测物的绝缘电压等级。

对于数字式绝缘表，测量额定电压在 500 V 以下的设备或线路的绝缘电阻时，可选用 500 V 或 1 000 V 兆欧表；测量额定电压在 500 V 以上的设备或线路的绝缘电阻时，应选用 1 000 ~ 2 500 V 兆欧表；测量绝缘子时，应选用 2 500 ~ 5 000 V 兆欧表。一般情况下，测量低压电气设备绝缘电阻时可选用 0 ~ 200 MΩ 量程的兆欧表。

（六）兆欧表的使用和注意事项

1. 兆欧表的使用方法

绝缘电阻表本身工作时会产生高电压，若使用不当，会造成人身及设备事故。本书以指针式绝缘电阻表为例，详细介绍绝缘电阻表的正确使用方法。

2. 接　线

（1）兆欧表有三个接线端钮，分别标有 L（线路）、E（接地）和 G（屏蔽），如图 3-18 所示。

（2）当测量电力设备对地的绝缘电阻时，应将 L 接到被测设备上，E 可靠接地即可。

图 3-18　兆欧表外形图

3. 检　查

（1）开路试验：将兆欧表的表笔分开，在兆欧表未接通被测电阻之前，摇动手柄使发电机达到 120 r/min 的额定转速，观察指针是否指在标度尺“∞”的位置。

（2）短路试验：短路试验表笔，将端钮“L”和“E”短接，缓慢摇动手柄，观察指针是否指在标度尺的“0”位置。

（3）观测被测设备和线路是否在停电的状态下进行，并且兆欧表与被测设备间的连接导线不能用双股绝缘线或绞线，应用单股线分开单独连接。将被测设备与兆欧表正确接线。摇动手柄时应由慢渐快至额定转速 120 r/min。

（4）正确读取被测绝缘电阻值大小。同时，还应记录测量时的温度、湿度，以便于分析测量结果。

（5）使用绝缘电阻表应远离磁场，安放水平，位于分析测量结果，如图 3-19 所示。

需注意：摇表未停止转动之前或被测设备未放电之前，严禁用手触及，防止人身触电。

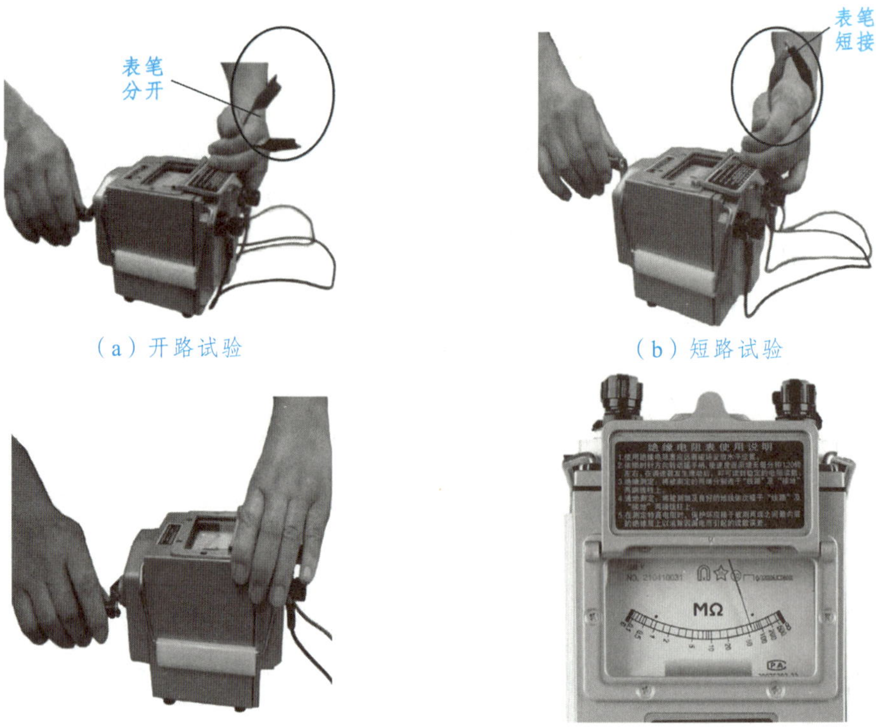

（a）开路试验　（b）短路试验

（c）摇动手柄　（d）读数

图 3-19　兆欧表检测步骤

4. 数字式兆欧表的正确测试

（1）将表笔黑线（E）端接入被测物体的接地端，红线（L）端接入被测物体的金属裸露部分。

（2）根据设备的不同或按规程要求，将转换开关旋转至合适的电压等级，以确保测试结果的准确性。

（3）按下测试按钮并顺时针旋转将其保持在测试状态，此时高压指“POWER ON”红灯被点亮，指针在相应测试电压的刻度及相应量程上指示被测设备的绝缘电阻值。

（4）当指针稳定在某一刻度不再摆动时，记录此时的数据，即为此设备或回路对地的绝缘电阻值。

（5）将测试按钮逆时针旋转并松开，当高压指示灯“POWER ON”红灯熄灭后，将红色和黑色表笔分别收回，最后用导线将被测设备或回路对地放电，绝缘测试完毕，如图 3-20 所示。

图 3-20　数字式兆欧表

5. 兆欧表的使用注意事项

（1）当被测电气设备带电时，不能使用绝缘表测量。在测量前一定要确保被测设备与电源断开且无电。

（2）用绝缘表测试前，需要检查绝缘表是否能够正常工作，如将表笔线路（L）和接地（E）短接，并测试，表计指针若指向“0”刻度线，表示绝缘表可以正常工作，否则不能使用。

（3）用绝缘表测试过的电气设备必须进行放电，切勿用手触碰。

（4）在测量中，如果指针指向“0”刻度线，表明被测电气设备存在短路接地情况，这时应立即停止测量。

（5）在进行绝缘测试过程中，要确保身体不得接触测量部分，防止人身触电。

（6）若测试的电气设备或回路涉及多个工作地点，应派人在各地点做好监护，防止人身触电。

（7）绝缘表通常采用的是 9 V 电池供电，应定期检查电池电量，并进行更换。同时在每次使用完绝缘表时都要将量程转换开关旋转至“OFF”挡位。

（8）兆欧表的接线柱有三个：一个为“L”，即线端；一个为“E”，即地端；另一个为“G”，即屏蔽端（也叫保护环）。一般被测绝缘物体接在“L”“E”之间，但当被测绝缘体表面严重漏电时，必须将被测物的屏蔽端或不需测量的部分与“G”端相连接。这样漏电流就经由屏蔽端“G”直接流回发电机的负端形成回路，而不再流过兆欧表的测量机构（流比计）。从根本上消除了表面漏电流的影响，特别应该注意的是测量电缆线芯和外表之间的绝缘电阻时，一定要接好屏蔽端“G”。

（9）绝缘电阻表与被测设备之间若需要使用连接导线时，必须使用绝缘良好的单根导线，不能使用双根绞线，否则对测量的结果影响很大。

四、故障诊断仪的使用方法

3.2.3　故障诊断仪器重要性

（一）汽车故障

汽车故障是指汽车部分或完全丧失工作能力的现象。

汽车故障诊断仪是车辆故障自检终端、汽车故障诊断仪，又称汽车解码器，是用于检测汽车故障的便携式智能汽车故障自检仪，用户可以利用它迅速地读取汽车电控系统中的故障，并通过液晶显示屏显示故障信息，迅速查明发生故障的部位及原因，如图 3-21 所示。

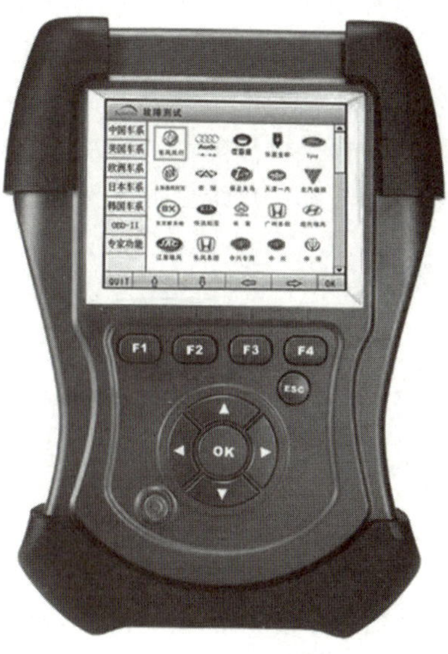

图 3-21　故障诊断仪实物图

（二）汽车故障类型分类

1. 按丧失工作能力的程度分

汽车故障分为局部故障和完全故障：局部故障是指汽车部分丧失了工作能力，降低了使用性能的故障；完全故障是指汽车完全丧失工作能力，不能行驶的故障。

2. 按造成后果的严重程度分

汽车故障分为一般故障、严重故障和致命故障。一般故障：不影响行车安全，非主要零部件故障，可用备件的随车工具在较短时间内排除的故障。严重故障：影响行车安全，引起主要零部件、总成严重损坏，不能用易损备件和随车工具在短时间内排除的故障。致命故障：危及人身安全，引起主要总成报废，造成重大经济损失，对周围环境造成严重危害的故障。

（三）新能源汽车故障特点和故障诊断方法

相比于传统汽车，新能源汽车的故障问题大多表现在电池、电路以及控制器等方面。为进一步提升新能源汽车维护、检修水平，提高汽车养护效果，汽修人员必须有效结合自身专业技能、检修经验与现代化技术，在全面掌握电动汽车电池维修关键技术及新能源汽车控制器维修关键技术的基础上，实现汽车维修技术的创新和发展，进一步推动新能源汽车的普及应用。

新能源汽车的故障诊断和维修技术有别于传统汽车，维修人员要对新能源汽车各故障类型、技术经验等不断提升，掌握故障的各种类型，会使用先进诊断检测仪器设备，尤其是正确、熟练使用故障诊断仪，从而更好地为客户提供优质服务并推动我国新能源汽车行业发展。

（四）汽车故障诊断仪的作用

汽车故障诊断仪是车辆故障自检终端，是可用于检测汽车故障的便携式智能设备。汽车故障诊断仪使用便捷，操作简单，我们可以利用它迅速地读取汽车电控系统中的故障，并通过液晶屏上显示的详细故障信息，迅速查明发生故障的部位及原因。

汽车故障诊断仪可用于诊断各品牌车辆故障、清除故障代码、读取数据流、读取波形、进行保养服务、特殊功能调校等，助力专业化维修服务获得更高效率。

（五）汽车故障诊断仪的类型

1. 通用诊断仪

通用诊断仪主要功能：故障码读取和清除、动态数据显示、传感器和部分执行器的功能测试与调整、某些特殊参数的设定、维修资料及故障诊断提示、波形图分析等。

2. 专用诊断仪

专用诊断仪主要功能：专门对某些车辆进行故障码读取、功能测试与调整、参数的设定和维修资料及故障诊断提示等，诊断效果更好，但价格比较昂贵，不能用于其他车辆的故障诊断。

（六）通用故障诊断仪的使用

燃油车维修经常需要使用诊断仪，电动汽车也一样，出现异常时，系统会提示一个错误代码，使用诊断仪可以读故障码、清除故障码、读数据流等，方便快速地找到问题所在。下面我们来学习通用故障诊断仪的使用方法。

1. 设备连接

要先连接好主机、测试延长线和诊断接头后，才能把测试接头连接到诊断座上，否则容易导致连接过程中因导线短路使诊断座熔丝熔化，如图 3-22 所示。

（1）将诊断盒插入诊断插槽，注意插入方向。

（2）确定诊断座的位置、形状以及是否需要外接电源。

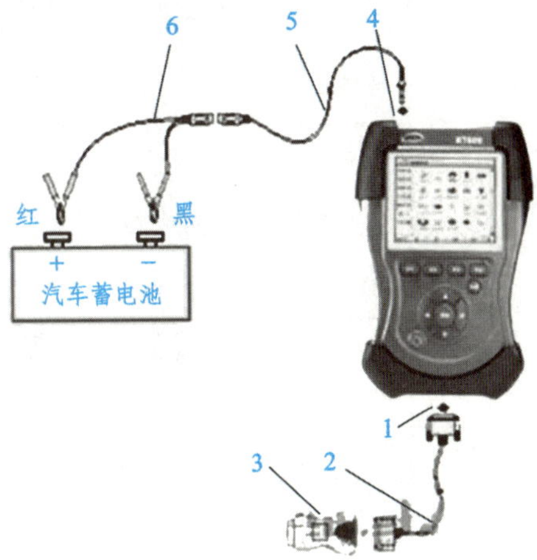

图 3-22　故障诊断仪连接图

（3）根据车型及诊断座的形状选择相应的接头。

（4）将测试延长线的一端插入诊断仪的测试口内，另一端连接测试接头。

（5）将连接好测试延长线的测试接头插到车辆的诊断座上。

2. 进入诊断系统

（1）连接好仪器接通电源，起动故障诊断仪进入主菜单，选择汽车诊断模块，汽车诊断程序是以车型车标图形为按钮，点击某汽车相应的图标即可对该车进行诊断。见表 3-2。

（2）选择相应的车型图标进行车辆故障测试，不同车型的诊断界面操作方法大体相似，各车型具体测试方法按照仪器界面提示操作，如图 3-23 所示。

（3）直接点击“选择系统”栏进入下一级操作界面。

（4）选择诊断部件，将显示汽车电脑版本号，部分车型会有多屏显示，点击“查看”。读取完汽车电脑版本号后，按任意键，进入系统诊断界面。

表 3-2　图标含义

图标	图标含义	具体说明
1	车系选择	中国车系/美国车系/欧洲车系/日本车系/韩国车系/OBD-Ⅱ，根据被测车辆正确选择
2	维修帮助	包含了“音响解码功能”“演示教程”“资料库”“KT 系列注册升级指导”“防盗系统”“遥控器系统”“维修手册”（包含故障码分析，数据流分析，基本设定与调整技巧，控制单元编码技巧，第二、三代防盗系统匹配）
3	ESC	触摸按钮，退出，返回上级菜单
4	⇧⇩⇦⇨	触摸按钮，方向选择
5	OK/确定	触摸按钮，确认选择
6	选择车型	根据被测车型正确选择（车型图标会根据你使用的频率自动排列）

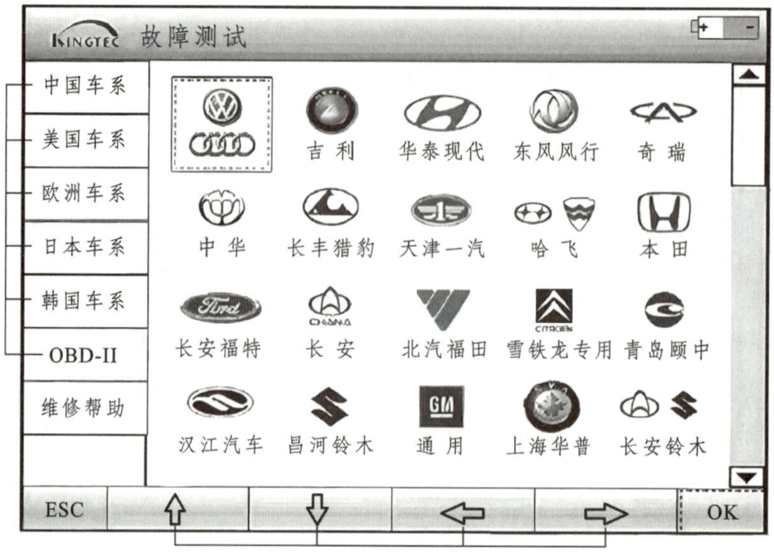

图 3-23 选择车型

3. 读取车辆电脑型号

在系统功能选择菜单中选择“读取车辆电脑型号”，屏幕将显示车辆电脑型号界面。按任意键或点击屏幕将会显示下一屏相关信息，按“ESC”键返回上一级，如图 3-24 所示。

此项功能可以读取被测试系统的电脑信息，包括版本号、CODING 号、服务站代码以及相关信息。一般更换车辆控制单元时，需要读出原控制单元信息并记录，以作为购买新控制单元的参考，对新的控制单元进行编码时，需要原控制单元信息。

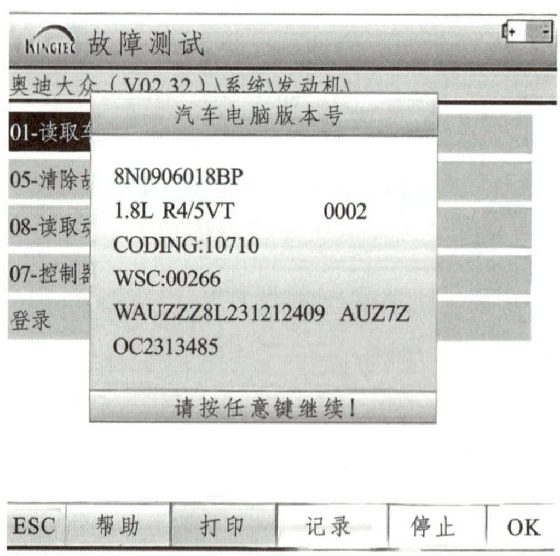

图 3-24 故障诊断仪“读取汽车电脑型号”

4. 读取故障码

（1）在系统功能选择菜单中选择“读取故障码”，系统开始检测电脑随机存储器（ROM）

中存储的故障记忆内容，测试完毕屏幕显示出测试结果，如图 3-25 所示。

（2）通过滚动条滚动屏幕查看所有故障码信息，若所测试系统无故障码，则屏幕显示“系统正常”字样，选择“ESC”按键返回上一级菜单。

该功能可以读取被测试系统 ECU 存储器内的故障代码，帮助维修人员快速查到车辆故障引起的原因。

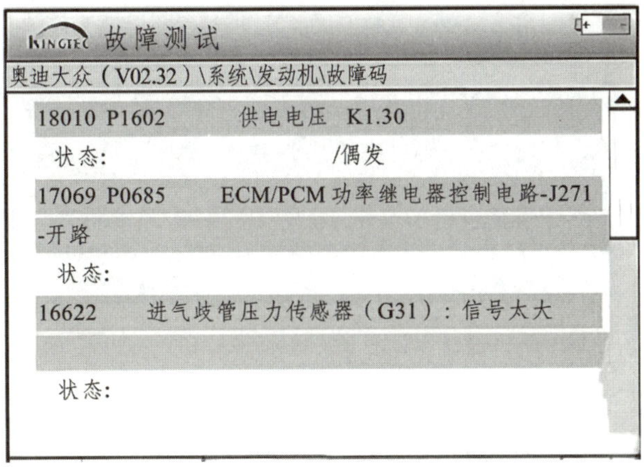

图 3-25　读取故障码

5. 清除故障码

在系统功能选择菜单中选择“清除故障码”，进入“清除故障码”的操作界面，如图 3-26 所示。

该项功能可以清除被测试系统 ECU 内存储的故障代码，一般车型严格按照常规顺序操作。当前硬性故障码是不能被清除的，有些类型的技术性故障码虽然能立即清除，但在一定周期内还会出现。必须要彻底排除故障之后故障码才不会再出现。

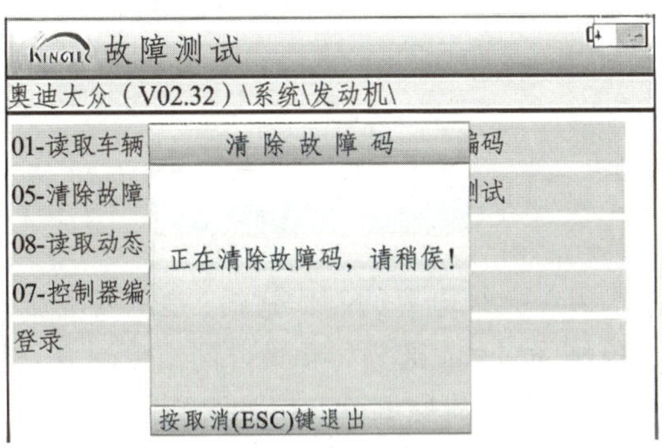

图 3-26　故障诊断仪“清除故障码”

项目四

Project 4

常用导线的连接

任务一　常用导线的基础知识

核心知识点

导线在日常生活中应用广泛，随处可见，其种类丰富多样，既有纯铜材质的，也有铜与其他金属复合而成的合金材质，且外面均包裹着绝缘材料。本项目对导线进行了详尽介绍，通过该项目的学习，可掌握导线的分类，并能依据导线的种类、材料以及粗细等，选择合适的方法对导线进行连接。

一、导线的认知

4.1.1　常用导线的基础知识

（一）导线的概述

导线是一种电器材料，是用作电线电缆的制作材料，是承载电流的导电线材，在工业领域也被称为电线。通常，导线由铜或铝制成，也有采用银线制作的（因其具有良好的导电、导热性），可用于疏导电流、导热以及传输电信号和电能。常见的导线有实心、绞合、编织等不同种类。此外，导线还是将一系列测量控制点依相邻次序连接，而构成折线形式的平面控制图形，由系统导线元素组成。

（二）导线的用途

1. 输电传能

导线在电力行业中是极为重要的电气元件，主要承担着将电能从发电机传输至用电设备的重任，有力确保了电能的长距离传输以及稳定性与质量。

2. 连接电缆

导线还可将电缆连接起来，构成一定长度的电力传输系统，进而实现不同电器之间的连通。此外，在工业生产进程中，导线也被广泛应用于传输各类信号和数据等辅助性用途。

3. 接　地

导线还可以用于接地，即与地面相连，将电荷平衡转移到地面，以防止电击事故的发生。

4. 保　护

除了传输能量与信号之外，导线在一定程度上还具有保护设备的作用。借助导线接地或连接电阻等方式，能够实现对设备的有效保护，减轻来自各种外力、环境以及设备自身因素所带来的损害。

同时，导线还可以用于特种要求的绝缘电线，如汽车用的高压点火线、电器引接线、补偿导线等。

（三）导线应用的领域

导线的应用领域非常广泛。

1. 电力行业

在电力行业中，导线主要用于输送电能。不同类型的导线适用于不同的电压级别和输电距离，如高压输电线路、中压线路和低压线路等。

2. 通信领域

在通信领域中，导线主要用于传输信号，如电话线、光纤等。

3. 电信设备

导线在各类电子器件中得到广泛应用，如电视机、电脑、手机、无线电、音响等设备，用于实现电子设备的连接功能。

4. 照明与家用电器

导线也用于照明和家用电器，如灯、电风扇、电磁炉、冰箱等设备，以实现电能的传输和控制。

二、导线的类型

导线的分类方式很多：

（1）按材质分为：聚氯乙烯（PVC）绝缘电线、橡皮绝缘电缆、低烟低卤、低烟无卤硅橡胶导线、四氟乙烯线等。

（2）按防火要求分为普通型和阻燃型。

（3）按线芯分为硬导线和软导线。

（4）按温度分为普通（70 °C）导线、耐高温（105 °C）导线。

（5）按颜色分为黑线和色线，优先推荐使用黑色线。

（6）按额定电压值分为 300/500 V、450/750 V、600/1 000 V、1 000 V 以上。

随着社会的飞速发展以及科学技术的不断进步，导线的品种日益增多。在汽车的诸多特殊环境中，必须采用特殊导线，以满足其特殊功能需求。目前粗略统计，导线有一千多种，涵盖两万多个规格。根据制造工艺、结构特点、功能要求、产品的用途，常用的导线包括电线和电缆，可分为裸线、电磁线、通信电缆和绝缘电缆四类（见图 4-1）。

（a）裸线　（b）电磁线　（c）通信电缆　（d）绝缘电缆

图 4-1　常用导线的种类

（一）裸　线

裸线只有导体部分没有绝缘和护层结构，主要提供给各种电线、电缆作导电线芯用，如圆单线、扁线、铜绞线、铝绞线，以及在电机、电器、变压器等电气设备中作为导电部件使用，如母线、梯排、异形排和软接线等。

1. 裸线类型

裸线按产品的形状与结构，裸线可分为圆单线、绞线、软接线和型线。

（1）圆单线是用不同的导体材料和加工方式制成，可单独使用也可做成绞线，它是构成各种电线电缆线芯的单体材料。

（2）绞线由多根圆线或型线绞合而成，广泛用于户外架空电力线路中。

（3）软接线是由多股铜线或镀锡铜线绞合编织而成，其特点是柔软、耐振动、耐弯曲，主要用作电刷和蓄电池连接线、通信架空收发天线、引出线，接地线以及连接线等。

（4）型线是非圆形截面的裸电线，主要用于架空线路、电机和电器等线圈或绕组、汇流排、直流电机换向器片等。

2. 裸导线表示方法

裸导线是一种最常用的导线，它的型号是用制造导线的材质、导线的结构和截面积三部分表示的。其中导线的材质和结构用汉语拼音字母表示，即：T 表示铜线、L 表示铝线、G 表示钢线；J 表示多股绞线、H 表示合金、F 表示防腐。例如，TJ 表示铜绞线、LJ 表示铝绞线、GJ 表示钢绞线、LHJ 表示铝合金绞线、LGJ 表示钢芯铝绞线。导线的截面用数字表示，单位为 mm^2。单线线径用 Φ 表示，单位为 mm。例如 LJ-240 表示标称截面为 240 mm^2 的铝绞线；LGJ-240/35 表示铝绞线截面 240 mm^2、钢芯截面为 35 mm^2 的钢芯铝绞线；TΦ4 表示直径为 4 mm 的单股铜导线。

（二）电磁线

电磁线是用以制造电工产品中的线圈或绕组的绝缘电线，又称绕组线，主要用于电机、电器及电工仪表。电磁线需满足多种使用要求与制造工艺要求：在使用方面，包括其形状、规格，能在短时间及长期于高温环境下工作，承受某些场合中的强烈振动与高速下的离心力，在高电压下耐受电晕和击穿，在特殊气氛下耐化学腐蚀等；在制造工艺方面，包括绕制和嵌线时要经受拉伸、弯曲及磨损，以及在浸渍和烘干过程中要承受溶胀、侵蚀作用等。

1. 电磁线种类

电磁线可以按其基本组成、导电线心和电绝缘层分类。通常按照绝缘层特性和用途可分为漆包线、绕包线、无机绝缘线和特种绕组线四大类。

（1）漆包线：是将绝缘漆涂在导电线芯上经烘干形成的漆膜作为绝缘层的电磁线。普通漆包线可分为缩醛、聚酯、聚氨酯、环氧、聚酯亚胺、油性漆包线等；特种漆包线有自粘直焊漆包线、自粘漆包线、耐冷冻剂漆包线等。漆包线是电器、电机、电子电网等领域的核心原材料。

（2）绕包线：是将绝缘纸、玻璃丝、天然丝和合成丝等紧密绕包在裸导线或漆包线上形成绝缘层的电磁线，包括丝包线、玻璃丝包线、纸包线、薄膜绕包线等。由于绝缘厚度大、耐热性低，多数已被漆包线所代替。目前仅用作高频绕组线。

（3）无机绝缘线：是用无机绝缘材料，如陶瓷、玻璃膜、氧化膜等作绝缘层的电磁线，具有绝缘层薄、耐热性好、耐辐射等优点，但耐弯曲性能、耐刮性和耐酸性、耐碱性较差，主要用高温和辐射场合。

（4）特种绕组线：适用于特殊场合，是具有特殊绝缘结构与性能的电磁线，如耐水的多层绝缘结构（聚乙烯绝缘尼龙护套）潜水电机绕组线、换位导线和高频（中频）绕组线等。

2. 电磁线的用途

电磁线的用途可分为两种：

（1）一般用途：主要用于电机、电器、仪表、变压器等，通过绕制线圈产生电磁效应，利用电磁感应原理实现电能与磁能转换的目的。

（2）特殊用途：应用于电子元器件、新能源汽车等具有特殊性能要求的领域，如微细电子线材主要用于电子、信息行业的信息传输，新能源汽车专用线材主要用于新能源汽车的生产制造。

（三）绝缘电缆

绝缘电缆是一种具有绝缘层的线缆，一般由导体、绝缘层和保护层三部分组成，它包含一个或多个导体以及绝缘层，用于在导体之间提供电气隔离和保护。绝缘层通常由绝缘材料制成，如聚乙烯（PE）、聚氯乙烯（PVC）、交联聚乙烯（XLPE）等。

绝缘电缆的主要作用是防止电流通过导体之间产生短路、电击和电气故障。它们不仅能提供隔离和保护，还能防止外部环境的影响，如潮湿、化学物质和机械损坏等。绝缘电缆广泛应用于家庭、商业和工业领域中的建筑物内部布线、电力输配电、通信系统、计算机网络以及各种电气设备和仪器中。绝缘电缆的构造可以根据具体的应用需求而有所不同。例如，电力电缆通常包括一个或多个铜或铝导体，被厚实的绝缘层包围；而在通信领域，典型的绝缘电缆可能包含多对扭绞线，每对线都由绝缘层隔开，并进一步包裹在绝缘材料中。

（四）通信电缆

1. 通信电缆简介

通信电缆是由多根互相绝缘的导线或导体绞成的缆心和保护缆心不受潮与机械损害的外层护套所构成的通信线路，具有优良的电气性能和机械性能。在特别恶劣的环境中，还可以在通信线缆护套的外面安装防护层。

通信电缆具有较高的传输速率和较好的传输性能，用于近距离音频通信、远距离高频载波、数字通信和信号传输。根据通信电缆的用途和适用范围，可分为六大系列产品，即市内通信电缆、长途对称电缆、同轴电缆、海底电缆、光纤电缆、射频电缆。

通信电缆多数直接埋设在地下，也有少数采用架空安装的方式或者直接安装在管道中。为了防火，有时还需要给通信电缆加上阻燃护套。

2. 通信电缆敷设时的注意事项

（1）架空敷设时，须用吊线（钢绞线）和挂钩，将电缆吊挂架空。吊线直径由电缆外径、质量、风负荷及杆塔跨距大小来决定。自承式电缆可直接架空敷设。架空电缆线路应有防雷保护，即在一定间隔的电杆上设置避雷接地线。

（2）管道敷设时，电缆应预先涂以中性凡士林或黄油，以减小电缆与管道的摩擦和混凝土管中石灰质对铅和铝护套的腐蚀作用。在电缆进入人孔时，弯曲半径应不小于电缆盘筒径的半径，并应避免与人孔边缘的摩擦。

（3）直埋敷设时，需考虑电缆不易遭受外界机械损伤、化学腐蚀和生物侵害；同时要确保外界震动和冰冻不会损伤电缆；还应保证电缆不易受大气温度影响，从而确保传输参数稳定。电缆埋设深度通常为 1 m 左右，干线长途电缆为 1 ~ 2 m。电缆敷设的最小弯曲半径（以电缆外径的倍数表示）：一般铅护套电缆为 15 倍；铅护套中同轴电缆为 25 倍；铝护套电缆为 30 倍；铝-塑护层电缆为 20 倍。

（4）水底敷设时，水下电缆应敷设在水底的沟中，敷设长度须考虑有足够的富余量，使电缆能在河床上松弛敷设，以免因河床变化使电缆悬于水中，增加电缆所受的张力。若河床凹凸不平，电缆应有更多的敷设裕量。

三、导线的选择

导线是电路中的重要组成部分，它承担着电流的传输任务。在电路设计和制作中，正确选择和使用导线可以确保电路的安全性能和电气性能。因此，选择适当的导线是电路设计的关键之一，需要考虑的因素有以下几方面。

（一）导线的用途

导线的用途不同，所需的导线材料、类型和规格也不同。在选择导线时，首先要考虑导线的用途，是用于电力传输、信号传输，还是控制电路。根据用途选择合适的导线类型和规格，以满足电路的需求。例如，常见的导线材料有铜和铝。铜导线具有优良的导电性能和良好的导热性能，适用于大部分低压和中压电路。铝导线则比铜导线成本更低，适用于一些低压场合。在选择导线时应根据具体情况综合考虑。

（二）环境条件

不同的环境条件对导线的要求也不同，选择时应考虑环境因素，如温度、湿度、化学腐蚀等。在较恶劣的环境下，应选择更耐腐蚀、耐污染的导线；在较潮湿的环境下，应选择防水型导线；在高温条件下，应选用耐高温的材料，以确保电路的正常运行。

（三）允载流量

导线的负载能力包括电流、电压、功率等，是选择导线的重要依据。在选择导线时，应根据负载需求选择合适的导线截面和材料。

电流容量是导线截面选择的重要依据之一，它决定了导线的允许载流量和允许的持续负载。在选择导线截面时，应确保导线的允许载流量大于或等于线路的电流值。

表 4-1 和表 4-2 给出了常用铜芯线和铝芯线在 25 °C 的环境温度、不同敷设条件下的长期连续负荷允许载流量。由于允许载流量与环境温度有关，所以选择导线截面时要注意导线安装地点的环境温度。

表 4-1　500 V 铜芯绝缘导线长期连续负荷允载流量/A（环境温度为 25 °C）

导线截面/mm²	导线明敷		橡皮绝缘导线穿在同一塑料管内			塑料绝缘导线穿在同一塑料管内		
	橡皮	塑料	2 根	3 根	4 根	2 根	3 根	4 根
1.0	21	19	13	12	11	12	11	10
1.5	27	24	17	16	14	16	15	13
2.5	35	32	25	22	20	24	21	19
4	50	42	33	30	26	31	28	25
6	58	55	43	38	34	41	36	32
10	85	75	59	52	46	56	49	44
16	110	105	76	68	64	72	65	57
25	145	138	100	90	80	95	85	75
35	180	170	125	110	98	120	105	93
50	230	215	160	140	123	150	132	117
70	285	265	195	175	155	185	167	148
95	345	325	240	215	195	230	205	185
120	400	—	278	250	227	—	—	—
150	470	—	320	290	265	—	—	—

表 4-2　500 V 铝芯绝缘导线长期连续负荷允载流量/A（环境温度为 25 °C）

导线截面/mm²	导线明敷		橡皮绝缘导线穿在同一塑料管内			塑料绝缘导线穿在同一塑料管内		
	橡皮	塑料	2 根	3 根	4 根	2 根	3 根	4 根
2.5	27	25	19	17	15	18	16	12
4	35	32	25	23	20	24	22	19

续表

导线截面/mm²	导线明敷		橡皮绝缘导线穿在同一塑料管内			塑料绝缘导线穿在同一塑料管内		
	橡皮	塑料	2 根	3 根	4 根	2 根	3 根	4 根
6	45	42	33	29	26	31	27	25
10	65	59	44	40	35	42	38	33
16	85	80	58	52	46	55	49	44
25	110	105	77	68	60	73	65	57
35	138	130	95	84	74	90	80	70
50	175	165	120	108	95	114	102	90
70	220	205	153	135	120	145	130	115
95	265	250	184	165	150	175	158	140
120	310	—	210	190	170	—	—	—
150	360	—	250	227	205	—	—	—

（四）电压损耗

导线在传输电能时会有电阻，导致电压降低。为保证电气设备正常工作，导线的电压降不能超过一定的限值。住宅用户，由变压器二次侧出口至线路末端，电压损失应小于 6%；正常情况下，电动机端电压与额定电压不得相差 ± 5%。电压降是导线长度和截面选择的另一个重要因素，它决定了电流在导线中传输时的损耗。电压降与导线的长度和电阻成正比，因此，根据电路的长度和电流负载，可以计算出导线的电压降，然后根据实际情况选择导线截面。

（五）机械强度

导线的机械强度决定了导线在受到外部力作用时的承载能力和耐用性。导线在敷设时和敷设后所受的拉力与线路的敷设方式和使用环境有关。导线本身的重力和风雪冰雹等的外加压力，会使导线承受一定的压力和拉伸力。如果导线过细就容易折断，引起停电事故。在各种不同敷设方式下导线按机械强度要求的最小允许截面如表 4-3 所示。

表 4-3　按机械强度确定的绝缘导线最小允许截面积

用途		铜芯软线/mm²	铜线/mm²	铝线/mm²
穿管敷设的绝缘导线		1.0	1.0	1.0
架设在绝缘支持件上的绝缘导线	支点间距为 1 m 以下，室内	—	1.0	1.5
	支点间距为 1 m 以下，室外		1.5	2.5
	支点间距为 2 m 以下，室内		1.0	2.5
	支点间距为 2 m 以下，室外		1.5	2.5
	支点间距为 6 m 以下		2.5	4.0
	支点间距为 6~12 m		2.5	6.0
	支点间距为 12 ~ 25 m		4.0	10

续表

<table>
<tr><th colspan="2">用途</th><th>铜芯软线/mm²</th><th>铜线/mm²</th><th>铝线/mm²</th></tr>
<tr><td rowspan="3">照明灯头线</td><td>民用建筑室内</td><td>0.4</td><td>0.5</td><td>1.5</td></tr>
<tr><td>工业建筑室内</td><td>0.5</td><td>0.8</td><td>2.5</td></tr>
<tr><td>室外</td><td>1.0</td><td>1.0</td><td>2.5</td></tr>
<tr><td colspan="2">移动式用电设备导线</td><td>1.0</td><td>—</td><td>—</td></tr>
<tr><td colspan="2">架空裸导线</td><td>—</td><td>10</td><td>16</td></tr>
</table>

（六）安全性能

在选择导线时，需要考虑导线的安全性能，如阻燃性、耐火性、绝缘性能等，选择符合安全标准的导线。选择符合安全标准的导线，可以减少火灾和电击等安全事故的发生。

（七）导线颜色

导线的颜色通常代表不同的电路功能，例如红线用于火线，蓝线用于零线，黄绿双色线用于地线。所以要根据设备的具体要求，按照国家制定导线颜色的标准来选择适当的颜色。

任务二　常用导线的连接方法

核心知识点

常用导线的连接方法主要有以下几种：绞接，即让导线相互缠绕得紧密，这种方法较为简单，但稳定性稍显一般；焊接，利用高温促使金属融合，连接牢固且导电性良好；压接，借助压接工具使导线与端子紧密结合，操作起来方便快捷；螺栓连接，通过螺栓固定来实现可靠连接。无论采用哪种连接方法，都务必保证导线连接紧密、接触良好，防止出现虚接情况。此外，还需要考虑导线的材质、粗细等因素，从而选择合适的连接方式。同时，要做好绝缘处理，以防止漏电、短路等情况发生，确保电路能够安全稳定地运行。

一、导线绝缘层的剖削

导线线头绝缘层的剖削乃导线加工之首要步骤，旨在为导线连接做好准备。在进行安全耐用的导线连接之前，务必彻底且准确地进行剥线操作。唯有将导线端头的绝缘层完全清除干净，方可确保线头与线头之间实现良好的电接触。去除外层塑料的同时不损伤内部电线至关重要，一旦电线出现缺口，连接便可能断开或者引发短路。

（一）导线绝缘层的剖削工具

绝缘层的剖削可使用剥线钳、钢丝钳及电工刀（见图 4-2）。

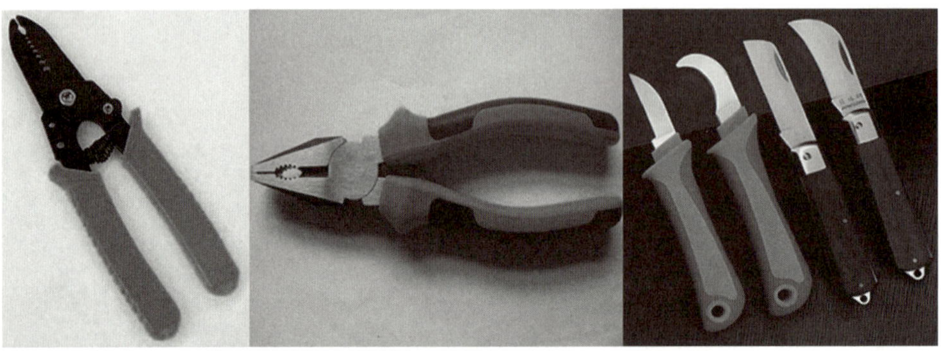

（a）剥线钳　　（b）钢丝钳　　（c）电工刀

图 4-2　剖削工具

1. 剥线钳

剥线钳是一种导线处理工具，常用于剖离电线和剥开绝缘层。剥线钳比剥线刀使用起来更为方便快捷。在使用剥线钳时，只需将导线放入钳子内侧的缝口中，然后用力压紧，即可剖离绝缘层。使用剥线钳时需要注意力度，避免给导线造成损坏。

2. 钢丝钳

钢丝钳主要用于剪切、绞弯、夹持金属导线，也可用于紧固螺母、切断钢丝，一般情况下也用钢丝钳对导线接线线头进行 90°倒角整形。电工应该选用带绝缘手柄的钢丝钳，其绝缘耐压为 500 V。常用钢丝钳的规格 150 mm、175 mm 和 200 mm 三种。

使用钢丝钳时应该注意以下几个方面：

（1）在使用电工钢丝钳以前，首先应检查绝缘手柄的绝缘层是否完好，如果绝缘破损，进行带电作业时会发生触电事故。

（2）用钢丝钳剪切带电导线时，既不能用刀口同时切断相线和零线，又不能同时切断两根相线，而且两根导线的断点应保持一定距离，以免发生短路。

（3）不得把钢丝钳当作锤子敲打使用，也不能在剪切导线或金属丝时，用锤或其他工具敲击钳头部分。另外，钳轴要经常加油，以防生锈。

3. 电工刀

电工刀是电工常用的一种切削工具。普通的电工刀由刀片、刀刃、刀把、刀挂等构成。用电工刀把导线上的绝缘剥除时，可把刀略微翘起一些，用刀刃的圆角抵住线芯。切忌把刀刃垂直对着导线切割绝缘层，这样容易割伤电线线芯。

常用的剖削方法包括级段剥落和斜削法。对于电工刀而言，其刀刃部分需磨得较为锋利以便剖削电线，然而不可过于锋利，过于锋利容易削伤线芯；若磨得太钝，则无法顺利剖削绝缘层。

（二）导线绝缘层的剖削方法

1. 塑料硬线绝缘层的剖削

通常，用钢丝钳剖削塑料硬线绝缘层，特别是线芯截面为 4 mm^2 及以下的塑料硬线。剖削方法如下：

（1）用左手捏住导线，在需剖削线头处，用钢丝钳刀口轻轻切破绝缘层，但不可切伤线芯。

（2）用左手拉紧导线，右手握住钢丝钳头部用力向外勒去塑料层，如图 4-3 所示。

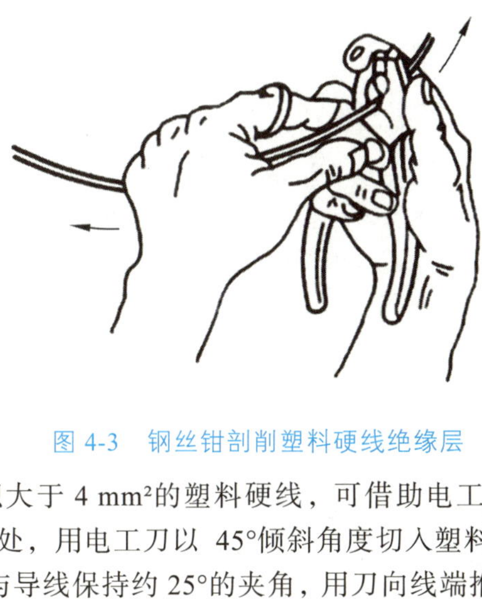

图 4-3　钢丝钳剖削塑料硬线绝缘层

对于绝缘层线芯面积大于 4 mm^2的塑料硬线，可借助电工刀剖削绝缘层。如图 4-4 所示，在需进行剖削的线头处，用电工刀以 45°倾斜角度切入塑料绝缘层，务必注意刀口不可伤及线芯。接着，使刀面与导线保持约 25°的夹角，用刀向线端推削，仅削去上面一层塑料绝缘，切不可切入线芯。最后，将余下的线头绝缘层向后扳翻，把该绝缘层从线芯上剥离，再用电工刀切整齐。

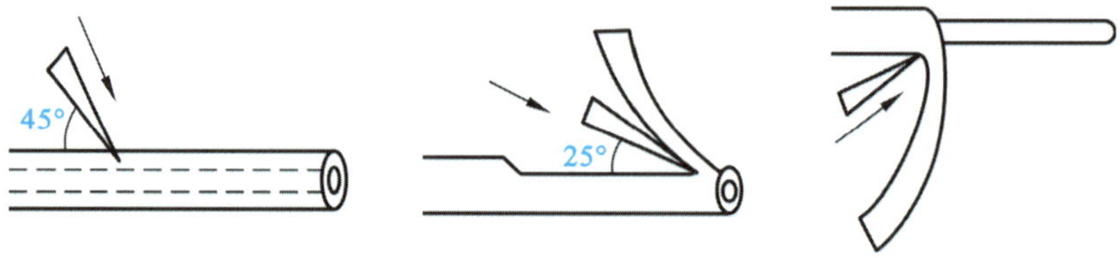

（a）刀以 45°角倾斜切入　（b）刀以 25°角倾斜推削　（c）剥下余下绝缘层

图 4-4　电工刀剖削塑料硬线绝缘层

2. 塑料软线绝缘层的剖削

塑料软线绝缘层通常用剥线钳或钢丝钳剖削。剖削方法与用钢丝钳剖削塑料硬线绝缘层方法相同。不可用电工刀剖削，这是因为塑料软线由多股铜丝组成，电工刀容易损伤线芯。

3. 塑料护套线绝缘层的剖削

塑料护套线具有二层绝缘：护套层和每根线芯的绝缘层。

（1）护套层的剖削：用电工刀刀尖在线头所需长度处，对准护套线中间线芯缝隙，划开护套线，如图 4-5（a）所示。若电工刀偏离线芯缝隙处，可能会划伤线芯。然后向后扳翻护套层，用电工刀把它齐根切去，如图 4-5（b）所示。

（2）内部绝缘层的剖削：在距离护套层 5 ~ 10 mm 处，用电工刀 45°角倾斜切入绝缘层，其剖削方法与塑料硬线剖削方法相同。

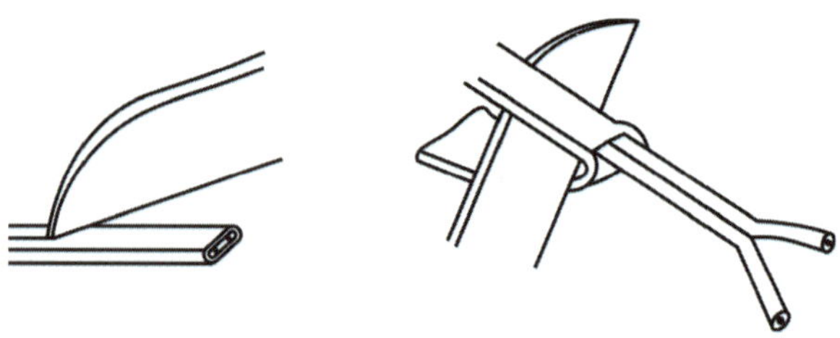

（a）划开护套线　（b）齐根切去护套层

图 4-5　塑料护套线绝缘层的剖削

4. 橡皮线绝缘层的剖削

在橡皮线绝缘层外还有一层纤维编织保护层，其剖削方法如下：

（1）用电工刀尖划开橡皮线纤维编织保护层，将其扳翻后齐根切去，剖削方法与剖削护套线的保护层方法类同。

（2）用剖削塑料线绝缘层相同方法削去橡胶层。

（3）最后松散棉纱层到根部，用电工刀切去。

5. 花线绝缘层的剖削

（1）用电工刀在线头所需长度处将棉纱织物保护层四周割切一圈后将其拉去。

（2）在距离棉纱织物保护层 10 mm 处，用钢丝钳按照剖削塑料软线类同方法勒去橡胶层。

（3）最后散开棉纱层并用电工刀割断。

6. 铅包线绝缘层的剖削

（1）先用电工刀把铅包层切一刀。
（2）然后用双手来回扳动切口处，折断铅层，就可把铅包层拉出。
（3）绝缘层的剖削按塑料线绝缘层的剖削方法进行。

二、导线连接的基本要求

导线连接是电工作业的一项基本工序，也是一项十分重要的工序。导线连接的质量直接关系到整个线路能否安全可靠地长期运行。导线的连接需满足以下的基本要求。

1. 连接可靠

接头电阻小，稳定性好，接头的电阻值不应大于相同长度导线的电阻值。

2. 机械强度高

接头的机械强度不小于导线机械强度的 80%。

3. 绝缘性能好

接头的绝缘强度应与导线的绝缘强度相同，并做好密闭、防水和防腐。

4. 避免损伤线头

在剖开导线的绝缘层时，不应损伤线头。

5. 接头处不能受横向拉力

分支线连接的接头处，干线不应受来自支线的横向拉力。

6. 根据芯线情况选择连接方法

截面为 10 mm^2 及以下的单股铜芯线、截面为 2.5 mm^2 及以下的多股铜芯线与电气设备的端子可直接连接，但多股铜芯线的线芯应先拧紧后再连接。

截面超过 2.5 mm^2 的多股铜芯线的终端，应焊接或压接端子后，再与电气设备的端子连接（设备自带插接式鼻子除外）。

7. 压接规格要相符

使用压接法连接铜芯导线，连接管、接线鼻子、压模的规格应与线芯截面相符。

8. 焊锡法操作得当

使用锡焊法连接铜芯线时，焊锡应灌得饱满，不应使用酸性焊剂。

9. 接头注意绝缘强度和密封

绝缘导线的中间和分支接头处，应用绝缘带包裹均匀、严密，并不低于原有的绝缘强度；在接线鼻子的端部与导线绝缘层的空隙处，应用绝缘带包裹严密。

三、常用导线的连接方法

连接的导线种类和连接形式不同，其连接的方法也不同，常用的连接方法有绞合连接、紧压连接、焊接等。连接前应小心地剥除导线连接部位的绝缘层，注意不可损伤其芯线。

4.2.1 常用导线的连接方法

（一）绞合连接

绞合连接是指将需连接导线的芯线直接紧密绞合在一起。铜导线常用绞合连接。

1. 单股铜导线的直接连接

（1）小截面单股铜导线连接方法如图 4-6 所示，先将两导线的芯线线头作 X 形交叉，再将它们相互缠绕 2 ~ 3 圈后扳直两线头，然后将每个线头在另一芯线上紧贴密绕 5 ~ 6 圈后剪去多余线头。

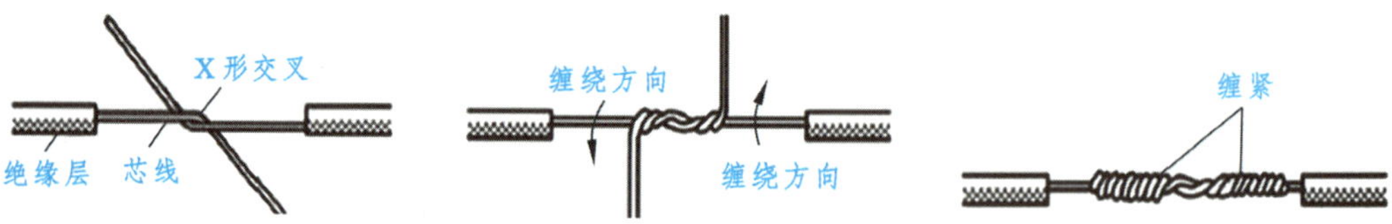

（a）X 形交叉　（b）缠绕　（c）缠紧

图 4-6　小截面单股铜导线连接方法

（2）大截面单股铜导线连接方法如图 4-7 所示，先在两导线的芯线重叠处填入一根相同直径的芯线，再用一根截面约 1.5 mm² 的裸铜线在其上紧密缠绕，缠绕长度为导线直径的 10 倍左右，然后将被连接导线的芯线线头分别折回，再将两端的缠绕裸铜线继续缠绕 5 ~ 6 圈后剪去多余线头。

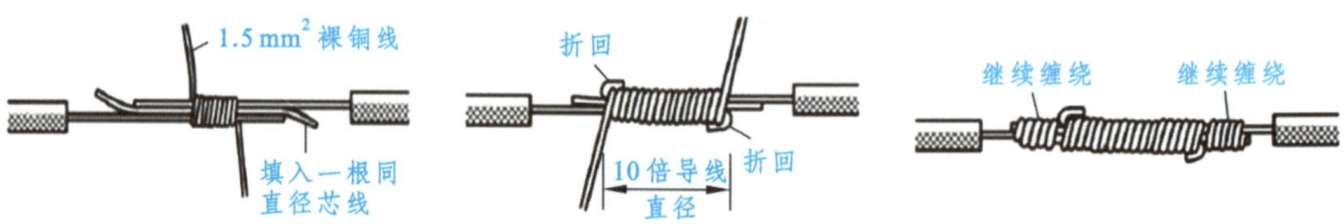

（a）填入芯线　（b）缠绕并折回　（c）缠绕

图 4-7　大截面单股铜导线连接方法

（3）不同截面单股铜导线连接方法如图 4-8 所示，先将细导线的芯线在粗导线的芯线上紧密缠绕 5 ~ 6 圈，然后将粗导线芯线的线头折回紧压在缠绕层上，再用细导线芯线在其上继续缠绕 3 ~ 4 圈后剪去多余线头。

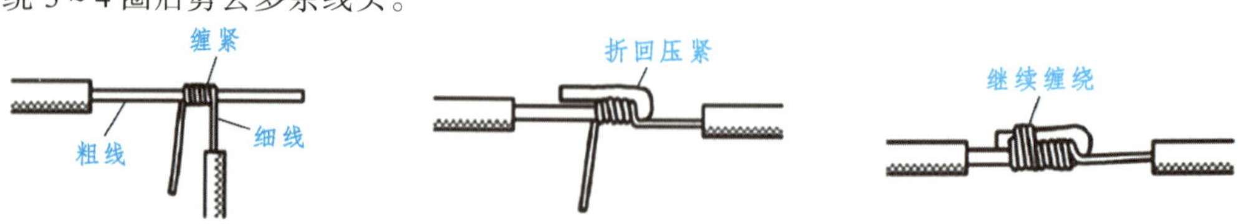

（a）缠绕　（b）折回压紧　（c）继续缠绕

图 4-8　不同截面单股铜导线连接方法

2. 单股铜导线的分支连接

（1）单股铜导线的 T 字分支连接如图 4-9 所示，将支路芯线的线头紧密缠绕在干路芯线上 5 ~ 8 圈后剪去多余线头即可。对于较小截面的芯线，可先将支路芯线的线头在干路芯线上打一个环绕结，再紧密缠绕 5 ~ 8 圈后剪去多余线头。

（a）较大截面　　（b）较小截面

图 4-9　单股铜导线的 T 字分支连接方法

（2）单股铜导线的十字分支连接如图 4-10 所示，将上下支路芯线的线头紧密缠绕在干路芯线上 5 ~ 8 圈后剪去多余线头即可。可以将上下支路芯线的线头向一个方向缠绕如，图 4-10（a）所示，也可以向左右两个方向缠绕，如图 4-10（b）所示。

（a）同向缠绕　　（b）反向缠绕

图 4-10　单股铜导线的十字分支连接方法

3. 多股铜导线的直接连接

多股铜导线的直接连接如图 4-11 所示，首先将剥去绝缘层的多股芯线拉直，将其靠近绝缘层的约 1/3 芯线绞合拧紧，而将其余 2/3 芯线呈伞状散开，另一根需连接的导线芯线也如此处理。接着将两伞状芯线相对着互相插入后捏平芯线，然后将每一边的芯线线头分作 3 组，先将某一边的第 1 组线头翘起并紧密缠绕在芯线上，再将第 2 组线头翘起并紧密缠绕在芯线上，最后将第 3 组线头翘起并紧密缠绕在芯线上。以同样方法缠绕另一边的线头。

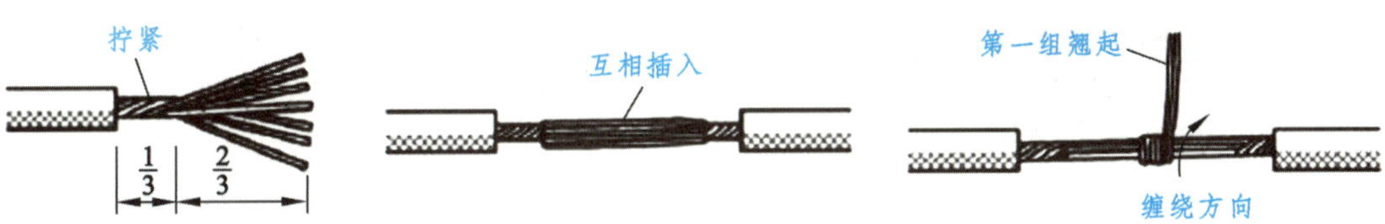

（a）拧紧 1/3　　（b）互相插入　　（c）第一组翘起

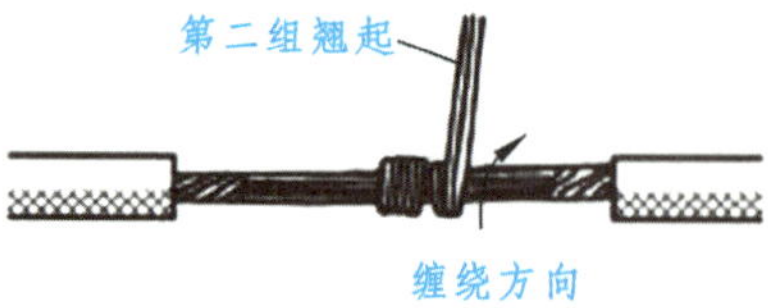

（d）第二组翘起

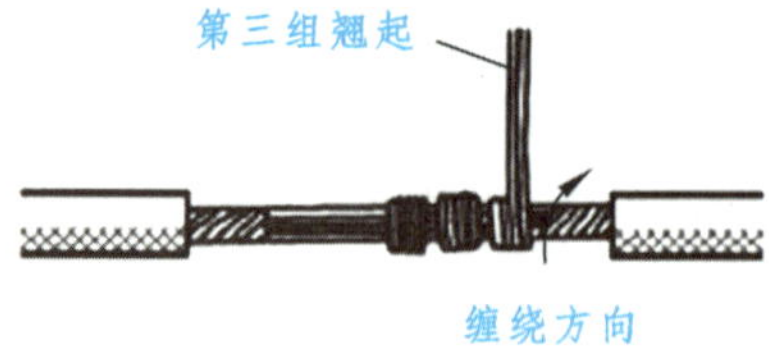

（e）第三组翘起

图 4-11　多股铜导线的直接连接方法

4. 多股铜导线的分支连接

多股铜导线的 T 字分支连接有两种方法。一种方法如图 4-12 所示，将支路芯线 90°折弯后与干路芯线并行，然后将线头折回并紧密缠绕在芯线上即可。

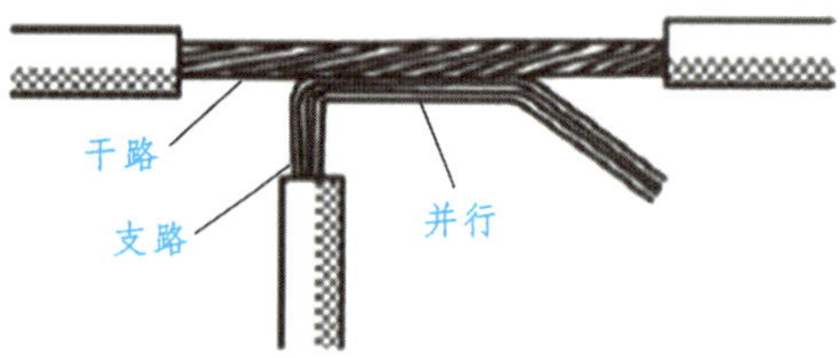

（a）折弯并行

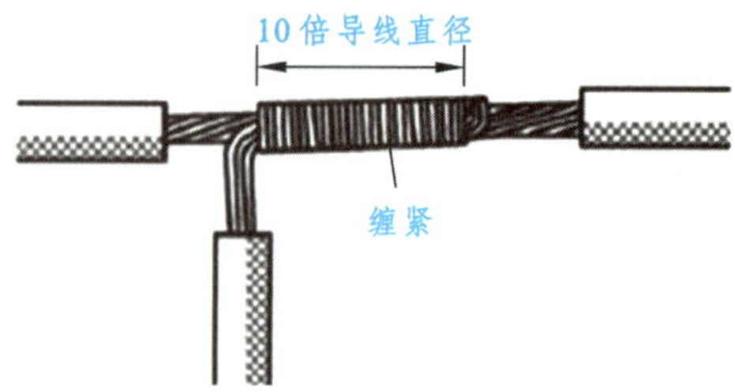

（b）折回缠绕

图 4-12　多股铜导线的 T 字分支连接方法一

另一种方法如图 4-13 所示，将支路芯线靠近绝缘层的约 1/8 芯线绞合拧紧，其余 7/8 芯线分为两组，一组插入干路芯线当中，另一组放在干路芯线前面，并朝右边按图 4-13（b）所示方向缠绕 4 ~ 5 圈。再将插入干路芯线当中的那一组朝左边按图 4-13（c）所示方向缠绕 4 ~ 5 圈，即可连接好导线。

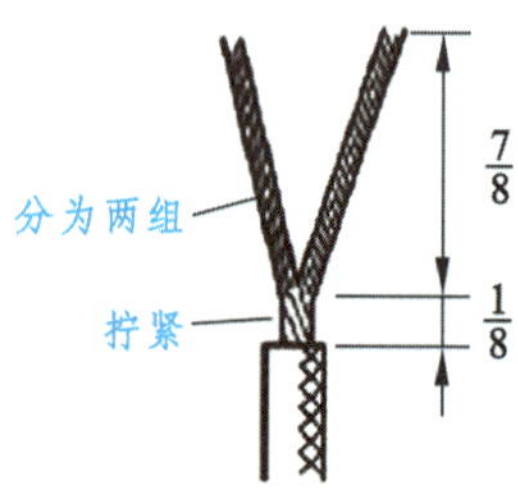

（a）拧紧 1/8

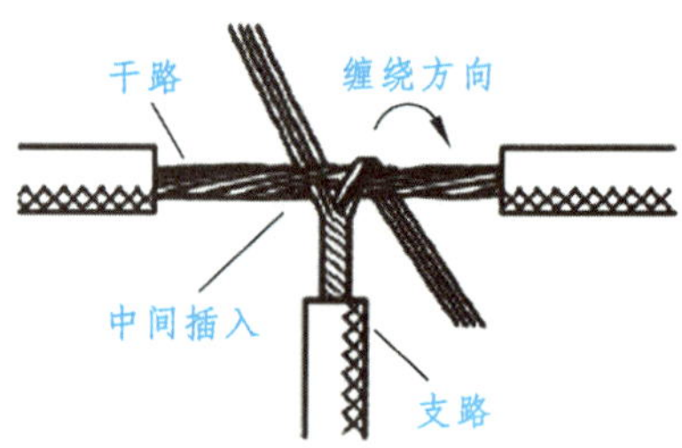

（b）一组向右

（c）一组向左

（d）连接完成

图 4-13　多股铜导线的 T 字分支连接方法二

5. 单股铜导线与多股铜导线的连接

单股铜导线与多股铜导线的连接方法如图 4-14 所示，先将多股导线的芯线绞合拧紧成单股状，再将其紧密缠绕在单股导线的芯线上 5～8 圈，最后将单股芯线线头折回并压紧在缠绕部位即可。

（a）多股紧成单股状　　（b）与单股缠紧

图 4-14　单股铜导线与多股铜导线的连接方法

6. 同一方向的导线的连接

当需要连接的导线来自同一方向时，可以采用图 4-15 所示的方法。对于单股导线，可将一根导线的芯线紧密缠绕在其他导线的芯线上，再将其他芯线的线头折回压紧即可。对于多股导线，可将两根导线的芯线互相交叉，然后绞合拧紧。对于单股导线与多股导线的连接，可将多股导线的芯线紧密缠绕在单股导线的芯线上，再将单股芯线的线头折回压紧。

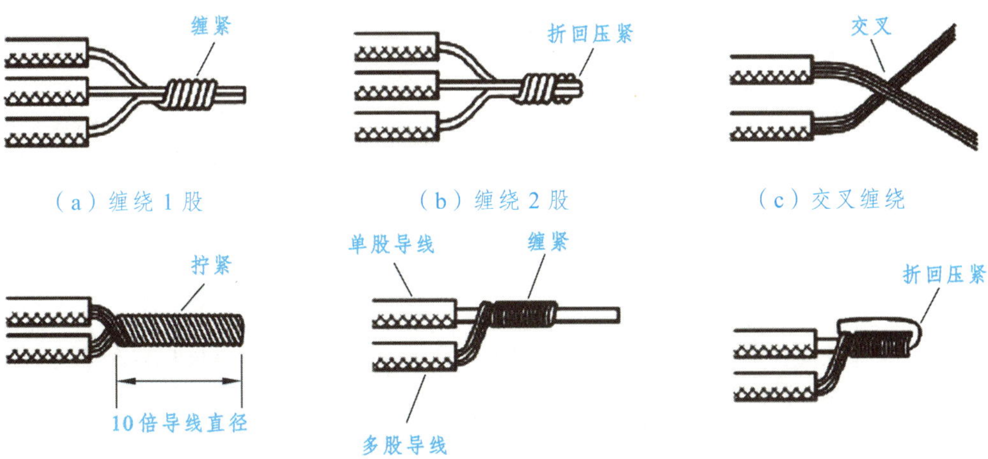

（a）缠绕 1 股　（b）缠绕 2 股　（c）交叉缠绕

（d）交叉缠绕长度　（e）多股缠绕到单股　（f）压紧折回

图 4-15　同一方向的导线的连接方法

7. 双芯或多芯电线电缆的连接

双芯护套线、三芯护套线或电缆、多芯电缆在连接时，应注意尽可能将各芯线的连接点互相错开位置，可以更好地防止线间漏电或短路。图 4-16（a）所示为双芯护套线的连接情况，图 4-16（b）所示为三芯护套线的连接情况，图 4-16（c）所示为四芯电力电缆的连接情况。

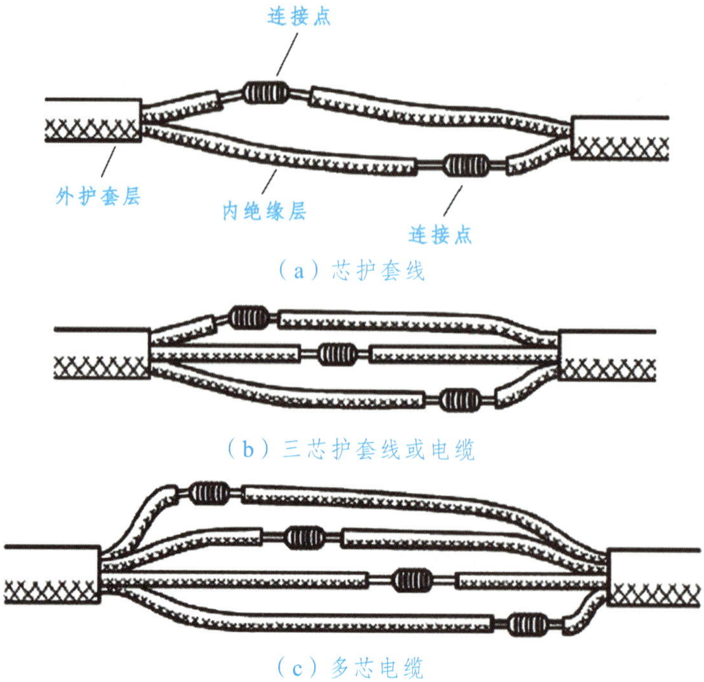

（a）芯护套线

（b）三芯护套线或电缆

（c）多芯电缆

图 4-16　双芯或多芯电线电缆的连接方法

铝导线虽然也可采用绞合连接，但铝芯线的表面极易氧化，随着时间的推移将造成线路故障，因此铝导线通常采用紧压连接。

（二）紧压连接

紧压连接是指用铜或铝套管套在被连接的芯线上，再用压接钳或压接模具压紧套管使芯线保持连接。铜导线（一般是较粗的铜导线）和铝导线都可以采用紧压连接：铜导线的连接应采用铜套管；铝导线的连接应采用铝套管。紧压连接前应先清除导线芯线表面和压接套管内壁上的氧化层和黏污物，以确保接触良好。

1. 铜导线或铝导线的紧压连接

压接套管截面有圆形和椭圆形两种，如图 4-17 所示，圆截面套管内可以穿入一根导线，椭圆截面套管内可以并排穿入两根导线。

（1）使用圆截面套管时，将需要连接的两根导线的芯线分别从左右两端插入套管相同长度，以保持两根芯线的线头的连接点位于套管内的中间。然后用压接钳或压接模具压紧套管，一般情况下只要在每端压一个坑即可满足接触电阻的要求。对于较粗的导线或对机械强度要求较高的场合，可适当增加压坑的数目，如图 4-18 所示。

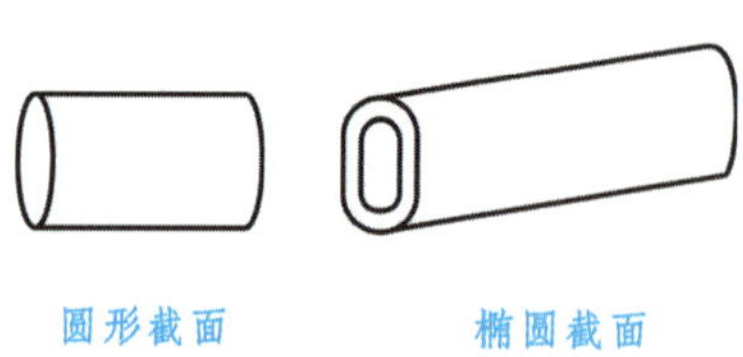

图 4-17　压接套管截面

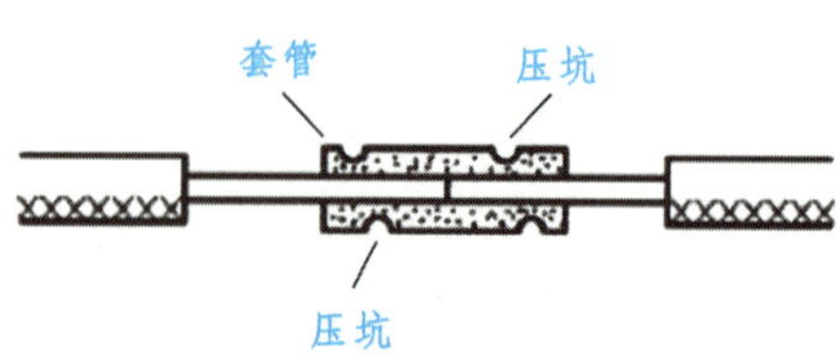

图 4-18　圆截面套管紧压方法

（2）使用椭圆截面套管时，将需要连接的两根导线的芯线分别从左右两端相对插入并穿出套管少许，如图 4-19（a）所示，然后压紧套管即可，如图 4-19（b）所示。椭圆截面套管不仅可用于导线的直线压接，也可用于同一方向导线的压接，如图 4-19（c）所示，还可用于导线的 T 字分支压接或十字分支压接，如图 4-19（d）和图 4-19（e）所示。

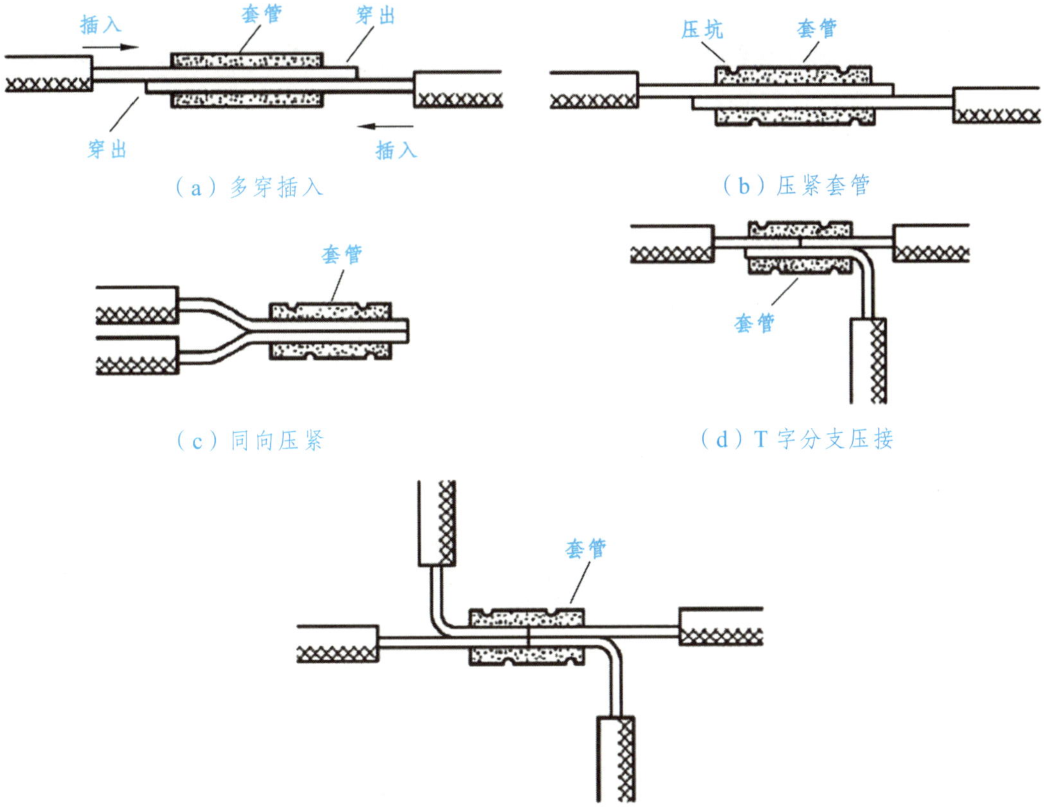

（a）多穿插入　（b）压紧套管　（c）同向压紧　（d）T 字分支压接　（e）十字分支压接

图 4-19　椭圆截面套管紧压方法

2. 铜导线与铝导线之间的紧压连接

当需要将铜导线与铝导线进行连接时，必须采取防止电化腐蚀的措施。因为铜和铝的标准电极电位不一样，如果将铜导线与铝导线直接绞接或压接，在其接触面将发生电化腐蚀，引起接触电阻增大而过热，造成线路故障。常用的防止电化腐蚀的连接方法有两种。

（1）采用铜铝连接套管。铜铝连接套管的一端是铜质，另一端是铝质，如图 4-20 所示。使用时将铜导线的芯线插入套管的铜端，将铝导线的芯线插入套管的铝端，然后压紧套管即可，如图 4-21 所示。

图 4-20　铜铝连接套管

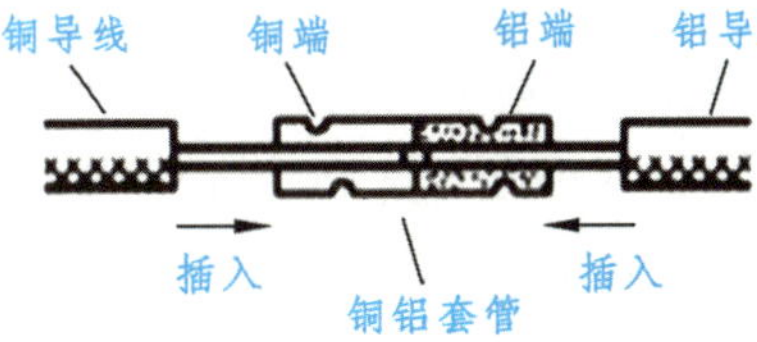

图 4-21　铜铝连接套管紧压连接方法一

（2）将铜导线镀锡后采用铝套管连接。由于锡与铝的标准电极电位相差较小，在铜与铝之间夹垫一层锡可以防止电化腐蚀。具体做法是先在铜导线的芯线上镀上一层锡，再将镀锡铜芯线插入铝套管的一端，铝导线的芯线插入该套管的另一端，最后压紧套管，如图 4-22 所示。

（a）铜导线镀锡　　（b）铜铝连接压紧

图 4-22　铜铝连接套管紧压连接方法二

（三）焊　接

焊接是指将金属（焊锡等焊料或导线本身）熔化融合而使导线连接。电工技术中导线连接的焊接种类有锡焊、电阻焊、电弧焊、气焊、钎焊等。

1. 铜导线接头的锡焊

（1）较细的铜导线接头可用大功率（如 150 W）电烙铁进行焊接。焊接前应先清除铜芯线接头部位的氧化层和黏污物。为增加连接可靠性和机械强度，可将待连接的两根芯线先行绞合，再涂上无酸助焊剂，再用电烙铁蘸焊锡进行焊接，如图 4-23 所示。焊接中应使焊锡充分熔融渗入导线接头缝隙中，焊接完成的接点应牢固光滑。

（a）先绞合　　（b）再锡焊

图 4-23　焊锡焊接

（2）较粗（一般指截面 16 mm^2 以上）的铜导线接头可用浇焊法连接。浇焊前同样应先清除铜芯线接头部位的氧化层和黏污物，涂上无酸助焊剂，并将线头绞合。将焊锡放在化锡锅内加热熔化，当熔化的焊锡表面呈磷黄色，说明锡液已达符合要求的高温，即可进行浇焊。浇焊时将导线接头置于化锡锅上方，用耐高温勺子盛上锡液从导线接头上面浇下，如图 4-24 所示。刚开始浇焊时因导线接头温度较低，锡液在接头部位不会很好渗入，应反复浇焊，直至焊牢为止。浇焊的接头表面也应光洁平滑。

2. 铝导线接头的焊接

铝导线接头的焊接一般采用电阻焊或气焊。

（1）电阻焊是指用低电压大电流通过铝导线的连接处，利用其接触电阻产生的高温高热，将导线的铝芯线熔接在一起。电阻焊应使用特殊的降压变压器（1 kV · A、一次 220 V、二次 6 ~ 12 V），配以专用焊钳和碳棒电极，如图 4-25 所示。

图 4-24　浇焊法

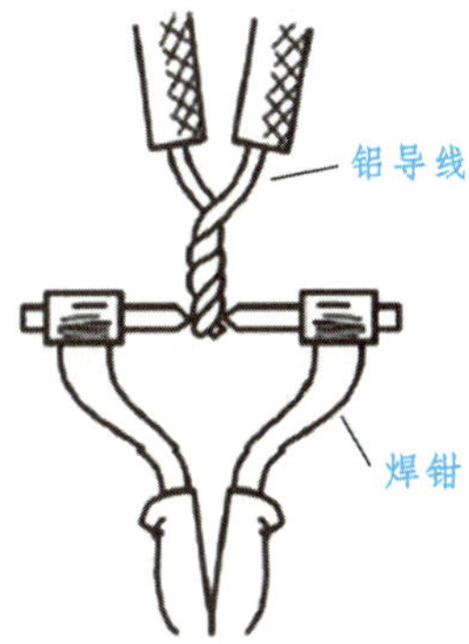

图 4-25　电阻焊

（2）气焊是指利用气焊枪的高温火焰，将铝芯线的连接点加热，使待连接的铝芯线相互熔融连接。气焊前应将待连接的铝芯线绞合，或用铝丝或铁丝绑扎固定，如图 4-26 所示。

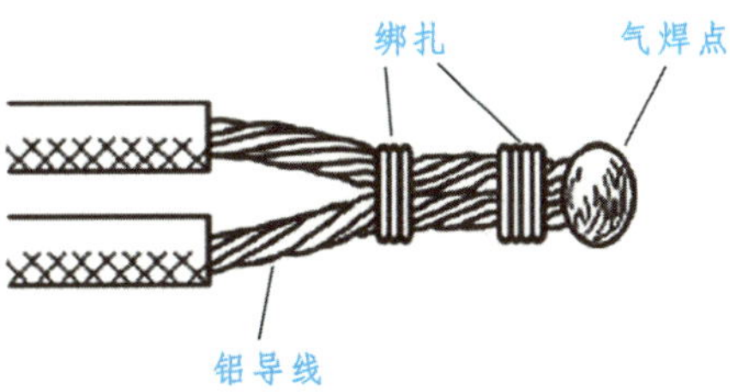

图 4-26　气焊

四、导线绝缘层的恢复

为了进行连接，导线连接处的绝缘层已被去除。导线连接完成后，必须对所有绝缘层已被去除的部位进行绝缘处理，以恢复导线的绝缘性能，恢复后的绝缘强度应不低于导线原有的绝缘强度。

导线连接处的绝缘处理通常采用绝缘胶带进行缠裹包扎。一般电工常用的绝缘带有黄蜡带、涤纶薄膜带、黑胶布带、塑料胶带、橡胶胶带等。绝缘胶带的宽度通常使用 20 mm 宽的较为方便。

（一）一字形接头的绝缘处理

一字形连接的导线接头可按图 4-27 所示进行绝缘处理，先包缠一层黄蜡带，再包缠一层黑胶布带。将黄蜡带从接头左边绝缘完好的绝缘层上开始包缠，包缠两圈后进入剥除了绝缘层的芯线部分［见图 4-27（a）］。包缠时黄蜡带应与导线呈 55°左右倾斜角，每圈压叠带宽的 1/2［见图 4-27（b）］，直至包缠到接头右边两圈距离的完好绝缘层处。然后将黑胶布带接在黄蜡带的尾端，按另一斜叠方向从右向左包缠［见图 4-27（c）、4-27（d）］，仍每圈压叠带宽的 1/2，直至将黄蜡带完全包缠住。包缠处理中应用力拉紧胶带，注意不可稀疏，更不能露出芯线，以确保绝缘质量和用电安全。对于 220 V 线路，也可不用黄蜡带，只用黑胶布带或塑料胶带包缠两层。在潮湿场所应使用聚氯乙烯绝缘胶带或涤纶绝缘胶带。

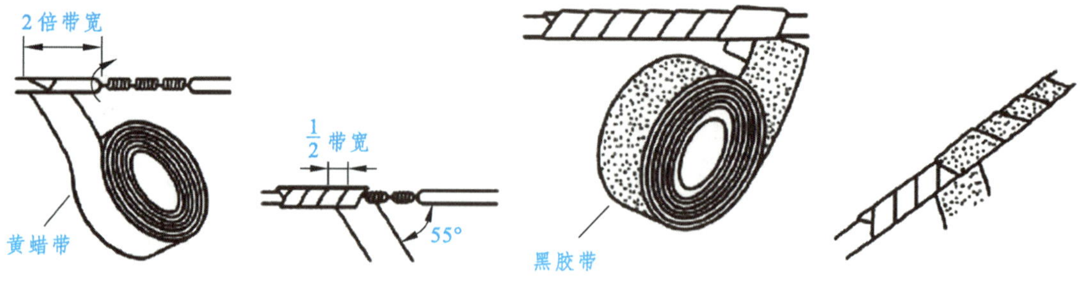

（a）黄蜡带　（b）黄蜡带缠法　（c）黑胶布　（d）黑胶布缠法

图 4-27　一字形接头的绝缘处理方法

（二）T 字分支接头的绝缘处理

导线 T 字分支接头的绝缘处理基本方法同上，包缠方向如图 4-28 所示，走一个 T 字形的来回，使每根导线上都包缠两层绝缘胶带，每根导线都应包缠到完好绝缘层的两倍胶带宽度处。

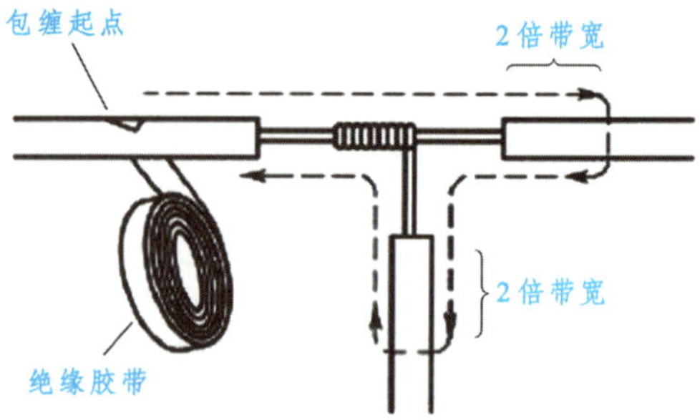

图 4-28　T 字分支接头的绝缘处理

（三）十字分支接头的绝缘处理

对导线的十字分支接头进行绝缘处理时，包缠方向如图 4-29 所示，走一个十字形的来回，使每根导线上都包缠两层绝缘胶带，每根导线也都应包缠到完好绝缘层的两倍胶带宽度处。

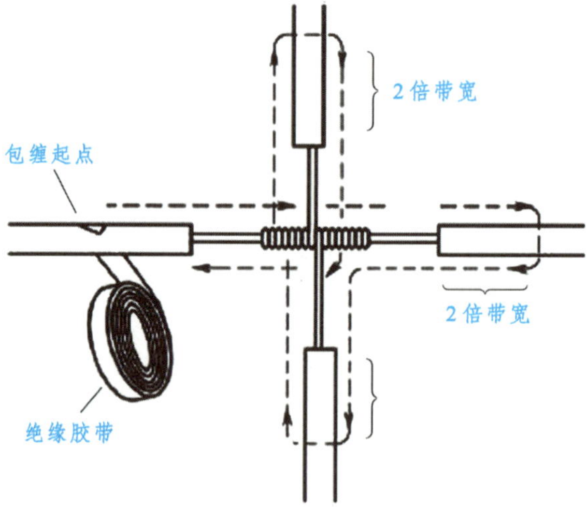

图 4-29　十字分支接头的绝缘处理

Project 5

项目五

新能源汽车直流控制电路

任务一　电路的组成与参数

核心知识点

汽车普遍采用低压直流 12 V 为整车电气设备供电，本项目通过对汽车直流电路的分析，介绍直流电路的基本工作原理、电路的基本物理量以及测量方法。通过本项目的学习，应掌握电路的基本定律及串、并联电路的特点，能熟练使用万用表等测量仪器，为汽车电路故障的检测打好基础。

一、电路的组成及作用

5.1.1　电路的组成及作用

（一）电的产生

电被定义为在某个力的作用下，通过某个导体的电子流。为了更好地理解这个定义，我们需要了解物质的结构。我们周围的任何事物（固体、液体和气体）均被认为是物质。物质是由许多不同的原子和原子组合构成的。而原子则是由质子（携带一个正电荷）、中子（不携带电荷）和电子（携带一个负电荷）构成的。位于原子中心的原子核由质子和中子构成，由于质子携带正电荷，而中子不带电荷，因此中子本身也被赋予正电荷。携带负电荷的电子沿轨道围绕原子核旋转，就像太阳系中的行星沿轨道围绕太阳旋转一样。同性电荷相斥，异极电荷相吸。由于受正电荷的吸引，负电荷保持沿其轨道旋转。

一个电子以能够保持其轨道的速度围绕原子核做旋转运动，原子核吸引力与电子旋转所产生离心力之间的平衡使每个电子保持着各自的运动轨道（壳层）。壳层外部的电子称为价电子。价电子远离原子核，且较易脱离运行轨道。如果有一个良好的通路或导体，电子就能够从一个原子流到另一个原子，这样就产生了电流。

丢失一个电子的原子被称为一个正离子。携带有一个多余电子的原子叫作一个负离子。离子在不断地寻求着平衡，正离子试图获得一个电子，而负离子则试图排斥掉一个电子。电子从一个原子流到另一个原子将产生电流。

（二）导体、绝缘体、半导体

原子随物质的不同而有所区别。一种物质的价电子越多，电子越难以通过。相反，价电子的数量越少，该物质越有利于电子的流过。所以介质根据导电能力，可分为导体、半导体、绝缘体，不言而喻，导体与绝缘体之间的区别就在于其价电子的数量，如图 5-1 所示。

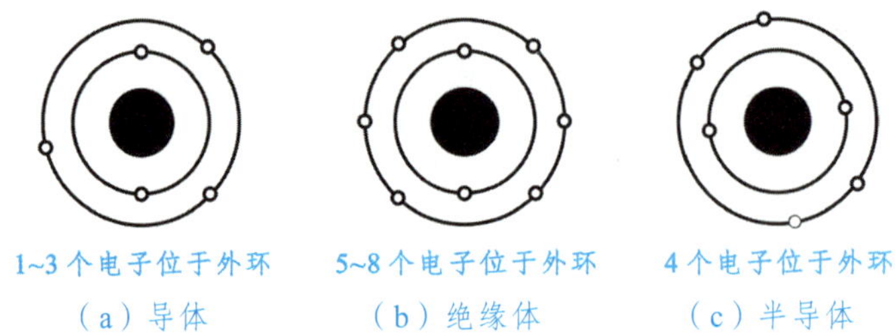

图 5-1 导体、绝缘体、半导体的原子结构图

1. 导　体

壳层外拥有少于 4 个电子的任何物质都是一种良好的导体。铜是应用在汽车导线上的一种常用导体，因为它强度高、成本相对较低而且对电子流的阻力非常小。其他的良好导体还有（按照导电性排列）：银、金、铝、钨、铁、钢、汞。

虽然银和金是优良导体，但由于其价格昂贵，不适于汽车的普通应用，而只将其应用在关键用途上。因为金具有很强的耐腐蚀性，所以某些汽车插头是用金制成的。

2. 绝缘体

壳层外拥有 4 个以上电子的任何物质都是绝缘体。绝缘体是可以防止或阻止电流的物质。采用该种材料包裹导线可以起到绝缘、保护导线和防止电击等作用。具有良好绝缘性的物质有：塑料、玻璃、橡胶、陶瓷、蒸馏水（不过，饮用水中的矿物质会导电）。

3 半导体

壳层外恰好拥有 4 个电子的任何物质都是半导体。半导体只有在特定的条件下才导电。安装在电脑、收音机、电视等使用在 PCB（印刷电路板）上的元件一般是由半导体制作的。

（三）电路的组成

电路是一种环形路线，就是电流流通的路径，是人们将由各种电子元件或电气设备，按一定规则或要求连接起来构成的一个整体。

一个完整的电路一般由电源、负载、控制装置和导线 4 部分组成。图 5-2 所示照明电路为一个典型的电路，由电池、灯泡、开关和导线组成的电路。

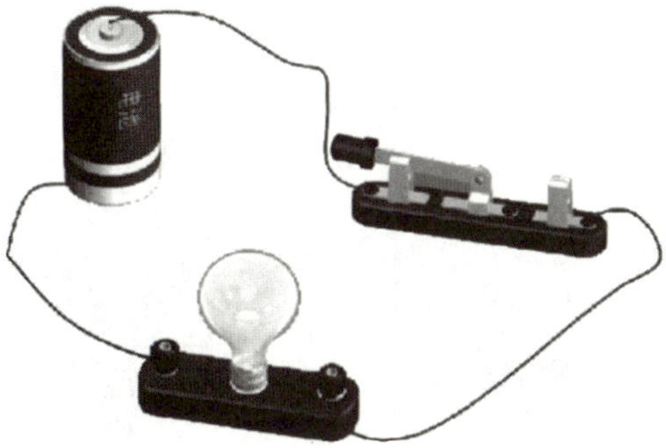

图 5-2　照明电路

1. 电　源

电源的作用是将其他形式的能源转换成电能，它是为电路提供电能的一种设备或设施。常见的电源有干电池、蓄电池、柴油发电机、火力发电厂等。如图 5-3 所示为三种电源，分别为：蓄电池，将化学能转化成电能；柴油发电机，将石化燃料柴油转化为电能；火力发电厂，将石化燃料煤转化为电能。

（a）蓄电池

（b）柴油发电机

（c）火力发电厂

图 5-3　电源

2. 负　载

负载又称用电器或用电设备，其连接在电路中的电源两端，作用是把电能转换成其他形式的能量，是消耗电能的装置。如图 5-4 所示的负载为电灯泡、电磁炉、电动机。电灯泡把电能转换成光能，电磁炉把电能转换成热能，电动机把电能转换成机械能等。

（a）电灯泡

（b）电磁炉

（c）电动机

图 5-4　负载

3. 控制装置

控制装置主要作用是控制电路的通断，如面板开关、继电器等。此外，有些电路还装有保护装置，以确保电路安全可靠地运行，如熔断器、热继电器等，如下图 5-5 所示。

（a）面板开关

（b）继电器

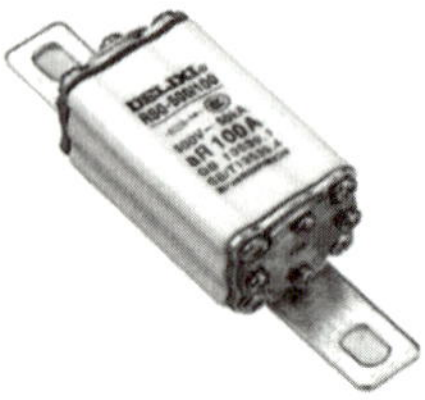

（c）熔断器

（d）热继电器

图 5-5　控制装置

4. 导　线

导线把电源、负载和其他设备连接成闭合回路，起到连通电路、输送和分配电能或信号的作用。常见的导线一般由铜或铝材制成，如下图 5-6 所示。

（a）铜导线

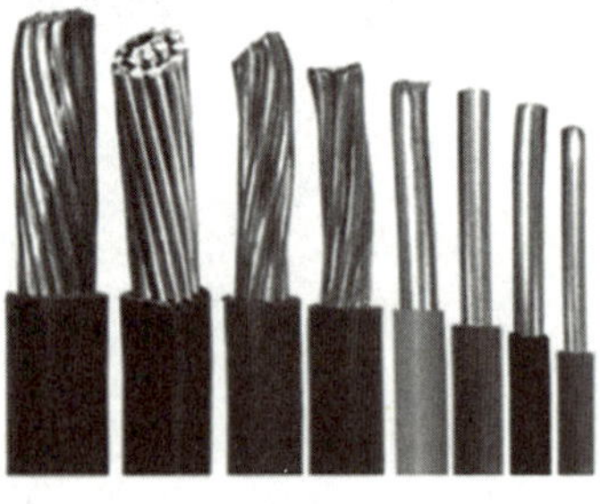

（b）铝导线

图 5-6　导线

（四）电路的作用

电路的基本作用是进行电能与其他形式能量之间的转换。根据其侧重点的不同，主要有以下两方面的功能。

1. 电能的传送、分配与转换

在电源的作用下，电路可以将电能转化为其他形式的能量，如热能、光能、机械能等，以满足各种电子设备和机械设备的需求。同时，电路还可以将不同设备的能量进行分配和调节，实现高效的能源利用。

2. 传递和处理信号

在电子技术和通信系统中，电路还具有信号处理和传递的作用。电路可以对信号进行放大、滤波、调制、解调等处理，以实现信号的有效传输和信息的有效表达。例如，音频放大器可以将微弱的声音信号放大，使其能够驱动扬声器发出声音；无线通信系统可以对信号进行调制和解调，实现信息的远距离传输。

二、电路的特性参数与测量

5.1.2　电路的特性参数与测量

（一）电路的特性参数

1. 电　流

电荷的定向移动形成电流。在金属导体中，电流是自由电子在电场力作用下做定向移动形成的；在电解液（如蓄电池）或者被电离的气体中，电流则是正、负离子在电场力作用下做有规则运动形成的。习惯上常将正电荷的运动方向规定为电流的方向。

（1）电流的大小。

电流的大小定义为单位时间内通过导体某一横截面的电荷量，设在 $\mathrm{d}t$ 时间（单位：s）内通过导体某一横截面的电荷量为 $\mathrm{d}q$（单位：C），则通过该截面积的电流为

$$i=\frac{\mathrm{d}q}{\mathrm{d}t} \tag{5-1}$$

若 $\frac{\mathrm{d}q}{\mathrm{d}t}$=常数，则这种电流就称为恒定电流，简称直流。在直流电路中，式（5-1）可写成

$$I=\frac{Q}{t} \tag{5-2}$$

在国际单位制（SI）中，电流的单位为安培（A）。实际中，常用的电流单位还包括毫安（mA）、微安（μA），其换算关系为 1 A=10^3 mA=10^6 μA。

（2）电流的方向。

电流的方向是客观存在的，在简单直流电路中，可以很容易判断出电流的实际方向，如图 5-7（a）所示的 I_1、I_2。倘若在图中 A、B 两点间再接入一个电阻 R，如图 5-7（b）所示，那么该电阻中的电流方向就很难直观判断了。另外，在交流电路中，电流是随时间变化的，在图上也无法表示其实际方向，为了解决这一问题，必须引入电流的参考方向这一概念。

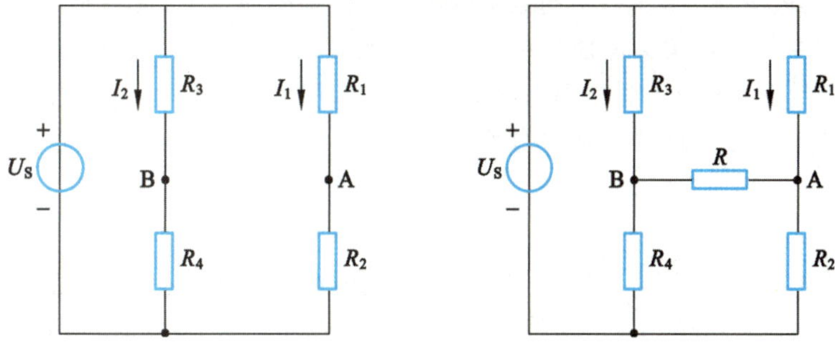

（a）电流方向易判别　　（b）电流方向难判别

图 5-7　电流方向的判断

参考方向是假定的方向，电流的参考方向可以任意选定，在电路中一般用箭头表示。当然，所选的电流参考方向不一定就是电流的实际方向：当电流的参考方向与实际方向一致时，电流为正值（$I>0$）；当电流的参考方向与实际方向相反时，电流为负值（$I<0$）。这样，在选定的参考方向下，根据电流的正、负值，就可以确定电流的实际方向，如图 5-8 所示。

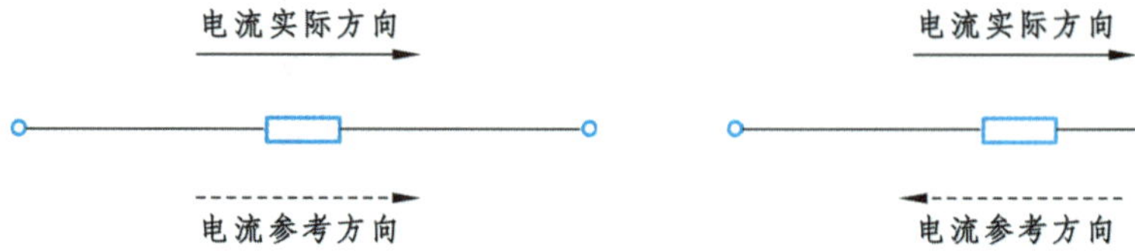

（a）$I>0$　　（b）$I<0$

图 5-8　电流的参考方向与实际方向

在分析电路时，首先要假定电流的参考方向，并据此分析计算，然后再从答案的正、负值来确定电流的实际方向。如不做说明，电路图上标出的电流方向一般都是指参考方向。

（3）电流的分类。

根据电流大小和方向随时间的变化情况，电流可以分为两大类。一类电流的大小和方向都不随时间变化，称为稳恒定电流或直流电流。直流电常用字母 DC 表示，图形符号用“–”表示。另一类是电流的大小和方向都随时间周期性变化，称为交流电流，交流电流用字母 AC 表示，图形符号用“□”表示。电流波形图如图 5-9 所示。

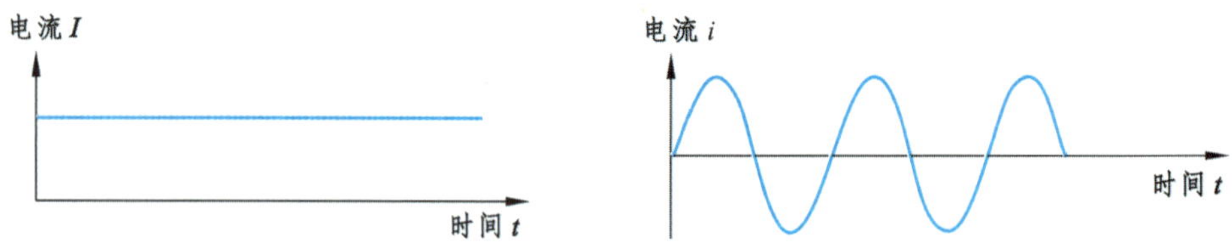

（a）直流电　　（b）正弦交流电

图 5-9　电流的波形图

2. 电　压

（1）电压的定义、单位和符号。

电荷在电场中移动时必然伴随能量的交换，电场力作用下，正电荷将由高电位移向低电位，正电荷的电位能减小。电压是不同数量的电荷试图平衡而产生的，它是电流流动的原因。

电场中任意两点（A，B）间的电位差定义为这两点间的电压，数值上等于把单位正电荷由此（A 点）移至彼（B 点）时电场力所做的功，亦即为单位正电荷电位能的变化量。

如果设正电荷由 A 点移到 B 点时电场力所做的功为 dW，则 A、B 两点间的电压为

$$U_{AB}=\frac{\mathrm{d}W}{\mathrm{d}q} \tag{5-3}$$

在国际单位制中，电压的单位是伏特（V）。当电场力把 1 C（库仑）的电荷从一点移到另一点所做的功为 1 J（焦耳）时，该两点间的电压为 1 V。单位：1 V=1 J/C。也就是说，电场力把单位正电荷由 A 点移到 B 点所做的功在数值上等于 A、B 两点的电压。在直流电路中，上式可写成

$$U = \frac{W}{Q} \tag{5-4}$$

电路中规定电位跌落（电压降）的方向为电压的方向，故

$$U_{AB}=U_A-U_B=-(U_B-U_A)=-U_{BA} \tag{5-5}$$

电路中任意两点间的电压只取决于这两点的位置，而和路径无关。

电压随时间变化时，以小写字母 u 记之，称交流；电压不随时间变化时，以大写字母 U 记之，称直流。

（2）电压的方向。

习惯上规定从高电位点指向低电位点为电压方向（实际方向），即电压降的方向。在分析电路时，也应该选取电压的参考方向。当电压的参考方向与实际方向一致时，电压为正（$U>0$）时，不一致时，电压为负（$U<0$），如图 5-10 所示。

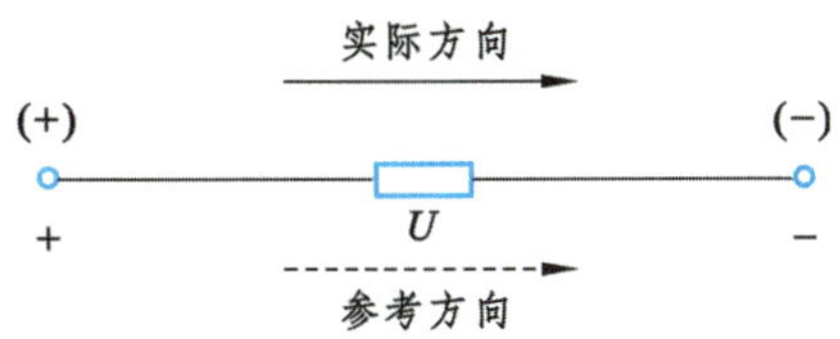

（a）$U>0$

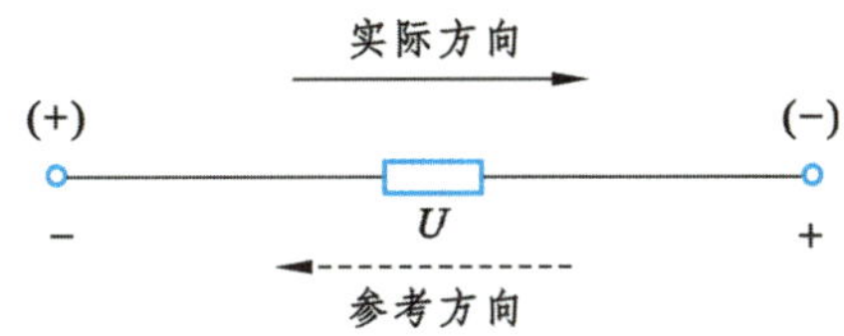

（b）$U<0$

图 5-10　电压的参考方向与实际方向

电压参考方向在电路中用极性“+”“-”表示，也可用箭头表示。“+”表示高电位，“-”表示低电位，符号可用 U_{AB} 表示。

在分析和计算电路时，电压和电流参考方向的假定，原则上是任意的。但为了方便元件上的电压和电流常取一致的参考方向，称为关联参考方向。

图 5-10（a）所示的 U 与 I 参考方向一致，则其电压与电流的关系是 $U=IR$；而图 5-10（b）中的 U 与 I 参考方向不一致，则电压与电流的关系是 $U=-IR$。可见，在写电压与电流的关系式时，式中的正、负号由它们的参考方向是否一致来决定。

3. 电　位

电场力把单位正电荷从电路中某点移到参考点所做的功，称为该点的电位，用大写字母 V 表示。电路中某点的电位，即该点与参考点之间的电压，也可理解为单位正电荷在该点（相对于参考点）所具有的电位能。电位的单位也是伏特（V）。

根据上述电压、电位的定义，可以证明：电路中任意两点之间的电压就等于这两点间的电位差，即

$$U_{AB}=V_A-V_B \tag{5-6}$$

这表明电压的实际方向是从高电位点指向低电位点，是电位降的方向。

4. 电动势

（1）电动势的定义、单位和符号。

电动势是衡量电源力做功能力的物理量，恒定（直流）电动势用字母 E 表示，其单位也是伏特（V）。在图 5-11 中，电源的电动势在数值上等于电源力把单位正电荷从低电位的 b 端

经电源内部移到高电位 a 端所做的功，因此电动势的实际作用方向是在电源内部由低电位指向高电位端，是电位升高的方向。如果不考虑电源内部可能存在的其他形式的能量转换，则电源力对单位正电荷所做的功，应等于单位正电荷位能的增加，即

$$E_{ba}=V_a-V_b \tag{5-7}$$

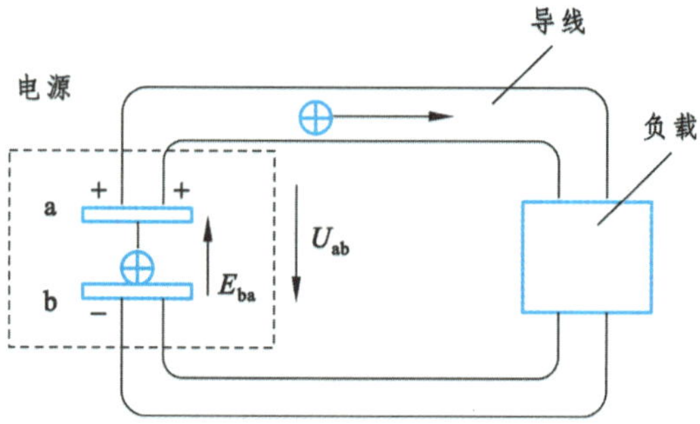

图 5-11　电压与电动势

（2）电动势的方向。

和电流一样，电压和电动势也应引入参考方向（或参考极性）的概念。在电路图中，其参考方向可用箭标或双下标如 U_{ab}、E_{ab} 来表示。如参考方向与其实际方向一致，其数值为正，否则是负值。

5. 电功、电功率和效率

（1）直流电的电功率。

电功率 P 等于电压 U 和电流 I 的乘积。即

$$P=UI \tag{5-8}$$

电功率的单位是瓦特（W），1 W 的电功率是 1 V 的电压和 1 A 的电流所做的功。

（2）直流电的功。

电流所做的功 W 等于电功率 P 与时间 t 的乘积。即

$$W=Pt \tag{5-9}$$

$$W=UIt \tag{5-10}$$

电功的单位是瓦特秒（W·s），1 W·s 是在功率为 1 W 下 1 s 做的功（3 600 000 W·s= 1 kW·h）。

（3）效率。

$$\eta=\frac{P_{out}}{P_{in}} \tag{5-11}$$

$$\Delta P=P_{in}-P_{out} \tag{5-12}$$

由于输入功率 P_{in} 总是大于输出功率 P_{out}，效率总是小于 1 或者 100%，这是因为在能量转换时总是有功率损失 ΔP。

（二）电路的状态

电路有通路、开路、短路三种状态。现以图 5-12 所示简单直流电路为例来分析电路的各种状态。图中电动势 E 和内阻 R_0 串联组成电压源，U_1 是电源端电压，U_2 是负载端电压，R_L 是负载等效电阻。

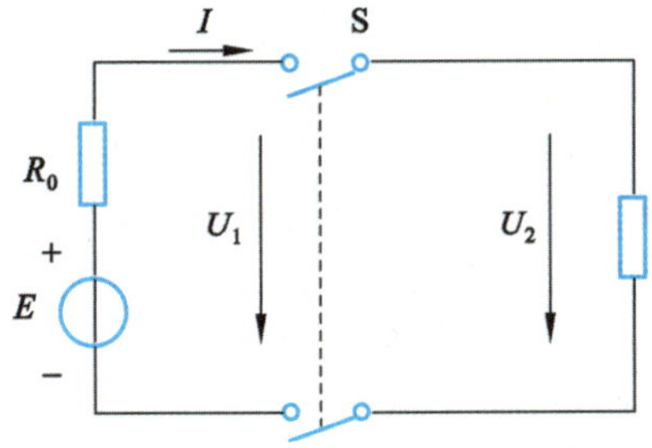

图 5-12　简单直流电路

1. 通路状态

如图 5-12，当开关 S 闭合时，电路中有电流流过，电源输出电功率，负载取用电功率，此状态称为通路状态。

为了保证电气设备和器件能安全、可靠和经济地工作，制造厂规定了每种设备和器件在工作时所允许的最大电流、最高电压和最大功率，这称为电气设备和器件的额定值，常用下标符号 N 表示，如额定电流 I_N、额定电压 U_N 和额定功率 P_N。这些额定值常标记在设备的铭牌上，故又称为铭牌值。

电气设备和器件应尽量工作在额定状态，这种状态又称为满载，其电流和功率低于额定值的工作状态叫轻载；高于额定值的工作状态叫过载。有些用电设备如电灯、电炉等，只要在额定电压的条件下使用，其电流和功率就会符合额定值，故只标明 U_N 和 P_N。另一类电气设备如变压器、电动机等，在加上额定电压后，其电流和功率取决于它所负载的大小。例如电动机所带机械负载过大，将会因电流过大而严重发热，甚至烧毁，故在一般情况下，设备不应过载运行。在电路中常装设自动开关、热继电器，用来在过载时自动断开电源，确保设备安全。

2. 开路状态

在图 5-12 所示电路中，当开关 S 断开，电路电流为零，这称为开路状态，也称为断路。

开路时该部分电路中没有电流，也无能量的输送和转换。开路的电流等于零，开路处的电压应视电路情况而定。

3. 短路状态

在图 5-12 所示电路中，当电源两端的导线由于某种事故而直接相连，这时电源输出电流不经过负载，只经过连接导线直接流回电源，这种状态称为短路状态，简称短路。短路时的电流称为短路电流，用 I_{SC} 表示。因为电源内阻 R_0 很小，故 I_{SC} 很大。短路时外电路的电阻为零，故电源和负载的端电压均为零。这时，电源所产生的电能全部被电源内电阻消耗转变为热能，故电源的输出功率和负载取用的功率均为零。

因为 I_{SC} 很大，短路时电源本身及 I_{SC} 所流过的导线温度剧增，将会损坏绝缘，烧毁设备，甚至引起火灾。因此，电路短路是一种严重的事故，应尽力避免。为防止短路所产生的严重后果，通常在电路中接入熔断器或自动开关，以便在发生短路时迅速切除故障电路，从而确保电源和其他电气设备的安全运行。

（三）电路的连接

1. 串联电路

两个或两个以上的电阻首尾依次连接在一条电路中，电流从一个电阻流过，再流入下一个电阻，各电阻流过同一电流，组成串联电路。如图 5-13 所示，串联电路有如下特点：

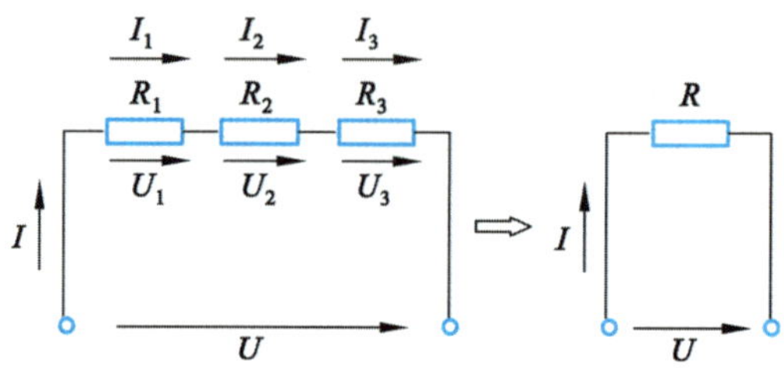

图 5-13　串联电路

（1）串联电路中电流处处相等，即

$$I=I_1=I_2=I_3=\cdots=I_n \tag{5-13}$$

（2）串联电路的等效电阻（即总电阻）等于各串联电阻之和，即

$$R=R_1+R_2+R_3+\cdots+R_n \tag{5-14}$$

（3）电路两端的总电压等于各部分电路两端的电压之和，即

$$U=U_1+U_2+U_3+\cdots+U_n \tag{5-15}$$

（4）每个电阻上分配到的电压与电阻值成正比，即

$$\frac{U_1}{R_1}=\frac{U_2}{R_2}=\cdots=\frac{U_n}{R_n}=\frac{U}{R}=I \tag{5-16}$$

由上式可得到串联电路的分压公式为

$$U_i=\frac{R_i}{R}U \tag{5-17}$$

在实际中，串联电路应用很多，在负载的额定电压低于电源电压的情况下，常需要给负载串联一个电阻，以分担一部分电压；电压表可利用串联不同的电阻来扩大量程；有时为了限制负载中通过过大的电流，可以将负载串联一个限流电阻。

2. 并联电路

两个或两个以上的电阻首尾两端分别连接在相同两点之间，组成并联电路。如图 5-14 所示，常用符号“//”表示电阻并联。并联电路有如下特点：

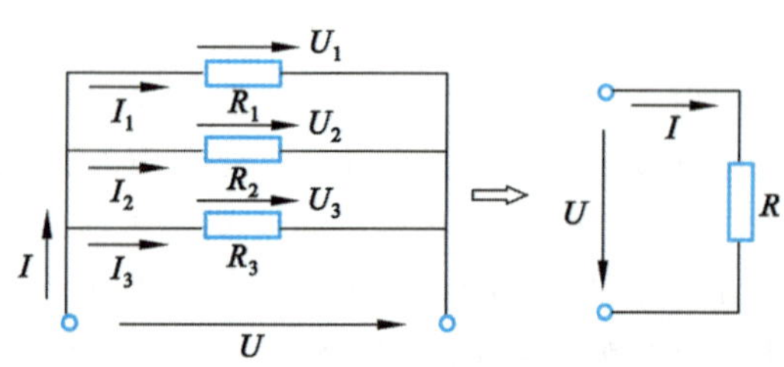

图 5-14　并联电路

（1）并联电路中各支路两端的电压相等，即

$$U=U_1=U_2=U_3=\cdots=U_n \tag{5-18}$$

（2）电路中的总电流等于各支路的电流之和，即

$$I=I_1+I_2+I_3+\cdots+I_n \tag{5-19}$$

（3）电路的总电阻（等效电阻）的倒数等于各分电阻倒数之和，即

$$\frac{1}{R}=\frac{1}{R_1}+\frac{1}{R_2}+\cdots+\frac{1}{R_n} \tag{5-20}$$

（4）每条支路分配到的电流与支路电阻成反比，即

$$I_1R_1=I_2R_2=\cdots=I_nR_n=IR=U \tag{5-21}$$

对两个电阻并联的电路，各支路的电流计算公式为

$$I_1=\frac{R_2}{R_1+R_2}I \tag{5-22}$$

$$I_2=\frac{R_1}{R_1+R_2}I \tag{5-23}$$

在实际中，并联电路的应用很广泛，如汽车上的起动机、刮水器、照明灯等工作电压相同的设备都采用并联接法。并联之后电气设备之间的工作互不影响。另外，如果某一电阻值偏大，可以通过并联电阻的方式，使总电阻减小，以满足电路的需要。在电工测量中，经常在电流表的表头两端并联分流电阻，以扩大电流表的量程。

3. 混联电路

在实际电路中，既有电阻串联又有电阻并联的电路，称为混联电路。混联电路如图 5-15 所示。

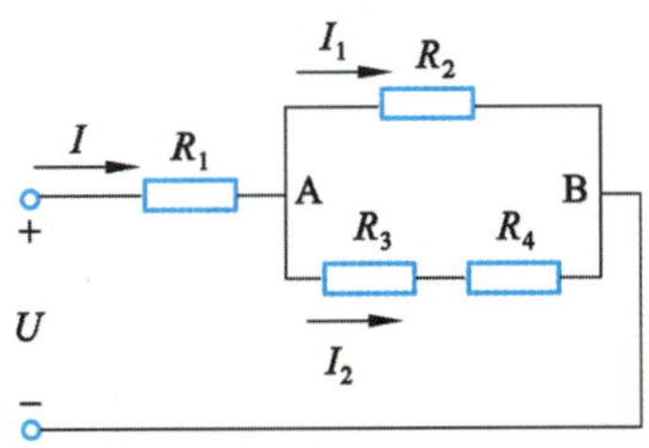

图 5-15　混联电路

分析混联电路时，必须先清楚混联电路中各电阻之间的连接关系，然后应用串、并联电路的特点，求出单纯的串联和并联部分的各等效电阻，最后求出电路的总电阻。

例 5-1　如图 5-15 所示电路，电阻 R_1=10 Ω，R_2=5 Ω，R_3=2 Ω，R_4=3 Ω，电源电压 U=125 V，求电流 I、I_1、I_2。

解：如图 5-16 所示，R_3 和 R_4 可等效成一个电阻 R_{34}，如图 5-16（a）所示，即 $R_{34}=R_3+R_4=2\ \Omega+3\ \Omega=5\ \Omega$。

$$R_{AB}=\frac{R_2R_{34}}{R_2+R_{34}}=\frac{5\times5}{5+5}\Omega=2.5\ \Omega$$

R_2 和 R_{34} 可等效成一个电阻 R_{AB}，如图 5-16（b）所示，即

R_2 和 R_{34} 可等效成一个电阻 R_{AB}，如图 5-16（b）所示，即

R_1 和 R_{AB} 可等效成一个电阻 R，如图 5-16（c）所示，即 $R=R_1+R_{AB}=10\ \Omega+2.5\ \Omega=12.5\ \Omega$。此时

$$I=\frac{U}{R}=\frac{125}{12.5}\text{A}=10\text{ A}$$

根据分流公式得

$$I_1=\frac{R_{34}}{R_2+R_{34}}I=\frac{5}{5+5}\times 10\text{ A}=5\text{ A}$$

$$I_2=\frac{R_2}{R_2+R_{34}}I=\frac{5}{5+5}\times 10\text{ A}=5\text{ A}$$

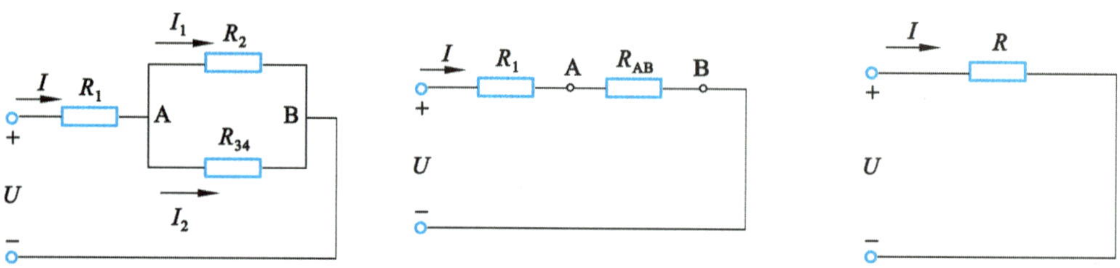

（a）等效电阻 R_{34}　（b）等效电阻 R_{AB}　（c）等效电阻 R

图 5-16　例 5-1 电路

（四）电路的基本定律

1. 欧姆定律

通常流过电阻的电流与电阻两端的电压成正比，这就是欧姆定律。它是分析电路的基本定律之一。对图 5-17 所示的电路，欧姆定律可用下式表示

$$I=\frac{U}{R} \tag{5-24}$$

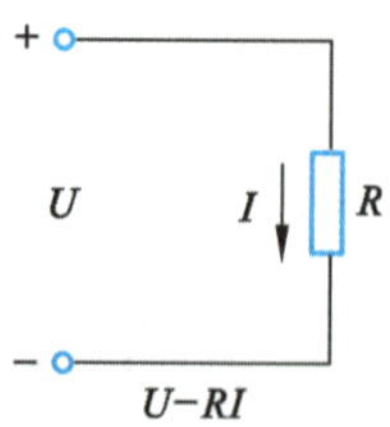

图 5-17　欧姆定律

由上式可见，当所加电压 U 一定时，电阻 R 愈大，则电流 I 愈小。显然，电阻具有对电流起阻碍作用的物理性质。

在关联参考方向时，电压和电流的参考方向一致，欧姆定律的表示为式（5-24）。在非关联参考方向时，电压和电流的参考方向相反，欧姆定律的表示为

2. 基尔霍夫定律

用串并联的方法能够最终化为单一回路的简单电路，可以用欧姆定律来求解。用串并联的方法，不能将电路最终化为单一回路的复杂电路，其求解规律，反映在基尔霍夫定律中。基尔霍夫定律也是电路的基本定律之一，它包含有两条定律，分别称为基尔霍夫电流定律（KCL）和基尔霍夫电压定律（KVL）。

在基尔霍夫定律中，常要用到如下几个电路名词：

支路：在电路中通过同一电流的分支电路叫作支路。如图 5-18 所示的电路中，有三条支路，分别是 I_1、I_2 和 I_3 流过的支路。

节点：有三条或三条以上支路的连接点叫作节点。如图 5-18 所示的电路中，有 b、e 两个节点。

回路：闭合的电路叫作回路。回路可由一条或多条支路组成，但是只含一个闭合回路的电路叫网孔。如图 5-18 所示的电路中，有 a→b→c→d→e→f、a→b→e→f 和 b→c→d→e 三个回路，a→b→e→f 和 b→c→d→e 两个网孔。

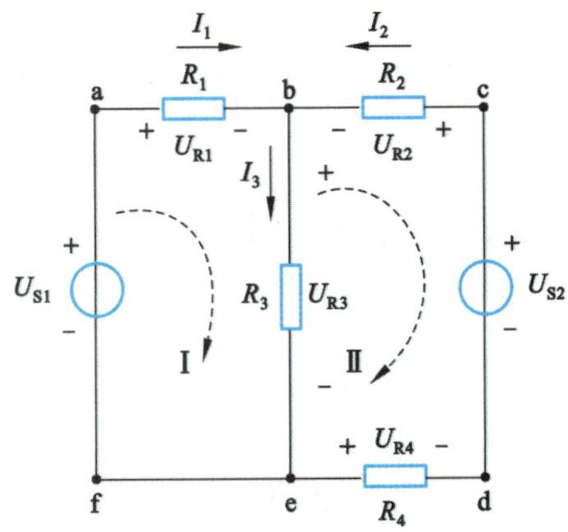

图 5-18　电路举例

（1）基尔霍夫电流定律。

基尔霍夫电流定律（Kirchhoff's Current Law，KCL），也叫基尔霍夫第一定律，描述了连接在同一节点上的各支路电流之间的约束关系，反映了电流的连续性，即：在任一瞬间，流入任一节点的电流之和必等于流出该节点的电流之和。

这也就是说，在电路中的任一节点上都不可能有电荷的积累。

对于图 5-18 所示电路中的节点 b，应用基尔霍夫电流定律可写出

$$I_1 + I_2 = I_3 \tag{5-26}$$

也可改写为

$$I_1 + I_2 - I_3 = 0 \tag{5-27}$$

即

$$\sum I = 0 \tag{5-28}$$

因此，基尔霍夫电流定律也可叙述为：在任一瞬时，电路中流入任一节点的所有电流的代数和等于零。这里把流入节点的电流取正号，流出节点的电流取负号。当基尔霍夫电流定

律叙述为流出任一节点的电流代数和等于零，则对流出节点的电流取正号，流入节点的电流取负号。

基尔霍夫电流定律中所提及的电流方向，本应指电流的实际方向，但对电流的参考方向也同样适用。因此，在应用该定律列写方程时，首先要标出每条支路电流的参考方向。如计算结果某支路电流是负值，则说明该支路电流的参考方向与实际方向相反。

（2）基尔霍夫电压定律。

基尔霍夫电压定律（Kirchhoff's Voltage Law，KVL），也叫基尔霍夫第二定律，描述了闭合回路中各支路电压之间的关系。当沿着闭合回路绕行，将会遇到电位升降的变化。由于电位的单值性，如果沿闭合回路绕行一周，回到原出发点，其电位的变化量应为零。基尔霍夫电压定律指出：在任一瞬时，沿闭合回路绕行一周，在绕行方向上的电位升之和必等于电位降之和。

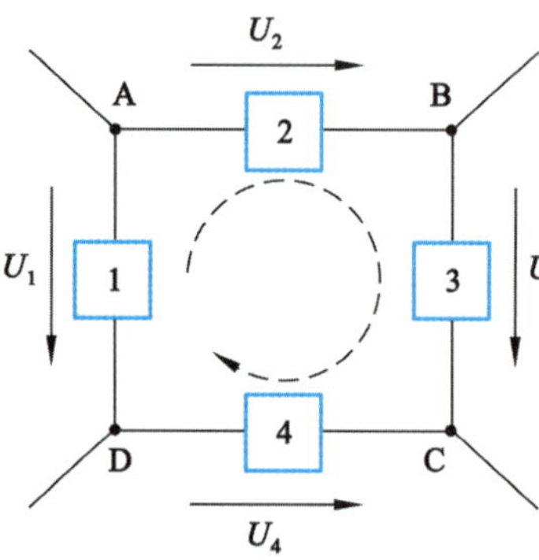

图 5-19　基尔霍夫电压定律示例

图 5-19 是某直流电路的一部分，由四个电路元件构成了闭合回路，回路中各电压的参考方向如图所示，设四个电压均为正值，即图示的电压参考方向也就是实际方向。如按顺时针沿着回路 A→B→C→D→A 绕行一周，在绕行方向上 U_2、U_3 为电位降，U_1、U_4 为电位升，应用基尔霍夫电压定律有

$$U_1+U_4=U_2+U_3 \tag{5-29}$$

上式可改写成

$$U_1-U_2-U_3+U_4=0 \tag{5-30}$$

即

$$\sum U=0 \tag{5-31}$$

因此，基尔霍夫电压定律也可叙述为：在任一瞬时，沿任一闭合回路绕行一周，回路中各部分电压的代数和恒等于零。若规定电位升取正号，则电位降就取负号。

例 5-2　有一闭合回路如图 5-20 所示，已知 U_1=15 V，U_2=−4 V，U_3=8 V，试求电压 U_4 和 U_{AC}。

解：沿 A→B→C→D→A 回路，根据各电压的参考方向，应用基尔霍夫电压定律可列出

$$\sum U=U_2-U_3-U_4+U_1$$

即

$$U_4 = U_1 + U_2 - U_3$$

代入数据得

$$U_4 = 15 + (-4) - 8 = 3\text{V}$$

沿 A→C→B→A 回路，应用基尔霍夫电压定律可列出

$$-U_{AC} + U_3 - U_2 = 0$$

则

$$U_{AC} = U_3 - U_2 = 8 - (-4) = 12\ \text{V}$$

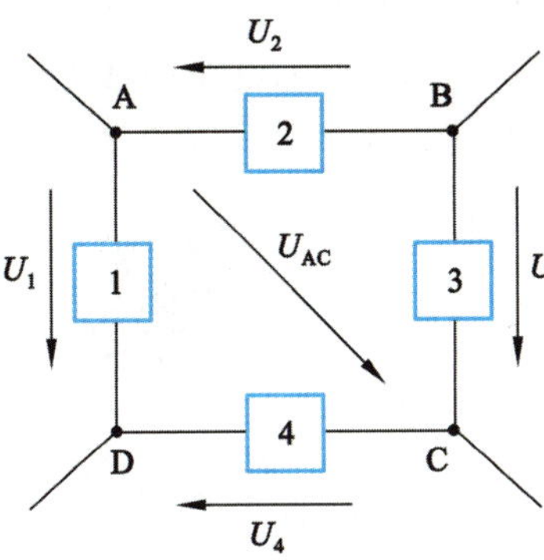

图 5-20　例 5-2 的电路

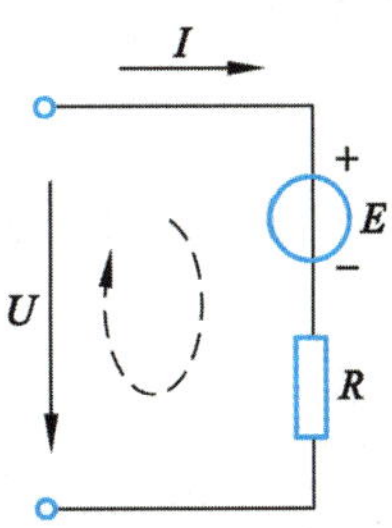

图 5-21　例 5-3 的电路

例 5-3　图 5-21 所示有源支路，已知 E=12 V，U=8 V，R=5 Ω，求电流 I。

解：沿闭合回路顺时针方向绕行一周，应用基尔霍夫电压定律，有

$$-E - RI + U = 0$$

则

$$I = \frac{U - E}{R} = \frac{8 - 12}{5} = -0.8\ \text{A}$$

电流是负值，其实际方向与图示参考方向相反。

任务二　汽车直流电路基础、测量

核心知识点

电压测量方面，需了解正确使用电压表在不同位置测量电路中电压值的方法，以此判断电路工作状态。其次，电流测量时要掌握电流表的接入方法及测量注意事项，通过电流值分析电路是否正常。再者，电阻测量时需清楚如何用欧姆表或其他工具测量电路元件或线路的电阻，从而判断其是否存在故障或异样。此外，还应熟悉电路中常见的连接方式和节点，以便准确选择测量点。同时，务必注意测量工具的正确使用和精度要求，确保测量结果准确可靠。

一、汽车电路基础知识

5.2.1　汽车电路基础知识

（一）汽车电路的组成

汽车电路主要由电源、用电设备和中间装置组成。

1. 电　源

汽车电源包括蓄电池、发电机及调节器。蓄电池的作用是发动机不工作时向起动机及其他用电设备供电。发动机起动后，发电机作为电源向用电设备供电，同时也给蓄电池充电。调节器的作用是在发电机工作时，保持其输出电压的稳定。

2. 用电设备

用电设备包括以下内容：

（1）起动系统主要包括起动机及其控制电路，其作用是用于起动发动机。

（2）点火系统用来产生电火花，点燃汽油机中的可燃混合气，主要包括点火线圈、点火器、分电器、火花塞等。

（3）照明系统包括车外和车内的照明灯具，提供车辆安全行驶的必要照明。

（4）信号装置包括音响信号和灯光信号两类，提供行车所必需的信号。

（5）仪表及报警装置用来监测发动机及汽车的工作情况，使驾驶员能够通过仪表、报警装置及时监视发动机和汽车运行的各种参数及异常情况，确保汽车正常运行。它包括车速里程表、发动机转速表、水温表、燃油表、电压（电流）表、机油压力表、气压表和各种报警灯等。

（6）辅助电器设备（也称为舒适系统）包括风窗电动刮水器、风窗洗涤器、空调系统、汽车视听设备、车窗玻璃电动升降器、电动座椅、电动天窗、电动后视镜等。车用辅助电器设备有日益增多的趋势，主要向舒适、娱乐、安全保障等方面发展。车辆的豪华程度越高，辅助电器设备也就越多。

（7）汽车电子控制系统主要是指利用微机控制的各个系统。

发动机的微机控制主要有汽油喷射发动机集中控制系统和电控柴油喷射系统，用于实现发动机的低油耗、低污染，进而提升汽车的动力性、经济性。

底盘上电子控制系统用于提高汽车的舒适性、安全性和动力性等，主要有电控自动变速器、电控悬架、制动防抱死/防滑控制系统（ABS/ASR）、电控动力转向、牵引力控制、巡航控制等。

车身电子控制系统包括汽车安全、舒适性控制和信息通信系统，主要有安全气囊、安全带、中央防盗门锁、全自动空调、多功能电动座椅、多媒体界面、电动车窗和满足多种用电设备需求的新型电源管理系统，还有导航系统、车载网络系统、状态监测与故障诊断系统等。

总之，随着汽车电子技术的不断发展，将有越来越多的电子设备应用在汽车上，以提高汽车的安全性、舒适性和方便性。

3. 中间装置

任何电器设备和电控装置要想获得电源供应，中间装置的连接必不可少。常见的连接装置有中央接线盒、保险装置、继电器、电气线束及插接件、电路开关等，这些中间装置的选用和装配直接影响到用电设备的运行状况。

（二）汽车电路的特点

汽车电路与普通电路相比，有如下特点：

1. 两个电源

汽车各用电设备均与蓄电池、发电机并联。发电机为主电源，可提供汽车运行时各用电设备的用电；蓄电池为辅助电源，主要供汽车起动时用电。

2. 低压直流电

蓄电池作为汽车上的电源之一，始终是直流电，主要用于发动机起动时为起动机供电，当蓄电池放电完毕后必须由直流电源对其进行充电，因此，汽车上的发电机输出为直流电。

汽车电气系统的额定电压一般为直流 12 V 和 24 V 两种。目前汽车上普遍采用 12 V 电源，重型柴油机多采用 24 V 电源。

随着汽车上电器设备的增多，电气负荷越来越大，要求汽车上采用能量大、体积小的电源。目前，已有汽车公司在使用 36 V、42 V 新型电源。从效率的角度考虑，使用 42 V 电压系统，有利于减小电流，进而减小能量损耗，并且能够减小所需电子设备的体积，节省空间。

3. 单线制

从电源到用电设备使用一根导线连接，而另一根导线则用汽车车体或发动机机体的金属部分代替，这种连接方式称为单线制。单线制可节省导线，使电路简化、清晰，便于安装与检修，因此现代汽车电路广泛采用单线制。

4. 负极搭铁

汽车车身的金属机体作为公共的导线，在接线时电源的某极必须与金属机体相连，这样的连接称为搭铁。对于直流电来说，电路系统的正极或负极均可作为搭铁极，但按照国际通行的做法和我国国家标准 GB 2261—71《汽车拖拉机用电设备技术条件》的规定，汽车电路系统为负极搭铁。负极搭铁能减少蓄电池电缆铜端子在车架车身连接处的电化学腐蚀，提高搭铁的可靠性。

5. 用电设备并联

用电设备并联是指汽车上的各种用电设备都采用并联方式与电源连接，每个用电设备都由各自串联在其支路中的专用开关控制，不会产生干扰。

（三）汽车电路的基础元件

汽车电路的基础元件包括导线、熔断器、插接器、各种开关和继电器等，它们是汽车电路的基本组成部分，也称之为汽车电路的中间装置。

1. 导　线

汽车电路是由导线连接起来的，导线是用电器从电源获得电能必不可少的元件。汽车电器设备的连接导线，按承受电压的高低可分为高压导线和低压导线两种。点火线圈（高压）输出线、分电器盖至发动机各缸火花塞上的（高压）分线使用特制的高压点火线或高压阻尼点火线。汽车充电系统、仪表、照明、信号及辅助电器设备等，均使用低压导线，这里主要介绍低压导线。

（1）导线截面积的正确选择。

汽车上各种电器设备所用的连接导线，可根据用电设备的负载电流大小选择导线的截面积。其一般原则为：长时间工作的电器设备可选用实际载流量60%的导线；短时间工作的用电设备可选用实际载流量60%~100%之间的导线。同时，还应考虑电路中的电压降和导线发热等情况，以免影响用电设备的电气性能和超过导线的允许温度。为保证一定的机械强度，一般低压导线截面积不小于0.5 mm²。各种低压导线标称截面积的允许负载电流见表5-1。表5-2列出了汽车12 V电气系统主要电路导线截面积选择的推荐值。

表5-1　低压导线标称截面积的允许负载电流值

铜芯电线截面积/mm²	0.5	0.75	1.0	1.5	2.5	4	6	10	16	25	35	50
载流量（60%）/A	7.5	9.6	11.4	14.4	19.2	25.2	33	45	63	82.5	102	129
载流量（100%）/A	12.5	16	19	24	32	42	55	75	105	138	170	215

表5-2　汽车12 V电气系统主要电路导线截面积选择的推荐值

汽车类型	标称截面积/mm²	用途
轿车、货车、挂车	0.5	后灯、顶灯、指示灯、仪表灯、牌照灯、燃油表、刮水器电机
	0.8	转向灯、制动灯、停车灯、分电器
	1.0	前照灯的单线（不接熔断器）、电喇叭（3 A以下）
	1.5	前照灯的电线束（接熔断器）、电喇叭（3 A以上）
	1.5~4	其他连接导线
	4~6	电热塞
	4~25	电源线
	16~95	起动机电缆

（2）导线的颜色。

随着汽车上使用电器的增多，导线数量也随之增多，为便于安装和检修，采用双色导线，主色为基础色，辅色为环布导线的条色带或螺旋色带，且标注时主色在前、辅色在后。以双色为基础选用时，各用电系统的电源线为单色，其余为双色，汽车各用电系统双色低压线的主色见表 5-3。

表 5-3　汽车各用电系统双色低压线主色的规定

系统名称	电线主色	代号	系统名称	电线主色	代号
电气装置接地线	黑	B	仪表、报警指示和喇叭系统	棕	Br
点火起动系统	白	W	前照灯、雾灯等外部照明系统	蓝	Bl
电源系统	红	R	各种辅助电机及电气操纵系统	灰	Gr
灯光信号系统	绿	G	收放音机、点烟器等系统	紫	V
车身内部照明系统	黄	Y			

（3）汽车线束。

为使全车线路规整、安装方便及保护导线的绝缘，汽车上的全车线路除高压线、蓄电池电缆和起动机电缆外，一般将同区域的不同规格的导线用棉纱或薄聚氯乙烯带缠绕包扎成束，称为线束，如图 5-22 所示。

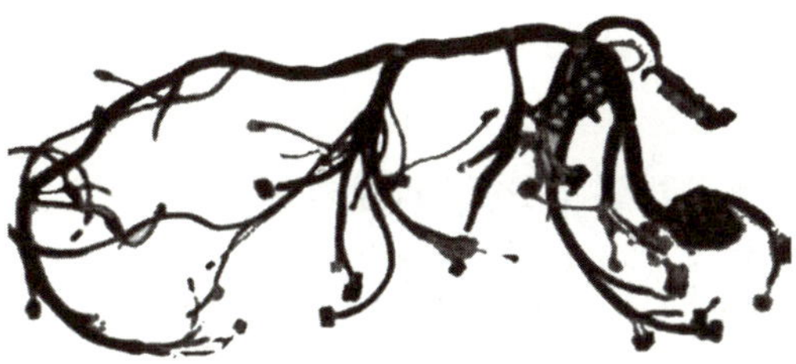

（a）线束 1

（b）线束 2

图 5-22　汽车线束实物

2. 熔断器

熔断器是最简便的而且是有效的短路保护电器。熔断器中的熔片或熔丝用电阻率较高的易熔合金制成，如铅锡合金等；或用截面积甚小的良导体制成，如铜、银等。线路在正常工作情况下，熔断器不应熔断。一旦发生短路或严重过载时，熔断器应立即熔断。

现代汽车上常见的熔断器外形和组成如图 5-23 所示，可以分为熔片式、熔管式、绝缘子式、缠丝式、插片式等。各种熔断器规格如表 5-4 所示，有多种形式的熔断器可供选用。

（a）常见熔断器

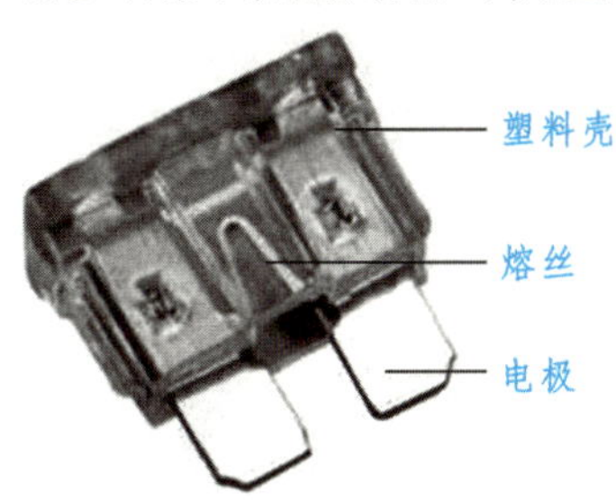

（b）熔断器组成

图 5-23　熔断器

表 5-4　各种熔断器额定电流的规格

品种规格		额定电流/A									
玻璃管式		2	3	5	7.5	10	15	20	25	30	40
绝缘式		—	—	5	8	10	—	20	25	—	—
插片式	电流/A	2	3	5	7.5	10	15	20	25	30	40
	颜色	无色	紫	棕黄	褐	红	浅蓝	黄	白	绿	—
金属丝式	电流/A	—	3	—	7.5	10	15	20	25	30	—
	直径/mm	—	0.11	—	0.20	0.25	0.30	0.35	0.40	0.47	—
熔片式	电流/A	20			45		6		80		
	厚度/mm	0.20			0.40		0.6		0.8		

除了熔断器，汽车中还有易熔线（简称熔线）也是常用的熔断装置，图 5-24 为熔断器和易熔线的图形符号。

（a）熔断器符号　　（b）易熔线符号

图 5-24　熔断器和易熔线的图形符号

熔断器在汽车上的位置如图 5-25 所示。

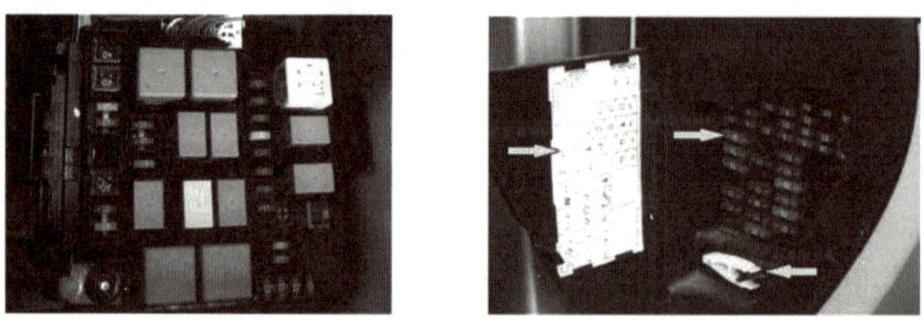

图 5-25　熔断器在汽车上的位置

由于熔体熔断所需要的时间与通过熔体电流的大小有关，为了达到既能有效实现短路保护，又能维持设备正常工作的目的，一般情况下，要求通过熔体的电流等于或小于额定电流的 1.25 倍时可以长期不熔断；超过其额定电流的倍数越大，熔体熔断的时间越短。

3. 插接器

插接器又叫连接器，就是通常说的插头和插座，用于线束与线束或导线与导线间的相互连接。为防止插接器在汽车行驶过程中脱开，所有的插接器均采用了闭锁装置。

（1）插接器如图 5-26 所示。

（a）插头符号　　（b）插头实物

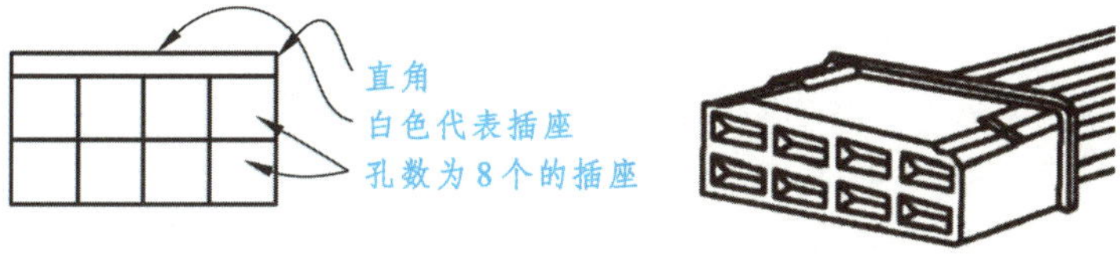

（c）插座符号　　（d）插座实物

图 5-26　插接器

（2）插接器的拆卸方法如图 5-27 所示。

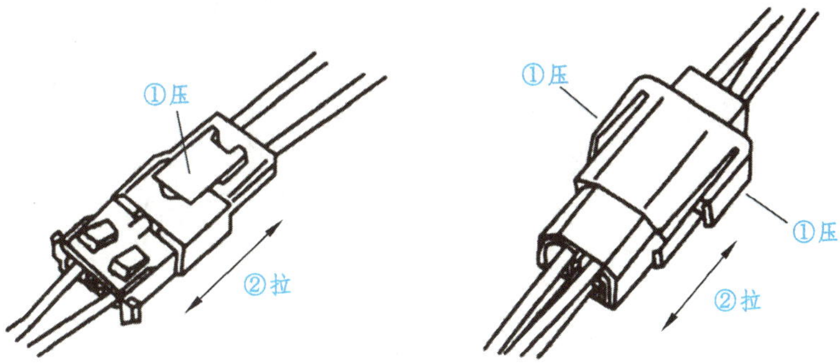

（a）压顶面　　（b）压侧面

图 5-27　插接器的拆卸方法

4. 开　关

开关是电路中最常用的部件，它能控制电路的接通、断开。开关内的触点闭合时便通过电流，断开时便切断电流。开关可根据输入、输出开关的线路数目进行分类。若用“刀”表示输入开关的线路数目，用“掷”表示输出开关的线路数目，开关可分为单刀单掷开关、单刀双掷开关、单刀多掷开关等类型。下面介绍工程以及汽车中常用的开关。

（1）普通开关。

控制电路中常用的起动、停止按钮就是一种单刀单掷开关。如图 5-28 为普通按钮图形符号。图 5-28（a）所示常开按钮处于原始位置时为断开状态，只有按下按钮时才会闭合触点，常用作控制电路的起动按钮。图 5-28（b）所示常闭按钮处于原始位置时为闭合状态，只有按下按钮时才会断开触点，常用作控制电路的停止按钮。图 5-28（c）所示复合按钮，有一组常开触点和一组常闭触点。这类按钮为瞬时接触形式，内有一个保持触点张开的弹簧，只有施加外力时触点才动作，外力撤消时触点便立即恢复原状。普通电动机控制电路上的按钮、汽车上的电喇叭按钮就是这种结构。除此以外，根据结构不同，按钮还有自锁式、紧急式、钥匙式、扳柄式等形式。汽车中的水银开关、舌簧开关都属于比较特殊的单刀单掷开关。

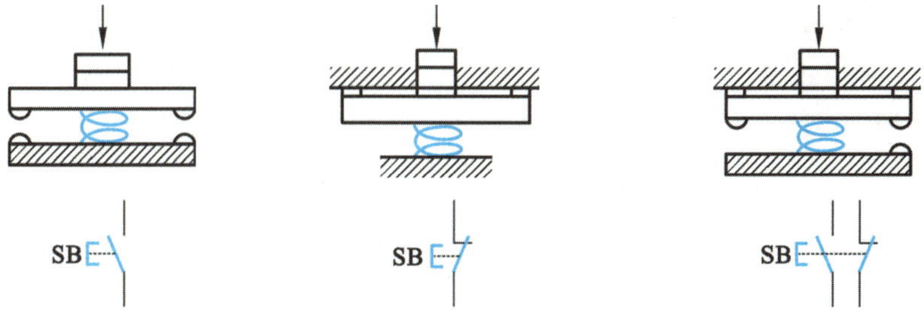

（a）常开按钮　　（b）常闭按钮　　（c）复合按钮

图 5-28　按钮图形符号

（2）组合开关——点火开关。

点火开关是汽车电路各分支电路的控制枢纽，是汽车电路中最重要的组合式开关，它的操纵端均做成锁的形式，如图 5-29（a）所示。

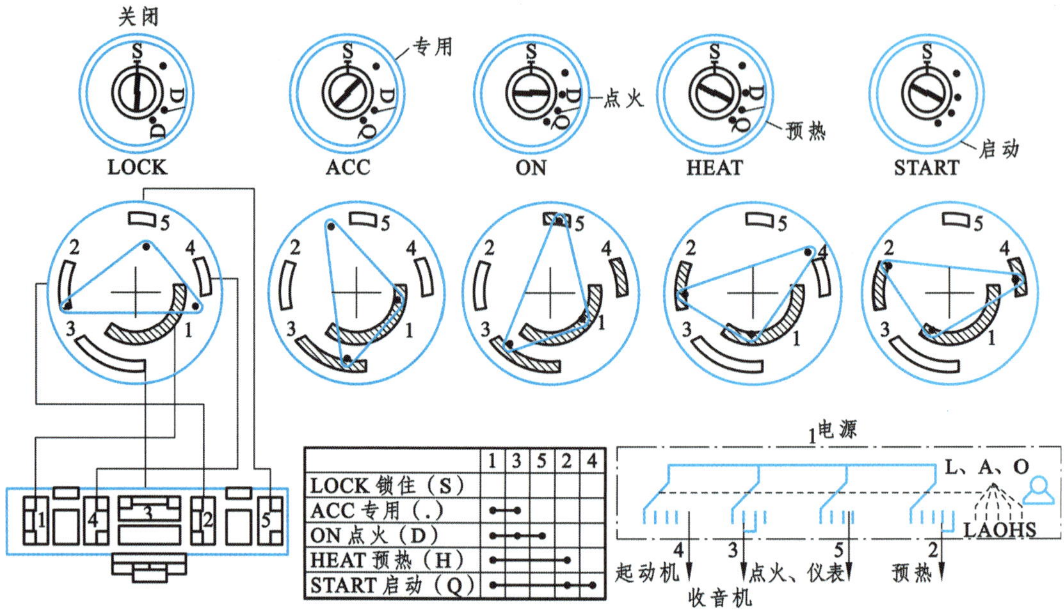

	1	3	5	2	4
LOCK 锁住（S）					
ACC 专用（.）	●	●			
ON 点火（D）	●	●	●		
HEAT 预热（H）	●			●	
START 启动（Q）	●			●	●

（a）结构示意图　（b）表格表示法　（c）图形符号表示法

图 5-29　点火开关的结构及表示方法

点火开关主要用来接通和切断点火电路，同时还用以控制起动机、发电机励磁、收放机、空调、刮水器、点烟器、仪表、信号灯、进气预热和其他电器设备电路。

① ON 挡——可接通仪表和点火系统、暖风装置、刮水器、转向灯等电路。

② ACC 挡——接通收放机和点烟器电路。

③ START 挡——可接通起动电路，起动发动机后自动回到 ON 位置。

④ LOCK 挡——为断电且转向器联锁机构锁止位置。

⑤ HEAT 挡——预热挡，柴油车上使用。

如图 5-29（b）所示，点火开关处于不同状态下开关 5 个触点的通断关系常用表格表示法来表征。

① LOCK 挡——触点不导通。

② ACC 挡——触点 1、3 导通。

③ ON 挡——触点 1、3、5 导通。

④ HEAT 挡——触点 1、2 导通。

⑤ START 挡——触点 1、2、4 导通。

如图 5-29（c）所示点火开关的图形符号表示法，5 个触点的排列次序为 1、3、5、2、4，配合内部接线，5 个状态从左到右分别表示为 LOCK 挡、ACC 挡、ON 挡、HEAT 挡、ATART 挡（分别用第一个大写字母表示）。

除了点火开关，将多种开关功能集成在一起而构成的组合开关，如灯光组合开关、风扇组合开关等，在现代汽车上使用非常广泛。因此在识图时应了解开关在不同状态下内部触点（插头）和电路接线（插座）之间的对应关系。

5. 继电器

继电器能够实现自动接通或切断一对或多对触点,从而完成用小电流控制大电流的操作。这样可以减小控制开关的电流负荷，起到保护电路中控制开关的作用。汽车上用到的继电器有进气预热继电器、空调继电器、喇叭继电器、雾灯继电器、中间继电器、风窗刮水器/清洗器继电器、危险报警与转向闪光继电器等，如图 5-30 所示。

电磁继电器一般由铁心、线圈、衔铁、触点簧片等组成的，如图 5-31 所示。只要在线圈两端加上一定的电压，线圈中就会流过一定的电流，从而产生电磁效应，衔铁就会在电磁力吸引的作用下克服返回弹簧的拉力吸向铁心，从而带动衔铁的动触点与静触点（常开触点）吸合。当线圈断电后，电磁的吸力也随之消失，衔铁就会在弹簧的反作用力下返回原来的位置，使动触点与原来的静触点（常闭触点）释放。通过这样的吸合与释放，进而实现了在电路中的导通与切断目的。对于继电器的“常开、常闭”触点，可以这样来区分：继电器线圈未通电时处于断开状态的静触点，称为“常开触点”；处于接通状态的静触点称为“常闭触点”。

图 5-30　继电器实物

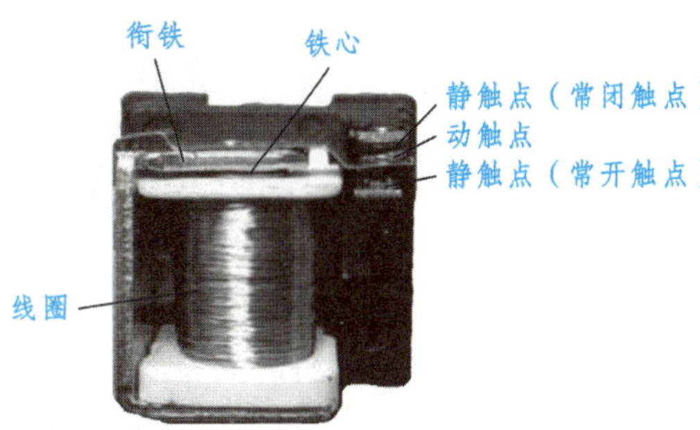

图 5-31　电磁继电器组成

继电器一般有两条电路,为低压控制电路和高压工作电路,其中线圈接入低压控制电路,触点接入高压工作电路。继电器的图形符号如图 5-32 所示，端子 85、86 之间是线圈，端子 30、87 之间是触点。继电器在电路中的接线方式如图 5-33 所示。参照图 5-34 汽车喇叭电路也可理解继电器在电路中的接线。在汽车喇叭电路中，继电器用小电流控制大电流，减小了喇叭开关的电流负荷，具有保护喇叭开关的作用。

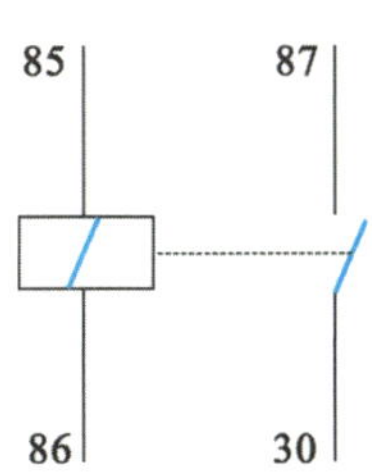

图 5-32　继电器符号

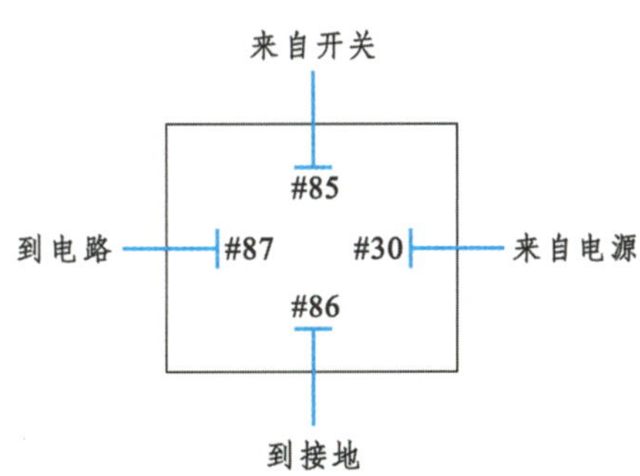

图 5-33　四个引脚继电器典型的接线端框

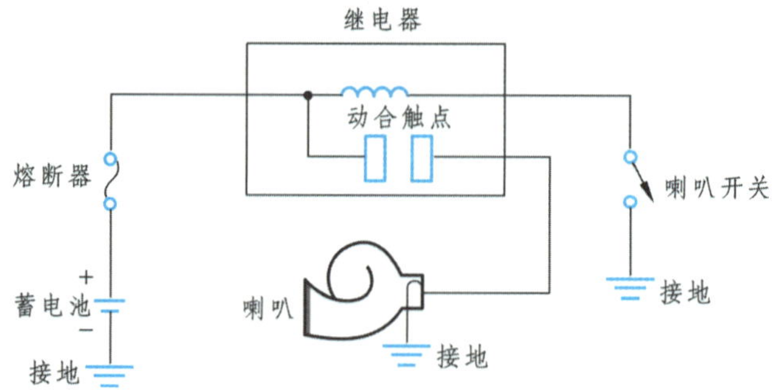

图 5-34　汽车喇叭电路

二、汽车灯光电路查找训练

5.2.2　汽车灯光电路查找训练

（一）万用表的使用

万用表界面如图 5-35 所示。

图 5-35　万用表

1. 电压的测量

（1）将万用表的测试导线插入相应插孔（红表笔插入“V/Ω”插孔，黑表笔插入“COM”插孔）。

（2）将万用表的功能选择开关置于电压测量挡位，并根据待测量电压的类型选择直流或交流位置。

（3）根据待测电压的大小选择量程。

（4）使用万用表的测试导线接入待测电路，黑表笔接地，红表笔接信号线。

（5）闭合待测试电路，观察万用表显示区域的电压读数。

（6）按下“HOLD”按钮，锁定测量结果，并与标准值进行对比。

2. 电阻的测量

（1）将万用表的测试导线插入相应插孔（红表笔插入“V/Ω”插孔，黑表笔插入“COM”插孔）。

（2）将万用表的功能选择开关置于电阻测量挡位，并根据待测量电阻值大小选择合适量程。

（3）使用万用表的测试表笔接在待测电阻两端。

（4）观察万用表显示区域的电阻读数。

（5）按下“HOLD”按钮，锁定测量结果，并与标准值进行对比。

3. 电流的测量

（1）将红表笔插入带有“A”的相应插孔，将黑表笔插入“COM”孔。

（2）功能旋转开关打至“A ~”或“A-”对应量程的挡位。

（3）断开电路，将外用表串入被测电路中，被测线路中电流从一端流入红表笔，经万用表黑表笔流出，再流入被测线路中。

（4）闭合待测试电路，观察万用表显示区域的电流读数。

4. 二极管测量

二极管好坏判断：红表笔插入“V/Ω”孔，黑表笔插入“COM”孔，转盘打在“二极管”挡，将表笔接在测量二极管两极，然后调换表笔再测一次。

如果两次测量的结果是一次显示“1”字样，另一次显示零点几的数字。那么此二极管就是一个正常的二极管，假如两次显示都相同的话，那么此二极管已经损坏，LCD 上显示的一个数字即是二极管的正向压降：硅材料为 0.6 V 左右；锗材料为 0.2 V 左右。根据二极管的特性，可以判断此时红表笔接的是二极管的正极，而黑表笔接的是二极管的负极。

5. 测量熔断器

（1）将功能开关打到蜂鸣挡，红表笔插入“V/Ω”孔，黑表笔插“COM”孔。

（2）将表笔接在测量部分的两端。

（3）若两端确实断路，则万用表蜂鸣器没有响声，熔断器是熔断的。

6. 万用表使用的注意事项

万用表使用不当，不但影响检测精度，还有可能烧坏仪表，为此必须注意下列事项：

（1）不允许带电测电阻。

（2）不要在电流挡、电阻挡、二极管挡和蜂鸣器挡测量电压。

（3）为防止操作失误，因选挡不当而损坏仪表，一般在万用表使用完毕之后，应将转换开关旋至交流电压的最大量程上。

（4）仪表在测试时，不能旋转功能转换开关，特别是高电压和大电流时，严禁带电转换量程。

（5）当屏幕出现电池符号时，说明电量不足，应更换电池。

（6）电路实验中一般不用万用表测量电流。

（7）在每次测量结束后，应把仪表关掉。

（8）无论使用或存放，严禁受潮和进水。

（二）汽车前照灯工作原理

如图 5-36 所示为某轿车大灯电路图。

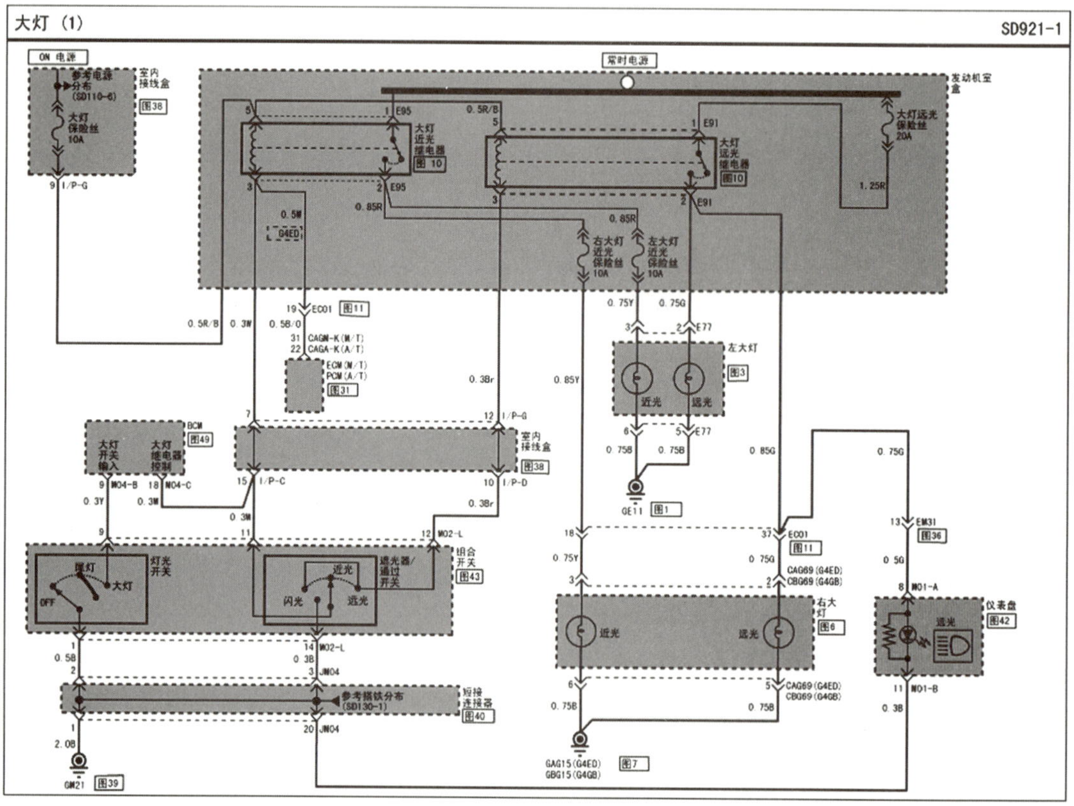

图 5-36 某轿车前照灯电路图

根据电路图分析，前照灯近光、远光的工作原理为：

（1）当组合开关近光或者远光开关闭合时，大灯继电器控制电路为：电源 ON—大灯熔丝—近光、远光继电器线圈—灯光组合开关—搭铁。

（2）前照灯继电器工作电路为：继电器线圈通电，继电器开关闭合。

（3）近光线路为：常时电源—近光继电器开关—近光熔丝—左右近光灯—搭铁。

（4）远光线路为：常时电源—远光熔丝—远光继电器开关—左右远光灯—搭铁。

（三）汽车前照灯故障的检测

前照灯远光不亮而近光正常的原因主要包括：断器故障、继电器故障和灯泡故障。汽车灯光故障的检测步骤如图 5-37 所示。

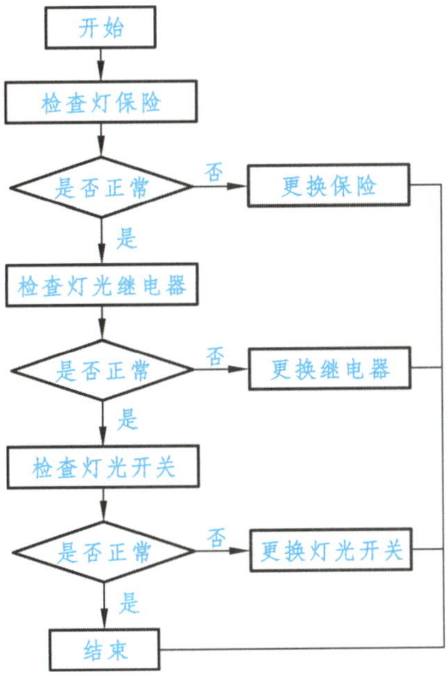

图 5-37　汽车灯光故障的检测步骤

1. 检测保险

汽车上大都设两个以上的保险盒。通常一个安装在发动机舱中，另一个安装在驾驶舱脚踏板上方，不同车型灯光保险所处的位置也不同。一般我们可以通过车辆使用说明书、维修资料或者保险丝盒罩内侧的保险索引信息准确地找到灯光保险进行检查，如图 5-38 所示。保险盒罩内一般都写有保险索引信息，找到保险，观察保险是否断裂，或用万用表电阻挡测量。

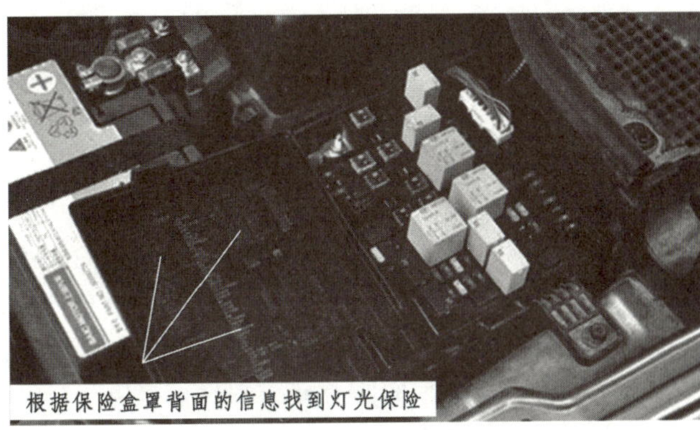

图 5-38　查找保险

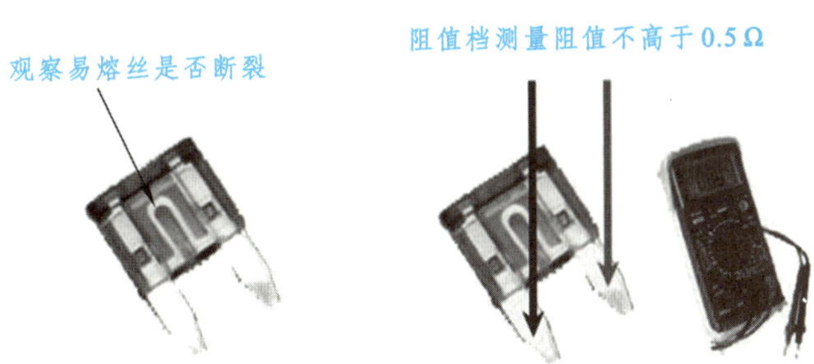

（a）观察法　（b）万用表测量法

图 5-39　保险的检测

如图 5-39，检测保险时，不仅要查看保险是否被熔断，还要查出被熔断的原因。如果某灯保险频繁熔断或一开灯便熔断保险，多为该灯线路有短路情况。

检测时，拆下该灯上的连接，用导线一端接熔断盒，另一端接该灯火线进行测试。如果灯光亮度正常，保险完好，表明保险盒至该灯间的连接导线有短路之处。如果熔断盒正常下也有正常电压，则进行下一步检测。

2. 检测灯光继电器

（1）开路检测：采用万用表测电阻法，用万用表的 R×100 挡检查。如图 5-40 所示，如果 85、86 端电阻值在规定范围内，30、87 端电阻值为∞，则正常，否则有问题。

（2）加电检测：在 85 端和 86 端之间加 12 V 电压，30、87 端通，则为正常，否则有问题。

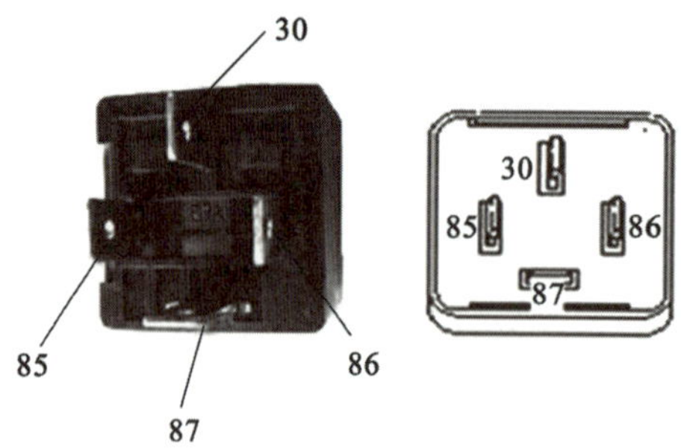

（a）四个端口

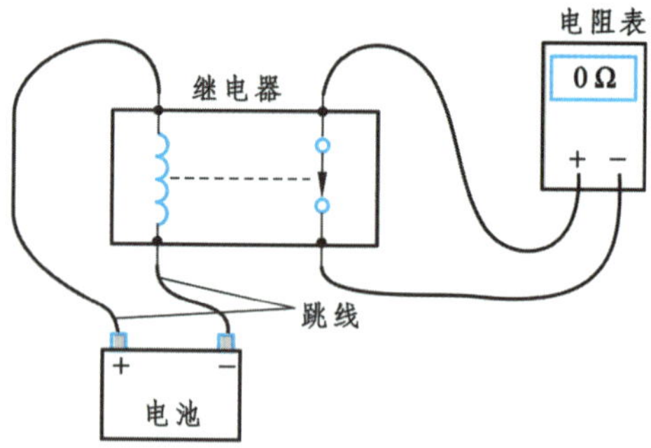

（b）连线示意

图 5-40 继电器的检测

3. 检测灯光开关

如果保险和灯泡均正常，灯泡火线又有正常电压，则应检查搭铁线是否断路或接触不良。将导线一端接灯泡的搭铁端，另一端接车架或蓄电池负极试验。如果灯光亮度正常，即可判定为搭铁不良。同时，还应检查灯座是否氧化、锈蚀，接触不良。这一点，应特别注意。汽车灯光系统通常都设有控制装置，如汽车灯光系统中的灯光继电器和变光开关。因此，检查时，如果前照灯远近光均不亮，还应检查变光开关插座是否松脱，灯光继电器是否能导通灯光电路。如果目视检查不能确认，可用导线短接的方法来判定故障部位，即用导线将灯光继电器的白色接线柱与蓝色接线柱短接试验。如果有响声，说明灯光继电器正常，故障很可能出现在变光开关或车灯开关上。不同车型开关结构和导线数量也不同，但原理相同，图 5-41 为灯光开关原理，可根据实际车辆信息做出调整。

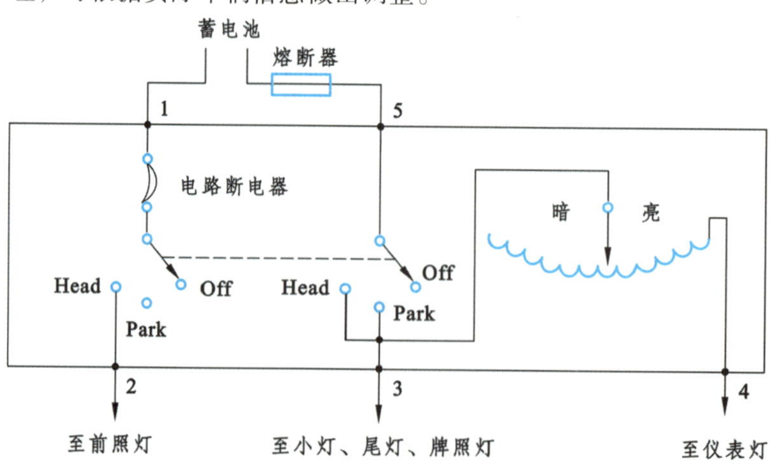

图 5-41 灯光开关内部原理

（四）维修与记录

1. 维修更换损坏元件

在前照灯电路的故障中，故障率最高的元件是灯泡，安装新元件时应注意自身安全和保护元件。更换灯泡步骤如图 5-42 所示。

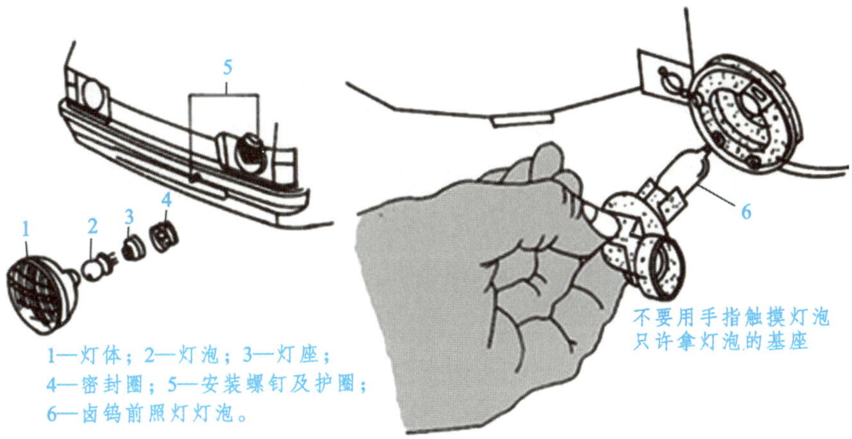

图 5-42　半封闭式前照灯灯泡的更换

2. 结果记录

把检测结果记在工单（见表 5-5）上。

表 5-5　前照灯电路测量结果

序号	测量项目	测量步骤	测量数值	备注
1	保险测量			
2	灯光继电器测量			
3	灯光开关测量			

Project 6

项目六

新能源汽车交直流电路

任务一　交流发电机认知

核心知识点

电能是现代社会最主要的能源之一。发电机是将其他形式的能源转换成电能的机械设备，它由水轮机、汽轮机、柴油机或其他动力机械驱动，将水流、气流、燃料燃烧或原子核裂变产生的能量转化为机械能传给发电机，再由发电机转换为电能。发电机在工农业生产、国防、科技及日常生活中有广泛的用途。

6.1.1　正弦交流电

一、正弦交流电

（一）正弦交流电

正弦交流电电路，是指含有正弦电源，而且电路各部分所产生的电压和电流均按正弦规律变化的电路。交流发电机中所产生的电动势和正弦信号发生器所输出的信号电压，都是随时间按正弦规律变化的。它们是常用的正弦电源。在生产上和日常生活中所用的交流电，一般都是指正弦交流电，如图 6-1 所示。因此，正弦交流电路是电工学中很重要的一个部分。

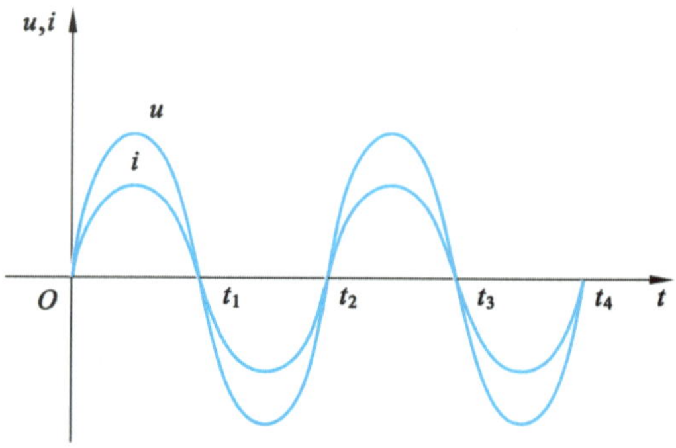

图 6-1　正弦交流电

（二）发电机的工作原理

在闭合回路中的一个导体切割磁感线的时候，导体两端会产生感应电动势，也就是发电机能产生电的原因，那么这个导体如果按照一定规律去切割磁感线，那么它所产生的电也会呈现一定的规律性。图 6-2 中导体在做圆周匀速旋转运动，因此最后呈现出来的电流和电压都是按照一定周期一定频率做正弦规律变化。

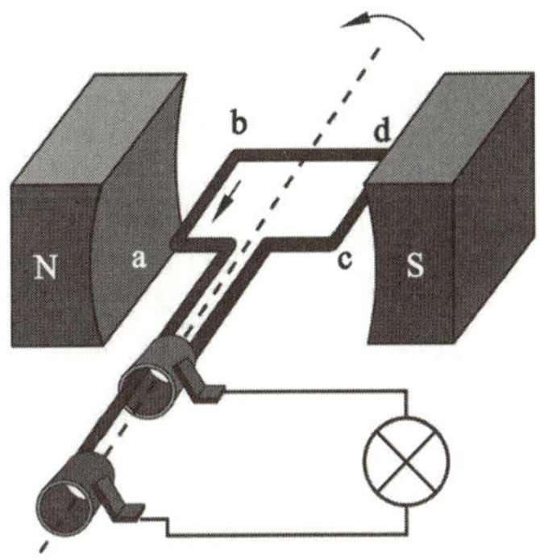

图 6-2　发电机工作原理

如图 6-3 所示，通过上述正弦电的产生原因可知：导体做匀速圆周旋转运动，它们的周期、频率、角频率之间也具有一定的关系。首先我们知道周期的定义是变化一周所需要的时间，它的单位是秒；这里注意正弦三角函数中的周期是角度，注意区分正弦交流电和三角函数的区别，图中横坐标的表示方法是 ωt。正弦交流电只是呈正弦规律变化。频率和角频率之间也有一定联系，二者都是描述一个事物变化快慢程度的物理量。所以这三个物理量之间的关系我们一定要清楚：频率与周期互为倒数，角频率等于 2π 乘以频率。

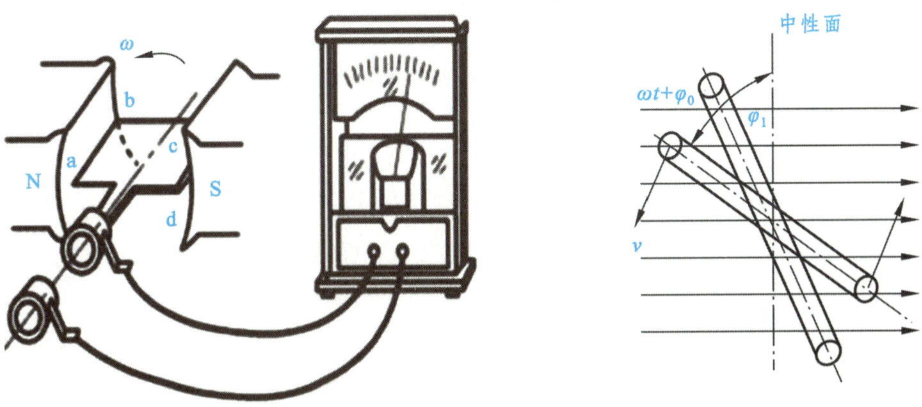

（a）连线示意　　（b）旋转方向

图 6-3　正弦交流电的产生

交变电流完成一次周期性变化所需的时间，如图 6-4 所示。

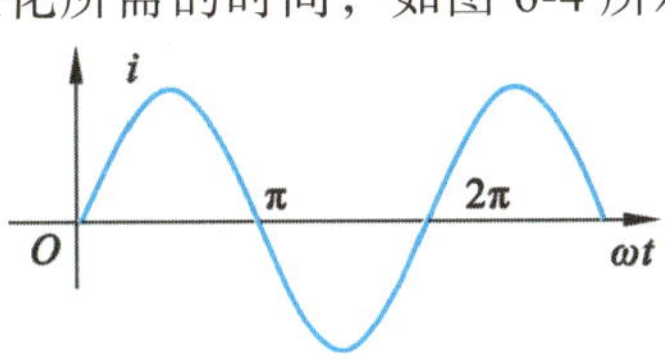

图 6-4　正弦交流电周期

下面我们来看看直流电和交流电随时间变化的情况；从图 6-5（a）中可以清楚看到，不管横轴的时间如何变化，纵轴的电压和电流保持不变，也就是直流电的大小和方向都是不随时间的变化而变化的；从图 6-5（b）我们可以发现，随着时间的变化，电压和电流的大小先增大后减小；紧接着图像曲线出现在横轴的下方，也就是说这时候电压和电流的方向发生变化，我们知道在电工学中正负号代表的是方向；同时电压和电流在横轴的下方也是先增大后减小的趋势。

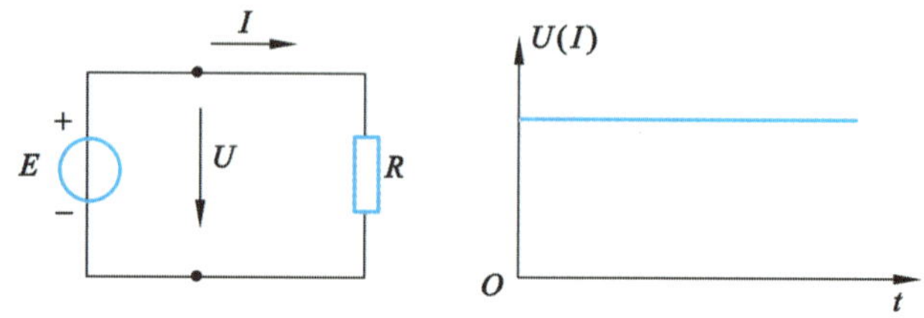

（a）直流电

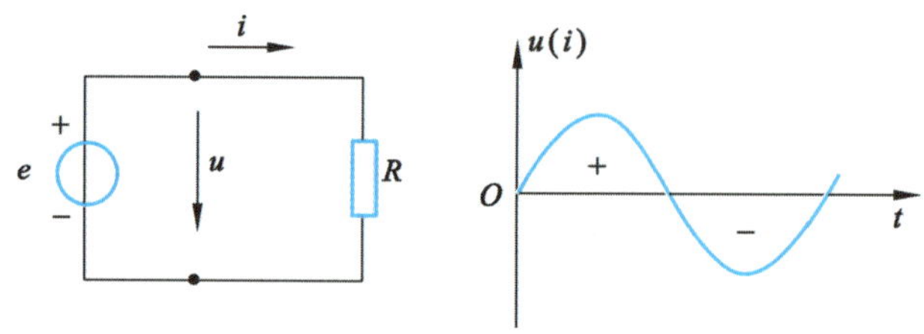

（b）交流电

图 6-5　直流电与正弦交流电区别

大小和方向随时间按正弦函数规律变化的电流或电压。表示为 $i=I_m\sin(\omega t+\alpha)$或 $u=U_m\sin(\omega t+\alpha)$。式中 i、u 为交流电电流、电压的瞬时值，I_m、U_m 为交流电电流、电压的最大值，ω 为交流电的角频率，α 为交流电的初相位。交流电比直流电有更普遍的应用价值。

（三）正弦交流电的三要素

正弦交流电的三要素为：最大值、角频率和初相位（初相）。

交流电在实际使用中，如果用最大值来计算交流电的电功或电功率并不合适，因为在一个周期中只有两个瞬间达到这个最大值。为此人们通常用有效值来计算交流电的实际效应。

大小与方向均随时间按正弦规律做周期性变化的电流、电压、电动势叫作正弦交流电流、电压、电动势，在某一时刻 t 的瞬时值可用三角函数式（解析式）来表示，即

$$\begin{cases} i(t)=I_m\sin(\omega t+j_{i0}) \\ u(t)=U_m\sin(\omega t+j_{u0}) \\ e(t)=E_m\sin(\omega t+j_{e0}) \end{cases} \tag{6-1}$$

式中，I_m、U_m、E_m 分别为交流电流、电压、电动势的振幅（也叫作峰值或最大值），电流的单位为安培（A），电压和电动势的单位为伏特（V）；ω 为交流电的角频率，单位为弧度/秒（rad/s），它表征正弦交流电流每秒内变化的电角度；j_{i0}、j_{u0}、j_{e0} 分别为电流、电压、电动势的初相位或初相，单位为弧度（rad）或度（°）。

二、交流发电机的结构和作用

6.1.2　交流发电机的结构和作用

（一）交流发电机的定义

交流发电机是汽车的主要电源，其功用是在发动机的转速高于怠速转速时，向起动机以外的用电设备供电，同时还向蓄电池充电。按总体结构不同，交流发电机可分为普通式和整体式两种。

（二）交流发电机的组成

如图 6-6 所示，交流发电机的结构由转子、定子、整流器和整流板、前后端盖、电刷装置、风扇等组成。

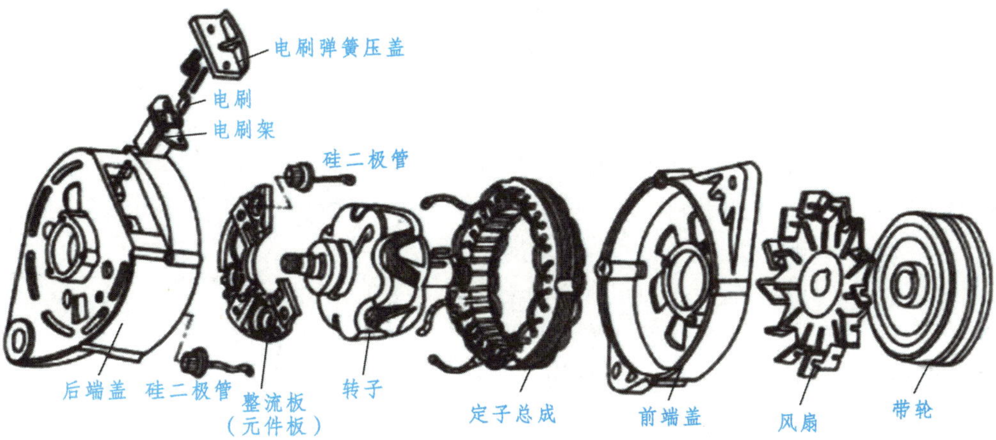

图 6-6　交流发电机的结构

转子是磁极部分，用来在电机中产生磁场，由爪极、励磁绕组（磁场绕组）、转轴、滑环等组成。其中爪极有两块，每块有 6 个鸟嘴形磁极，装在转轴上。爪极间的空腔内装有铁心线圈。

励磁绕组绕在铁心上，铁心压装在两块爪极之间的转轴上，如图 6-7 所示。滑环由相互绝缘的两个铜环组成，压装在转轴一端并与转轴绝缘。励磁绕组的两端分别从内侧爪极的两个小孔中引出，其中一端焊在内侧滑环上，另一端焊接在外侧滑环上，两个铜环分别与发电机的两个电刷接触。当两个电刷与直流电源接通时，励磁绕组便有电流通过，并产生轴向磁通，使一块爪极磁化为 N 极，另一块为 S 极，形成 6 对相互交错的磁极。

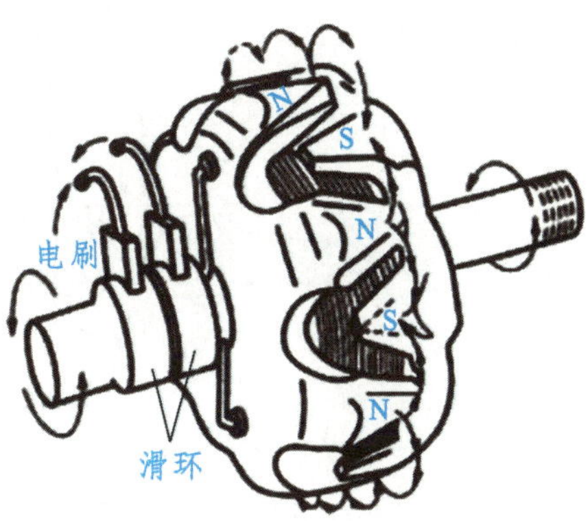

图 6-7　励磁绕组

定子是发电机的电枢部分，用来产生感应电动势，由铁心和三相电枢绕组组成，如图 6-8 所示。

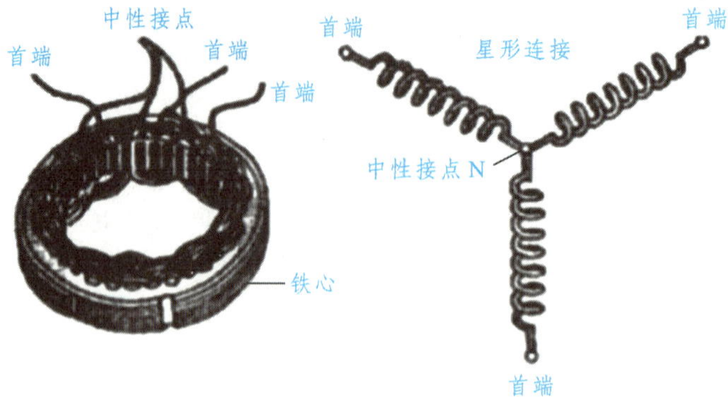

图 6-8　定子结构图

其中铁心由环状硅钢片叠成，内圆开槽，放置三相绕组。而三相电枢绕组为对称绕组，连成星形并引出 4 个端子，由三相绕组各引一个、中性点引出一个。

（三）整流器的组成

如图 6-9 所示，整流器的作用是将电枢绕组产生的三相交流电变换为直流电，一般由 3 只正极管、3 只负极管、端盖和电刷装置等组成。

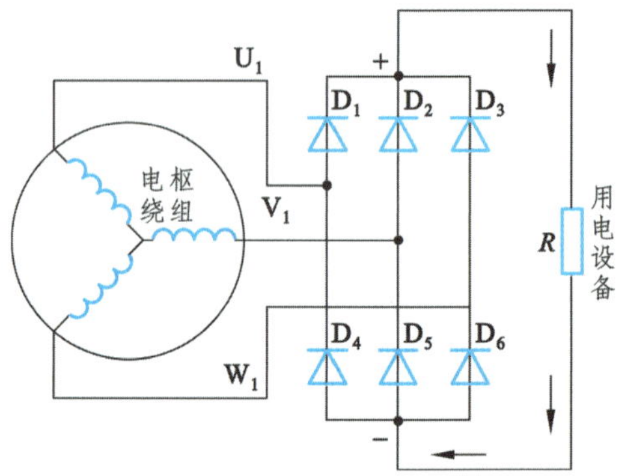

图 6-9　整流器电路图

（1）正极管：引出极是正极，管壳为负极，管壳底部一般涂有红色标记。在负极搭铁的交流发电机中，3 只正极管的负极压装在整流板的座孔内，组成发电机的正极，正极接线柱用“B”（“+”、“电枢”等字样）标记。

（2）负极管：引出极是负极，管壳为正极，管壳底部涂有黑色标记。3 只负极管的正极压装在后端盖的座孔内组成发电机的负极，标记为“E”或“-”。

将三只正极管的正极与三只负极管的负极一一对应连接，就组成了三相桥式整流电路，如图 6-10 所示，它将三相绕组的交流电变换为 12 V 的直流电。

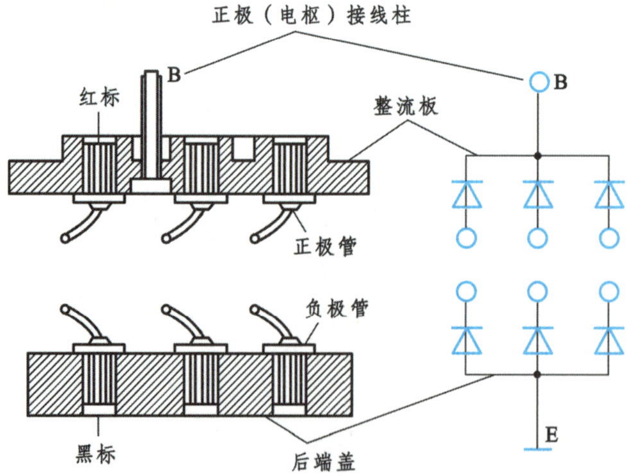

图 6-10　整流二极管

（3）端盖：端盖有前后之分，一般由铝合金铸成。由于铝合金为非导磁材料，可减少漏磁，并具有质量轻、散热性好的优点。在前后端盖的轴承孔内嵌有钢套，以提高轴承孔的机械强度和耐磨性。

（4）电刷装置：安装在后端盖上，包括电刷、电刷架和电刷弹簧。电刷装在电刷架内，靠弹簧的压力与转子轴上的滑环保持接触，为发电机的励磁绕组提供电流。

（5）转子与定子：发电机的转子为磁极，当磁极绕组接通直流电源时将产生磁场。发电机的定子为电枢，三相电枢绕组在铁心上彼此相差 120°。当转子旋转时，产生一个旋转的磁场，电枢绕组因切割磁力线而产生感应电动势。注意这时候实际上是电枢绕组在被动地切割磁感线，而不是主动切割磁感线，因此电枢是固定不动的，旋转的是磁场。由于三相电枢绕组在铁心上彼此相差 120°，因此产生的三相电动势也是对称的。

在结构常数一定时，每相绕组产生的电压、电动势与转子转速和磁通量乘积成正比，转速越高、磁通量越大，电压、电动势也越高，相反，电压、电动势越小。

（四）交流发电机的励磁方式

交流发电机的励磁方式也就是发电机磁场产生的方式。汽车发电机一般采用从蓄电池励磁变换为自励的方式。图 6-11 是发电机励磁的回路，发电机开始发电时，电枢的三相电压低于蓄电池电压，整流器的二极管截止，此时励磁电流由蓄电池提供。当发电机电压升高到超过蓄电池电压时，二极管导通，此时发电机一方面向蓄电池充电，另一方面，向磁场绕组提供励磁电流。所以采用这种方式是由发电机开始发电时电压较低决定的。

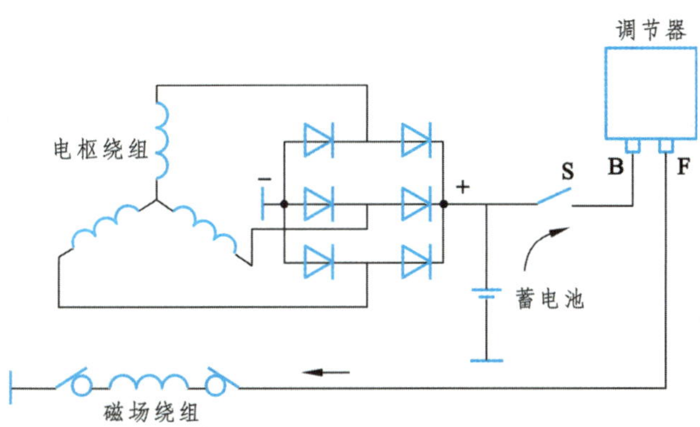

图 6-11　发电机励磁回路

任务二　二极管及整流电路

核心知识点

二极管具有单向导电性，只允许电流沿一个特定方向流动，而反向时电流几乎不能通过。其伏安特性曲线能清晰展示这种特性，在正向偏置时，当电压达到一定阈值后电流迅速增加；反向偏置时，只有极小的漏电流。在整流电路中，半波整流是基础形式，它通过一个二极管使得交流输入信号的半个周期有电流输出，另一半周期被阻断。全波整流则效率更高，它可以利用两个二极管或通过中心抽头变压器来实现整个周期的电流输出。而桥式整流由四个二极管组成桥形结构，这种方式无需中心抽头变压器，应用广泛。

一、二极管的定义

二极管是用半导体材料（硅、硒、锗等）制成的一种电子器件。如图 6-12 所示，二极管有两个电极：正极，又叫阳极；负极，又叫阴极。给二极管两极间加上正向电压时，二极管导通；加上反向电压时，二极管截止。二极管的导通和截止，则相当于开关的接通与断开。

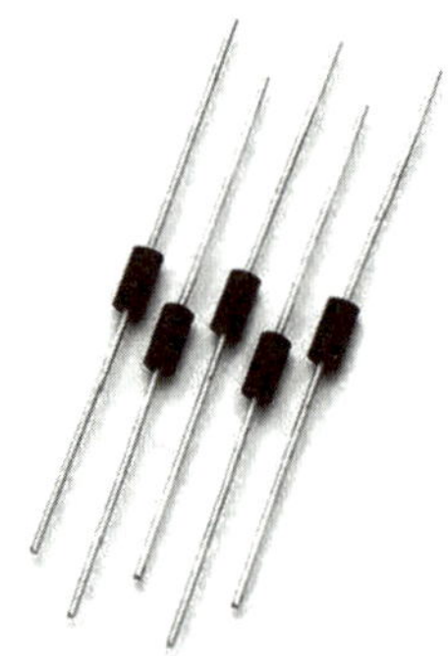

图 6-12　二极管实物

二极管具有单向导电性能，导通时电流方向是由阳极通过管子流向阴极。

二极管是最早诞生的半导体器件之一，其应用非常广泛。特别是在各种电子电路中，利用二极管和电阻、电容、电感等元器件进行合理的连接，构成不同功能的电路，可以实现对交流电整流，对调制信号检波、限幅和钳位，以及对电源电压的稳压等多种功能。

在常见的家用电器产品或工业控制电路中，都可以找到二极管的踪迹。二极管电气符号如图 6-13 所示。

（a）普通二极管　（b）稳压二极管　（c）发光二极管　（d）光电二极管　（e）变容二极管

图 6-13　二极管电气符号

二、二极管的结构及好坏判别

半导体是介于导体和绝缘体之间的物质。如硅、锗、硒等；这些半导体的导电能力受到周围环境的影响会发生改变，如我们经常提到的热敏性、光敏性、掺杂性等。热敏性是当环境温度升高时，导电能力显著增强（可做成温度敏感元件，如热敏电阻）。光敏性是当受到光照时，导电能力明显变化（可做成各种光敏元件，如光敏电阻、光敏二极管、光敏三极管等）。

掺杂性就是往纯净的半导体中掺入某些杂质，导电能力明显改变（可做成各种不同用途的半导体器件，如二极管、三极管和晶闸管等）。

6.2.1　二极管的结构及好坏判断

（一）半导体

1. 本征半导体

完全纯净的、具有晶体结构的半导体，称为本征半导体。

如图 6-14 所示，两个相邻原子核外部的电子互相构成共价键，而共价键是共有的价电子所形成的束缚作用，这就是半导体在常规情况下导电性能弱的原因。

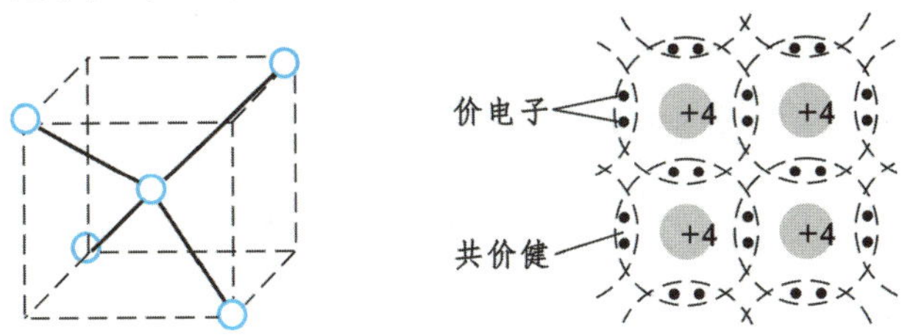

（a）结构图　　（b）结构平面图

图 6-14　硅晶体原子结构

共价键中的少量价电子在温度升高或受光照后，会获得足够的动能，将挣脱原子核的束缚，成为自由电子（带负电），同时共价键中留下一个空位，称为空穴（带正电）。那么这一现象称为本征激发。

在外电场的作用下，空穴吸引相邻原子的价电子移动过来填补，而在该原子中出现一个空穴。如此继续下去，就形成了空穴运动。

当半导体两端加上外电压时，在半导体中将出现两部分电流，即电子电流和空穴电流，而自由电子和空穴都称为载流子。本征半导体中有两种载流子（自由电子和空穴）同时参与导电，这是本征半导体区别于金属导体的一个重要特性，此特性称为它的导电机理。需要注意的是在常温下，本征半导体中载流子很少，其导电性能很差。为了提高其导电性能，通常将其制成杂质半导体（即在本征半导体中掺入微量的有用杂质形成的半导体）。这就是上面提到的半导体掺杂性的应用。

2. P 型、N 型半导体

在硅半导体中掺入三价元素硼原子，每加入一个硼原子实际上就是多增加一个空穴，也就是说这个时候空穴是多数载流子，而自由电子是少数载流子。因此空穴导电成为这种半导体的主要导电方式，也称为空穴型半导体，又称为 P 型半导体。

本征半导体硅里掺入五价元素磷原子，每加入一个磷原子，那么就会多出一个自由电子，也就是说这时候自由电子是多数载流子，而空穴是少数载流子。因此自由电子导电成为这种半导体的主要导电方式，称为电子型半导体，又称为 N 型半导体。

综上所述，无论是 P 型还是 N 型半导体，其中多数载流子都是掺入杂质造成的，尽管杂质含量微乎其微，却能使其导电性能大大改善。而它们的少数载流子，都是由于热激发产生的。虽然少数载流子浓度很低，但对温度非常敏感，其浓度随温度的升高而增大，因此温度是影响半导体性能的一个重要因素。

3. PN 结

由于杂质半导体具有良好的导电性，在实际中常用来生成 PN 结。PN 结具有单一型半导体（P 型或 N 型）所不具备的新特性，利用此特性制造出了各种半导体器件，推动了电子技术的发展。

在本征半导体硅两侧分别加硼原子和磷原子，那么在杂质半导体 P 和 N 的结合面附近存在着的特殊薄层称为 PN 结。在 PN 结中空穴和自由电子都基本上耗尽了，故 PN 结又称为耗尽层，耗尽层中有一个内电场，方向如图 6-15 所示。

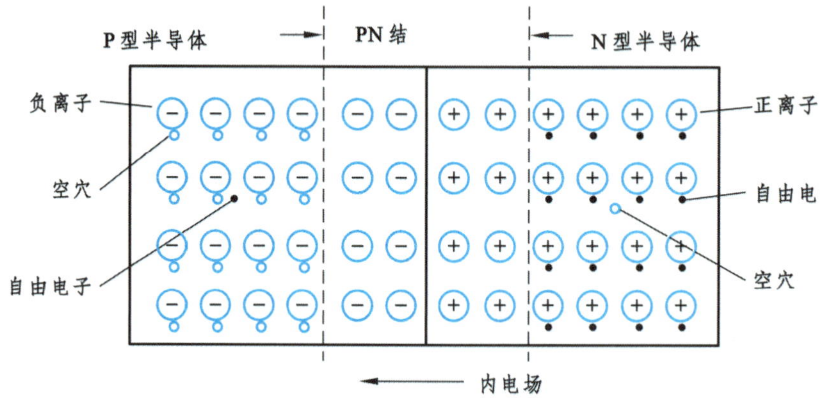

图 6-15　PN 结

当把 P 端接正极，N 端接负极，由于 P 端有大量的空穴，带正电，而将其接在正极，同性相斥，因此空穴向右扩散，同理，N 端的大量自由电子也在负极的排斥下向左扩散，形成较大的扩散电流。给 P 端接负极，N 端接正极，那么这时候 P 端的大量空穴带正电被负极吸引向左移动，而 N 端的大量自由电子带负电被正极吸引向右移动，也就是说这个时候 PN 结面没有空穴和自由电子的流动，因此 PN 结处于截止状态。

通过上述的讲解我们可以得出结论：PN 结正向导通、反向截止的特性称为其单向导电性。

实际上 PN 结的结构类似平板电容器，PN 结相当于储存电荷，而 P 端和 N 端则相当于导体。PN 结电容数值很小，在低频电路中，相当于开路，不用考虑其影响，但在高频电路中，容抗很小，对 PN 结的电流有影响，必须加以考虑。

（二）二极管的结构

实际上二极管就是在具有 PN 结的半导体外侧加上外壳就构成的二极管。如图 6-16 所示，是二极管的表示符号，非常形象地表达了二极管具有单相导通的特性。

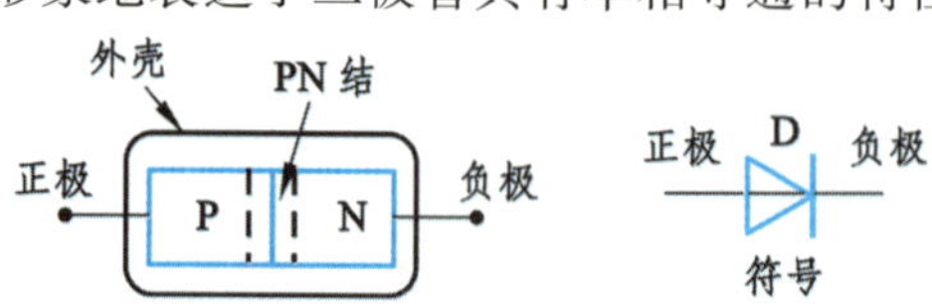

（a）结构示意　（b）符号

图 6-16　二极管结构示意及符号

1. 二极管的伏安特性

从图 6-17 可以看到，二极管正向电压较小的时候电流非常小，即导电能力较弱，这段电压称为死区电压；而当正向电压超过死区电压后，电流会迅速升高，因此外加电压大于死区电压二极管才能导通。另外二极管加反向电压，电流值基本等于 0，随着反向电压的增大，达到击穿电压时，也就是外加电压大于反向击穿电压，二极管被击穿，失去单向导电性。

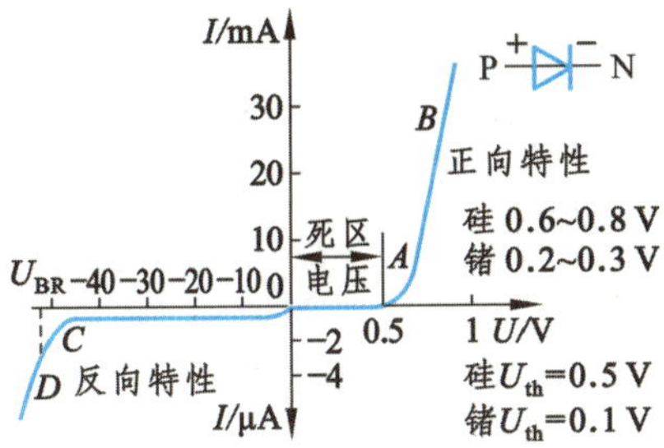

图 6-17　二极管伏安特性图

2. 二极管的作用

（1）整流。整流二极管主要用于整流电路，即把交流电变换成脉动的直流电。整流二极管都是面结型，因此结电容较大，使其工作频率较低，一般为 3 kHz 以下。

（2）开关。二极管在正向电压作用下电阻很小，处于导通状态，相当于一只接通的开关；在反向电压作用下，电阻很大，处于截止状态，如同一只断开的开关。利用二极管的开关特性，可以组成各种逻辑电路。

（3）限幅。二极管正向导通后，它的正向压降基本保持不变（硅管为 0.7 V，锗管为 0.3 V）。利用这一特性，在电路中作为限幅元件，可以把信号幅度限制在一定范围内。

（4）续流。在开关电源的电感中和继电器等感性负载中起续流作用。

（5）检波。检波二极管的主要作用是把高频信号中的低频信号检出，它的结构为点接触型。其结电容较小，工作频率较高，一般采用锗材料制成。

（6）阻尼。阻尼二极管多用在高频电压电路中，能承受较高的反向击穿电压和较大的峰值电流，一般用在电视机电路中。常用的阻尼二极管有 2CN1、2CN2、BSBS44 等。

（7）显示。用于 VCD、DVD、计算器等显示器上。

（8）稳压。稳压二极管是利用二极管的反向击穿特性制成的，在电路中其两端的电压基本保持不变，起到稳定电压的作用。常用的稳压管有 2CW55、2CW56 等。

（9）触发。触发二极管又称双向触发二极管（DIAC），属三层结构，具有对称性的二端半导体器件。常用来触发双向可控硅；在电路中作过压保护等用途。

（三）判断二极管的好坏

二极管是由一个 PN 结加上相应的电极引线及管壳封装而成。二极管极性的识别，一般情况下，可通过管壳上的标记确定。有色环的二极管，色环所在的一端为负极；带色点的二极管，色点所在的一端为正极。

如图 6-18 所示，无标记的二极管，可通过指针式万用表来判断正负极。正负极的确定是利用了二极管正向电阻小、反向电阻大的特点。将万用表拨到 R×1 k 挡，用表笔分别接触二极管的两极，测出两个电阻值。在所测得电阻值较小的一次，与黑表笔相接的一端为正极，另一端为负极。如果用数字万用表，表笔情况正好相反，即在所测得电阻值较小的一次，与黑表笔相接的一端为二极管负极，另一端为正极。

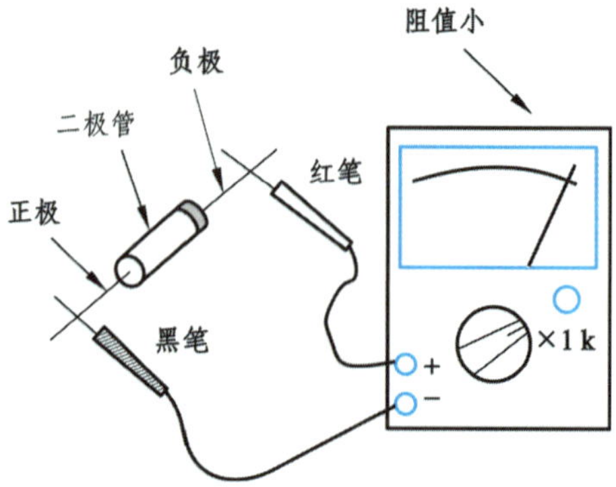

图 6-18　二极管检测

利用万用表还可以判断二极管的好坏。如果测得的正、反向电阻值均很小，说明二极管内部短路；若正、反向电阻值均很大，说明二极管内部开路，这两种情况下，二极管就不能使用了。

（四）常用的二极管

1. 稳压二极管

1）稳压二极管的定义

稳压二极管（少数情况下简称为 Z 型二极管），又叫齐纳二极管，根据物理学家 C.M. Zener（克拉伦斯・梅文・齐纳）的名字而命名，是一种硅材料制成的面接触型晶体二极管。

2）稳压二极管的功能

稳压二极管作为电压限制元件，具有非常重要的地位。稳压二极管的正向特性和普通二极管相近，当反向电压达到反向击穿电压时，稳压二极管两端电压基本恒定在击穿电压左右，而流过稳压二极管的反向电流可在很大范围内变化。

3）稳压二极管的主要参数

（1）稳定电压 U_Z：稳定电压是在规定电流下稳压二极管的反向击穿电压。

（2）稳定电流 I_Z：稳定电流是指工作电压等于 U_Z 时的工作电流，常将最小稳定电流记作 I_{Zmin}，电流低于此值时稳压效果不好。

（3）最大稳定电流 I_{Zmax}：稳压二极管的最大允许工作电流，在使用时实际电流不能超过此值。

（4）额定功率 P_{Zm}：额定功率等于稳压管的稳定电压 U_Z 与最大稳定电流 I_{Zmax} 之乘积。稳压管的功耗超过此值时，会因结温升高而损坏。

4）稳压二极管的工作原理

稳压二极管通过限流电阻 R 上电压或电流的变化进行补偿，来达到稳压的目的。

如图 6-19 所示，当 U_I 增大时，输出电压 U_O 也随之增大，根据稳压二极管的伏安特性，U_Z 的增大将使 I_Z 急剧增大，U_R 会同时随着 I_R 而急剧增大，U_R 的增大必将使输出电压 U_O 减小，从而使 U_O 基本不变。

当 U_I 减小时，各电量的变化与上述过程相反，以保证 U_O 基本不变。

当负载 R_L 减小而使负载电流 I_L 增大时，使得 I_R 增大，U_R 也随之增大，U_O 必然下降，即 U_Z 下降；根据稳压二极管的伏安特性，U_Z 的下降使 I_Z 急剧减小，从而 I_R 随之减小，从而使 U_O 基本不变。当负载 R_L 增大时，I_L 减小，则 I_Z 增大，同样使 I_R 基本不变，从而保证 U_O 基本不变。

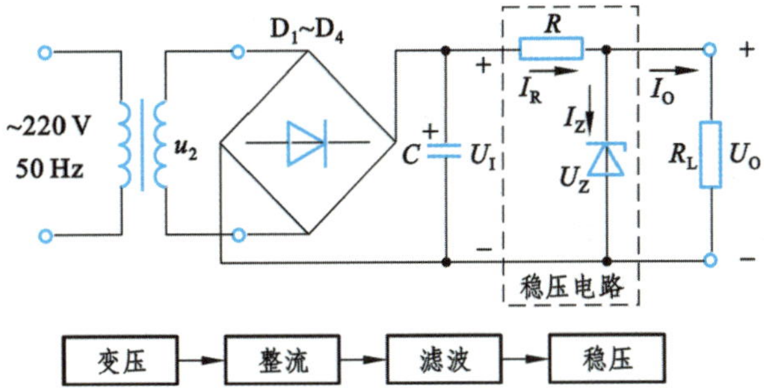

图 6-19　稳压二极管原理图

2. 发光二极管

1）发光二极管定义

发光二极管（Light-Emitting Diode，LED），由含镓（Ga）、砷（As）、磷（P）及氮（N）等的化合物制成，如图 6-20 所示。与常见的白炽灯不同，发光二极管没有灯丝，而且不会发热，由半导体材料里的电子移动而发光。

图 6-20　发光二极管实物图

2）发光二极管的特性

发光二极管和普通二极管一样，由一个 PN 结组成，具有单向导电性，只有在正向导通时，才能发出光。将发光二极管连接在电路中，可以观察发光二极管的工作状况。

发光二极管的阈值电压取决于所采用的半导体材料以及所制成的发光二极管的颜色。

3）发光二极管的主要参数

（1）极限参数。

允许功耗 P_m：允许加于发光二极管两端正向直流电压与流过它的电流之积的最大值，超过此值，发光二极管发热、损坏。

最大正向直流电流 I_{Fm}：允许加的最大正向直流电流，超过此值可损坏二极管。

最大反向电压 U_{Rm}：允许加的最大反向电压，超过此值，发光二极管可能被击穿损坏。

工作环境温度 T：发光二极管可正常工作的环境温度范围，低于或高于此温度范围，发光二极管将不能正常工作，效率大大降低。

（2）电参数。

正向工作电流 U_F：发光二极管正常发光时的正向电流值，在实际使用中应根据需要选择 I_F 在 $0.6I_{Fm}$ 以下。

正向工作电压 U_F：一般指在 I_F=200 mA 时测得的二极管两端电压，一般在 1.4 ~ 3 V。当外界温度升高时，V_F 将下降。

伏安特性：在正向电压小于某一值（或阈值）时，电流极小，不发光；当电压超过某一值后，正向电流随电压迅速增加，从而发光。

4）发光二极管的应用

发光二极管在汽车电路中的应用较多，主要应用在仪表板上的状态指示灯、报警灯和信号灯。

3. 整流二极管

1）整流二极管定义

整流二极管是一种将交流电能转变为直流电能的半导体器件，通常包含一个 PN 结，有正极和负极两个端子。二极管最重要的特性就是单方向导电性。在电路中，电流只能从二极管的正极流入，负极流出。

2）整流二极管的特性

整流二极管利用 PN 结的单向导电特性，把交流电变成脉动直流电。整流二极管漏电流较大，多数采用面接触性料封装的二极管。整流二极管的外形如图 6-21 所示，另外，整流二极管的参数除前面介绍的外，还有最大整流电流，即整流二极管长时间的工作所允许通过的最大电流值。它是整流二极管的主要参数，是选择用整流二极管的主要依据。二极管特性曲线如图 6-22 所示。

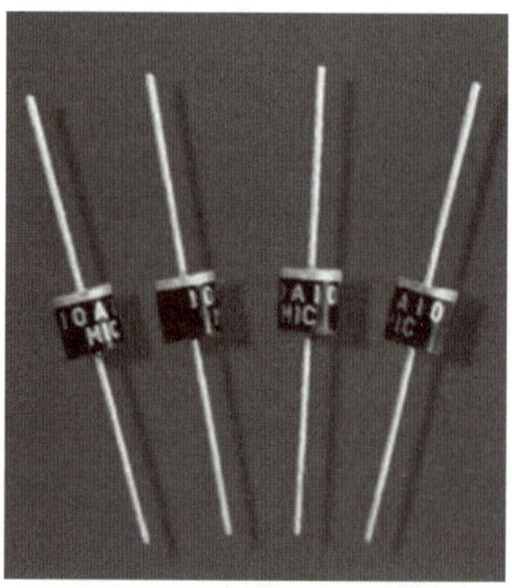

图 6-21　整流二极管的外形

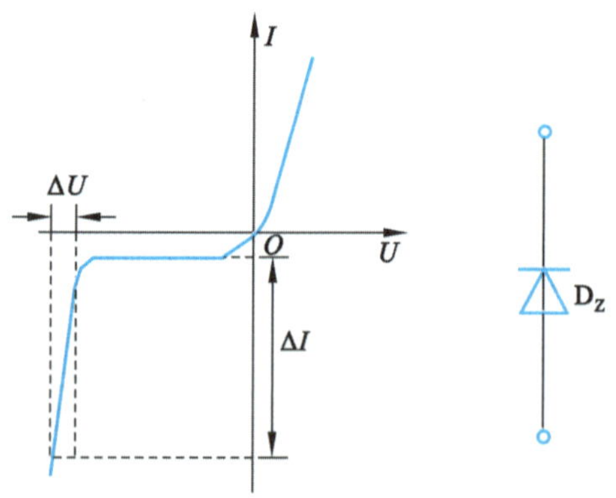

（a）特性曲线　　（b）符号

图 6-22　二极管特性曲线与符号

3）整流二极管的主要参数

（1）最大平均整流电流 I_F：指二极管长期工作时允许通过的最大正向平均电流。该电流由 PN 结的结面积和散热条件决定。使用时应注意通过二极管的平均电流不能大于此值，并要满足散热条件。例如 1N4000 系列二极管的 I_F 为 1 A。

（2）最高反向工作电压 U_R：指二极管两端允许施加的最大反向电压。若大于此值，则反向电流（I_R）剧增，二极管的单向导电性被破坏，从而引起反向击穿。通常取值为反向击穿电压（U_B）的一半。例如 1N4001 的 U_R 为 50 V，1N4002 到 1N4006 分别为 100 V、200 V、400 V、600 V 和 800 V，1N4007 的 U_R 为 1000 V。

（3）最大反向电流 I_R：是二极管在最高反向工作电压下允许流过的反向电流，此参数反映了二极管单向导电性能的好坏。因此这个电流值越小，表明二极管质量越好。

（4）击穿电压 U_B：指二极管反向伏安特性曲线急剧弯曲点的电压值。反向为软特性时，则指给定反向漏电流条件下的电压值。

（5）最高工作频率 f_m：它是二极管在正常情况下的最高工作频率，主要由 PN 结的结电容及扩散电容决定，若工作频率超过 f_m，则二极管的单向导电性能将不能很好地体现。例如 1N4000 系列二极管的 f_m 为 3 kHz。另外，快恢复二极管用于频率较高的交流电的整流，如开关电源中。

（6）反向恢复时间 t_{rr}：指在规定的负载、正向电流及最大反向瞬态电压下的反向恢复时间。

（7）零偏压电容 C_0：指二极管两端电压为零时，扩散电容及结电容的容量之和。

值得注意的是，由于制造工艺的限制，即使同一型号的二极管其参数的离散性也很大。手册中给出的参数往往是一个范围，若测试条件改变，则相应的参数也会发生变化，例如在 25 °C 时测得 1N5200 系列硅塑封整流二极管的 I_R 小于 10 μA，而在 100 °C 时 I_R 则变为小于 500 μA。

4）整流二极管的应用

整流二极管是一种重要的电子元件，主要用于将交流电转换为直流电。它的单向导电性质确保了电流只能在一个方向上流动。整流二极管在许多电力电子设备中都有广泛的应用，如逆变器、变频器和开关电源。在这些设备中，整流二极管用于将交流电转换为直流电，为后续电路提供稳定的电源。

整流二极管也常用于电源供应中，用于对输入的交流电进行整流处理，以产生所需的直流电。例如，在手机充电器中，整流二极管将输入的电源电压进行整流处理，输出直流电给手机充电。此外，在电动机驱动系统中，整流二极管同样发挥着关键作用，将交流电转换为直流电，以确保电动机的正常工作。

整流二极管还可用于变换器电路中，对交流电进行整流处理，转换为直流电，并为电路中的其他元器件供电。根据不同的应用需求，整流二极管有多种类型，包括标准整流二极管、快速恢复二极管和肖特基二极管等。肖特基二极管因其非常低的正向压降和快速开关速度，特别适用于高效率的电源设计。

总的来说，整流二极管在各种电力电子设备中发挥着核心作用，从简单的电源供应到复杂的电动机驱动系统，它都是不可或缺的组件。

三、整流电路及其工作原理

整流电路（Rectifying Circuit）是把交流电能转换为直流电能的电路。大多数整流电路由变压器、整流主电路和滤波器等组成。它在直流电动机的调速、发电机的励磁调节、电解、电镀等领域得到广泛应用。20 世纪 70 年代以后，主电路多用硅整流二极管和晶闸管组成。滤波器接在主电路与负载之间，用于滤除脉动直流电压中的交流成分。变压器设置与否视具体情况而定，其作用是实现交流输入电压与直流输出电压间的匹配，以及交流电网与整流电路之间的电隔离。

整流电路的作用是将交流降压电路输出的电压较低的交流电转换成单向脉动性直流电，这就是交流电的整流过程，整流电路主要由整流二极管组成。经过整流电路之后的电压已经不是交流电压，而是一种含有直流电压和交流电压的混合电压，习惯上称为单向脉动性直流电压。

（一）整流电路分类

1. 按控制情况

整流电路按控制情况可分为不可控电路、半控电路、全控电路三种。

（1）不可控整流电路完全由不可控二极管组成，电路结构确定之后，其直流整流电压和交流电源电压值的比是固定不变的。

（2）半控整流电路由可控元件和二极管混合组成，在这种电路中，负载电源极性不能改变，但平均值可以调节。

（3）在全控整流电路中，所有的整流元件都是可控的，如 SCR（普通晶闸管）、GTR（门极关断晶闸管）、GTO（可关断晶闸管）等，其输出直流电压的平均值及极性可以通过控制元件的导通状况而调节。在这种电路中，功率既可以由电源向负载传送，也可以由负载反馈给电源，即所谓的有源逆变。

2. 按电路结构

整流电路按电路结构可分为零式电路和桥式电路。

（1）零式电路指带零点或中性点的电路，又称半波电路。它的特点是所有整流元件的阴极（或阳极）都接到一个公共接点，向直流负载供电；负载的另一根线接到交流电源的零点。

（2）桥式电路实际上是由两个半波电路串联而成，故又称全波电路。

3. 按电网交流输入相数

整流电路按电网交流输入相数可分为单相整流电路、三相整流电路和多相整流电路。

（1）单相整流电路分为半波整流、全波整流、桥式整流及倍压整流电路等，常用于小功率整流器。

（2）三相整流电路交流侧由三相电源供电，负载容量较大，或要求直流电压脉动较小，容易滤波。三相可控整流电路可分为三相半波可控整流电路、三相半控桥式整流电路和三相全控桥式整流电路。由于三相整流装置三相是平衡的，输出的直流电压和电流脉动小，对电网影响小，且控制滞后时间短，而且采用三相全控桥式整流电路时，输出电压交变分量的最低频率是电网频率的 6 倍，交流分量与直流分量之比也较小，因此滤波器的电感量比同容量的单相或三相半波电路小得多。另外，晶闸管的额定电压值也较低。因此，这种电路适用于大功率变流装置。

（3）随着整流电路的功率进一步增大（如轧钢电动机功率达数兆瓦），为了减轻对电网的干扰，特别是减轻整流电路高次谐波对电网的影响，可采用十二相、十八相、二十四相，乃至三十六相的多相整流电路。采用多相整流电路能改善功率因数，提高脉动频率，使变压器一次电流的波形更接近正弦波，从而显著减少谐波的影响。理论上，随着相数的增加，可进一步削弱谐波的影响。多相整流常用在大功率整流领域，最常用的有双反星中性点带平衡电抗器接法和三相桥式接法。

4. 按电流方向

整流电路按电流方向单向或双向，又分为单拍电路和双拍电路。其中所有半波整流电路都是单拍电路，所有全波整流电路都是双拍电路。

5. 按控制方式

整流电路按控制方式可分为相控式电路和斩波式电路（斩波器）。

（1）通过控制触发脉冲的相位来控制直流输出电压大小的方式称为相位控制方式，简称相控方式。

（2）斩波器利用晶闸管和自关断器件来实现通断控制，将直流电源电压断续加到负载上，通过通、断的时间变化来改变负载电压平均值，亦称直流-直流变换器。它具有效率高、体积小、质量轻、成本低等优点，广泛应用于直流牵引的变速拖动中，如城市电车、地铁、蓄电池车等。斩波器一般分降压斩波器、升压斩波器和复合斩波器三种。

6. 按引出方式

整流电路按引出方式分为中点引出整流电路、桥式整流电路、带平衡电抗器整流电路、环形整流电路和十二相整流电路。

（1）中点引出整流电路可分为单脉波（单相半波）、两脉波（单相全波）、三脉波（三相半波）和六脉波（三相全波）。

（2）桥式整流电路可分为两脉波（单相）桥式和六脉波（三相）桥式。

（3）带平衡电抗器整流电路可分为一次星形联结的六脉波带平衡电抗器电路（即双反星带平衡电抗器电路）和一次角形联结的六脉波带平衡电抗器电路。

（4）十二相整流电路可分为：二次星、三角联结、桥式并联（带 6f 平衡电抗器）单机组十二脉波整流电路；二次星、三角联结、桥式串联十二脉波整流电路；桥式并联等值十二脉波整流电路；双反星形带平衡电抗器等值十二脉波整流电路。

（二）常用整流电路及工作原理

电力网供给用户的是交流电，而各种无线电装置需要用直流电。整流电路利用具有单向导电特性的器件，可以把方向和大小改变的交流电变换为直流电。下面介绍利用晶体二极管组成的各种整流电路。

1. 半波整流电路

半波整流电路是一种最简单的整流电路。它由电源变压器 T、整流二极管 D 和负载电阻 R_{fz} 组成。变压器把市电电压（多为 220 V）变换为所需要的交变电压 u_2，D 再把交流电变换为脉动直流电。变压器二次电压 u_2 是一个方向和大小都随时间变化的正弦波电压。在 0 ~ π 时间内，u_2 为正半周即变压器上端为正、下端为负。此时二极管承受正向电压面导通，u_2 通过它加在负载电阻 R_{fz} 上。在 π ~ 2π 在时间内，u_2 为负半周，变压器二次下端为正、上端为负。这时 D 承受反向电压，不导通，R_{fz} 上无电压。在 2π ~ 3π 时间内，重复 0 ~ π 时间的过程，而在 3π ~ 4π 时间内，又重复 π ~ 2π 时间的过程……这样反复下去，交流电的负半周就被“削”掉了，只有正半周通过 R_{fz}，在 R_{fz} 上获得了一个单一右向（上正下负）的电压，达到了整流的目的，但是，负载电压 U_{fz} 以及负载电流的大小会随时间而变化，因此，通常称它为脉动直流。

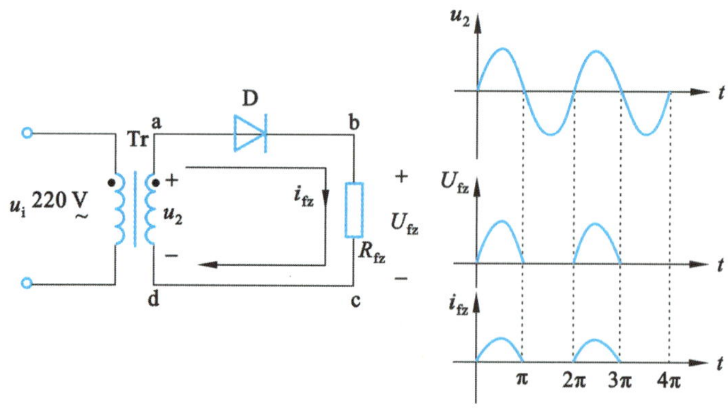

（a）电路　　（b）波形图

图 6-23　半波整流电路

如图 6-23 所示这种除去半周的整流方法，叫半波整流。不难看出，半波整流是以“牺牲”一半交流为代价而换取整流效果的，电流利用率很低（计算表明，整流得出的半波电压在整个周期内的平均值，即负载上的直流电压 $U_{fz}=0.45U_2$，此处注意 U_2 是变压器二次端口的有效值，而不是最大值。因此常用在高电压、小电流的场合，而在一般无线电装置中很少采用。

2. 全波整流电路

如果把整流电路的结构做一些调整，可以得到一种能充分利用电能的全波整流电路，如图 6-24 所示。

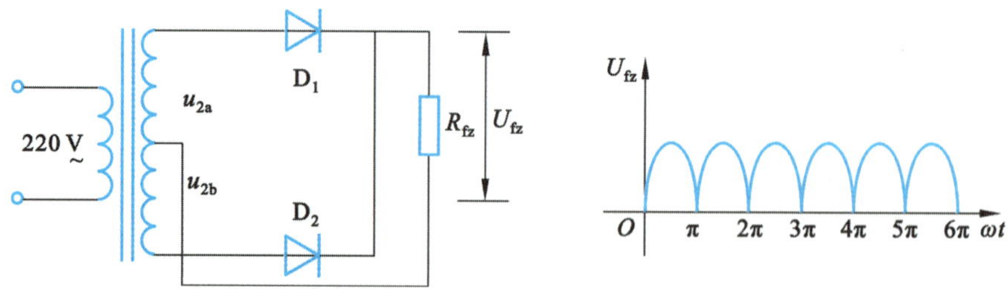

（a）电路　　（b）波形图

图 6-24　全波整流电路

全波整流电路可以看作是由两个半波整流电路组合而成。变压器二次线圈中间需要引出一个抽头，把二次线圈分成两个对称的绕组，从而引出大小相等但极性相反的两个电压 u_{2a}、u_{2b} 构成 $u_{2a}\rightarrow D_1\rightarrow R_{fz}$ 与 $u_{2b}\rightarrow D_2\rightarrow R_{fz}$ 两个通电回路。

全波整流电路的工作原理，可用图 6-24 所示的波形图说明。在 0 ~ π 时间内，u_{2a} 对 D_1 为正向电压，D_1 导通，在 R_{fz} 上得到上正下负的电压；u_{2b} 对 D_2 为反向电压，D_2 不导通。在 π ~ 2π 时间内，u_{2b} 对 D_2 为正向电压，D_2 导通，在 R_{fz} 上得到的仍然是上正下负的电压；u_{2a} 对 D_1 为反向电压，D_1 不导通。

3. 桥式整流电路

桥式整流电路是使用最多的一种整流电路。如图 6-25 所示，桥式整流电路由 4 只二极管连接成“桥”式结构，具有全波整流电路的优点，而同时在一定程度上克服了它的缺点。

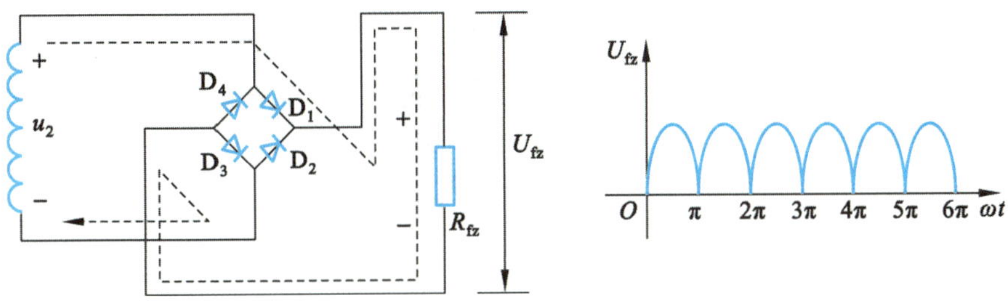

（a）电路　　　　（b）波形图

图 6-25　桥式整流电路

桥式整流电路的工作原理如下：u_2 为正半周时，对 D_1、D_3 加正向电压（D_1、D_3 导通），对 D_2、D_4 加反向电压（D_2、D_4 截止），电路中构成 $u_2 \to D_1 \to R_{fz} \to D_3$ 通电回路，在 R_{fz} 上形成上正下负的半波整流电压；E_2 为负半周时，对 D_2、D_4 加正向电压（D_2、D_4 导通），对 D_1、D_3 加反向电压（D_1、D_3 截止），电路中构成 $u_2 \to D_2 \to R_{fz} \to$ D4 通电回路，同样在 R_{fz} 上形成上正下负的半波的整流电压。如此重复下去，在 R_{fz} 上便得到全波整流电压。其波形图和全波整流波形图是一样的。

分析可知，桥式电路中每只二极管承受的反向电压等于变压器二次电压的最大值，比全波整流电路小一半。

任务三　电容、电感及交直流变换电路

一、电　容

1. 电容的定义

电容器是储存电量和电能（电势能）的元件，如图 6-26 所示。一个导体被另一个导体所包围，或者由一个导体发出的电场线全部终止在另一个导体的导体系，称为电容器。

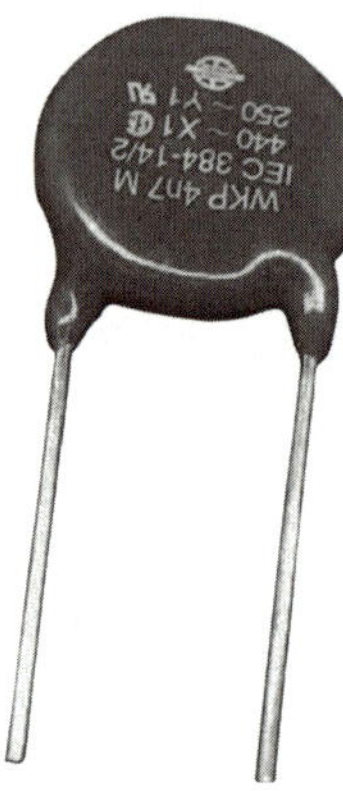

图 6-26　电容器实物图

电容器所带电量 Q 与电容器两极间的电压 U 的比值，叫电容器的电容。在电路学里，给定电势差，电容器储存电荷的能力，称为电容，标记为 C。采用国际单位制，电容的单位是法拉（farad），标记为 F。

一个电容器，如果带 1 库的电量时两级间的电势差是 1 伏，这个电容器的电容就是 1 法拉，即：$C=Q/U$。但电容的大小不是由 Q（带电量）或 U（电压）决定的，即电容的决定式为：$C=\varepsilon S/4\pi kd$。其中，ε 是一个常数，S 为电容极板的正对面积，d 为电容极板的距离，k 则是静电力常量。常见的平行板电容器，电容值为 $C=\varepsilon S/d$，其中 ε 为极板间介质的介电常数，S 为极板面积，d 为极板间的距离。

（一）电容的连接方式

1. 电容的串联

把两个或两个以上的电容连接成一串，使电荷分布到每个电容的极板上，这种连接方式称为电容的串联。多个电容构成的串联电路，也可以用一个等效电容来代替。电容串联时，总电容量 C 与各电容之间的关系为

$$\frac{1}{C}=\frac{1}{C_1}+\frac{1}{C_2}+\frac{1}{C_3} \tag{6-2}$$

2. 电容的并联

把两个或两个以上的电容并列地连接在两点之间，使每一电容两端承受电压相同的连接方式称为电容的并联。多个电容构成的并联电路，也可以用一个等效电容来代替。电容并联

时，总电容量 C 与各电容之间的关系为

$$C = C_1 + C_2 + C_3 \qquad (6\text{-}3)$$

（二）电容器主要参数

1. 标称电容量

标称电容量为标志在电容器上的电容量。

标称电容量是有偏差的，精度等级与允许误差有对应关系。一般电容器常用Ⅰ、Ⅱ、Ⅲ级，电解电容器用Ⅳ、Ⅴ、Ⅵ级表示容量精度，根据用途选取。电解电容器的容值，取决于在交流电压下工作时所呈现的阻抗，随着工作频率、温度、电压以及测量方法的变化，容值会随之变化。

为了衡量电容器储存电荷的能力，确定了电容量这个物理量。电容器必须在外加电压的作用下才能储存电荷。不同的电容器在电压作用下储存的电荷量也可能不相同。国际上统一规定，给电容器外加 1 V 直流电压时，它所能储存的电荷量为该电容器的电容量（即单位电压下的电量），用字母 C 表示。电容量的基本单位为 F。在 1 V 直流电压作用下，如果电容器储存的电荷为 1 库仑（C），电容量就被定为 1 F，1 F=1 C/V。在实际应用中，电容器的电容量往往比 1 F 小得多，常用较小的单位，如毫法（mF）、微法（μF）、纳法（nF）、皮法（pF）等，它们的关系是：1F=1 000 mF；1 mF=1 000 μF；1 μF=1 000 nF；1 nF=1 000 pF。

电容元件在某时刻储存的电场能量与元件在该时刻所承受的电压的二次方成正比。电容元件不消耗能量，故称为储能元件。

2. 常见的电容元件标识方法

（1）数字标注法：用三位整数表示容量大小，第一、二位为电容量的有效数字，第三位为有效数字后面加零的个数，单位为皮法。如 233 则表示 23×10^3 pF，339 则表示 33×10^9 pF。

（2）文字表示方法：将容量的整数部分写在容量单位标注符号的前面，小数部分写在容量单位标注符号的后面。

3. 额定电压

额定电压为在最低环境温度和额定环境温度下可连续加在电容器的最高直流电压。如果工作电压超过电容器的耐压，电容器将被击穿，造成损坏。在实际中，随着温度的升高，耐压值将会变低。

4. 绝缘电阻

直流电压加在电容上，会产生漏电电流，两者之比称为绝缘电阻。当电容较小时，其值主要取决于电容的表面状态；容量大于 0.1 μF 时，其值主要取决于介质。通常情况，绝缘电阻越大越好。

5. 损　耗

电容在电场作用下，在单位时间内因发热所消耗的能量称作损耗。损耗与频率范围、介

质、电导、电容、金属部分的电阻等有关。

6. 频率特性

随着频率的上升，一般电容器的电容量呈现下降的规律。当电容工作在谐振频率以下时，表现为容性；当超过其谐振频率时，表现为感性，此时就不是一个电容而是一个电感了。所以一定要避免电容工作于谐振频率以上。

（三）电容器的作用

在直流电路中，电容器是相当于断路的。电容器是一种能够储藏电荷的元件，也是最常用的电子元件之一。其中电容器的电气符号表 6-1 所示。

表 6-1　电容器的电气符号

图形符号	名称
	一般无极性电容器
	有极性电解电容器
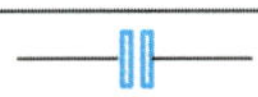	无极性电解电容器
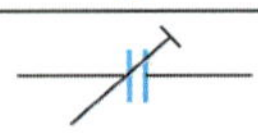	微调电容器
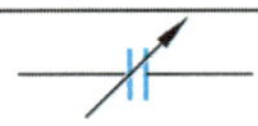	可变电容器
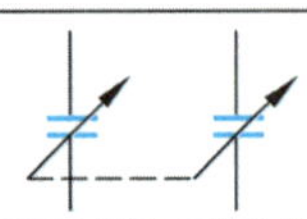	双联可变电容器

最简单的电容器由两端的极板和中间的绝缘电介质（包括空气）构成。通电后，极板带电，形成电压（电势差），但是由于中间是绝缘物质，所以整个电容器不导电。任何物质都是相对绝缘的，当物质两端的电压加大到一定程度后，物质都是可以导电的，称这个电压为击穿电压。电容也不例外，电容被击穿后，就不是绝缘体了。

但是，在交流电路中，因为电流的方向是随时间呈一定的函数关系变化的。而电容器充放电的过程是有时间的，这个时候，在极板间形成变化的电场，而这个电场也是随时间变化的函数。实际上，电流是通过电场的形式在电容器间通过的。

1. 耦　合

用在耦合电路中的电容称为耦合电容。在阻容耦合放大器和其他电容耦合电路中大量使用这种电容电路，起到隔直流、通交流的作用。

2. 滤　波

用在滤波电路中的电容器称为滤波电容。在电源滤波和各种滤波器电路中使用这种电容电路，滤波电容将一定频段内的信号从总信号中去除。

3. 退　耦

用在退耦电路中的电容器称为退耦电容。在多级放大器的直流电压供给电路中使用这种电容电路，退耦电容消除每级放大器之间的有害低频交连。

4. 高频消振

用在高频消振电路中的电容称为高频消振电容。在音频负反馈放大器中，为了消振可能出现的高频自激，采用这种电容电路，以消除放大器可能出现的高频啸叫。

5. 谐　振

用在 *LC* 谐振电路中的电容器称为谐振电容。*LC* 并联和串联谐振电路中都需这种电容电路。

6. 旁　路

用在旁路电路中的电容器称为旁路电容。电路中如果需要从信号中去掉某一频段的信号，可以使用旁路电容电路。根据所去掉信号频率不同，有全频域（所有交流信号）旁路电容电路和高频旁路电容电路。

7. 中　和

用在中和电路中的电容器称为中和电容。在收音机高频和中频放大器，电视机高频放大器中，采用这种中和电容电路，以消除自激。

8. 定　时

用在定时电路中的电容器称为定时电容。在需要通过电容充电、放电进行时间控制的电路中使用定时电容电路，电容起控制时间常数大小的作用。

9. 积　分

用在积分电路中的电容器称为积分电容。在电势场扫描的同步分离电路中，采用这种积分电容电路，可以从场复合同步信号中取出场同步信号。

10. 微　分

用在微分电路中的电容器称为微分电容。在触发器电路中为了得到尖顶触发信号，采用这种微分电容电路，以从各类（主要是矩形脉冲）信号中得到尖顶脉冲触发信号。

11. 补　偿

用在补偿电路中的电容器称为补偿电容。在卡座的低音补偿电路中，使用这种低频补偿电容电路，以提升放音信号中的低频信号，此外，还有高频补偿电容电路。

12. 自　举

用在自举电路中的电容器称为自举电容，常用的 OTL 功率放大器输出级电路采用这种自举电容电路，以通过正反馈的方式少量提升信号的正半周幅度。

13. 分　频

在分频电路中的电容器称为分频电容，在音箱的扬声器分频电路中，使用分频电容电路，以使高频扬声器工作在高频段，中频扬声器工作在中频段，低频扬声器工作在低频段。

14. 负载电容

负载电容是指与石英晶体谐振器一起决定负载谐振频率的有效外界电容。负载电容常用的标准值有 16 pF、20 pF、30 pF、50 pF 和 100 pF。负载电容可以根据具体情况作适当的调整，通过调整一般可以将谐振器的工作频率调到标称值。

（四）电容器的好坏判断

6.3.1　电容器的好坏判断

1. 万用表检测法

对于 0.01 pF 以上的固定电容器。可用万用表的 R×1 k 挡直接测试电容器有无充电过程以及有无内部短路或漏电，并可根据指针向右摆动的幅度大小估计出电容的容量。测试操作时，先用两表笔任意触碰电容的两引脚，然后调换表笔再触碰一次，如果电容是好的，万用表指针会向右摆动一下，随即向左迅速返回无穷大位置。电容量越大，指针摆动幅度越大。如果反复调换表笔触碰电容两引脚，万用表指针始终不向右摆动，说明该电容的容量已低于 0.01 pF 或者已经消失。测量中，若指针向右摆动后不能再向左回到无穷大位置，说明电容漏电或已经击穿，如图 6-27 所示。

2. 熔断器简易检测法

用熔断器和待检测的电容器串联接在 220 V 的交流电源上，如果熔断器的熔丝爆断，说明电容器内部已经短路。如果熔断器的熔丝不爆断，经过几秒钟的充电后，切断电源，用带绝缘把的螺丝刀把电容器的两极短路放电，有火花发生说明电容器是好的。反之，表示电容器的电容量已经变小或已经开路。用此法判断电容器的好坏应重复几次才能得到正确的结论。

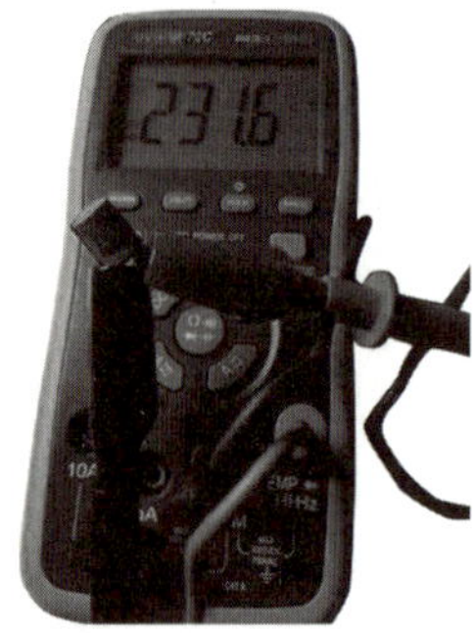

图 6-27　万用表检测电容器

3. 电容器电容量的测量

用数字万用表检测电容器，可用电容挡直接检测。

（1）表笔的连接：红色测试表笔接到“mA”插孔内，黑色测试表笔接到“COM”插孔内。

（2）将量程开关转到电容部分，选择合适量程。数字万用表具有测量电容的功能，其量程分为 20 nF、2 μF 和 200 μF，共三挡。测量时可将已放电的电容两引脚分别搭在红表笔和黑表笔上，选取适当的量程后就可读取显示数据。

（五）电容在汽车中的应用

1. 高通滤波器

电容器在车辆上作为短时电荷存储器使用，用于电压滤波和减小过压峰值。带有 *RC* 元件的高通滤波器通过高通滤波器分开 DC 电压和 AC 电压。

2. 低通滤波器

带有 *RC* 元件的低通滤波器电路及电压平滑处理波形，通过 *RC* 组件对仅由正值半正弦波构成的 AC 电压进行平滑处理，以降低电压波动。

3. 车内照明灯关闭延迟

电容器 C 与继电器的线圈并联在一起，因此，释放开关后仍有电流通过继电器，从而通过照明灯。通过继电器的励磁线圈使电容器放电，延迟一小段时间后，继电器就会关闭照明灯电路。

二、电　感

（一）电感器的定义

电感器是导体的一种性质，用导体中感生的电动势或电压与产生此电压的电流变化率之比来量度，如图 6-28 所示。稳恒电流产生稳定的磁场，不断变化的电流（交流）或涨落的直流产生变化的磁场，变化的磁场反过来使处于此磁场的导体感生电动势。感生电动势的大小与电流的变化率成正比。该比例因数称为电感，以符号 L 表示，单位为亨利（H），1H=1000 mH=1000 000 μH。

图 6-28　电感元件图

电感元件在某时刻储存的磁场能量，与该时刻流过的电流的二次方成正比。电感元件不消耗能量，故为储能元件，其电气符号如图 6-29 所示。

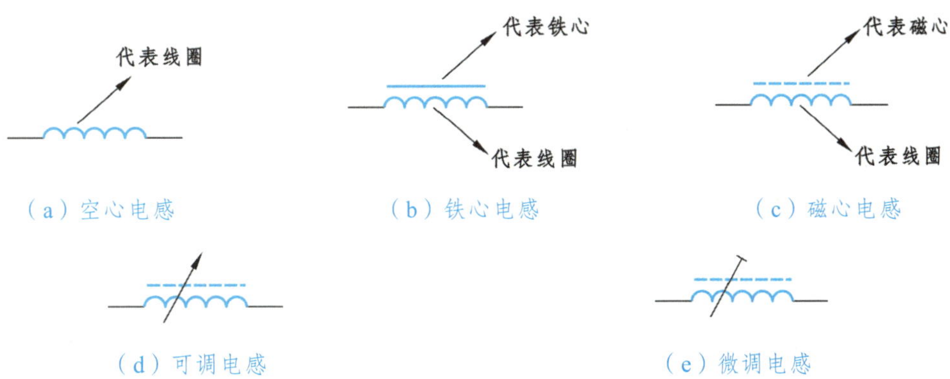

图 6-29　常见电感器的电气符号

（二）电感的连接方式

1. 电感的串联

把两个或两个以上的电感连接成一串，这种连接方式为电感的串联。多个电感构成的串联电路，也可以用一个等效电感来代替。若有两个电感相串联，则其等效电感为：$L=L_1+L_2$。

2. 电感的并联

把两个或两个以上的电感并列地连接在两点之间，使每一电感两端承受电压相同的连接方式称为电感的并联。多个电感构成的并联电路，也可以用一个等效电感来代替。两个电感

相并联，则其等效电感为

$$\frac{1}{L}=\frac{1}{L_1}+\frac{1}{L_2} \tag{6-4}$$

即

$$L=\frac{L_1L_2}{L_1+L_2} \tag{6-5}$$

（三）电感器的主要参数

电感器在电路中实际上是一种电感元件，电感元件是从实际的电感线圈抽象出来的电路模型。根据电磁学知识我们知道通电螺线圈实际上可以当作一个条形磁铁，如图 6-30 所示。因此，当电感线圈通以电流时，电感线圈将会产生磁通（磁通即在一定面积内穿过的磁力线的数量），那么在电感线圈内部及周围将会建立起磁场，因此我们通常说电感线圈可以储存磁场能。

图 6-30　电感线圈实物图

在实际电路中，电感线圈匝与匝之间还存在电容和电阻，假如忽略导线及线圈匝与匝之间的电容时，可以将其抽象为只具有储存磁场能量性质的电感元件。电感两端加在一定的交流电压，此时电感线圈的伏安特性为：电压=电感 × 电流的变化率。我们知道电感线圈是一种实物，生产出厂后匝数就固定不变了，因此它的磁通只会受到电流变化而变化。

只有电感上的电流变化时，电感两端才有电压（即自感电动势）。在直流电路中电感上即使有电流通过，但其对时间的变化率为 0，即自感电动势为 0，在直流电流中电感相当于短路状态。

1. 标称电感量

标称电感量指电感器所标注的电感值，其大小取决于其构造和材料。标称电感量的准确性对于电路设计和性能至关重要。为了确保准确性，电感器需要经过校准和测试。在实际应用中，标称电感量还需要考虑温度、频率和相互干扰等因素的影响。因此，选择合适的电感器并进行严格的测试和校准是确保电路性能和稳定性的关键。

2. 品质因数

电感线圈中，储存能量与消耗能量的比值称为品质因数，也称 Q 值。它是表示线圈质量的一个物理量，Q 为线圈的感抗（ωL）与线圈的损耗电阻（R）的比值，即 $Q=\omega L/R$，线圈的 Q 值越高，回路的损耗越小。线圈的 Q 值与导线的直流电阻、骨架的介质损耗、屏蔽罩或铁心引起的损耗、高频趋肤效应的影响等因素有关。为提高电感线圈的品质因数，可以采用镀银导线、多股绝缘线绕制线匝，也可以使用高频陶瓷骨架及磁心（提高磁通量）。

3. 额定电流

额定电流是指能保证电路正常工作的工作电流。有一些电感线圈在电路工作时，工作电流较大，如高频扼流圈、大功率谐振线圈及电源滤波电路中的低频扼流圈等。选用时额定电流应是考虑的重要因素。当工作电流大于电感线圈的额定电流时，电感线圈就会发热而改变其原有参数，严重时甚至会损坏线圈。

4. 分布电容

电感线圈的分布电容是指电感线圈的各匝绕组之间通过空气、绝缘层和骨架而形成的电容效应。同时，在屏蔽罩之间、多层绕组的每层之间、绕组与底板之间也都存在着分布电容。这些电容的作用可以看成一个与线圈并联的等效电容。低频时，分布电容对电感器的工作没有影响；高频时，分布电容会改变电感器的性能。

5. 电感线圈的直流电阻

电感线圈的直流电阻，即为电感线圈的直流损耗电阻，可以用万用表的电阻挡直接测量出来。

（四）电感器的作用

电感器主要是阻止通过它的电流发生改变，同时能够把电能转化为磁能而存储起来。当电路接通时，如果电感器中没有电流通过，它会试图阻碍电流的流过；相反地，如果电路中断时电感器中有电流通过，它将试图维持电流不变。这一特性使得电感器在电源设计、无线电和通信设备、变压器和电机等多个领域都有广泛的应用。例如：在电源中，电感器和电容器组合可以形成滤波电路，滤除交流信号，只传递直流信号；而在调谐电路中，电感器则可以调整电路的谐振频率等。此外，电感器还可以与电阻器或电容器组合构成高通、低通滤波器等多种类型的电路。

（五）纯电感电路

所谓纯电感电路就是以电感元件为负载组成的电路模型，由电磁学中自感电动势的概念可知，电动势=电感×电流的变化率。对比电压与电流的表达式可知二者频率相同；电流有效值=电压有效值/（角频率×电感）；电压的相位超前电流 90°，如图 6-31 所示。

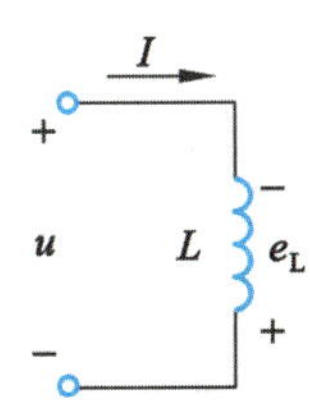

图 6-31　纯电感电路模型

（六）感抗的概念

感抗=角频率×电感=2π×频率×电感；感抗也就是电感对于电流的阻碍抵抗。

将电感元器件接入直流电路当中，那么电流是常数，此时频率为 0，那么感抗也为 0，因此，当电感元件在直流电路中，对于电流没有阻碍作用，因此电感相当于短路。

将电感元件接入交流电路中，那么电流随着时间不断地变化，此时有频率值，因此有感抗，对于电流有阻碍作用，所以电感具有通直、阻交的作用，此外，根据感抗公式可知，当频率越大，对应的感抗就会越大，因此电感元件在交流电路中，通常说电感通低频、阻高频。

（七）电感器的自感和互感

电感是闭合回路的一种属性，即当通过闭合回路的电流改变时，会出现电动势来抵抗电流的改变。这种电感称为自感（self-inductance），是闭合回路自己本身的属性。假设一个闭合回路的电流改变，由于感应作用而产生电动势于另外一个闭合回路，这种电感称为互感。

1. 自　感

当线圈中有电流通过时，线圈的周围就会产生磁场。当线圈中电流发生变化时，其周围的磁场也产生相应的变化，此变化的磁场可使线圈自身产生感应电动势，这就是自感，如图 6-32 所示。

2. 互　感

两个电感线圈相互靠近时，一个电感线圈的磁场变化将影响另一个电感线圈，这种影响就是互感。互感的大小取决于电感线圈的自感与两个电感线圈耦合的程度，利用此原理制成的元件叫作互感器，如图 6-33 所示。

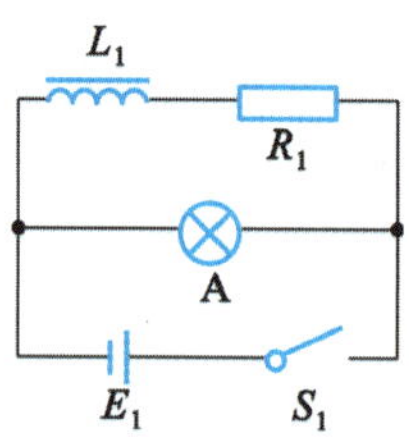

图 6-32　自感电路图

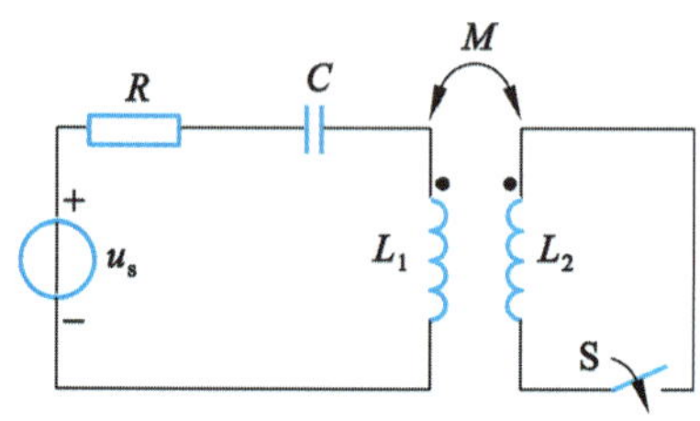

图 6-33　互感电路图

（八）电感器的好坏判断

6.3.2　电感器的好坏判断

1. 直观检查

直接观察电感器的引脚是否断开、磁心是否松动、绝缘材料是否破损或烧焦等。

2. 万用表检测

在电感器好坏判断中，常使用万用表电阻挡测量电感器的通断及电阻值大小来判断。将万用表置于欧姆挡，红、黑表笔各接电感器的任一引出端，此时指针应向右摆动，根据测出的电阻值大小，可具体分下述三种情况进行判断。

（1）被测电感器电阻值太小。说明电感器内部线圈有短路性故障，注意测试操作时，一定要先认真将万用表调零，并仔细观察指针向右摆动的位置是否确实到达零位，以免造成误判。当怀疑电感器内部有短路性故障时，最好是用 R×1 挡反复多测几次，这样才能作出正确的判断。

（2）被测电感器有电阻值。电感器直流电阻值的大小与绕制电感器线圈所用的漆包线线径、绕制圈数有直接关系，线径越细，圈数越多，则电阻值越大。一般情况下用万用表 R×1 挡测量，只要能测出电阻值，则可认为被测电感器是正常的。

（3）被测电感器的电阻值为无穷大。这种现象比较容易区分，说明电感器内部的线圈或引出端与线圈接点处发生了断路性故障。

（九）电感在汽车电路中的应用

电感线圈广泛应用在汽车电路中，如汽车的曲轴位置传感器、电磁阀、继电器、电喇叭、喇叭继电器、热线式闪光继电器等。汽车的点火系统就是基于点火线圈的自感电动势产生过电压，储存点火能量进行点火的。

三、交直流变换电路

交直流变换电路，也称为交流-直流变换电路，主要实现交流电和直流电之间的转换，是实现电能形式转换的关键电路之一。这种电路在现代电力电子系统中非常常见，广泛应用于各种电力设备、通信设备和电子设备中。随着科技的不断发展，交直流变换电路的设计和实现也在不断进步，以满足各种复杂和严苛的应用需求。

（一）交直流变换电路基本元件

1. 变压器

变压器通过变换输入电压的大小和脉冲频率，将输入的交流电转换成期望的输出电压。

2. 整流器

整流器的主要作用是将输入的交流电转换成脉冲形式的直流电。它通常使用二极管等元器件来实现。根据整流方式的不同，整流电路可以分为半波整流、全波整流和桥式整流等多种类型。

3. 滤波器

滤波器的作用是对脉冲形式的直流电进行滤波，平滑输出电流。常见的滤波器包括电容滤波器和电感滤波器等。

如果需要将直流电转换为交流电，电路中还会包括一个逆变器，可以将输入的直流电进行逆变，通过调整输出电压的频率、幅度和相位等参数，将直流电转换为期望的交流电输出。

（二）交直流变换电路的工作步骤

1. 变　压

变压器将输入的交流电压变换为适合的电压大小。

2. 整　流

通过整流器，将交流电转换为脉冲形式的直流电。

3. 滤　波

通过滤波器，去除直流电中的脉冲波动，使输出电流更加平滑。

（三）交直流变换电路类型及原理

1. 直流-直流变换电路

1）直流变换电路

直流变换电路是将幅值固定的直流电压变换成幅值和极性为可变的直流电压的变换电路。在生产中用以构成直流脉冲调速电源和开关式稳压电源。传统的直流调速系统是相控整流电路，它虽电路简单，但在深控下网侧功率因数下降、电网电流谐波含量高、电压调节的动态响应缓慢。直流变换电路采用斩控方式，斩波频率较高，可克服上述缺点，适用于机床伺服系统和公共交通车辆传动。开关式稳压电源与传统的线性直流稳压电源相比，效率高而体积小，得到广泛应用。

2）直流变换电路的分类

直流变换电路按功率传输方向可分为单向电路和双向电路。前者的出端电压、电流平均值只能维持一种极性，又称单象限直流变换电路。后者的出端电压或电流平均值极性可变，即电能可在电源和负载间双向传输，又称双象限直流变换电路。若电路中出端电压和电流平均值的极性均可变，则称为四象限直流变换电路。

单象限电路是常用的基本直流电压变换电路，分为降压型电路（输出端电压平均值恒低于其输入端电压平均值）、升/降压型电路（输出端电压平均值既可低于也可高于其输入端电压平均值）、升压型电路（输出端电压平均值恒高于输入端电压平均值）和丘克电路（出入端电流均连续、所含谐波分量较小的升/降压型电路）。

双象限电路包括输出电流极性可逆的变换电路和输出电压极性可逆的变换电路。前者的常用电路有级联电路（由降压型和升压型电路级联而成）和丘克电路（由单象限丘克电路反并联而成）。后者中若负载为直流电动机时，可构成具有再生制动能力的可逆调速系统，如吊车卷扬机构的拖动系统。提升重物时电机工作于正转的电动状态；降下重物时，电机反转，工作于发电状态（电磁转矩用作制动）。

四象限电路在生产中用以构成具有摩擦负载的可逆直流电动机调速系统（具位能负载的可逆直流电动机调速系统可用双象限直流变换电路）。按其主电路结构可分为桥式电路（包括全桥电路、半桥电路）和推挽式电路（由两只双象限丘克电路按推挽连接构成，又称四象限丘克电路）。

2. 直流-交流变换电路

直流-交流变换电路（DC-AC 变换电路）又称逆变电路，是一种将直流电转换成交流电的变流装置，供交流负载用电或向交流电网并网发电。逆变技术可以将蓄电池、太阳能电池和燃料电池等通过新能源技术获得的电能变换为交流电，以满足对汽车电能的需求，因此逆变技术对于新能源的开发和利用起着重要的作用。

1）逆变电路概述

逆变电路与整流电路相对应，把直流电变成交流电称为逆变。当交流侧接在电网上，即交流侧接有电源时称为有源逆变；当交流侧直接和负载连接时称为无源逆变。逆变电路的应用非常广泛，在已有的各种直流电源中，如蓄电池、干电池、太阳能电池等，当需要这些电源向交流负载供电时，就需要逆变电路，如图 6-34 所示。另外，交流电机调速用变频器、不间断电源、感应加热电源等电力电子装置使用非常广泛，其电路的核心部分都是逆变电路。它的基本作用是在电路的控制下将中间直流电路输出的直流电源转换为频率和电压都任意可调的交流电源。

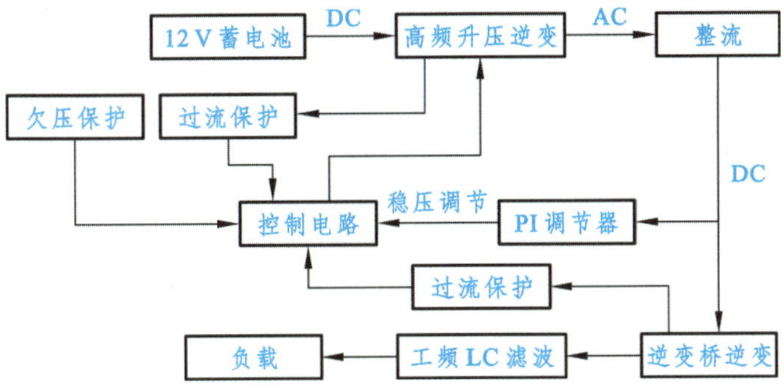

图 6-34　逆变器框图

2）逆变电路的原理

桥式逆变电路的开关状态由加于其控制极的电压信号决定，桥式电路的输入端加入直流电压 U_i，U_o 端接负载。当 T_1、T_4 打开而 T_2、T_3 关合时，$U_o=U_i$；相反，当 T_1、T_4 关合而 T_2、T_3 打开时，$U_o=-U_i$。于是当桥中各臂以频率 f（由控制极电压信号重复频率决定）轮番通断时，输出电压 U_o 将成为交变方波，其幅值为 U_i。重复频率为 f。

如图 6-35 为单向全桥式逆变电路，其基波可表示为把幅值为 U_i 的矩形波 U_o 展开成傅立叶级数得

$$U_o=4U_d/\pi\ (\sin\omega t+1/3\ \sin3\omega t+1/5\ \sin5\omega t+\cdots) \tag{6-6}$$

由式可见，控制信号频率 f 可以决定输出端频率，改变直流电源电压 U_i 可以改变基波幅值，从而实现逆变的目的。

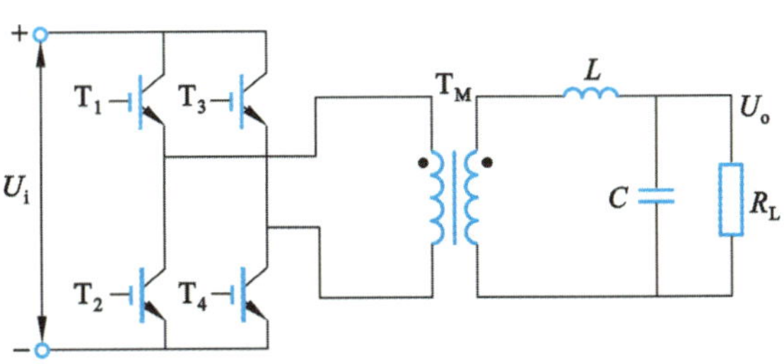

图 6-35　单相全桥式逆变电路

3）电压型逆变电路

电压型逆变电路分为单相电压型逆变电路和三相电压型逆变电路。单相电压型逆变电路又分为半桥逆变电路、全桥逆变电路和带中心抽头变压器的逆变电路。三相电压型逆变电路应用最广泛的是三相桥式逆变电路。

（1）半桥逆变电路是电子镇流器和电子节能灯中最常用也是最基本的电路，正确地理解它的工作原理，将有助于我们合理地选择元器件（如磁环变压器、扼流电感、起动电容等元件）的参数，正确地安排三极管的驱动电路，以降低它的功耗与热量，提高整灯的可靠性。

（2）全桥逆变电路：共四个桥臂，可看成两个半桥电路组合而成。两对桥臂交替导通，

输出电压和电流波形与半桥电路形状相同，幅值高出一倍，改变输出交流电压的有效值只能通过改变直流电压 U_d 来实现。

（3）带中心抽头变压器的逆变电路如图 6-36 所示，交替驱动 T_1、T_2，经变压器耦合给负载加上矩形波交流电压。两个二极管的作用是提供无功能量的反馈通道。若 U_d 和负载参数相同，变压器匝数比为 1∶1，则波形及幅值与全桥逆变电路完全相同。

与全桥逆变电路相比，带中心抽头变压器的逆变电路少用一半开关器件，但必须配备一个变压器，且器件承受的电压为 $2U_d$，比全桥逆变电路高一倍。

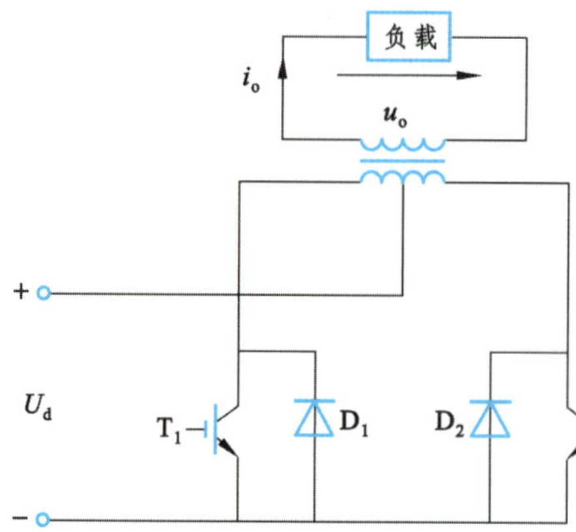

图 6-36　带中心抽头变压器的逆变电路

4）三相桥式逆变电路

三相桥式逆变电路由三个单相逆变电路组合而成。其基本工作方式如下：每桥臂的导通角为 180°，同一相上下两臂交替导电，各相开始导通的角度差为 120°，任一瞬间有三个桥臂同时导通；每次换流都是在同一相上下两臂之间进行的，也称为纵向换流，如图 6-37 所示。

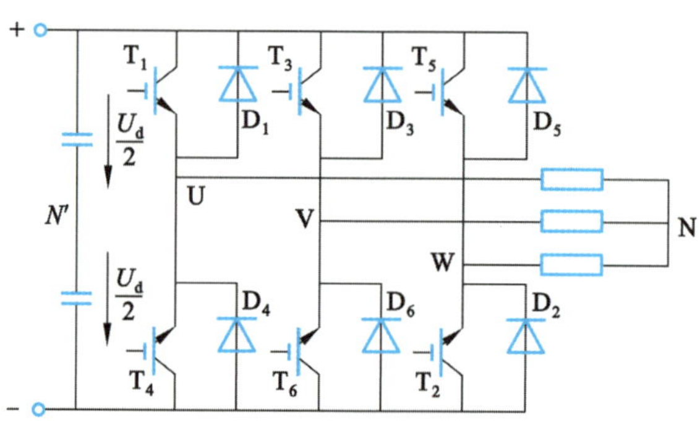

图 6-37　三相桥式逆变电路

Project 7

项目七

新能源汽车喇叭电路及变压器

任务一　磁场特征基本物理量

核心知识点

磁性材料广泛应用在日常生活的各个方面，如汽车上的发电机、电动机、传感器、点火线圈等都使用了磁性材料和磁性器件。通过本项目对汽车电喇叭继电器和点火线圈的学习，应掌握磁学、电磁铁、继电器、电喇叭控制原理等相关知识，掌握其在汽车上的典型应用，能借助仪器仪表对汽车电路进行故障检测。

一、磁场基本物理量

7.1.1　磁场基本物理量

（一）磁场的基本知识

1. 磁　体

1）磁体的初步认识

磁体是可以吸引铁磁性物质如铁、镍、钴等金属且能够产生磁场的物体。

磁体既有天然的也有人造的，按磁性来源和性质可分为永久磁体和暂时磁体。天然的磁体是自然界中存在的磁性矿石，是能够长期保持磁性而不易失磁的天然产物，是天然的永久磁体，又称为天然磁石。永久磁体也可以由人工制造，依旧能长期保持磁性（最强的永久磁体是钕磁铁）。暂时磁体是人工制造的临时磁体，如一些铁制品在磁化后只能在短时间内保持磁性，随后磁性会逐渐减弱；或是只有在某些条件下会有磁性，如电磁铁需要外部电源供电才能产生磁性。

2）磁体的主要性质

磁体吸引铁磁性材料的性质叫作磁性，磁体上磁性最强的部分叫作磁极。将条形磁体置于铁屑中，取出后会观察到磁体的两端吸引的铁屑最多，证明端部磁性强，中部磁性弱。针形、条形、马蹄形磁体的磁极，都是在接近两端处。若将一个条形磁体悬挂起来，使它可以在水平面内自由转动，静止时它将沿南北方向取向；指北的一端称北（N）极，指南的一端称南（S）极。

任何磁体都具有南极和北极两个磁极，两个磁极总是成对出现，彼此依赖，不可分离，且它们的强度相等。如果把磁体折断为二个，则每一个磁体都变成具有 N、S 两个磁极的磁体，且无论将磁体分为多少段，其每小段必存在 N 极和 S 极。这说明磁体不存在独立的 N 极或 S 极，两极总是相伴而生的，N 极和 S 极是成对出现的，无论怎样分割磁体，它总是保持两个异名磁极。

把两个磁体互相靠近发现，磁极间存在着相互作用力，其规律是同名磁极相斥，异名磁极相吸。也就是说，N 极和 S 极靠近时会相互吸引，而 N 极和 N 极靠近时会互相排斥。磁极之间的这种相互作用力，叫磁力。

两个磁体并没有挨在一起，我们就可以真真切切地感受到磁力的作用，那么是什么传递这种相互作用呢？答案就是磁场。磁体周围存在着一种物质，磁体间的作用力正是通过这种物质而发生的。

磁体间的相互作用就是以磁场作为媒介的，所以两磁体不用在物理层面接触就能发生作用。

2. 磁　场

磁体的周围能够产生磁力的空间叫作磁场。

（1）磁场的物质性：磁场是一种看不见而又客观存在的特殊物质，它存在于磁体、通电导线、运动电荷、变化电场、地球的周围。

（2）磁场的基本特性：磁场对放入其中的磁极、电流、运动的电荷有力的作用，它们的相互作用通过磁场发生。

磁场还具有强弱和方向，不同位置上的强弱和方向是不同的。磁极的磁场最强；磁体周围离磁体越远的地方磁场越弱；对于条形磁体，两端磁性最强，中间最弱。磁场不但有强弱之分，而且还具有方向。磁场的方向，规定小磁针在磁场中某点静止时北极所指的方向为该点的磁场方向。

3. 电流的磁效应

磁体并不是磁场的唯一来源，1820 年，丹麦物理学家奥斯特发现通电导线使附近的小磁针发生了偏转，因此揭示了电流周围存在磁场，从而让人们了解到电流不仅具有热效应，还具有磁效应。当电流流过导体时，在导体周围会产生磁场，且磁场与电流的方向有关，通常将载流导体产生磁场的现象称为电流的磁效应（即电生磁）。

电流的磁效应打破了电与磁相互独立的观念，揭示了电与磁之间的内在联系，推动了电磁学的发展和创立。奥斯特电流磁效应是电磁学的基础理论之一，应用十分广泛，它是电动机、发电机和变压器等电磁设备的基础原理。

高等职业教育校企合作双元新形态教材
高等职业教育汽车类专业系列特色教材

新能源汽车电工电子技术（微课版）

任务工单

主　编　冯青华　陈双双
副主编　江　泉　张博峰

院　系 ______________________

班　级 ______________________

姓　名 ______________________

学　号 ______________________

西南交通大学出版社
·成　都·

高等职业教育校企合作双元新形态教材
高等职业教育汽车类专业系列特色教材

新能源汽车电工电子技术（微课版）

任务工单

主　编　冯青华　陈双双

副主编　江　泉　张博峰

西南交通大学出版社
·成　都·

图书在版编目（CIP）数据

新能源汽车电工电子技术 : 微课版 : 含任务工单. 2，新能源汽车电工电子技术任务工单 / 冯青华，陈双双主编. -- 成都 : 西南交通大学出版社，2025. 6.
ISBN 978-7-5774-0258-1

Ⅰ. U469.7

中国国家版本馆 CIP 数据核字第 202525UQ90 号

目 录

Contents

任务工单 1　新能源汽车安全用电

学院		姓名	
专业		学号	
小组成员		组长姓名	

一、任务描述

新能源汽车的安全用电知识非常重要，确保在使用过程中的电气安全和保护乘客与车辆的安全，有利于提高公众对新能源汽车的信任度。具体的安全用电任务可能会根据不同的地区、规程和车辆类型而有所差异。作为新能源汽车专业方向的学生，你知道如何做好新能源汽车安全用电的维护吗？

二、知识要点

1. 一般来说，通过人体的电流越__________，时间越__________，危险越__________。

2. 电流通过人体__________和__________最为危险。

3. 触电方式包括__________、__________和__________。

4. 国际电工委员会(IEC)规定安全电压限定值为__________V。我国规定__________、__________、__________三个电压等级为安全电压等级。

5. 防止触电事故的预防措施包括：__________、__________、__________、__________。

6. 防止人体触电的技术措施包括：__________、__________、__________。

7. 如果发生火灾、触电或其他电气事故时，应该在第一时间__________，避免造成更大的财产损失和人员伤亡事故。

8. 在新能源汽车全部停电或者部分停电的电气设备上工作时，必须完成下列措施：停电、__________、__________、__________、悬挂标识牌、装设隔离带、有监护人。

9. 列举维修现场的安全用电常识。

____

____

____

____

____

三、任务计划

1. 制订计划

根据新能源汽车安全用电的常识，制定新能源汽车场地及维修工具的准备计划

新能源汽车场地及维修工具计划

序号	作业项目
1	
2	
3	
4	

5			
6			
7			
8			
2. 小组分工			
主要操作人员		协助操作人员	
记录人员		审核人员	
3. 仪器、设备、工具、材料清单			
序号	名称	数量	
1			
2			
3			
4			
5			
6			
7			
8			
9			
10			
四、任务实施			
1. 准备维修工位			
维修工位是否干净整洁	是	否	
是否设置隔离带和警告牌	是	否	
是否有无关金属物品和易燃物品	是	否	
工位旁边是否有防护用品	是	否	
工位下是否垫好绝缘垫	是	否	
2. 防护工具准备			
绝缘垫	是	否	
防静电工装	是	否	
绝缘手套	是	否	
绝缘头盔	是	否	
护目镜	是	否	
绝缘鞋	是	否	
防护服	是	否	

<table>
<tr><td colspan="3">3. 绝缘工具准备</td></tr>
<tr><td colspan="2">绝缘工具套装</td><td>是</td><td>否</td></tr>
<tr><td colspan="4">五、任务检查</td></tr>
<tr><td colspan="4">实训老师检查作业结果，并结合实训情况给出措施和建议</td></tr>
<tr><td>序号</td><td colspan="2">评价</td><td>结果</td></tr>
<tr><td>1</td><td colspan="2">根据标准进行维修工位的检查和设置</td><td></td></tr>
<tr><td>2</td><td colspan="2">根据标准进行维修工具的检查和准备</td><td></td></tr>
<tr><td>3</td><td colspan="2">根据标准进行绝缘工具套装的检查与准备</td><td></td></tr>
<tr><td>意见与建议</td><td colspan="3"></td></tr>
<tr><td>评价</td><td colspan="3"></td></tr>
<tr><td colspan="4">六、任务评价</td></tr>
<tr><td colspan="4">结合自己在实训过程中的表现，进行自我评价及反思</td></tr>
<tr><td colspan="4">自我评价：________________
____
____
____

自我反思：________________
____
____
________________</td></tr>
</table>

任务工单 2 触电者的救护

学院		姓名	
专业		学号	
小组成员		组长姓名	

一、任务描述

急救的基本原则是在现场采取积极措施保护伤员，减轻伤情，减少痛苦，并根据伤情需要，迅速联系医疗部门救治。作为当地大学生，你知道如何急救救护吗？

二、知识要点

1. 触电者触及低压带电设备，救护人员应设法迅速____________，或使用____________________________，如干燥的木棒、木板、绳索等不导电的东西解救触电者。

2. 触电者触及高压带电设备时，救护人员应该迅速____________，或用适合电压等级的解脱触电者。救护人员在抢救过程中应该注意保持自身与周围带电部分的安全距离。

3. 触电伤员如失去意识，应在 10 s 内用____________、____________、____________等方法，判断伤员的呼吸、心跳情况。触电伤员呼吸和心跳均停止时，应立即采取____________正确进行就地抢救，并设法联系医疗部门接替救治。

4. 触电事故现场应如何解救触电伤员？

____

____

____

____

____

____

三、任务计划

1. 制订计划

根据急救与救护的常识，对触电人员进行抢救的计划

触电现场的抢救计划	
序号	作业项目
1	
2	
3	
4	
5	
6	
7	
8	

2. 小组分工

主要救助人员		协助救助人员	
记录人员		审核人员	

3. 仪器、设备、工具、材料清单

序号	名称	数量
1		
2		
3		
4		
5		
6		
7		
8		
9		
10		

四、任务实施

1. 准备脱离电源的工具

干燥的木棒、木板及绳索	是	否
绝缘手套	是	否
绝缘鞋	是	否
绝缘棒	是	否

2. 脱离电源后的处理

用看、听、试的方法，判断伤员的呼吸及心跳情况	是	否
若无心跳，进行心肺复苏	是	否
通畅伤员的气道	是	否
口对口（鼻）进行人工呼吸	是	否
胸外按压	是	否

五、任务检查

实训老师检查作业结果，并结合实训情况给出措施和建议

序号	评价	结果
1	根据标准进行脱离电源绝缘性的检查	
2	根据标准进行脱离电源后的处理	
意见与建议		
评价		

六、任务评价
结合自己在实训过程中的表现，进行自我评价及反思
自我评价：______________________________ ______________________________ ______________________________ ______________________________ 自我反思：______________________________ ______________________________ ______________________________ ______________________________

任务工单 3　汽车常用电工工具使用

学院		姓名	
专业		学号	
小组成员		组长姓名	

一、任务描述

常用的电工工具主要包括验电器、螺丝刀、钳子、扳手、电烙铁等，了解常用电工工具的结构和作用是电工入门的重要步骤，也是提高工作效率和工作质量的关键。同时，在使用这些工具时，必须严格遵守安全操作规程，确保人身安全和设备安全。作为新能源汽车专业方向的学生，你知道如何使用电工工具吗？

二、知识要点

1. 验电器也称__________，俗称电笔，它是用来检测导线、电器和电气设备的金属外壳是否带电的一种电工工具。常分为__________验电笔和__________验电笔

2. 氖管验电笔主要包括__________、__________、__________、__________、和__________。

3. __________是一种用来旋紧或拆卸螺丝钉的常用五金工具。

4. 钳子是一种用于夹持、固定加工工件或者扭转、弯曲、剪断金属丝线的手工工具。其外形呈 V 形，通常包括__________、__________和__________三个部分。

5. 钳子的分类：按其主要功能和使用性质，钳子可分为__________、__________、__________等。

6. __________是一种常用的安装与拆卸工具，是利用杠杆原理拧转螺栓、螺钉、螺母和其他螺纹紧持螺栓或螺母的开口或套孔固件的手工工具。

7. 扳手的种类有：__________、__________、__________、__________。

8. __________是电子制作和电器维修的必备工具，主要用于焊接电子元件及导线。其工具套件一般由__________、__________、__________、__________组成。

9. 使用验电笔时，拇指、中指和无名指轻轻捏住验电笔笔身，食指接触笔尾金属体或笔身。当带电体与接地之间电位差大于__________ V 时，氖管产生辉光，证明有电。

10. 带电作业时，手不可触及螺丝刀的__________，以免发生触电事故。

11. 剪切__________时，不得同时剪切相线和零线，以免发生短路故障。

12. 电烙铁的使用方法的五个步骤是：__________、__________、__________、__________、__________。

三、任务计划

1. 制订计划

根据汽车常用电工工具使用的知识，制订电工工具使用的准备计划

电工工具使用的准备计划

序号	作业项目
1	
2	
3	
4	

<table>
<tr><td>5</td><td colspan="3"></td></tr>
<tr><td>6</td><td colspan="3"></td></tr>
<tr><td>7</td><td colspan="3"></td></tr>
<tr><td>8</td><td colspan="3"></td></tr>
<tr><td colspan="4">2.小组分工</td></tr>
<tr><td>主要操作人员</td><td></td><td>协助操作人员</td><td></td></tr>
<tr><td>记录人员</td><td></td><td>审核人员</td><td></td></tr>
<tr><td colspan="4">3. 仪器、设备、工具、材料清单</td></tr>
<tr><td>序号</td><td colspan="2">名称</td><td>数量</td></tr>
<tr><td>1</td><td colspan="2"></td><td></td></tr>
<tr><td>2</td><td colspan="2"></td><td></td></tr>
<tr><td>3</td><td colspan="2"></td><td></td></tr>
<tr><td>4</td><td colspan="2"></td><td></td></tr>
<tr><td>5</td><td colspan="2"></td><td></td></tr>
<tr><td>6</td><td colspan="2"></td><td></td></tr>
<tr><td>7</td><td colspan="2"></td><td></td></tr>
<tr><td>8</td><td colspan="2"></td><td></td></tr>
<tr><td>9</td><td colspan="2"></td><td></td></tr>
<tr><td>10</td><td colspan="2"></td><td></td></tr>
<tr><td colspan="4">四、任务实施</td></tr>
<tr><td colspan="4">1. 准备工具</td></tr>
<tr><td colspan="2">是否准备合适的工作台</td><td>是</td><td>否</td></tr>
<tr><td colspan="2">是否准备验电器</td><td>是</td><td>否</td></tr>
<tr><td colspan="2">是否准备螺丝刀</td><td>是</td><td>否</td></tr>
<tr><td colspan="2">是否准备钳子</td><td>是</td><td>否</td></tr>
<tr><td colspan="2">是否准备扳手</td><td>是</td><td>否</td></tr>
<tr><td colspan="2">是否准备电烙铁</td><td>是</td><td>否</td></tr>
<tr><td colspan="4">2. 工作使用</td></tr>
<tr><td colspan="2">是否正确使用验电器</td><td>是</td><td>否</td></tr>
<tr><td colspan="2">是否正确使用螺丝刀</td><td>是</td><td>否</td></tr>
<tr><td colspan="2">是否正确使用钳子</td><td>是</td><td>否</td></tr>
<tr><td colspan="2">是否正确使用扳手</td><td>是</td><td>否</td></tr>
<tr><td colspan="2">是否正确使用电烙铁</td><td>是</td><td>否</td></tr>
<tr><td colspan="2">是否清理干净工作台</td><td>是</td><td>否</td></tr>
</table>

五、任务检查		
实训老师检查作业结果，并结合实训情况给出措施和建议		
序号	评价	结果
1	根据标准进行电工工具的检查	
2	根据标准进行电工工具的使用	
3	根据标准进行电工工具的整理	
意见与建议		
评价		
六、任务评价		
结合自己在实训过程中的表现，进行自我评价及反思		
自我评价： 自我反思：		

任务工单 4　新能源汽车常用仪表的使用

学院		姓名	
专业		学号	
小组成员		组长姓名	

一、任务描述

新能源汽车的检测需要使用工具，如数字万用表、绝缘电阻测试仪、数字钳流表等，读取数据、进行检测，这些都需要使用新能源汽车常用仪表。作为新能源专业的学生，你会使用这些仪表进行测量吗？

二、知识要点

1. 高压用电设备和高压线路老化或者受潮湿环境的影响等，会导致________和________之间的绝缘性下降，负极引线通过绝缘层和底盘构成________，使底盘________危及乘客的人身安全。

2. 绝缘电阻测试仪测试结果不准的原因有：________、________、________。

3. 绝缘电阻测试仪是一种用于检测________绝缘状态的测试仪器，在测试过程中要避免短接电路。

4. 数字钳流表可以在不断电的情况下测量电气电路的________，专用于检测________，由于工作部位为钳状，所以称为数字钳流表。

5. 简述数字万用表的使用方法。

____

____

____

____

6. 简述绝缘电阻测试仪的使用方法。

____

____

____

____

三、任务计划

1. 制订计划

根据新能源汽车对维护工具及检测设备的要求，准备新能源汽车检测设备的计划

新能源汽车检测设备的计划	
序号	作业项目
1	
2	

3			
4			
5			
6			
7			
8			
2. 小组分工			
主要操作人员		协助操作人员	
记录人员		审核人员	
3. 仪器、设备、工具、材料清单			
序号	名称	数量	
1			
2			
3			
4			
5			
6			
7			
8			
9			
10			

四、任务实施		
1. 数字万用表的准备		
检查仪表电量是否充足	是	否
检查仪表测试导线是否破损	是	否
操作仪表挡位开关，检查是否灵活	是	否
2. 绝缘电阻测试仪的准备及使用方法		
检查仪表电量是否充足及导线是否破损	是	否
进行测试时，将测试探头插入绝缘端，黑色探头插入公共端	是	否
测试时，红色表笔接正负极，黑色表笔接搭铁上，按 TEST 进行测试	是	否
3. 数字钳流表的准备		
检查仪表是否具有同时测量直流、交流的功能	是	否
检查仪表导线是否破损	是	否

检查仪表挡位开关是否灵活	是	否
五、任务检查		
实训老师检查作业结果，并结合实训情况给出措施和建议		
序号	评价	结果
1	根据标准进行数字万用表的准备	
2	根据标准进行绝缘电阻测试仪的准备及使用	
3	根据标准进行数字钳流表的准备	
意见与建议		
评价		
六、任务评价		
结合自己在实训过程中的表现，进行自我评价及反思		
自我评价： 自我反思：		

任务工单 5　新能源汽车故障诊断仪使用

学院		姓名	
专业		学号	
小组成员		组长姓名	

一、任务描述

新能源汽车的高压系统检测需要专用工具，如故障诊断仪、示波器、红外测试仪等，电控单元故障码的读取与清除，数据流的读取（如动力电池单体电池电压，温度等数据的读取）等，需要专用的新能源汽车故障诊断仪，作为新能源汽车方向的你会使用这些专用检测工具及仪器吗?

二、知识要点

1. 故障诊断仪是用于________________的便携式设备。

2. 故障诊断仪除了具有故障码的读取和清除功能以外，还有____________读取、____________测试等功能。

3. 在使用故障诊断仪前要确认故障诊断仪的电量是否充足，______________，是否有短路或接触不良等情况。

4. 故障诊断仪的诊断接口有两种分别是______________，_____________。

5. 示波器可以将看不见的____________转变为看得见的___________，检测人可以通过观察波形的___________ 、___________、___________、___________等判断电路的状态。

6. 简述故障诊断仪的使用方法。

____

____

____

____

7. 简述示波器的使用方法。

____

____

____

____

三、任务计划

1. 制订计划

根据新能源汽车仪表使用的常识，制订新能源汽车故障诊断仪及示波器使用方法的计划

新能源汽车场故障诊断仪及示波器使用方法的计划	
序号	作业项目
1	
2	

3	
4	
5	
6	
7	
8	

2. 小组分工

主要操作人员		协助操作人员	
记录人员		审核人员	

3. 仪器、设备、工具、材料清单

序号	名称	数量
1		
2		
3		
4		
5		
6		
7		
8		
9		
10		

四、任务实施

1. 故障诊断仪的准备及使用

检查故障诊断仪是否与待测车型匹配	是	否
检查故障诊断仪 OBD 诊断接口外观针脚是否正常	是	否
检查故障诊断仪电量是否充足	是	否

2. 示波器的准备及使用

示波器外观是否完整，有无破损	是	否
信号线是否完整	是	否
探头是否有破损、破裂	是	否
检测信号是否正常	是	否

画出检测信号图形	

<table>
<tr><td colspan="3">五、任务检查</td></tr>
<tr><td colspan="3">实训老师检查作业结果，并结合实训情况给出措施和建议</td></tr>
<tr><td>序号</td><td>评价</td><td>结果</td></tr>
<tr><td>1</td><td>根据标准进行故障诊断仪的准备及使用</td><td></td></tr>
<tr><td>2</td><td>根据标准进行示波器的准备及使用</td><td></td></tr>
<tr><td>意见与建议</td><td colspan="2"></td></tr>
<tr><td>评价</td><td colspan="2"></td></tr>
<tr><td colspan="3">六、任务评价</td></tr>
<tr><td colspan="3">结合自己在实训过程中的表现，进行自我评价及反思</td></tr>
<tr><td colspan="3">自我评价：________________________________
____
____
____

自我反思：________________________________
____
____
________________________________</td></tr>
</table>

任务工单 6　导线的测量

学院		姓名	
专业		学号	
小组成员		组长姓名	
一、任务描述			
在电路设计和维护过程中，对导线的测量是必须要进行的步骤，这是因为导线的电阻和电流等参数的测量结果会直接影响到电路的运行和性能。本任务要求学会理论知识，并进行导线测量。			
二、知识要点			
1. 在选择导线时，需要考虑导线的__________，如阻燃性、耐火性、绝缘性能等。 2. 导线的__________通常代表不同的电路功能。 3. 常见的导线材料有__________和__________。 4. 常用的导线包括电线和电缆。可分为__________、__________、__________和__________四类。 5. 允许载流量与导线截面有关，还与导线安装地点的环境____________有关。 6. 电流容量是导线截面选择的重要依据，它决定了导线的允许载流量和允许的持续负载。在选择导线截面时，应确保导线的允许载流量____________线路的电流值。			
三、任务计划			
1. 制订计划 根据测量导线的电阻和线径，计算导线横截面积，判断安全载流量			

导线的测量计划

序号	作业项目
1	
2	
3	
4	
5	
6	
7	
8	

2. 小组分工

测量人员		计算人员	
结果分析人员		记录人员	

3. 仪器、设备、工具、材料清单

序号	名称	数量
1		
2		

序号	名称	数量
3		
4		
5		
6		
7		
8		
9		
10		

四、任务实施

1. 准备工具

项目	是	否
导线若干	是	否
万用表	是	否
刻度尺	是	否
直流电源	是	否
游标卡尺	是	否
千分尺	是	否

2. 不同导线的测量

项目	是	否
导线电阻的测量	是	否
单股细导线线径的测量	是	否
单股粗导线线径的测量	是	否
多股绞线线径的测量	是	否
不同线径导线，横截面的计算	是	否
根据导线线径，判断安全载流量	是	否

五、任务检查

实训老师检查作业结果，并结合实训情况给出措施和建议

序号	评价	结果
1	根据导线类型和规格，选择适当工具进行测量	
2	根据测量的大小，选择适当的挡位	
3	导线的允许载流量	
意见与建议		
评价		

六、任务评价
结合自己在测量过程中的表现，进行自我评价及反思
自我评价：________________ ________________ ________________ ________________ 自我反思：________________ ________________ ________________ ________________

任务工单 7　导线的连接

学院		姓名	
专业		学号	
小组成员		组长姓名	

一、任务描述

导线连接是电工作业的一项基本工序，也是一项十分重要的工序。导线连接的质量直接关系到整个线路能否安全可靠地长期运行。面对各式各样的导线，你将如何将它们进行连接？

二、知识要点

1. 在导线连接前，首先需要彻底、准确地剥线。只有把导线端头的__________彻底清除干净，才能保证线头与线头之间有良好的电接触。

2. 绝缘层的剖削可使用的工具有__________、__________及__________。

3. 常用的连接方法有__________、__________、__________等。

4. 导线连接完成后，必须对所有绝缘层已被去除的部位进行绝缘处理，以恢复导线的绝缘性能，恢复后的绝缘强度应__________导线原有的绝缘强度。

三、任务计划

1. 制订计划

根据导线的连接的知识，对要准备连接的导线制定连接方案

导线连接方案

序号	作业项目
1	
2	
3	
4	
5	
6	
7	
8	

2. 小组分工

连接方案制定人员		导线剖削人员	
导线连接人员		绝缘层的恢复人员	

3. 仪器、设备、工具、材料清单

序号	名称	数量
1		
2		
3		

序号	名称	数量
4		
5		
6		
7		
8		
9		
10		

四、任务实施

1. 准备导线连接的工具

钢丝钳、剥线钳及电工刀	是	否
接线钳、压接钳	是	否
电烙铁、焊锡	是	否
电工胶带	是	否

2. 不同导线的连接

剖削不能损坏线芯	是	否
单股铜导线的直接连接前区分截面大小	是	否
紧压连接连接前区分材质	是	否
焊接前清除接头部位的氧化层和黏污物	是	否
绝缘处理	是	否

五、任务检查

实训老师检查作业结果，并结合实训情况给出措施和建议

序号	评价	结果
1	根据标准对连接后的导线进行目测检查	
2	根据标准对连接后的导线进行电气检测	
意见与建议		
评价		

六、任务评价

结合自己在操作过程中的表现，进行自我评价及反思

自我评价：________________________________

____

____

____

自我反思：____

____

____

____

任务工单 8　万用表的使用

<table>
<tr><td>学院</td><td></td><td>姓名</td><td></td></tr>
<tr><td>专业</td><td></td><td>学号</td><td></td></tr>
<tr><td>小组成员</td><td></td><td>组长姓名</td><td></td></tr>
<tr><td colspan="4">一、任务描述</td></tr>
<tr><td colspan="4">万用表是一个常见的测试工具，用于测量电路中的电压、电流和电阻等参数。它的使用范围广，从家庭用品修理到电子设备维修都离不开它。因此，学习万用表的使用方法是非常有必要的。作为新能源汽车专业方向的学生，你知道如何使用万用表吗？</td></tr>
<tr><td colspan="4">二、知识要点</td></tr>
<tr><td colspan="4">1. 电压的测量时，将万用表的“V/Ω”孔插入________表笔，“COM”插孔插入________表笔。
2. 测量电阻__________带电测电阻。
3. 万用表的选择的量程应__________待测值。
4. 蜂鸣器挡可以测量__________、__________。
5. 测量结束，应把旋转开关打到___________或___________。
6. 继电器的检测分为：
（1）__________检测：采用万用表测电阻法，用万用表的 R×100 挡检测 85-86 端子的电阻，如果 85-86 端子的电阻值在规定范围内，30、87 端电阻为∞，则正常，否则有问题。
（2）加电检测：在__________端和__________端之间加 12 V 电压，__________端通，则为正常，否则有问题。</td></tr>
<tr><td colspan="4">三、任务计划</td></tr>
<tr><td colspan="4">1. 制订计划
根据万用表使用的知识，制订各种不同物理量和不同元件检测步骤的计划</td></tr>
<tr><td colspan="4">物理量和元件检测的计划</td></tr>
<tr><td>序号</td><td colspan="3">作业项目</td></tr>
<tr><td>1</td><td colspan="3"></td></tr>
<tr><td>2</td><td colspan="3"></td></tr>
<tr><td>3</td><td colspan="3"></td></tr>
<tr><td>4</td><td colspan="3"></td></tr>
<tr><td>5</td><td colspan="3"></td></tr>
<tr><td>6</td><td colspan="3"></td></tr>
<tr><td>7</td><td colspan="3"></td></tr>
<tr><td>8</td><td colspan="3"></td></tr>
<tr><td colspan="4">2. 小组分工</td></tr>
<tr><td>制定计划人员</td><td></td><td>检测人员</td><td></td></tr>
<tr><td>记录人员</td><td></td><td>审核人员</td><td></td></tr>
</table>

<table>
<tr><td colspan="3">3. 仪器、设备、工具、材料清单</td></tr>
<tr><td>序号</td><td>名称</td><td>数量</td></tr>
<tr><td>1</td><td></td><td></td></tr>
<tr><td>2</td><td></td><td></td></tr>
<tr><td>3</td><td></td><td></td></tr>
<tr><td>4</td><td></td><td></td></tr>
<tr><td>5</td><td></td><td></td></tr>
<tr><td>6</td><td></td><td></td></tr>
<tr><td>7</td><td></td><td></td></tr>
<tr><td>8</td><td></td><td></td></tr>
<tr><td>9</td><td></td><td></td></tr>
<tr><td>10</td><td></td><td></td></tr>
<tr><td colspan="3">四、任务实施</td></tr>
<tr><td colspan="3">1. 准备检测工具和元件</td></tr>
<tr><td>万用表</td><td>是</td><td>否</td></tr>
<tr><td>电源</td><td>是</td><td>否</td></tr>
<tr><td>导线</td><td>是</td><td>否</td></tr>
<tr><td>待测电路</td><td>是</td><td>否</td></tr>
<tr><td>待测电阻若干</td><td>是</td><td>否</td></tr>
<tr><td>待测电源若干</td><td>是</td><td>否</td></tr>
<tr><td>待测熔断器若干</td><td>是</td><td>否</td></tr>
<tr><td>待测继电器若干</td><td>是</td><td>否</td></tr>
<tr><td>待测二极管</td><td>是</td><td>否</td></tr>
<tr><td colspan="3">2. 开始检测</td></tr>
<tr><td>电阻的检测</td><td>是</td><td>否</td></tr>
<tr><td>电压的检测</td><td>是</td><td>否</td></tr>
<tr><td>电流的检测</td><td>是</td><td>否</td></tr>
<tr><td>二极管的检测</td><td>是</td><td>否</td></tr>
<tr><td>熔断器的检测</td><td>是</td><td>否</td></tr>
<tr><td>继电器的检测</td><td>是</td><td>否</td></tr>
<tr><td colspan="3">3. 任务结束</td></tr>
<tr><td>万用表关闭</td><td>是</td><td>否</td></tr>
<tr><td colspan="3">五、任务检查</td></tr>
<tr><td colspan="3">实训老师检查作业结果，并结合实训情况给出措施和建议</td></tr>
</table>

序号	评价	结果
1	根据标准进行电阻、电流、电压的测量	
2	根据标准进行二极管、熔断器、继电器的检测	
意见与建议		
评价		

六、任务评价
结合自己在检测过程中的表现，进行自我评价及反思
自我评价：________________ ________________ ________________ ________________ 自我反思：________________ ________________ ________________ ________________

任务工单 9　前照灯电路测量

<table>
<tr><td>学院</td><td></td><td>姓名</td><td></td></tr>
<tr><td>专业</td><td></td><td>学号</td><td></td></tr>
<tr><td>小组成员</td><td></td><td>组长姓名</td><td></td></tr>
<tr><td colspan="4">一、任务描述</td></tr>
<tr><td colspan="4">王先生今天早上在维修站向客户经理反映他的悦动轿车前照灯远光不亮而近光正常。我们需要根据维修手册，使用相关仪器，参考相关资料排除故障，恢复照明系统功能。</td></tr>
<tr><td colspan="4">二、知识要点</td></tr>
<tr><td colspan="4">1. 判别保险丝好坏的方法：用万用表电阻挡测一下保险的电阻，0.1 Ω 以下证明保险是_____的，如果在 0.1 Ω 以上的话就可以判断为__________的。
2. 灯泡的检测：常规的视觉检测，通过观察灯丝是否_________或发黑，来判断灯泡是否损坏。
3. 检查灯光开关故障：开关是车灯系统的__________中心。车辆在行驶中，灯的频繁开启和__________，就会使开关磨损，从而导致开关故障。可以通过按下开关，观察灯是否亮起或者是检查点火开关的电路连接，来检查开关是否__________。
4. 检查电路连接：如果开关不出问题，还需要检查开关与__________之间的连接性，是否存在老化、__________或者腐蚀等情况。如果出现这些问题，就需要及时更换或者进行维修。
5. 检查线路供电电压：灯泡的正确工作电压范围是非常有限的，如果超过或低于这个范围，就会影响车灯的发光效果。可以使用万用表__________挡位进行测试，检查线路供电电压是否正常。</td></tr>
<tr><td colspan="4">三、任务计划</td></tr>
<tr><td colspan="4">1. 制订计划
根据汽车前照灯的控制电路的的分析，制订汽车前照灯故障的检测步骤的计划</td></tr>
<tr><td colspan="4">汽车前照灯故障的检测的计划</td></tr>
<tr><td>序号</td><td colspan="3">作业项目</td></tr>
<tr><td>1</td><td colspan="3"></td></tr>
<tr><td>2</td><td colspan="3"></td></tr>
<tr><td>3</td><td colspan="3"></td></tr>
<tr><td>4</td><td colspan="3"></td></tr>
<tr><td>5</td><td colspan="3"></td></tr>
<tr><td>6</td><td colspan="3"></td></tr>
<tr><td>7</td><td colspan="3"></td></tr>
<tr><td>8</td><td colspan="3"></td></tr>
<tr><td colspan="4">2. 小组分工</td></tr>
<tr><td>电路分析人员</td><td></td><td>检测人员</td><td></td></tr>
<tr><td>记录人员</td><td></td><td>审核人员</td><td></td></tr>
</table>

3. 仪器、设备、工具、材料清单		
序号	名称	数量
1		
2		
3		
4		
5		
6		
7		
8		
9		
10		
四、任务实施		
1. 准备连接电路的元件		
灯泡	是	否
导线若干	是	否
灯光开关	是	否
相应规格的熔断器若干	是	否
相应规格的继电器若干	是	否
2. 连接电路		
3. 准备检测电路的工具		
万用表	是	否
电源	是	否
导线若干	是	否
4. 电路的检测		
电源电压的检测	是	否
熔断器的检测	是	否
继电器的检测	是	否
灯光开关的检测	是	否
灯泡的更换	是	否
5. 故障排除后灯光的测试		
查看前照灯正常发光	是	否
五、任务检查		
实训老师检查作业结果，并结合实训情况给出措施和建议		

序号	评价	结果
1	根据标准进行熔断器、继电器、灯光开关的检测	
2	故障排除后，重新进行前照灯灯光测试	
意见与建议		
评价		

六、任务评价

结合自己在电路连接和检测过程中的表现，进行自我评价及反思

自我评价：____

____

____

____

自我反思：____

____

____

____

任务工单10　新能源汽车电子元件的检测

<table>
<tr><td>学院</td><td></td><td>姓名</td><td></td></tr>
<tr><td>专业</td><td></td><td>学号</td><td></td></tr>
<tr><td>小组成员</td><td></td><td>组长姓名</td><td></td></tr>
<tr><td colspan="4">一、任务描述</td></tr>
<tr><td colspan="4">新能源汽车上电子元件的检测需要专业的知识和技能，并且需要使用特定的测试装备和工具，对于复杂情况，最好由专业的技术人员进行检测和维修，作为新能源专业方面的学生，你知道如何检测一些简单的电子元件吗？</td></tr>
<tr><td colspan="4">二、知识要点</td></tr>
<tr><td colspan="4">1. 电容按工作特性及电路的作用可分为__________、__________、__________三类。
2. 电感在电路中一般用__________表示，基本单位是__________。
2. 二极管的种类繁多，从它的工作场所可分为__________、__________、__________、__________等。
4. 三极管有三个极，分别是__________、__________、__________；三极管的型号分别有__________与__________；三极管的基本作用是__________。
5. 电阻是电子设计中应用最多的元器件之一，在电路中多用来进行__________、__________、__________等；电阻用 R 表示，它的基本单位是__________。
6. 电路一般由__________、__________、__________和__________四部分组成。
7. 电力电子器件一般工作在__________状态。
8. 在通常情况下，电力电子器件功率损耗主要为__________，而当器件开关频率较高时，功率损耗主要为__________。
9. 画出二极管、三极管、电感、电容、继电器的电气符号。
____
____
____
____
____
10. 简述如何判断二极管的好坏。
____
____
____
____
__________</td></tr>
<tr><td colspan="4">三、任务计划</td></tr>
<tr><td colspan="4">1. 制订计划
根据电子元件的检测要求，对新能源汽车上的电子元件进行检测的计划</td></tr>
</table>

<table>
<tr><td colspan="4">新能源汽车电子元件检测计划</td></tr>
<tr><td>序号</td><td colspan="3">作业项目</td></tr>
<tr><td>1</td><td colspan="3"></td></tr>
<tr><td>2</td><td colspan="3"></td></tr>
<tr><td>3</td><td colspan="3"></td></tr>
<tr><td>4</td><td colspan="3"></td></tr>
<tr><td>5</td><td colspan="3"></td></tr>
<tr><td>6</td><td colspan="3"></td></tr>
<tr><td>7</td><td colspan="3"></td></tr>
<tr><td>8</td><td colspan="3"></td></tr>
<tr><td>9</td><td colspan="3"></td></tr>
<tr><td colspan="4">2. 小组分工</td></tr>
<tr><td>主要操作人员</td><td></td><td>协助操作人员</td><td></td></tr>
<tr><td>记录人员</td><td></td><td>审核人员</td><td></td></tr>
<tr><td colspan="4">3. 仪器、设备、工具、材料清单</td></tr>
<tr><td>序号</td><td colspan="2">名称</td><td>数量</td></tr>
<tr><td>1</td><td colspan="2"></td><td></td></tr>
<tr><td>2</td><td colspan="2"></td><td></td></tr>
<tr><td>3</td><td colspan="2"></td><td></td></tr>
<tr><td>4</td><td colspan="2"></td><td></td></tr>
<tr><td>5</td><td colspan="2"></td><td></td></tr>
<tr><td>6</td><td colspan="2"></td><td></td></tr>
<tr><td>7</td><td colspan="2"></td><td></td></tr>
<tr><td>8</td><td colspan="2"></td><td></td></tr>
<tr><td>9</td><td colspan="2"></td><td></td></tr>
<tr><td>10</td><td colspan="2"></td><td></td></tr>
<tr><td colspan="4">四、任务实施</td></tr>
<tr><td colspan="4">1. 二极管的检测</td></tr>
<tr><td colspan="2">检查二极管的标识是否清晰</td><td>是</td><td>否</td></tr>
<tr><td colspan="2">检查二极管外表是否破裂</td><td>是</td><td>否</td></tr>
<tr><td colspan="2">检查二极管引脚是否破损</td><td>是</td><td>否</td></tr>
<tr><td colspan="2">对二极管的性能进行检测</td><td colspan="2">检测步骤：</td></tr>
</table>

二极管的特性		
2. 继电器的检测		
检查继电器的标识是否清晰	是	否
检查继电器外表是否破裂	是	否
检查继电器引脚是否破损	是	否
对继电器进行检测	检测步骤：	
继电器是否正常使用	是	否

五、任务检查

实训老师检查作业结果，并结合实训情况给出措施和建议

序号	评价	结果
1	根据标准进行二极管的检测	
2	根据标准进行继电器的检测	
意见与建议		
评价		

六、任务评价

结合自己在实训过程中的表现，进行自我评价及反思

自我评价：____

____

____

____

自我反思：____

____

____

____

任务工单 11　电容器、电感器的好坏判别及交直流变换电路

<table>
<tr><td>学院</td><td></td><td>姓名</td><td></td></tr>
<tr><td>专业</td><td></td><td>学号</td><td></td></tr>
<tr><td>小组成员</td><td></td><td>组长姓名</td><td></td></tr>
<tr><td colspan="4">一、任务描述</td></tr>
<tr><td colspan="4">新能源汽车的电容器，电感器有滤波，储能的作用。在新能源汽车上起到非常重要的作用，交直流变换电路是将交流电或直流电转换为交流电的电路，其直流电是利用半导体器件（如二极管、晶体管、稳压二极管等）实现电能的转换。</td></tr>
<tr><td colspan="4">二、知识要点</td></tr>
<tr><td colspan="4">1. 电感线圈对交变电流的阻碍作用是因为________________________________。
2. 电感线圈与自感线圈的工作原理是__________的。
3. 标准电感器是检定__________和__________的标准量具。
4. 按直接测量方法检定时，应保证由__________、__________、__________、__________、__________所引起的总不确定度不大于被检标准电感器最大允许误差的三分之一。
5. 任何两个彼此绝缘而又相互靠近的导体，就组成了__________，跟这两个导体是否带电无关。
6. 电容在数值上等于两极板间的电压为__________时电容器所带的电荷量。
7. 要使三相全桥式整流电路正常工作，对晶闸管触发方式有两种，一是用______________________________触发；二是用____________________触发。
8. 简述电容器的好坏判断。
____
____
____
____
____
9. 简述电感器的好坏判断。
____
____
____
____
____</td></tr>
<tr><td colspan="4">三、任务计划</td></tr>
<tr><td colspan="4">1. 制订计划
根据电感器、电容器的测量及使用，制订电感器、电容器好坏判别的计划</td></tr>
</table>

电容器、电感器好坏判别计划	
序号	作业项目
1	
2	
3	作业项目
4	
5	
6	
7	
8	
9	

2. 小组分工

主要操作人员		协助操作人员	
记录人员		审核人员	

3. 仪器、设备、工具、材料清单

序号	名称	数量
1		
2		
3		
4		
5		
6		
7		
8		
9		
10		

四、任务实施

1. 电感器的检测及判别

检查电感器的引脚是否断裂，磁心是否松动，绝缘材料是否烧焦、破损	是	否
用万用表检测电感器的步骤	检测步骤：	

2. 电容器的检测及判别		
是否可以用万用表的电阻挡直接测量电容器	是	否
用万用表检测电容器的步骤	检测步骤：	
用熔断器简易检测电容器的步骤	检测步骤：	
用电容器电容量检测电容器的步骤	检测步骤：	

五、任务检查

实训老师检查作业结果，并结合实训情况给出措施和建议

序号	评价	结果
1	根据标准进行电感器的检测及判别	
2	根据标准进行电容器的检测及判别	
意见与建议		
评价		

六、任务评价
结合自己在实训过程中的表现，进行自我评价及反思
自我评价：__________ __________ __________ __________ 自我反思：__________ __________ __________ __________

任务工单 12　点火线圈的检测

学院		姓名	
专业		学号	
小组成员		组长姓名	

一、任务描述

某日，在一家汽车维修厂，一位车主反映自己的车辆起动以后，发动机怠速运转的转速比正常的时候高，而且能明显感受到车辆抖动、加速不良，但仪表盘并没有指示灯亮起。经过检查，维修人员发现该车辆的故障为点火线圈故障，于是对其进行了维修。你知道如何检测点火线圈吗？

二、知识要点

1. 点火线圈外部检查：外壳是否__________，型号是否相__________；__________裂损或绝缘物溢出，各接线柱连接是否__________，高压线座孔是否__________，必要时修复。

2. 一次绕组电阻的检测：用万用表测量点火线圈的两个__________接线柱之间的电阻。电阻值为无穷大，则说明一次绕组__________路；电阻值过小，则说明一次绕组__________路。

3. 一次绕组搭铁的检测：使用万用__________挡用万用表测量点火线圈的____________接线柱与____________之间的电阻应为∞，表示正常；若电阻值为 0，则一次线圈有搭铁故障。

4. 二次绕组电阻的检测：用万用表测量点火线圈的____________接线柱与____________接线柱之间的电阻。电阻值为无穷大，则说明二次绕组______________路；电阻值过小，则说明二次绕组__________路。

三、任务计划

1. 制订计划

根据点火线圈在点火系统中的作用，制订检测点火线圈的计划

检测点火线圈的计划

序号	作业项目
1	
2	
3	
4	
5	
6	
7	
8	

2. 小组分工

制定计划人员		检测人员	
记录人员		审核人员	

3. 仪器、设备、工具、材料清单

序号	名称	数量
1		
2		
3		
4		
5		
6		
7		
8		
9		
10		

四、任务实施

1. 准备检测工具

万用表	是	否
待测点火线圈	是	否

2. 点火线圈的检测

点火线圈的外观检测	是	否
一次绕组的电阻检测	是	否
一次绕组的搭铁检测	是	否
二次绕组的电阻检测	是	否

3. 检测结果的分析

根据检测结果，确定故障原因	是	否

五、任务检查

实训老师检查作业结果，并结合实训情况给出措施和建议。

序号	评价	结果
1	根据标准进行点火线圈外观的检测	
2	根据标准进行点火线圈绕组电阻值的检测	
3	根据标准进行点火线圈搭铁情况的检测	
意见与建议		
评价		

六、任务评价
结合自己在检测故障过程中的表现，进行自我评价及反思
自我评价： ______________________________ ______________________________ ______________________________ 自我反思： ______________________________ ______________________________ ______________________________

任务工单 13　电磁式继电器的检测

<table>
<tr><td>学院</td><td></td><td>姓名</td><td></td></tr>
<tr><td>专业</td><td></td><td>学号</td><td></td></tr>
<tr><td>小组成员</td><td></td><td>组长姓名</td><td></td></tr>
<tr><td colspan="4">一、任务描述</td></tr>
<tr><td colspan="4">继电器是自动控制电路中常用的一种元件，动作迅速，反应灵敏。在汽车电路中使用较多，继电器是汽车电路中非常重要的一个部件，它承担着开关电路、保护电路和控制电路的功能。因此，对继电器的检测显得尤为重要。你知道继电器的检测方法吗?</td></tr>
<tr><td colspan="4">二、知识要点</td></tr>
<tr><td colspan="4">1. 外观检查：需要检查继电器的外观是否__________，有无明显变形或磨损。还应检查连接端子是否__________，触点是否干净可靠。
2. 检测继电器线圈电阻（85、86 端）。
将万用表置于 R×100 或 R×1 k 挡，两表笔（不分正、负）接继电器线圈的两个引脚，测量继电器线圈的直流电阻，万用表指针指示应该与该继电器的线圈电阻基本相符。如果指针指示电阻值明显偏小，说明继电器线圈局部__________路。如果指针指示电阻值为零，说明继电器线圈两引脚间__________路。如果指针指示电阻值为无穷大，说明继电器线圈已__________路。以上三种情况均说明该继电器已损坏。
3. 检测触点电阻（30、87 端）。
（1）开路检测：用万用表 R×100 挡检测 87 脚与 30 脚应导通。87 脚与 30 脚间电阻应为 ∞。如检测结果与上述规律不符，说明继电器有问题。
（2）加电检测：如果上述检查无问题，可在 85 与 86 脚间加 12 V 供电，用万用表检查 87 脚与 30 脚应导通。如不符合上述规律，或通电后继电器发热，均说明其已损坏。</td></tr>
<tr><td colspan="4">三、任务计划</td></tr>
<tr><td colspan="4">1. 制订计划
根据继电器的构造和，对继电器制订检测步骤的计划。</td></tr>
<tr><td colspan="4">继电器检测步骤的计划</td></tr>
<tr><td>序号</td><td colspan="3">作业项目</td></tr>
<tr><td>1</td><td colspan="3"></td></tr>
<tr><td>2</td><td colspan="3"></td></tr>
<tr><td>3</td><td colspan="3"></td></tr>
<tr><td>4</td><td colspan="3"></td></tr>
<tr><td>5</td><td colspan="3"></td></tr>
<tr><td>6</td><td colspan="3"></td></tr>
<tr><td>7</td><td colspan="3"></td></tr>
<tr><td>8</td><td colspan="3"></td></tr>
<tr><td colspan="4">2. 小组分工</td></tr>
<tr><td>制定计划人员</td><td></td><td>检测人员</td><td></td></tr>
<tr><td>记录人员</td><td></td><td>审核人员</td><td></td></tr>
</table>

3. 仪器、设备、工具、材料清单

序号	名称	数量
1		
2		
3		
4		
5		
6		
7		
8		
9		
10		

四、任务实施

1. 准备检测继电器的工具

万用表	是	否
导线若干	是	否
电源	是	否
待测继电器	是	否

2. 检测继电器

继电器外观检查	是	否
85、86 端子测量是否正常	是	否
30、87 端子测量是否正常	是	否
给 85、86 端子加电，测量 30、87 是否正常	是	否

3. 检测结果的分析

根据检查结果，判断继电器的好坏	是	否

五、任务检查

实训老师检查作业结果，并结合实训情况给出措施和建议。

序号	评价	结果
1	根据继电器的原理进行继电器的检查	
2	根据检测结果能判断继电器的好坏	
意见与建议		
评价		

六、任务评价
结合自己在检测过程中的表现，进行自我评价及反思
自我评价：____ ____ ____ ____ 自我反思：____ ____ ____ ____

任务工单 14　汽车喇叭电路的连接与故障排除

学院		姓名	
专业		学号	
小组成员		组长姓名	

一、任务描述

随着汽车电子技术的快速发展，汽车喇叭电路技术不断进步，汽车喇叭电路的设计和制造水平不断提高，性能更加优异，安全性更高。你能查阅汽车喇叭电路图，画出简易电路图吗？利用电路的元件进行实物连接？对有故障的喇叭电路进行故障排除？

二、知识要点

1. 检查喇叭接线脚是否________或脱落，然后检查喇叭本身有无问题，用万用表测喇叭的两个接线柱之间的________，一般电阻约 1 Ω。

2. 保险丝可以用万用表的电阻挡测量其电阻值。如果电阻值在 1 Ω 以下，通常表示保险丝是________；如果电阻值在几十欧以上，则可能表示保险丝已经________。还可以目测保险丝中间是否________________。

3. 继电器的检测：85 和 86 表示线圈，用万用表欧姆挡测量 85 与 86 这两个脚是______的。30 和 87 表示开关，用万用表测量，电阻__________，给 85 和 86 这两个脚供电 ，那么 30 和 87 这两个脚就会接通。这样，说明继电器是好的。

4. 检查喇叭按钮触点是否接触__________。

三、任务计划

1. 制订计划

查阅汽车喇叭的控制电路图，根据分析画出电路图，制订汽车喇叭电路连接以及故障排除步骤的计划

汽车喇叭电路的连接与故障排除的计划

序号	作业项目
1	
2	
3	
4	
5	
6	
7	
8	

2. 小组分工

电路连接人员		检测人员	
记录人员		审核人员	

<table>
<tr><td colspan="3">3. 仪器、设备、工具、材料清单</td></tr>
<tr><td>序号</td><td>名称</td><td>数量</td></tr>
<tr><td>1</td><td></td><td></td></tr>
<tr><td>2</td><td></td><td></td></tr>
<tr><td>3</td><td></td><td></td></tr>
<tr><td>4</td><td></td><td></td></tr>
<tr><td>5</td><td></td><td></td></tr>
<tr><td>6</td><td></td><td></td></tr>
<tr><td>7</td><td></td><td></td></tr>
<tr><td>8</td><td></td><td></td></tr>
<tr><td>9</td><td></td><td></td></tr>
<tr><td>10</td><td></td><td></td></tr>
<tr><td colspan="3">四、任务实施</td></tr>
<tr><td colspan="3">1. 准备连接喇叭电路的工具</td></tr>
<tr><td>电源</td><td>是</td><td>否</td></tr>
<tr><td>相应规格的喇叭若干</td><td>是</td><td>否</td></tr>
<tr><td>相应规格的熔断器若干</td><td>是</td><td>否</td></tr>
<tr><td>相应规格的继电器若干</td><td>是</td><td>否</td></tr>
<tr><td>导线若干</td><td>是</td><td>否</td></tr>
<tr><td>喇叭开关若干</td><td>是</td><td>否</td></tr>
<tr><td colspan="3">2. 准备检测喇叭电路的工具</td></tr>
<tr><td>万用表</td><td>是</td><td>否</td></tr>
<tr><td colspan="3">3. 喇叭电路的检测</td></tr>
<tr><td>喇叭的检测</td><td>是</td><td>否</td></tr>
<tr><td>熔断器的检测</td><td>是</td><td>否</td></tr>
<tr><td>继电器的检测</td><td>是</td><td>否</td></tr>
<tr><td>喇叭开关的检测</td><td>是</td><td>否</td></tr>
<tr><td colspan="3">4. 故障排除后喇叭电路的测试</td></tr>
<tr><td>查看喇叭正常发声</td><td>是</td><td>否</td></tr>
<tr><td colspan="3">五、任务检查</td></tr>
<tr><td colspan="3">实训老师检查作业结果，并结合实训情况给出措施和建议</td></tr>
</table>

序号	评价	结果
1	能画出简易的喇叭电路图	
2	根据电路图将实物进行连接	
3	根据标准进行喇叭、熔断器、继电器、喇叭开关的检测	
4	根据检测结果排除故障	
意见与建议		
评价		

六、任务评价

结合自己在连接电路和检测元件过程中的表现，进行自我评价及反思

自我评价：________________________________

____

____

____

自我反思：________________________________

____

____

____

任务工单 15　汽车执行器与控制

学院		姓名	
专业		学号	
小组成员		组长姓名	

一、任务描述

三极管在汽车上的应用非常广泛，在汽车电子电路中，主要应用三极管的开关作用，ECU 通过控制三极管的基极控制三极管截止或者饱和导通实现对某个执行元件的控制。作为新能源汽车专业方向的学生，你知道如何对三极管进行判断吗？

二、知识要点

1. ____________，全称应为半导体三极管，也称双极型晶体管、晶体三极管，是一种控制电流的半导体器件。其作用是把微弱信号放大成幅度值较大的电信号，也用作____________。

2. 三极管是在一块半导体基片上制作两个相距很近的 PN 结，两个 PN 结把整块半导体分成三部分，中间部分是_______，两侧部分是_______和_______，排列方式有________和________两种。

3. 三极管的核心是___________，是两个背对背的___________，可以是 NPN 组合，也可以是 PNP 组合。

4. 与三个引脚相连的三片半导体即为“三区”：__________、___________和__________。

5. PN 结导通时，电流从_____________区流向______________区。

6. 对于硅三极管而言，其发射结的正向偏压值约为____________伏特。

7. 晶体管开关电路果按驱动能力分为_________电路和__________电路。

三、任务计划

1. 制订计划

根据三极管的基本特性，制订三极管检测的准备计划

三极管检测准备计划	
序号	作业项目
1	
2	
3	
4	
5	
6	
7	
8	

2. 小组分工

主要操作人员		协助操作人员	
记录人员		审核人员	

3. 仪器、设备、工具、材料清单

序号	名称	数量
1		
2		
3		
4		
5		
6		
7		
8		
9		
10		

四、任务实施

1. 准备工位

检测工位是否干净整洁	是	否
是否有无关金属物品和易燃物品	是	否
工位旁边是否有防护用品	是	否

2. 准备工具

万用表	是	否
镊子	是	否
手套	是	否

3. 准备测试部件

PNP 型三极管（好坏各一个）	是	否
NPN 型三极管（好坏各一个）	是	否

五、任务检查

实训老师检查作业结果，并结合实训情况给出措施和建议

序号	评价	结果
1	根据标准判断三极管的好坏	
2	根据标准判断三极管的极性	
3	根据标准判断三极管是 PNP 还是 NPN 型	
意见与建议		
评价		

六、任务评价
结合自己在实训过程中的表现，进行自我评价及反思
自我评价：____ ____ ____ ____ 自我反思：____ ____ ____ ____

任务工单 16　新能源汽车电力电子元件

学院		姓名	
专业		学号	
小组成员		组长姓名	

一、任务描述

随着全球对环境保护和可持续发展的重视，新能源汽车产业迅速崛起。电力电子元件作为新能源汽车动力系统的关键组成部分，对于提高车辆性能、能源效率和可靠性起着至关重要的作用。

二、知识要点

1. 新能源汽车中，____________是一种常用的功率半导体器件，广泛应用于电机驱动系统。

2. 电力电子元件在新能源汽车的____________中起到了关键的作用，有助于提高电池的使用寿命和性能。

3. ____________具有开关速度快、输入阻抗高的特点，在新能源汽车的某些低功率电路中有所应用。

4. 新能源汽车的车载充电器中，通常会用到____________来实现交流到直流的转换。

5. 电力电子元件的____________直接影响其在新能源汽车工作环境中的可靠性和稳定性。

6. ______________在新能源汽车的电力电子电路中常用于滤波和储能。

7. 新能源汽车的电机驱动系统中，____________负责精确控制电力电子元件的工作状态。

8. ____________在新能源汽车的电力变换电路中能够起到平滑电流、抑制电磁干扰的作用。

9. 随着技术的发展，____________等新型半导体材料在新能源汽车电力电子元件中的应用逐渐增多。

10. 新能源汽车电力电子元件的选型需要综合考虑____________、工作电流、开关频率等参数。

11. 简述新能源汽车中电力电子元件的主要作用。

____

____

____

____

12. 列举几种常见的新能源汽车电力电子元件，并说明其特点。

____

____

____

____

三、任务检查

实训老师检查作业结果，并结合实训情况给出措施和建议

意见与建议	

评价	
四、任务评价	
结合自己在实训过程中的表现，进行自我评价及反思	

自我评价：____

____

____

____

自我反思：____

____

____

____

任务工单 17　新能源汽车常用变换电路

学院		姓名	
专业		学号	
小组成员		组长姓名	

一、任务描述

新能源汽车中的变换电路在电能转换、能量管理、电气系统稳定和安全等方面发挥着至关重要的作用，是实现新能源汽车高性能、高可靠性和高效运行的关键技术之一。

二、知识要点

1. 新能源汽车中，__________________ 用于实现不同电压等级直流电之间的转换。

2. ____________________ 是将直流电转换为交流电，以驱动新能源汽车的电机运转。

3. 在新能源汽车的电源系统中，______________能够降低输入电压，为车内低压设备供电。

4. 新能源汽车的变换电路需要具备高效的__________________和良好的______________。

5.__________________ 是新能源汽车中实现直流电到交流电转换的核心部分，其性能直接影响车辆的动力输出。

6. 新能源汽车的充电系统中常采用_______________将交流电转换为直流电。

7. ____________________在新能源汽车中可提高电压，以满足特定部件的工作要求。

8. 新能源汽车的变换电路要能应对复杂的____________和_______________。

9. __________________是构成新能源汽车变换电路的关键元件之一。

10. 为了提高新能源汽车的续航里程，变换电路需要优化____________和_____________ 。

11. 请简述新能源汽车中 DC-DC 变换电路的主要类型及各自特点。

____

____

____

____

12. 解释新能源汽车中 DC-AC 变换电路（逆变电路）的基本工作原理。

____

____

____

____

三、任务计划

1. 制订计划

对新能源汽车中的 DC-DC 变换电路进行检测、维护和故障排除，确保其正常运行

<table>
<tr><td colspan="4">新能源汽车 DC-DC 变换电路进行检测、维护和故障排除计划</td></tr>
<tr><td>序号</td><td colspan="3">作业项目</td></tr>
<tr><td>1</td><td colspan="3"></td></tr>
<tr><td>2</td><td colspan="3"></td></tr>
<tr><td>3</td><td colspan="3"></td></tr>
<tr><td>4</td><td colspan="3"></td></tr>
<tr><td>5</td><td colspan="3"></td></tr>
<tr><td>6</td><td colspan="3"></td></tr>
<tr><td>7</td><td colspan="3"></td></tr>
<tr><td>8</td><td colspan="3"></td></tr>
<tr><td colspan="4">2. 小组分工</td></tr>
<tr><td>主要操作人员</td><td></td><td>协助操作人员</td><td></td></tr>
<tr><td>记录人员</td><td></td><td>审核人员</td><td></td></tr>
<tr><td colspan="4">3. 仪器、设备、工具、材料清单</td></tr>
<tr><td>序号</td><td colspan="2">名称</td><td>数量</td></tr>
<tr><td>1</td><td colspan="2"></td><td></td></tr>
<tr><td>2</td><td colspan="2"></td><td></td></tr>
<tr><td>3</td><td colspan="2"></td><td></td></tr>
<tr><td>4</td><td colspan="2"></td><td></td></tr>
<tr><td>5</td><td colspan="2"></td><td></td></tr>
<tr><td>6</td><td colspan="2"></td><td></td></tr>
<tr><td>7</td><td colspan="2"></td><td></td></tr>
<tr><td>8</td><td colspan="2"></td><td></td></tr>
<tr><td>9</td><td colspan="2"></td><td></td></tr>
<tr><td>10</td><td colspan="2"></td><td></td></tr>
<tr><td colspan="4">四、任务实施</td></tr>
<tr><td colspan="4">DC-DC 变换电路操作</td></tr>
<tr><td colspan="4">1. 外观检查</td></tr>
<tr><td colspan="2">检查 DC-DC 变换电路的外壳是否有损坏、变形或腐蚀</td><td>是</td><td>否</td></tr>
<tr><td colspan="2">查看接线端子是否松动、氧化或有烧蚀痕迹</td><td>是</td><td>否</td></tr>
<tr><td colspan="4">2. 电气参数测量</td></tr>
<tr><td colspan="2">使用数字万用表测量输入和输出电压，与规定值进行比较，判断是否正常</td><td>是</td><td>否</td></tr>
<tr><td colspan="2">测量输入和输出电流，检查是否在允许范围内</td><td>是</td><td>否</td></tr>
</table>

测量电路的内阻，评估其性能		
3. 波形检测		
用示波器检测输入和输出电压的波形，观察是否存在失真、纹波过大等异常	是	否
检查开关管的驱动信号波形，确保其正常。	是	否
4. 元件检测		
对关键元件（如 IGBT、二极管、电容、电感等）进行在线或离线检测，判断其是否损坏	是	否
检查散热片的温度，确保散热良好	是	否
5. 故障排除		
故障排除过程描述：		

五、任务检查		
实训老师检查作业结果，并结合实训情况给出措施和建议		
序号	评价	结果
1	根据标准进行维修工位的检查和设置	
2	根据标准进行操作过程安全标准的检查	
意见与建议		
评价		

六、任务评价

结合自己在实训过程中的表现，进行自我评价及反思

自我评价：________________________________

____

____

____

自我反思：________________________________

____

____

____

任务工单 18　数制、编码及常用基本门电路

学院		姓名	
专业		学号	
小组成员		组长姓名	

一、任务描述

1. 理解并掌握不同数制之间的转换方法。
2. 熟悉常见的编码方式及其应用。
3. 掌握常用基本门电路（与门、或门、非门、与非门、或非门、异或门、同或门）的逻辑功能和符号表示

二、知识要点

1. 十进制数 15 转换为二进制是________。
2. 二进制数 1010 转换为十进制是________。
3. 八进制数 27 转换为十六进制是________。
4. ASCII 码中，大写字母 A 的编码是________。
5. 8421 BCD 码中，十进制数 9 的编码是________。
6. 与门的逻辑表达式是________。
7. 或门的逻辑表达式是________。
8. 非门的逻辑表达式是________。
9. 与非门的逻辑表达式是________。
10. 或非门的逻辑表达式是________。
11. 异或门的逻辑表达式是________。
12. 同或门的逻辑表达式是________。
13. 为什么计算机中通常采用二进制数进行运算和存储？

____

14. 阐述 BCD 码的用途，并将十进制数 27 转换为 8421 BCD 码。

____

15. 列出与门、或门、非门各门电路的真值表。

____

三、任务检查	
实训老师检查作业结果，并结合实际情况给出措施和建议。	
意见与建议	
评价	

四、任务评价
结合自己在过程中的表现，进行自我评价及反思
自我评价：   自我反思：

任务工单19　组合逻辑电路及其在汽车上的应用

学院		姓名	
专业		学号	
小组成员		组长姓名	

一、任务描述

1. 深入学习组合逻辑电路的概念、特点和基本组成部分。

2. 掌握常见的组合逻辑电路类型，如加法器、编码器、译码器、数据选择器和数据分配器等的工作原理和逻辑功能。

3. 熟练运用逻辑代数方法进行组合逻辑电路的分析和设计。

二、知识要点

1. 组合逻辑电路的输出仅仅取决于______________的状态，与电路原来的状态无关。

2. 常见的组合逻辑电路有______________、______________、______________等。

3. 汽车中的电子节气门控制系统通常使用______________组合逻辑电路来实现。

4. 在组合逻辑电路中，消除竞争冒险的方法有______________、______________等。

5. 判断以下问题的对错。

（1）组合逻辑电路中存在反馈回路。(　　)

（2）汽车的雨刮器速度控制是通过组合逻辑电路实现的。(　　)

（3）组合逻辑电路可以实现对数据的存储功能。(　　)

（4）在汽车的电子点火系统中，判断点火时刻的电路属于组合逻辑电路。(　　)

6. 简述组合逻辑电路的特点。

____

____

____

____

7. 举例说明组合逻辑电路在汽车发动机控制系统中的应用，并说明其工作原理。

____

____

____

____

8. 汽车的安全气囊系统中，哪些部分可能用到组合逻辑电路？为什么？

____

____

____

____

____

____

三、任务检查	
实训老师检查作业结果，并结合实际情况给出措施和建议	
意见与建议	
评价	
四、任务评价	
结合自己在过程中的表现，进行自我评价及反思	
自我评价：____ ____ ____ ____ 自我反思：____ ____ ____ ____	

任务工单 20　触发器、时序逻辑电路、555 定时器及其在汽车上的应用

学院		姓名	
专业		学号	
小组成员		组长姓名	

一、任务描述

1. 深入学习触发器（如 SR 触发器、JK 触发器、D 触发器等）的工作原理、特性和功能。
2. 掌握时序逻辑电路（如计数器、寄存器、移位寄存器等）的构成、工作方式和逻辑分析方法。
3. 熟悉 555 定时器的内部结构、工作模式（如单稳态、多谐振荡器、施密特触发器）及其特点

二、知识要点

1. 常见的触发器有____________触发器、____________触发器和____________触发器。
2. 时序逻辑电路的特点是其输出不仅取决于____________，还取决于____________。
3. 555 定时器可以构成____________、____________和____________三种基本电路。
4. 在汽车电子系统中，____________触发器常用于存储故障代码。
5. 汽车的里程计数通常由____________逻辑电路实现。
6. 555 定时器构成的____________电路可用于汽车的报警系统。
7. 时序逻辑电路中的计数器按计数进制可分为____________计数器、____________计数器和____________计数器。
8. 汽车发动机的点火控制可能用到____________逻辑电路。
9. 555 定时器构成的____________电路能够产生一定频率的脉冲信号，用于汽车传感器的驱动。
10. ____________触发器具有置 0、置 1、保持和翻转功能。
11. 简述D触发器的工作原理及其在汽车电子中的一个应用实例。

12. 请说明 JK 触发器的逻辑功能，以及它如何在汽车的控制系统中发挥作用？

13. 555 定时器构成的多谐振荡器有什么特点？在汽车电子设备中可以有哪些应用？

14. 解释 555 定时器构成的施密特触发器的工作特性，以及它在汽车信号处理中的优势。

____

____

____

____

____

____

三、任务检查

实训老师检查作业结果，并结合实际情况给出措施和建议

意见与建议	
评价	

四、任务评价

结合自己在过程中的表现，进行自我评价及反思。

自我评价：______________________________

____

____

____

自我反思：______________________________

____

____

____

任务工单 21　电动车窗升降器实训

<table>
<tr><td>学院</td><td></td><td>姓名</td><td></td></tr>
<tr><td>专业</td><td></td><td>学号</td><td></td></tr>
<tr><td>小组成员</td><td></td><td>组长姓名</td><td></td></tr>
<tr><td colspan="4">一、任务描述</td></tr>
<tr><td colspan="4">电动机在汽车当中应用广泛，大到驱动电机，小到电动车窗升降器电机，其本质都是相似的。作为新能源汽车专业方向的学生，你知道如何分析电工车窗升降器的工作电路吗？</td></tr>
<tr><td colspan="4">二、知识要点</td></tr>
<tr><td colspan="4">1. ________是根据电磁感应原理实现电能与机械能之间相互转换的一种能量转换装置。
2. 旋转电机分为__________、_________、__________。
3. 控制电机包括_________、__________、__________、__________、__________。
4. 功率电机包括__________和___________，交流电机分为___________和_________。直流电机分为__________和__________。
5. 常说的直流电机就是指有刷直流电机，有刷电机采用_______换向，磁极不动，线圈旋转。无刷电机采取电子_______换向，线圈不动，磁极旋转，无刷直流电机由电动机主体和_______组成。
6. 直流电动机由_______和_______两部分组成，定子的主要作用是产生气隙磁场，由主磁极、换向极、机座和电刷装置组成。转子是直流电动机的转动部分，俗称电枢。
7. 由励磁绕组形成磁场的直流电动机，根据励磁绕组和电枢绕组的连接方式的不同，一般分为_________、_________、_________、_________。
8. 直流电动机的起动方式主要包括___________、___________、_________。
9. 汽车起动机主要包括三部分，分别是_________、_________、_________。
10. 电动车窗系统包括四部分，分别是_________ 、_________、_________和控制开关等组成。</td></tr>
<tr><td colspan="4">三、任务计划</td></tr>
<tr><td colspan="4">1. 制订计划
根据吉利 EV300 车型电动车窗升降器的基本知识，制订汽车电动门窗升降器实训的准备计划。</td></tr>
<tr><td colspan="4">汽车电动门窗升降器实训计划</td></tr>
<tr><td>序号</td><td colspan="3">作业项目</td></tr>
<tr><td>1</td><td colspan="3"></td></tr>
<tr><td>2</td><td colspan="3"></td></tr>
<tr><td>3</td><td colspan="3"></td></tr>
<tr><td>4</td><td colspan="3"></td></tr>
<tr><td>5</td><td colspan="3"></td></tr>
<tr><td>6</td><td colspan="3"></td></tr>
<tr><td>7</td><td colspan="3"></td></tr>
<tr><td>8</td><td colspan="3"></td></tr>
</table>

<table>
<tr><td colspan="4">2. 小组分工</td></tr>
<tr><td>主要操作人员</td><td></td><td>协助操作人员</td><td></td></tr>
<tr><td>记录人员</td><td></td><td>审核人员</td><td></td></tr>
<tr><td colspan="4">3. 仪器、设备、工具、材料清单</td></tr>
<tr><td>序号</td><td colspan="2">名称</td><td>数量</td></tr>
<tr><td>1</td><td colspan="2"></td><td></td></tr>
<tr><td>2</td><td colspan="2"></td><td></td></tr>
<tr><td>3</td><td colspan="2"></td><td></td></tr>
<tr><td>4</td><td colspan="2"></td><td></td></tr>
<tr><td>5</td><td colspan="2"></td><td></td></tr>
<tr><td>6</td><td colspan="2"></td><td></td></tr>
<tr><td>7</td><td colspan="2"></td><td></td></tr>
<tr><td>8</td><td colspan="2"></td><td></td></tr>
<tr><td>9</td><td colspan="2"></td><td></td></tr>
<tr><td>10</td><td colspan="2"></td><td></td></tr>
<tr><td colspan="4">四、任务实施</td></tr>
<tr><td colspan="4">1. 准备维修工位</td></tr>
<tr><td colspan="2">维修工位干净整洁</td><td>是</td><td>否</td></tr>
<tr><td colspan="2">是否设置隔离带和警告牌</td><td>是</td><td>否</td></tr>
<tr><td colspan="2">是否有无关金属物品和易燃物品</td><td>是</td><td>否</td></tr>
<tr><td colspan="2">工位旁边是否有防护用品</td><td>是</td><td>否</td></tr>
<tr><td colspan="2">工位下是否垫好绝缘垫</td><td>是</td><td>否</td></tr>
<tr><td colspan="4">2. 防护工具准备</td></tr>
<tr><td colspan="2">绝缘垫</td><td>是</td><td>否</td></tr>
<tr><td colspan="2">防静电工装</td><td>是</td><td>否</td></tr>
<tr><td colspan="2">绝缘手套</td><td>是</td><td>否</td></tr>
<tr><td colspan="2">绝缘头盔</td><td>是</td><td>否</td></tr>
<tr><td colspan="2">护目镜</td><td>是</td><td>否</td></tr>
<tr><td colspan="2">绝缘鞋</td><td>是</td><td>否</td></tr>
<tr><td colspan="2">防护服</td><td>是</td><td>否</td></tr>
<tr><td colspan="4">3. 绝缘工具准备</td></tr>
<tr><td colspan="2">绝缘工具套装</td><td>是</td><td>否</td></tr>
<tr><td colspan="4">五、任务检查</td></tr>
<tr><td colspan="4">实训老师检查作业结果，并结合实训情况给出措施和建议</td></tr>
</table>

序号	评价	结果
1	根据标准进行维修工位的检查和设置	
2	根据标准进行维修工具的检查和准备	
3	根据标准进行汽车电动升降器电路分析准备	
意见与建议		
评价		

六、任务评价

结合自己在实训过程中的表现，进行自我评价及反思

自我评价：____

____

____

____

自我反思：____

____

____

____

务实扬华　交通天下

Https ://www.xnjdcbs.com

策划编辑：陈斌　余崇波

责任编辑：余崇波

封面设计：GT工作室

交大e出版
微信购书|数字资源

官方天猫店
上天猫　买正版

ISBN 978-7-5774-0258-1

9 787577 402581

套价（全2册）：68.00元

4. 安培分子电流假说

导体中的电流是由大量的自由电子的定向移动而形成的，而电流的周围又有磁场，所以电流的磁场应该是由于电荷的运动产生的。安培提出在磁体中分子、原子存在着一种环形电流——分子电流，分子电流使每个物质微粒都成为微小的磁体。磁体的分子电流的取向大致相同时，对外显磁性；磁体的分子电流取向杂乱无章时，对外不显磁性。根据物质的微观结构理论，微粒原子由原子核和核外电子组成，原子核带正电，核外电子带负电，电子在库仑力的作用下，绕核高速旋转，形成分子电流。假说的意义在于其揭示了电与磁之间的联系。

5. 安培力与洛伦兹力

磁体之间通过磁场传递磁力。电流周围也存在磁场，所以磁场对电流（运动电荷）也有作用力，即安培力（洛仑兹力）。

1）安培力

安培力是通电导线在磁场中受到的作用力，即磁场对电流的作用力。

电流强度为 I 的长度为 L 的直导线，置于磁感应强度为 B 的均匀磁场中，则导线受到的安培力的大小为：

$$F=BIL\sin\alpha \tag{7-1}$$

式中，α 为导线中的电流 I 方向与磁感应强度 B 方向之间的夹角，F、L、I 及 B 的单位分别为 N、m、A 及 T。

安培力的方向可以通过左手定则来判断：伸开左手，使拇指与其余四指垂直，拇指和四指在同一平面内，让磁感线垂直从手心穿过，四指所指的方向为导线中的电流方向，拇指所指的方向为通电导线受到磁场作用力的方向，如图 7-1 所示。

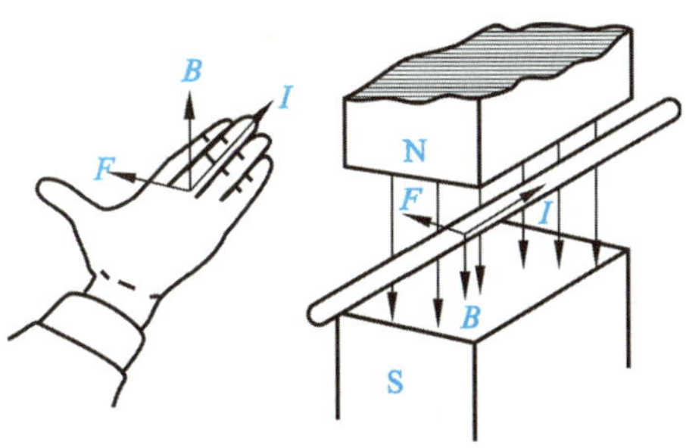

图 7-1　左手定则判断安培力

当电流和磁场垂直时，安培力达到最大值；而当电流和磁场平行时，安培力为零。这一规律为我们解释电流在磁场中的运动提供了重要的依据。

安培力在许多实际应用中发挥着重要的作用。例如，电动机、发电机和变压器等电气设备都是基于安培力的工作原理。此外，MRI（磁共振成像）技术也是利用安培力来实现对人体内部结构的图像获取。

2）洛伦兹力

安培力的实质是形成电流的定向移动的电荷所受磁场作用力的合力。磁场对运动电荷的作用力，叫作洛仑兹力。

洛伦兹力是运动电荷在磁场中所受到的力。它是由电荷的运动状态和磁场的作用相互耦合产生的。

带电粒子定向移动的速度为 v，单位体积内的粒子数 n，电流的微观表达式为 $I=nqvS$，带入安培力的公式，则安培力为

$$F=BIL\sin\alpha=BnqvSL\sin\alpha=NBqv\sin\alpha \tag{7-2}$$

SL 为受安培力作用的那段导线的体积，nSL 为其中的自由电荷的总数 N，每个自由电荷的电量为 q，运动速度为 v，即 F（安培力）$=Nf$（f 是洛伦兹力），则磁场对每个自由电荷的作用力为 $f=Bqv\sin\alpha$。

洛伦兹力的方向也可以用左手定则来判断：伸开手掌，使拇指与其余四指垂直，拇指和四指在同一平面内，让磁感线穿过手心，四指指向为正电荷运动的方向，拇指方向就是正电荷受洛伦兹力的方向，如图 7-2 所示。

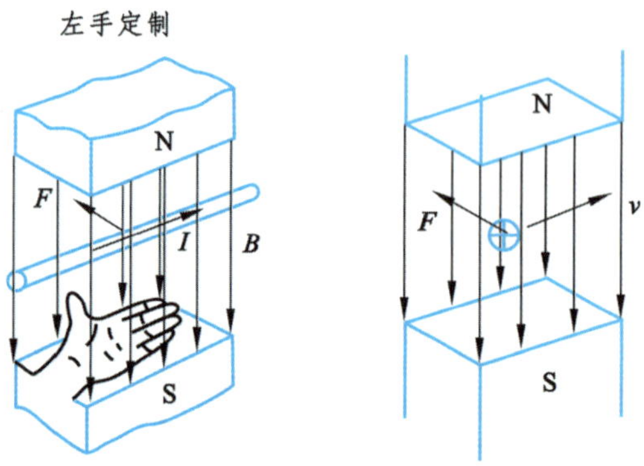

图 7-2　左手定则判断洛伦兹力

注意：洛仑兹力一定垂直于 B 和 v 所决定的平面（因为它由 B、v 决定）即 $f_{洛}\perp B$ 且 $f_{洛}\perp v$；但是 B 与 v 不一定垂直（因为它们由自身决定）。

洛伦兹力在许多领域都有着广泛的应用。在现代物理学中，加速器通过电磁铁产生磁场，通过对带电粒子施加洛伦兹力来加速粒子。在药物输送和生物学研究中，利用洛伦兹力可以对带电颗粒进行操控和定位。

洛伦兹力是磁场对单个运动电荷的作用力，安培力是磁场对通电导线的作用力，两者的研究对象是不同的。安培力是洛伦兹力的宏观表现，洛伦兹力是安培力的微观实质。但也不能认为安培力就简单地等于所有定向移动电荷所受洛伦兹力的和，一般只有当导体静止时才能这样认为。

（二）磁感线

磁场是一种看不见摸不着的但是客观存在的物质。为了更加形象地描述磁场，引入了磁感线。

磁感线是在磁场中画出的一些有方向的曲线，这些曲线上每一点的切线方向就是该点的磁场方向，其疏密程度表示磁场强弱。这些磁场中人为引入且能形象地描绘磁场分布的曲线叫作磁感线，又叫磁力线。

1. 常见的磁感线

1）磁体的磁感线

在磁体周围均匀撒上许多小铁屑，小铁屑在磁体周围被磁化后相当于一个个小磁针，小铁屑会形成一条条的曲线，在磁体周围有规则地排列，说明磁体周围存在磁场，小铁屑受到了磁场的作用力，才会有规则地排列。小铁屑排列的曲线可以模拟磁感线的形状、强弱。不同磁体的磁感线如图 7-3 所示

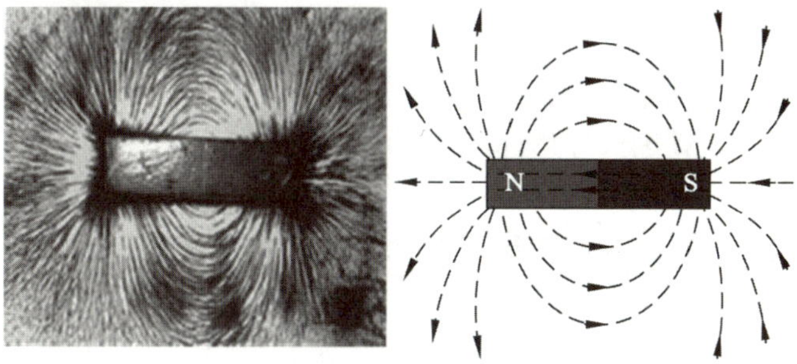

（a）条形磁体

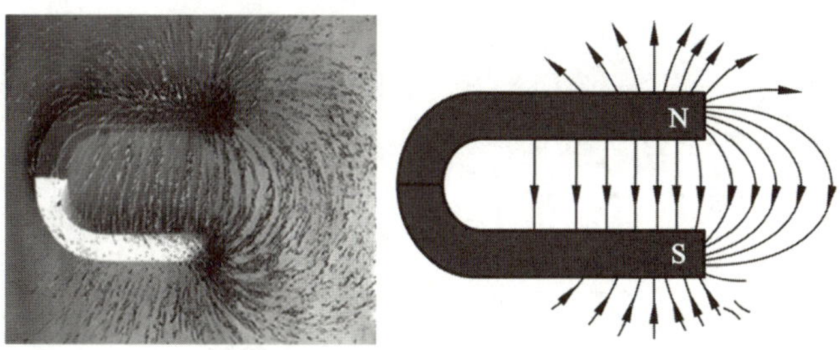

（b）蹄形磁体

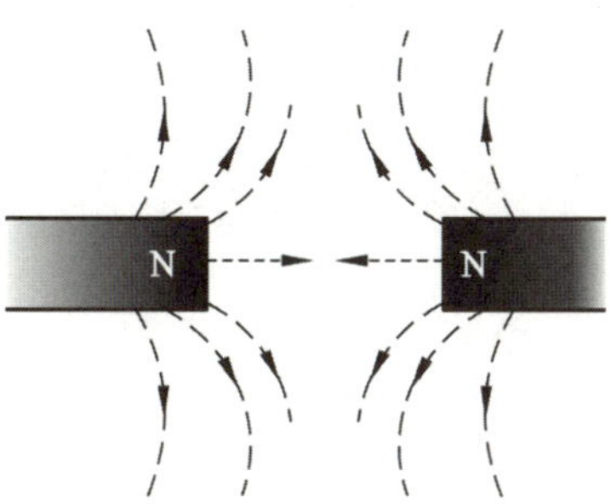

（c）同名磁极

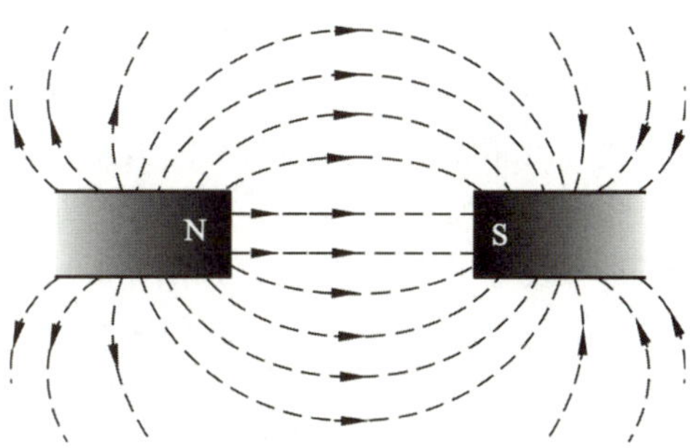

（d）异名磁极

图 7-3　不同磁体的磁感线

2）电流周围的磁场

（1）通电直导线的磁场。

通电直导线的磁场是以导线为中心的无数个同心圆，分布在垂直于导线的平面上，且越靠近导线的地方数量越多，磁感线的形状与分布如图 7-4 所示。

通电直导线周围磁场的磁感线方向与电流方向之间的关系可以用安培定则（右手螺旋定则）来判定：用右手握住直导线，让伸直的拇指所指的方向跟电流方向一致，弯曲的四指所指的方向就是通电导线周围磁场的方向，如图 7-4 所示。

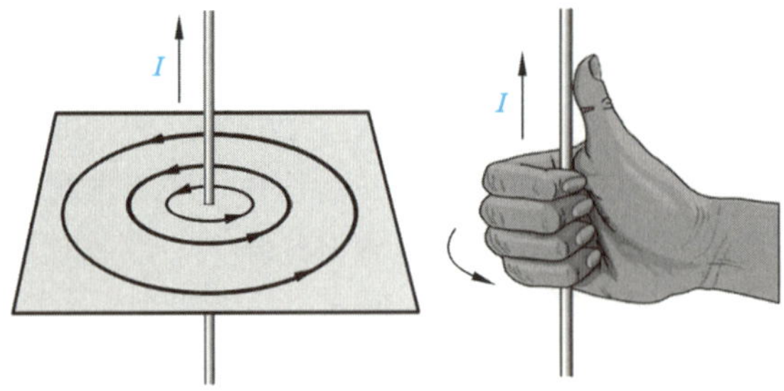

图 7-4　通电直导线周围磁场的磁感线

（2）环形电流的磁场。

流过环形导线的电流简称环形电流，从环形电流磁场的磁感线分布可以看出，环形电流的磁感线是一系列围绕环形导线的闭合曲线。在环形导线的中心轴上，磁感线和环形导线平面垂直。

研究环形电流的磁场时，我们主要关心圆环轴上各点的磁场方向，这也可以用安培定则（右手螺旋定则）来判定：让右手弯曲的四指和环形电流的方向一致，伸直的拇指所指的方向就是圆环的轴线上磁感线的方向，如图 7-5 所示。

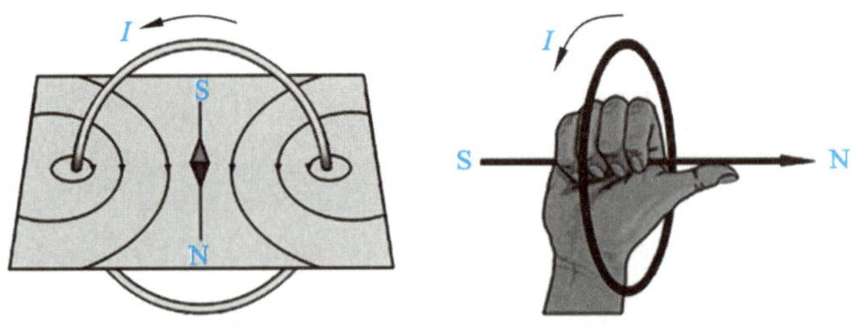

图 7-5　环形电流的磁场的磁感线

（3）通电螺线管的磁场

把导线一圈圈地绕在空心圆筒上制成螺线管，通电螺线管可以看成是放在一起的许多通电环形导线。通电后，由于每匝线圈产生的磁场相互叠加，因而内部能产生较强的磁场。通电螺线管的磁场与条形磁体相似，一端为 N 极，一端为 S 极。

通电螺线管磁感线的方向与电流的关系也可以用安培定则（右手螺旋定则）来判定：用右手握住螺线管，让弯曲的四指所指的方向跟电流的方向一致，伸直的拇指所指的方向就是螺线管内部磁感线方向，即 N 极，如图 7-6 所示。

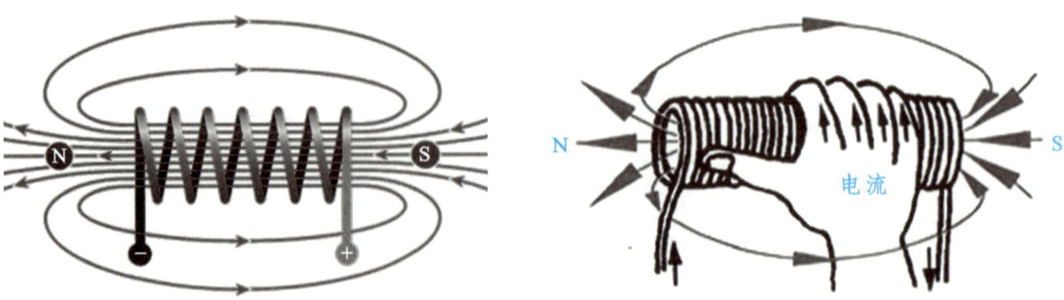

图 7-6　通电螺线管的磁感线

通电螺线管插入铁心后磁场大大增强。内部插入铁心的通电螺线管称为电磁铁。有无磁性是通过通电和断电来控制的；磁极是通过电流的方向来控制的；磁性的强弱是通过电流的大小、线圈的数量来控制的。

3）匀强磁场的磁感线

在磁场的某个区域内，如果各点的磁感应强度大小和方向都相同，这个区域内的磁场叫作匀强磁场。磁感线分布特点：间距相同的平行直线。

距离很近的两个异形磁极之间的磁场，除边缘部分外可以认为是匀强磁场；相隔一定距离的两个平行放置的线圈通电时，其中间区域的磁场也是匀强磁场，如图 7-7 所示。

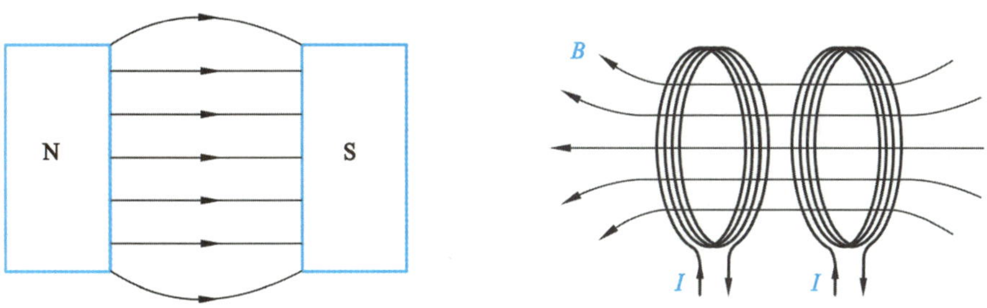

图 7-7　匀强磁场的磁感线

4）地磁场的磁感线

地球本身是一个磁体，附近存在的磁场叫地磁场。地磁的南极在地球北极附近，地磁的北极在地球的南极附近。

地磁体周围的磁场分布与条形磁体周围的磁场分布情况相似。放在地球周围的指南针静止时能够指南北，就是受到了地磁场作用的结果。

地球的地理两极与地磁两极并不重合，磁针并非准确地指南或指北，其间有一个夹角，叫地磁偏角，简称磁偏角，如图 7-8 所示。

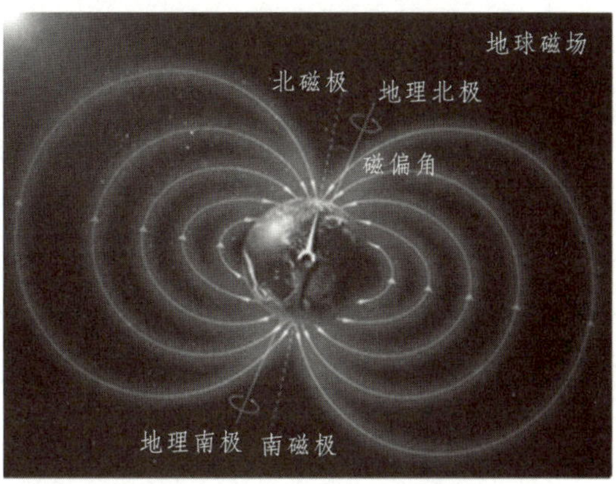

图 7-8　地磁场的磁感线

2. 磁感线的特点

通过常见的磁感线的分布情况，其特点如下：

（1）磁感线是不存在的。磁感线是为了描述磁场的分布情况而假想的一些曲线，是一种物理模型。

（2）磁感线是闭合的曲线，有无数条，任何两条磁感线是不会相交的。

（3）磁体周围的磁感线都是从 N 极出来进入 S 极，在磁体内部磁感线从 S 极到 N 极。

（4）磁感线上任一点的切线方向为磁感线的方向，也就是该点的磁场方向，也就是小磁针静止时北极所指的方向。

（5）磁感线的疏密程度表示磁场的强弱。磁感线越密的地方磁性越强，磁感线越疏的地方磁性越弱。

（三）磁场的基本物理量

1. 磁通 Φ

定义：设在磁感应强度为 B 的匀强磁场中，有一个面积为 S 且与磁场方向垂直的平面，如图 7-9 所示，磁感应强度 B 与面积 S 的乘积，叫作穿过这个平面的磁通量，简称磁通，单位是韦伯（Wb）。表达式为

$$\Phi=BS \tag{7-3}$$

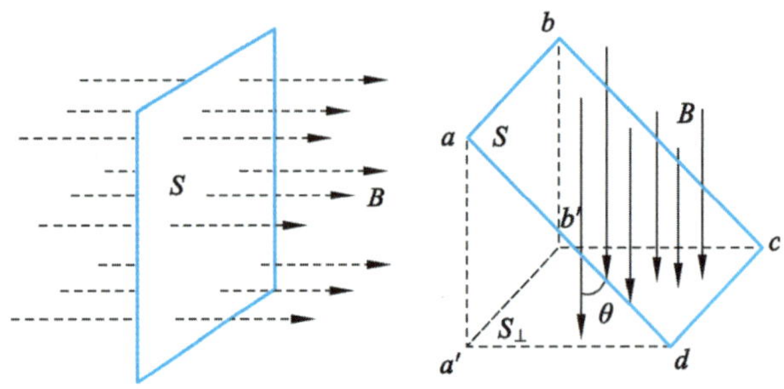

图 7-9　磁通

当 B 与 S 之间的夹角为 θ 时，则磁通可以表示为磁感应强度 B 与投影面积 $S_{\perp}$乘积，即

$$\Phi=BS_{\perp}=BS\sin\theta \tag{7-4}$$

磁通是标量，但有正负，正负仅代表穿向。

磁通的意义可以用磁感线形象地加以说明。我们知道在同一磁场中，磁感线越密的地方，也就是穿过单位面积的磁感线条数越多的地方，磁感应强度 B 越大。因此，B 越大，S 越大，穿过这个面的磁感线净条数就越多，磁通就越大。过一个平面若有方向相反的两个磁通，这时的合磁通为相反方向磁通的代数和（即相反合磁通抵消以后剩余的磁通）。磁通密度是通过垂直于磁场方向的单位面积的磁通，它等于该处磁场磁感应强度的大小 B。磁通密度精确地描述了磁感线的疏密。

2. 磁感应强度 B

磁感应强度是描述磁场强弱和方向的基本物理量，是矢量。磁感应强度大表示磁场强；磁感应强度小，表示磁场弱。磁场中某点的磁感应强度 B 的方向即为该点的磁场方向。在国际单位制（SI）中，磁感应强度的单位是特斯拉，简称特（T）。

在匀强磁场中，磁感应强度与磁通的关系可以用公式表示为

$$B=\Phi/S \tag{7-5}$$

与磁场方向垂直的单位面积上的磁通，叫作磁感应强度，也称为磁通密度。

B 在数值上等于垂直于磁场方向长 1 m、电流为 1 A 的导线所受磁场力的大小。

$$B=F/IL \tag{7-6}$$

注：磁场中某点的磁感应强度 B 是客观存在的，与是否放置通电导线、导线通电大小、导线长短、导线是否受力无关。

3. 磁导率 μ

磁导率是表征媒介质磁化性质的物理量，也是用来衡量物质导磁能力的物理量。

如图 7-10 所示一直导体，通电后在导体周围产生磁场，在导体附近一处 x 点的磁感应强度 B 与导体中的电流 I 及 x 点所处空间几何位置、磁介质 μ 有关。公式为

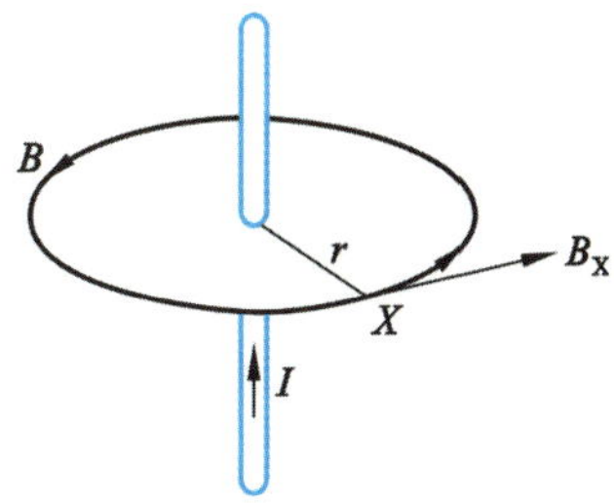

图 7-10　直导体周围的磁场

$$B_x = \mu \frac{I}{2\pi r} \tag{7-7}$$

由此式可知磁导率 μ 越大，在同样的导体电流和几何位置下，磁场越强，磁感应强度 B 越大，磁介质的导磁性能越好。

磁导率又叫磁导系数，它表示了材料磁化的难易程度，单位是亨/米（H/m），不同的媒介质，磁导率是不同的。真空的磁导率表示真空中磁场传导的能力，在国际单位制（SI）中，真空磁导率的值为 $\mu_0=4\pi\times10^{-7}$H/m。

在实际应用中，人们并没有直接给出各种媒介质的磁导率，而是给出了任一媒介质的磁导率与真空的磁导率的比值，称为相对磁导率 μ_r。为了方便不同物质间磁导率的比较，任何一种物质的磁导率 μ 与真空的磁导率 μ_0 的比值，称为该物质的相对磁导率 μ_r。即

$$\mu_r = \frac{\mu}{\mu_0} \tag{7-8}$$

根据磁导率的大小，可以把物质分为抗磁性物质、顺磁性物质和铁磁性（包括亚铁磁性）物质三类。

（1）抗磁性物质：$\mu_r<1$，氮、水、铜、银、金等。

（2）顺磁性物质：$\mu_r>1$，氧、铝、钨、铂、铬等。

（3）铁磁性（包括亚铁磁性）物质：$\mu_r\gg 1$：磁、铁、钴、镍等。

顺磁质和抗磁质的磁导率与数值差别并不大（相对铁磁质来说）。铁磁物质指的是钢、铁、钴、镍及其合金，它们的磁导率很大，能使磁场大大增强，如电机、变压器和电磁铁线圈中的铁心是用铁磁物质组成，以增强磁场。部分材料相对磁导率如表 7-1 所示。

表 7-1　部分材料相对磁导率

材料	相对磁导率	材料	相对磁导率
钴	174	已经退火的铁	7 000
未经退火的铸铁	240	变压器钢片	7 500
已经退火的铸铁	620	在真空中熔化的电解铁	12 950
镍	1 120	镍铁合金	60 000
软钢	2 180	“C”型玻莫合金	115 000

4. 磁场强度 H

磁场中某点磁感应强度 B 与介质磁导率 μ 的比值定义为该点的磁场强度。即

$$H=B/\mu \tag{7-9}$$

在国际单位制（SI）中，磁场强度的单位为安培/米（A/m）。磁场强度是矢量，磁场中某点磁场强度方向和该点磁感应强度的方向一致。

二、基本电磁定律

7.1.2　基本电磁定律

（一）电磁感应

1831 年，一位叫迈克尔·法拉第的科学家发现了磁与电之间的相互联系和转化关系。只要穿过闭合电路的磁通量发生变化，闭合电路中就会产生电流。这种利用磁场产生电流的现象称为电磁感应，产生的电流叫作感应电流。电磁感应的发现使人们对电与磁内在联系的认识更加完善，宣告了电磁学作为一门统一学科的诞生，彻底改变了物理学领域，并为无数技术进步铺平了道路，标志着一场重大的工业和技术革命的到来。这一划时代的伟大发现，使人类掌握了电和磁相互转变的方法，成为现代发电机、电动机、变压器技术的基础，使人类进入了电气化时代。

1. 电磁感应现象

当穿过线圈中的磁通发生变化或导线在磁场中切割磁感线时产生感应电动势；当感应电动势与电路连接而形成闭合回路时，电路中就有电流，这种现象称作电磁感应。由电磁感应形成的电流称作感应电流。

2. 电磁感应现象产生的条件

产生电磁感应现象的条件是：①闭合电路；②穿过闭合电路的磁通量发生变化。这两个条件缺一不可。

其中让磁通量发生变化的方法有两种：

（1）穿过线圈中的磁通发生变化，如图 7-11（a）所示。

（2）让闭合电路中的导体在磁场中做切割磁感线的运动，如图 7-11（b）所示。

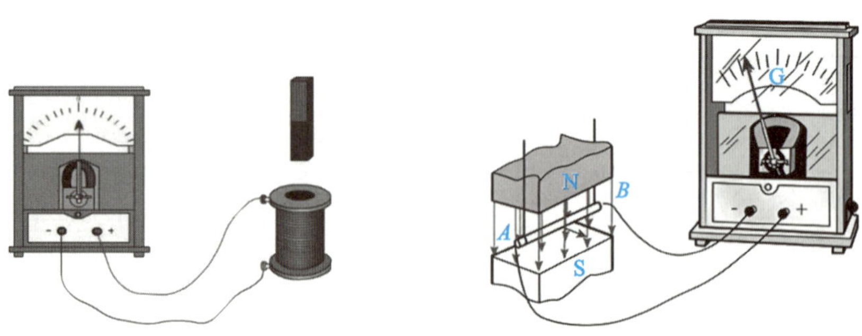

（a）磁通发生变化　　（b）切割磁感线

图 7-11　电磁感应现象

穿过闭合电路的磁场发生变化时，根据电磁场理论，变化的磁场周围产生电场，电场使导体中的自由电子定向移动形成电流，这种情况产生的电流称为感应电流或感生电流。

闭合电路中的一部分导体与磁场发生相对运动时，是导体中的自由电子随导体一起运动，受到的洛伦兹力的一个分力使自由电子发生定向移动形成电流，这种情况产生的电流称为动生电流。

不论用什么方法，只要穿过闭合电路的磁通量发生变化，闭合电路中就有电流产生。

3. 感应电流的大小

感应电流的大小与感应电动势有关，求解感应电动势用法拉第电磁感应定律。

（1）法拉第电磁感应定律：感应电动势的大小与线圈的匝数成正比，与穿过线圈磁通的变化率成正比。即

$$E=-N\frac{\Delta\Phi}{\Delta t} \tag{7-10}$$

N 为线圈匝数，$\frac{\Delta\Phi}{\Delta t}$ 是磁通量的变化率。

（2）拓展公式

当导体切割磁感线时，根据法拉第电磁感应定律，可以推导这个过程中的平均电动势

$$E=B\frac{\Delta S}{\Delta t}=\frac{BLvt}{t}=BLv \tag{7-11}$$

该式只适于导体切割磁感线的情况，且 B、L、v 三者相互垂直。

感应电流的大小是根据欧姆定律 $I=\frac{U}{R}$ 进行求解。

4. 感应电流的方向

1）楞次定律判定

感应电流具有这样的方向：感应电流的磁场总要阻碍引起感应电流的磁通量的变化，如图 7-12 所示。

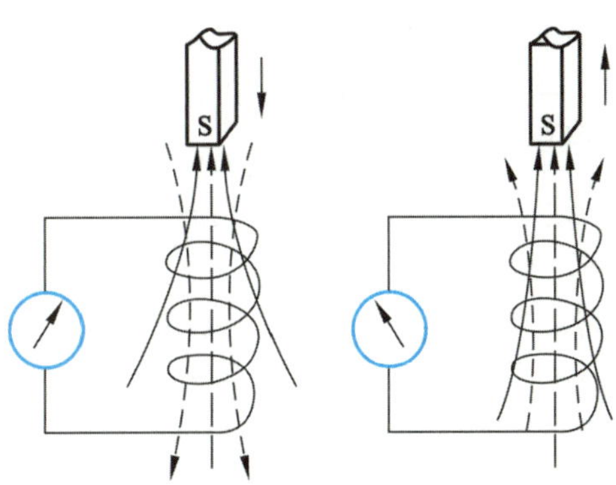

图 7-12　楞次定律

2）右手定则判定

导体切割磁感线时，感应电动势和感应电流的方向还可以用右手定则判断。将右手手掌伸平，使大拇指与其余并拢的四指垂直，并与手掌在同一平面内，让磁感线从手心穿入，大拇指指向导体运动方向，这时四指的指向就是感应电流的方向，也就是感应电动势的方向，如图 7-13 所示。

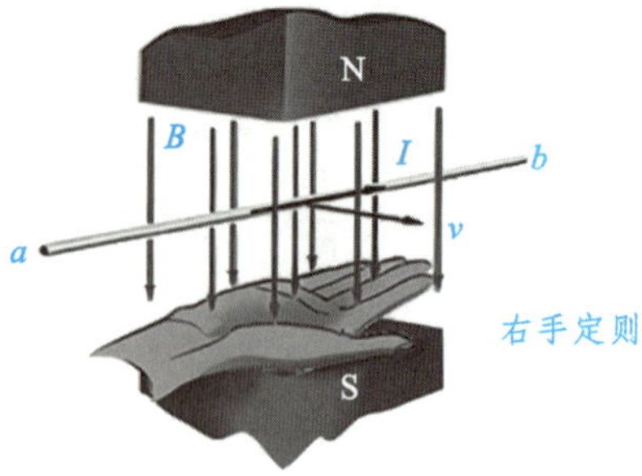

图 7-13　右手定则

5. 自感和互感

自感和互感是电磁学中描述电流变化引起的磁场效应的重要概念。它们在电力电子、通信工程、电力系统等多个领域都有广泛的应用。

1）自感

（1）自感电动势。

如图 7-14 所示，由于线圈（导体）本身电流的变化而产生的电磁感应现象叫自感现象。在自感现象中产生的感应电动势叫自感电动势。自感电动势总是阻碍线圈（导体）中原电流的变化。

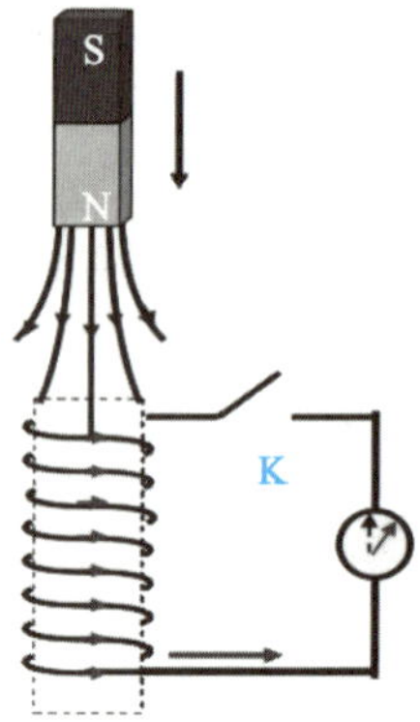

图 7-14　自感

自感电动势与导体中电流的变化率成正比。即

$$E = L\frac{\Delta I}{\Delta t} \tag{7-12}$$

（2）自感系数 L。

自感系数 L 是线圈的自感系数，简称自感或电感，是反映线圈特性的物理量，单位是亨利（H）。自感系数是线圈自身性质，线圈越长，单位长度上的匝数越多，截面积越大，有铁心则线圈的自感系数 L 越大。

（3）自感电动势的方向。

自感电动势的方向遵从楞次定律，由于在自感现象里引起穿过线圈磁通量变化的原因是线圈自身的电流发生变化，因此，根据楞次定律可以得到自感电动势的方向总是“阻碍”引起自感电动势的电流的变化。当自感电动势是由于电流增大而引起时，自感电动势阻碍电流增加，自感电动势方向与原电流方向相反；当自感电动势是由于电流减小而引起时，自感电动势阻碍电流减小，自感电动势方向与原电流方向相同。

（4）自感现象的应用。

自感现象在各种电器设备和无线电技术中有广泛的应用，荧光灯的镇流器就是利用线圈自感现象的一个例子。荧光灯的电路主要由灯管、镇流器和起动器组成：镇流器是一个带铁心的线圈；起动器是一个充有氖气的小玻璃泡，里面装有两个电极，一个固定不动的静触片和一个用双金属片制成的 U 形触片；灯管内充有稀薄的水银蒸气。当水银蒸气导电时，就发出紫外线，使涂在管壁上的荧光粉发出柔和的光。

如图 7-15 所示电路，当电路开关闭合后，首先接通的是由镇流器和起动器所组成的电路。电源电压加在起动器的两极之间，使氖气放电而发出辉光，辉光产生的热量使 U 形触片膨胀伸长，跟静触片接触而使电路接通，于是镇流器的线圈和灯管的灯丝中有电流通过。电路接通后，起动器中的氖气停止放电，U 形触片冷却收缩，两个接触片分离，电路自动断开。在电路断开的瞬间，由于自感现象，镇流器的两端就产生一个瞬间高电压，这个电压和电源电压都加在灯管两端，使灯管中的水银蒸气开始导电，于是接通了荧光灯和镇流器所组成的电路，荧光灯管成为电流的通路开始发光。在荧光灯正常发光时，与灯管串联的镇流器就起降压限流作用，保证荧光灯的正常工作。

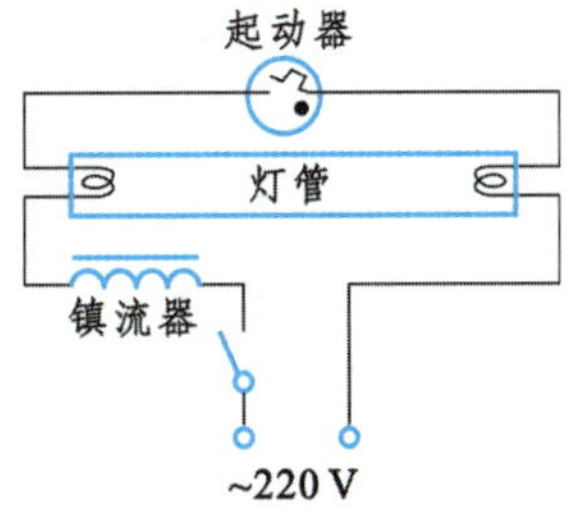

图 7-15　荧光灯电路

（5）自感现象的危害。

自感现象的危害：在大型电动机的定子绕组中，定子绕组的自感系数很大，而且定子绕组中流过的电流又很强，当电路被切断的瞬间，由于电流在很短的时间内发生很大的变化，会产生很高的自感电动势，在断开处形成电弧，这不仅会烧坏开关，甚至危及工作人员的安全。因此，切断这类电路时必须采用特制的安全开关。

2）互感

（1）互感电动势。

当一个线圈中电流变化，它所产生的变化的磁场会在另一个线圈中产生感应电动势的现象，称为互感。互感现象中产生的感应电动势，称为互感电动势。

如图 7-16 所示为两个相邻的两个有互感器耦合的线圈 1 和 2，他们分别通有电流 I_1 和 I_2，I_1 激发的磁场的磁感线部分穿过了线圈 2，我们用磁通量 Φ_{12} 表示。当线圈 1 中的电流 I_1 发生变化时，穿过线圈 2 的磁通 Φ_{12} 也要发生变化，因而在线圈 2 内产生感应电动势 E_{12}（穿过线圈的磁通发生变化而产生的感应电动势）；同理，当线圈 2 中的电流 I_2 发生变化时，I_2 所产生的磁场在线圈 1 的磁通 Φ_{21} 也发生变化，因而在线圈 1 中也会产生感应电动势 E_{21}。互感电动势 E_{12} 跟穿过线圈 2 的磁通量变化率成正比，而 Φ_{12} 跟 I_1 成正比，$\triangle\Phi_{12}$ 跟 $\triangle I_1$ 也成正比。由此可知互感电动势 E_{12} 的大小为：

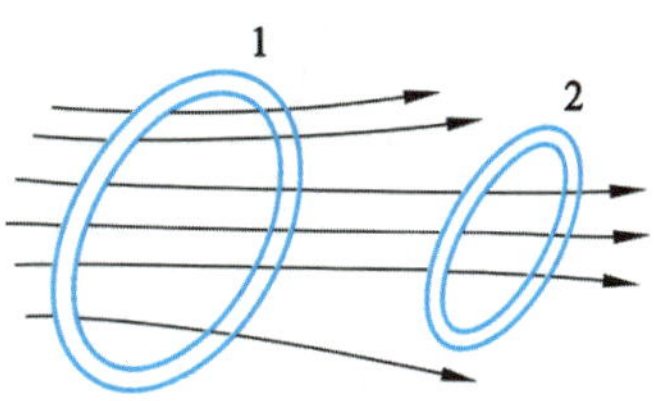

图 7-16　互感

$$E_{12} = M_{12}\frac{\Delta I_1}{\Delta t} \tag{7-13}$$

式中，M_{12} 称为线圈 1 对线圈 2 的互感系数。

同理，由于线圈 2 中电流 I_2 的变化在线圈 1 中产生的互感电动势 E_{21} 的大小可表示为

$$E_{21} = M_{21}\frac{\Delta I_2}{\Delta t} \tag{7-14}$$

式中，M_{21} 为线圈 2 对线圈 1 的互感系数。

（2）互感系数 M。

互感电动势公式中 M_{12}=M_{21}，并用 M 表示，M 就称为这两个线圈的互感系数。即

$$M=M_{12}=M_{21} \tag{7-15}$$

互感系数简称互感，其单位与自感相同，为亨利，简称亨，国际符号是 H。它的大小取决于两个线圈的几何形状、大小、相对位置、各自的匝数以及他们周围介质的磁导率。互感 M 的计算一般都比较复杂，常通过实验方法测定。

（3）互感的应用与危害。

利用互感现象可以把能量从一个线圈传递到另一个线圈（即互感现象可以把能量由一个电路传递到另一个电路），因此在电工技术和电子技术中有广泛应用。变压器就是利用互感现象制成的。

互感现象不仅发生于绕在同一铁心上的两个线圈之间，且可发生于任何两个相互靠近的电路之间。互感现象在某些情况下也会带来不利的影响，例如，有线电话往往由于电话之间的互感而可能造成串音。在电子线路中，由于线圈位置安排不当，或者导线及部件之间的互感造成干扰，甚至使电路不能正常工作，在这种情况下应设法减少互感耦合。例如把线圈间的距离增大或使用两线圈垂直放置。在某些特殊情况下还可以把线圈或其他元件用铁磁材料屏蔽，以消除互感的有害影响。

（二）磁路的基本定律

1. 磁　路

在电器、电动机、变压器及各种铁磁组件中常用磁性材料制成一定形状的铁心。铁心的磁导率比周围空气或其他物质的磁导率高得多，磁通的绝大部分经过铁心形成闭合通路。所谓磁路是指磁通的闭合路径，如图 7-17 所示。

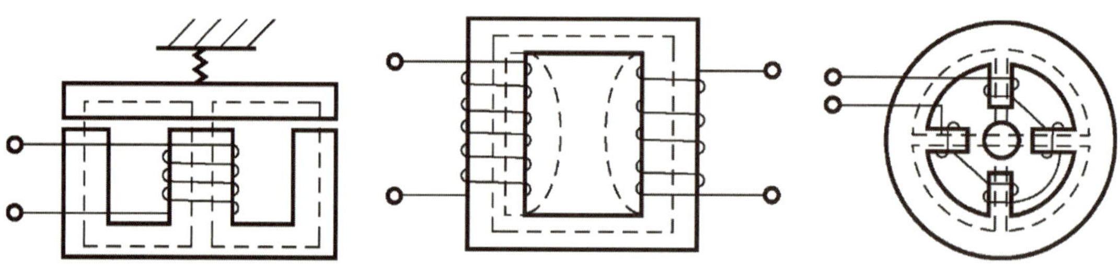

（a）电磁铁　　（b）变压器　　（c）直流电机

图 7-17　磁路

磁路就好比电路，电路是指电流流过的回路，而磁路是指磁通的闭合路径，磁路中的磁通类似于电路中的电流。导电体和非导电体的导电率之比，数量级可达 10^{16} 之大，电流一般沿着导体流通，其漏电流微乎其微，一般忽略不计，所以电流几乎全部沿着导体流通。但是铁磁材料与非铁磁材料的磁导率之比，数量级一般在 10^2 ~ 10^6 倍之间，所以在磁路里面，磁通的大部分也是沿着磁性材料流通的，但漏磁通往往不能忽略不计。

当线圈中通以电流后，大部分磁感线沿铁心、衔铁和工作气隙构成回路，这部分磁通称为主磁通；还有一部分磁通，没有经过气隙和衔铁，而是经空气自成回路，这部分磁通称为漏磁通，如图 7-18 所示。

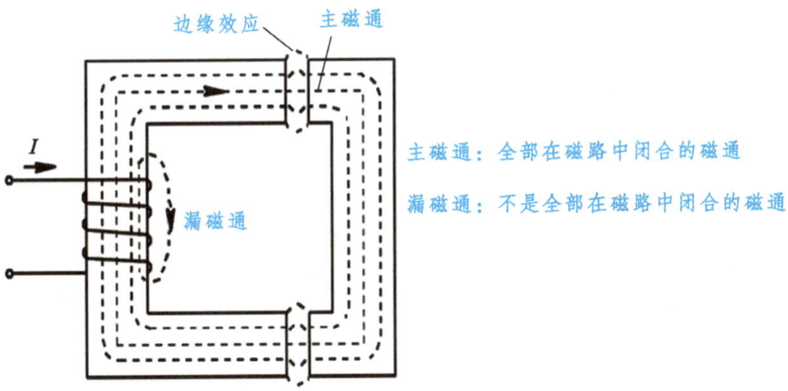

图 7-18　磁通

磁通经过的路径叫磁路，分为有分支磁路和无分支磁路两种类型。在无分支磁路中，通过每一个横截面的磁通都相等，如图 7-19 所示。

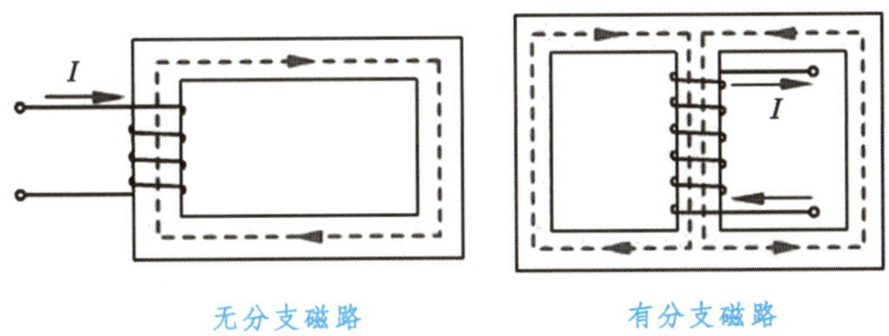

图 7-19　磁路类型

2. 安培环路定律

沿着任何一条闭合回线 L，磁场强度 H 的线积分值等于该闭合回线所包围的总电流值 $\sum I$ 线（代数和），这就是安培环路定律。即

$$\oint H\cdot \mathrm{d}l=\sum_{i=1}^{n} I_i \tag{7-16}$$

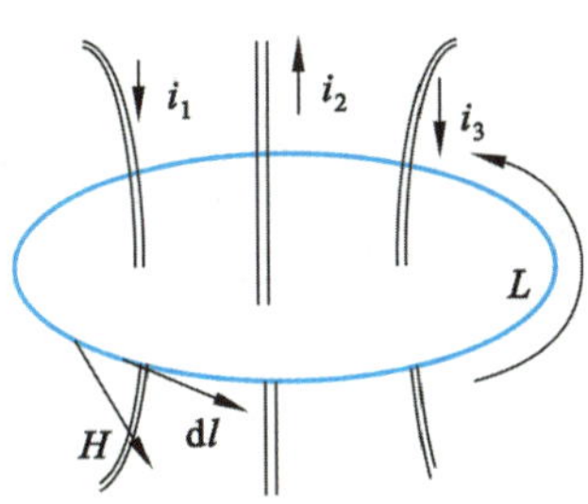

图 7-20　安培环路定律

如图 7-20 所示，无限长直载流导线的磁感线是在垂直于导线的平面内以导线为中心的一组同心圆，电流方向不同的导线所产生的磁感应线环绕方向不同，这些方向不同的磁感线在某一点会进行矢量叠加。

如图 7-21 所示，任取一闭合磁感线，沿磁感线（磁通）绕行方向，把磁感应线进行微分，然后任取一线元 $\mathrm{d}l$，与该处的磁场强度 H 进行积分，所得的结果就是该闭合磁感应线所包围的电流的代数和。

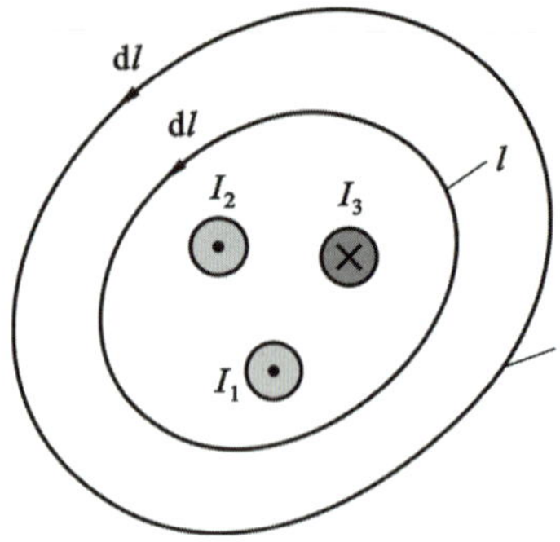

图 7-21　电流环路截面图

$$\oint_l H \cdot \mathrm{d}l = \oint_{l'} H \cdot \mathrm{d}l = I_1 + I_2 - I_3 \tag{7-17}$$

安培环路定律规定电流正负方向由右手螺旋定则确定：任意选定一个闭合回线的围绕方向为积分路径的方向，凡是电流方向与闭合回线围绕方向之间符合右手螺旋定则的电流为正，反之为负。即积分与路径无关，只与路径内包含的导体电流的大小和方向有关。

另外，若是在均匀磁场中，根据安培环路定律，我们可以很快得出 $HL=NI$（或 $H=NI/L$）。安培环路定律把电流和磁场强度联系了起来。

3. 磁路的欧姆定律

在电路中，电源的电动势可以在电路两端产生持续的电压，持续的电压产生持续的电流。

在磁路中，有一个与电动势类似的概念，叫作磁动势。磁动势可以在磁路中产生磁通量。磁动势和磁通量的关系，与电压和电流的关系非常相像，被称为磁路中的欧姆定律。

1）磁动势 F

磁路中的磁动势，相当于电路中的电动势。电动势有正负极，磁动势也有正负极。磁动势的正极是磁通量流出的方向，磁动势的负极是磁通量流入的方向。

磁动势的正负极可以使用右手螺旋定则确定：使用右手握住载流线圈，使四指绕向电流的方向，这时大拇指的指向就是磁动势的正极（磁通量流出的方向），如图 7-22 所示。

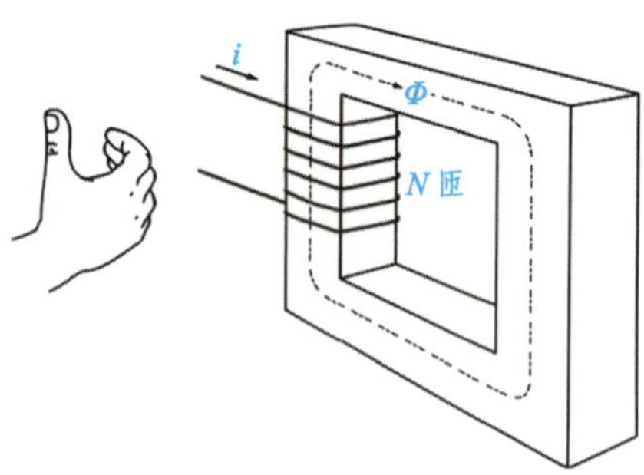

图 7-22　右手螺旋定则

通电线圈产生的磁通 Φ 与线圈的匝数 N 和线圈中所通过的电流 I 的乘积成正比。把通过线圈的电流 I 与线圈匝数 N 的乘积，称为磁动势，也叫磁通势，即

$$F = NI \tag{7-18}$$

在国际单位制中，磁动势的单位是安培（A）。

2）磁阻 R_m

磁路中的磁阻，相当于电路中的电阻。磁阻就是磁通通过磁路时所受到的阻碍作用，用 R_m 表示。

磁路中磁阻的大小与磁路的长度 l 成正比，与磁路的横截面积 S 成反比，并与组成磁路的材料性质有关。因此有

$$R_m=\frac{l}{\mu S} \tag{7-19}$$

式中，μ 为磁导率，单位 H/m；l 为导体的长度，单位 m；S 为导体的截面积，单位 m^2；磁阻的单位为每亨利（1/H）。

3）磁路的欧姆定律

磁路中的磁通量 Φ 与磁通势 F 成正比，与磁阻 R_m 成反比，即

$$\Phi=\frac{F}{R_m} \tag{7-20}$$

上式与电路中的欧姆定律形式上相似，磁通 Φ 对应于电流 I，磁动势 F 对应于电动势 E，磁阻 R_m 对应于电阻 R。因此，这一关系称为磁路的欧姆定律。

磁路与电路的对应关系如图 7-23 所示，磁路和电路中对应的物理量及其关系式如图 7-24 所示。

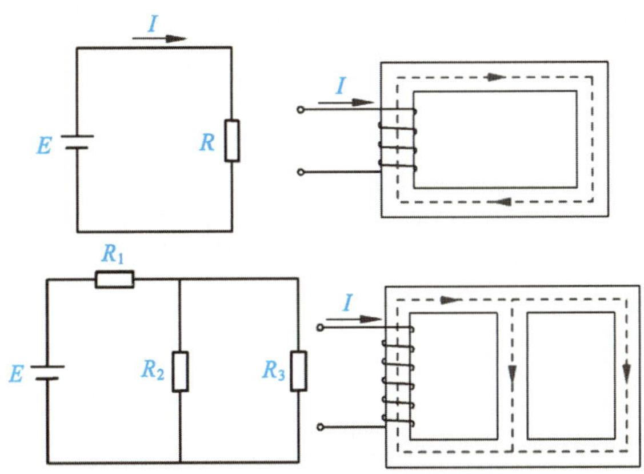

图 7-23　磁路与电路的对应关系

磁路	电路
磁通势 F 磁通 Φ 磁感应强度 B 磁阻 $R_m=\frac{l}{\mu S}$ 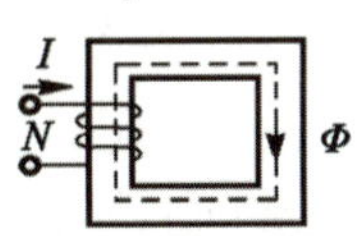 $\Phi=\frac{F}{R_m}=\frac{NI}{\frac{l}{\mu S}}$	电流势 E 电流 I 电流强度 J 电阻 $R=\rho\frac{l}{S}$ 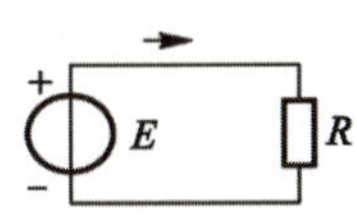 $I=\frac{E}{R}=\frac{E}{\rho\frac{l}{S}}$

图 7-24　磁路和电路中对应的物理量及其关系式

显然磁路和电路很相似，但是它们之间的区别也有很多，所以磁路分析的特点和电路分析并不相同。磁路分析的特点主要有以下几点：

（1）在处理电路时不涉及电场问题，在处理磁路时离不开磁场的概念。

（2）在处理电路时一般可以不考虑漏电流，在处理磁路时一般都要考虑漏磁通。

（3）磁路欧姆定律和电路欧姆定律只是形式上相似。由于 μ 不是常数，其随励磁电流而变，磁路欧姆定律不能直接用来计算，只能用于定性分析。

（4）在电路中，当 $E=0$ 时，$I=0$；但在磁路中，由于有剩磁，当 $F=0$ 时，Φ 不为 0。

可以看出：磁通与电流、磁动势与电动势、磁阻与电阻、磁导和电导保持一一对应关系。由此可推断，磁路基尔霍夫第一、第二定律亦必定与电路基尔霍夫第一、第二定律具有相同形式。

4. 磁路基尔霍夫定律

（1）磁路基尔霍夫第一定律。

磁路基尔霍夫第一定律又称为基尔霍夫磁通定律，是指穿出或进入任一闭合面的总磁通量恒等于零（或者说，进入任一闭合面的磁通量恒等于穿出该闭合面的磁通量）。即

$$\sum \Phi=0 \tag{7-21}$$

如图 7-25 所示有分支磁路，任取一闭合面 S，根据磁路基尔霍夫第一定律，进入闭合面 S 的磁通，必等于流出闭合面的磁通，即穿过闭合面 S 的磁通的代数和为零（$\sum \Phi=0$）。以进入闭合面 S 的磁通为正，流出闭合面 S 的磁通为负，此时有

$$-\Phi_1-\Phi_2+\Phi_3=0 \tag{7-22}$$

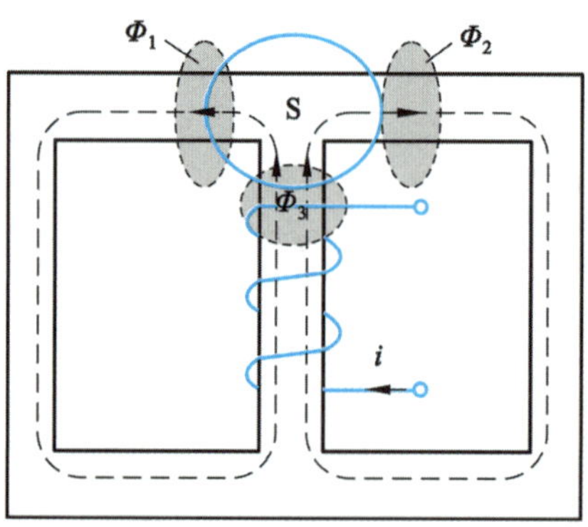

图 7-25　闭合面 S 的磁通

回顾之前所学的电路基尔霍夫电流定律，即电路中任一个节点上，在任意时刻，流入该节点的电流之和等于流出该节点的电流之和（$\sum I=0$），我们可以发现，磁路基尔霍夫磁通定律与电路基尔霍夫电流定律极为相似。不管是闭合平面或者是空间闭合曲面，进入该闭合面的磁通总是等于流出该闭合面的磁通。

（2）磁路基尔霍夫第二定律。

任一闭合磁路上磁动势的代数和恒等于磁压的代数和，称为磁路基尔霍夫第二定律，也称为基尔霍夫磁压定律，即 $\sum F=\sum U_m$

$$\sum NI=\sum HL=\sum \Phi R_m \tag{7-23}$$

在上文中提到过磁路的磁动势 F 为电流 I 与线圈匝数 N 的乘积，即 $F=NI$，由于励磁电流是线圈产生磁通的来源，故称 NI 为磁路的磁动势 F，类似于电路中的电动势。磁路中也有磁压的概念，即磁场强度与磁路平均长度的乘积，称为磁压，用符号 U_m 表示，$U_m=HL$；由磁路的欧姆定律可知磁压 $U_m=\Phi R_m$；所以磁压 $U_m=HL=\Phi R_m$，类似于电路中的电压。

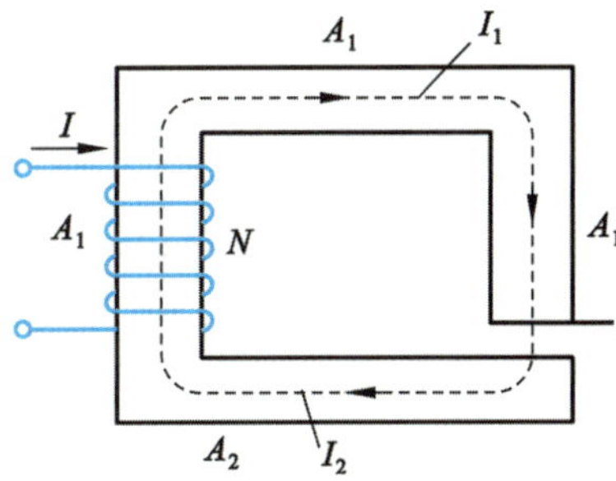

图 7-26　磁路

如图 7-26 所示的磁路，磁路可能由多种尺寸、多种材料构成，有的还含有气隙。根据安培环路定律，此时由 $NI=\sum HL$，得出

$$NI=H_1L_1+H_2L_2+H_3L_3+\cdots+H_nL_n \tag{7-24}$$

即

$$\sum F=\sum U_m \tag{7-25}$$

磁路基尔霍夫第二定律规定：当考察方向 L 与线圈内电流方向满足右手螺旋定则时，F 为正值；当考察方向 L 与磁通 Φ 方向一致时磁压为正值。

再次回顾之前所学的基尔霍夫电压定律，即任何一个闭合回路中，各元件上的电压的代数和等于电动势的代数和，或从一点出发绕回路一周回到该点时，各段电压的代数和恒等于零（$\sum U=0$）。如图 7-27 所示，显然磁路基尔霍夫磁压定律与电路的基尔霍夫电压定律亦是极为相似的。

磁路	电路
磁通 Φ	电流 i
磁动势 F	电动势 e
磁阻 R_m	电阻 R
磁压降 HL	电压降 u
磁导 Λ_m	电导 G
欧姆定律 $\Phi=F/R_m$	欧姆定律 $i=u/R$
基氏第一定律 $\sum\Phi=0$	基氏第一定律 $\sum i=0$
基氏第二定律 $\sum F=\sum HL=\sum \Phi R$	基氏第二定律 $\sum e=\sum u=\sum iR$

图 7-27　磁路与电路的比较

任务二 电磁铁、变压器

核心知识点

电磁铁是一种利用电流通过线圈产生磁场的装置，其磁场强度与电流大小及线圈匝数密切相关。电磁铁具有极性，能够通过改变电流方向来改变磁极，在各种电磁设备中得到广泛应用。变压器主要由一次线圈和二次线圈构成，借助电磁感应原理实现电压变换，其变压比等于匝数比，可升高或降低交流电压，在电力输送和电子设备中发挥着关键作用。同时，还需留意其功率传递、效率以及防止磁饱和等问题。理解这些知识点对于掌握电磁铁和变压器的原理与应用起着至关重要的作用。

一、电磁铁的结构与原理

7.2.1 电磁铁的结构与原理

电磁铁是一种通电产生电磁的装置。在铁心的外部缠绕与其功率相匹配的导电绕组，这种通有电流的线圈像磁铁一样具有磁性，也叫作电磁铁（electromagnet）。它由励磁线圈、铁心和衔铁组成，其结构如图 7-28 所示。工作时，电流通入励磁线圈产生磁场，使铁心和衔铁都被磁化，衔铁受到电磁力的作用与铁心吸合，而电磁铁的衔铁可带动其他机械零件或触点动作，实现各种控制和保护。断电时，磁场消失，衔铁在弹性力的作用下释放。

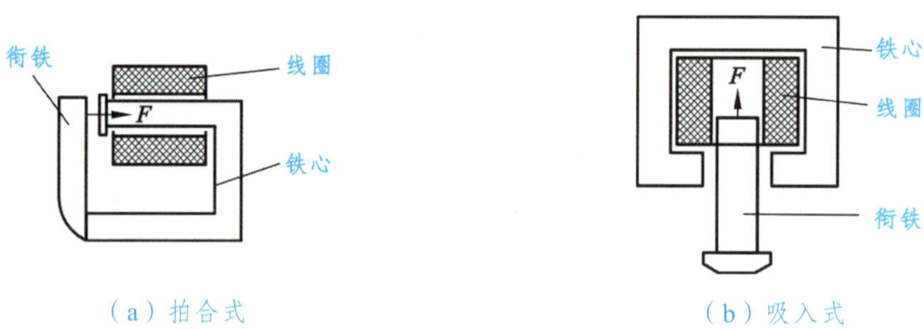

图 7-28 电磁铁

通常把电磁铁制成条形或蹄形状，以使铁心更容易磁化。另外，为了使电磁铁断电立即消磁，往往采用消磁较快的软铁或硅钢材料来制作。这样的电磁铁在通电时有磁性，断电后磁就随之消失。电磁铁在日常生活中有着极其广泛的应用，特别是使发电机的功率得到了很大的提高。

（一）电磁铁的磁场

1. 电磁铁的磁场强弱

当在通电螺线管内部插入铁心后，铁心被通电螺线管的磁场磁化。磁化后的铁心也变成了一个磁体，这样由于两个磁场互相叠加，从而使螺线管的磁性大大增强。为了使电磁铁的磁性更强，通常将铁心制成蹄形。但要注意蹄形铁心上线圈的绕向相反，一边顺时针，另一边必须逆时针。如果绕向相同，两线圈对铁心的磁化作用将相互抵消，使铁心不显磁性。另外，电磁铁的铁心用软铁制作，而不能用钢制作。否则钢一旦被磁化后，将长期保持磁性而不能退磁，则其磁性的强弱就不能用电流的大小来控制，而失去电磁铁应有的优点。

电磁铁是可以通电流来产生磁力的器件，属非永久磁体，可以很容易地将其磁性起动或是消除。例如：大型起重机利用电磁铁将废弃车辆抬起。

一般而言，电磁铁所产生的磁场与电流大小、线圈圈数及中心的铁磁体有关。在设计电磁铁时，会注重线圈的分布和铁磁体的选择，并利用电流大小来控制磁场。由于线圈的材料具有电阻，这限制了电磁铁所能产生的磁场大小，但随着超导体的发现与应用，将有机会超越现有的限制。

2. 电磁铁的磁场方向

电磁铁的磁场方向可以用安培定则来判断。用右手握住通电螺线管，使四指弯曲与电流方向一致，那么大拇指所指的那一端就是通电螺线管的 N 极。

电磁铁有许多优点：电磁铁的磁性有无可以用通、断电流控制；磁性的大小可以用电流的强弱或线圈的匝数多少来控制；也可通过改变电阻控制电流大小来控制磁性大小；它的磁极可以由改变电流的方向来控制。即：磁性的强弱可以改变，磁性的有无可以控制，磁极的方向可以改变，磁性可因电流的消失而消失。

电磁铁是电流磁效应（电生磁）的一个应用，与生活联系紧密，如电磁继电器、电磁起重机、磁悬浮列车、电子门锁、智能通道匝、电磁流量计等。

（二）电磁铁的分类

根据电磁铁线圈中所通过的电流不同，可分直流电磁铁和交流电磁铁两大类。

1. 直流电磁铁

1）直流电磁铁的吸力

直流电磁铁的励磁电流是直流。可以证明，直流电磁铁的衔铁所受吸力为

$$F=4B_0^2S\times10^5 \tag{7-26}$$

式中，B_0 为空气隙的磁感应强度（Wb/m^2）；S 为空气隙磁场的截面积（m^2）；F 为电磁铁的吸力（N）。

2）直流电磁铁特点

直流电磁铁采用直流电流励磁，铁心中的磁通恒定，没有感应电动势产生，因而线圈的励磁电流由电源电压和线圈内阻决定。如果电源电压和线圈内阻不变，则励磁电流不变，所以磁动势 NI 也不变。因此直流电磁铁具有以下特点：

① 线圈中的直流励磁电流只取决于电源电压和线圈电阻，是不变的。

② 直流电磁铁在衔铁吸合过程中，气隙逐渐变小，磁路中磁阻也逐渐变小。

根据磁路欧姆定律（$\Phi=NI/R_m$）可知，励磁电流不变时，磁通与磁阻成反比，在衔铁吸合过程中磁通逐渐变大，由此说明直流电磁铁的吸力 F 的大小与衔铁所处空间位置有关，电磁铁在起动（开始吸合）时的吸力，要比工作时（吸合后）的吸力小很多。

直流电磁铁是线圈接直流电，由于其电压、电流恒定，在线圈两端没有感应电动势。在电源电压 U 作用下，线圈中有电流通过：当 U 一定，电流 I 一定，R 为线圈线电阻，一般很

小；当 U 很大时，电流 I 很大，可能因过热造成损坏。

2. 交流电磁铁

当交流电磁铁的铁心线圈通入正弦交流电时，铁心中便产生交变磁通，线圈的端电压和铁心中磁通有以下关系：

$$U = 4.44 fN\Phi_{m} \tag{7-27}$$

式中，f 为外加励磁交流电的频率，单位为 Hz；N 为铁心线圈的匝数；Φ_m 为铁心中磁通的最大值，单位为 Wb；U 为外加电源电压的有效值，单位为 V。

从式中我们可看到，当电源频率和线圈匝数一定时，铁心中磁通的最大值与电源电压的有效值成正比。当电压有效值不变时，铁心中磁通的最大值亦保持恒定不变，与磁路无关。

1）交流电磁铁的吸力

交流电磁铁是用交流电励磁的，气隙中的磁感应强度随时间而变化，所以交流电磁铁的吸力也要随时间而变化。一般计算时，只考虑其平均值（平均吸力是最大吸力的一半），其计算公式为

$$F_{av} = 2B_{m}^{2}S \times 10^{5} \tag{7-28}$$

式中，B_m 为气隙磁感应强度最大值，单位为 Wb/m^2；S 为空气隙磁场的截面积，单位为 m^2；F_{av} 为电磁铁的平均吸力，单位为 N。

2）短路环

由以上分析可知，交流电磁铁的吸力随时间在 0 与最大值之间变化，因而衔铁要发生振动而引起噪声。在铁心的端面上嵌装一个叫作短路环（又称分磁环）的闭合铜环可以有效地消除这种噪声，如图 7-29 所示。短路环将原来铁心中的磁通 Φ 分成 Φ_1 和 Φ_2 两部分，Φ_2 穿过短路环，在短路环中产生感应电流，感应电流阻碍 Φ_2 的变化，使磁通使 Φ_1 和 Φ_2 产生相位差。这样一来，穿过空气隙的磁通就不会同时为 0，吸力也就不会中断，从而减弱了衔铁的振动，降低了噪声。

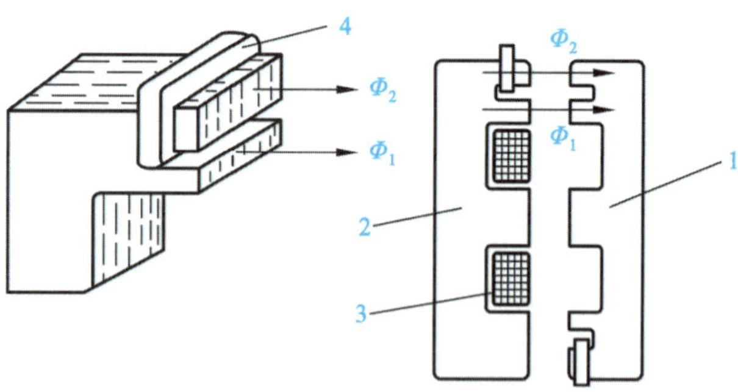

1—衔铁；2—铁心；3—线圈；4—短路环。

图 7-29　交流电磁铁的短路环

3）交流电磁铁的特点

交流电磁铁的特点：在磁铁吸合过程中，交流电磁铁吸力 F 的大小基本不变；交流电磁铁磁路中，磁通与磁路选用的材料、空气隙的大小没有关系，只由交流电压的大小和频率决定；交流电磁铁的励磁电流（有效值）在吸合前后将有很大的变化。交直流电磁铁性能的比

较如表 7-2 所示。

交流电磁铁吸合前后的空气隙不同，引起磁阻不同。交流电磁铁在起动（开始吸合）时的电流，要比工作时（吸合后）的电流大很多。

由实验可知，U 形电磁铁衔铁打开时的励磁电流是吸合后的 10 ~ 15 倍。而线圈的允许电流值是按衔铁吸合后的电流值设计的，所以如果线圈得电而衔铁由于种种原因不能吸合或频繁操作时，线圈易过热甚至烧坏，这也是交流电磁铁比直流电磁铁容易烧坏的原因之一。

交流电磁铁铁心中交变的磁通会产生涡流和磁滞损耗，为了减小铁心损耗，交流电磁铁的铁心是由硅钢片叠成的。

表 7-2　交直流电磁铁性能的比较

项目		交流电磁铁	直流电磁铁
电源电压 U 一定		Φ 一定，$\Phi_m=\dfrac{U}{4.44fN}$	$I=\dfrac{U}{R}$ 一定
磁滞涡流损耗		有	无
在衔铁吸合过程中	磁阻 $R_m=\dfrac{l}{\mu S}$	变小	变小
	磁通	不变	变大
	吸力	平均吸力不变	吸力变大

（三）电磁铁在汽车中的应用

电磁铁在汽车电器设备中应用广泛，利用电磁铁磁性强、控制方便等特点，可制成许多汽车控制部件或执行部件。例如，电磁铁常用于各种继电器、电磁阀等设备。它可以控制电路的接通与关断或流量的有无，相当于一个开关元件。下面分别介绍两个应用实例：汽车电控燃油喷射系统中的喷油器和位于汽车发电机内部的电压调节器。

1. 汽车电控燃油喷射系统中的喷油器

喷油器是电控燃油喷射系统的执行元件，根据发动机 ECU 的指令控制燃油喷射。电控燃油喷射全部采用电磁式喷油器。大多数电控燃油喷射发动机的喷油器通过绝缘垫圈安装在进气歧管或进气道附近的缸盖上，并由供油总管将其固定，如图 7-30 所示。

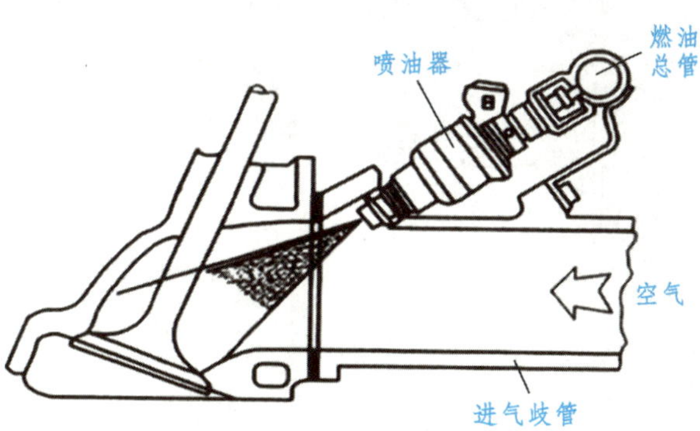

图 7-30　喷油器安装位置

1）喷油器的结构

喷油器主要由滤网、电源插头、电磁线圈、回位弹簧、衔铁、阀轴、针阀等组成，如图7-31 所示。

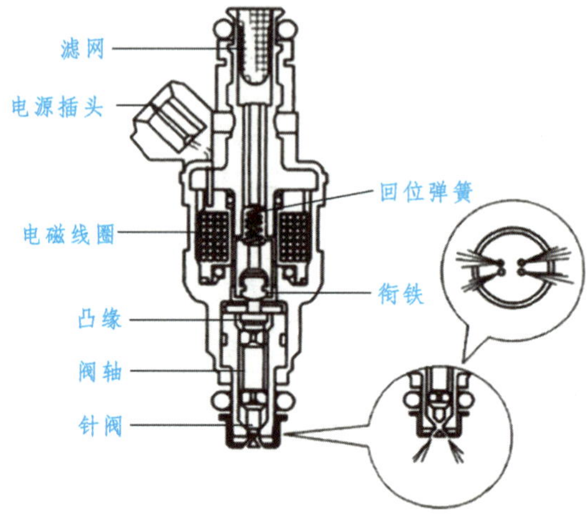

图 7-31 喷油器的结构

2）喷油器的作用

汽车电控燃油喷射系统中的喷油器，其电磁铁中的衔铁与针阀是一体的，采用电磁铁的电磁吸力来打开或关闭燃油计柱塞，从而控制喷油器的喷油量。

3）喷油器的工作原理

如图 7-32 所示，当发动机 ECU 的喷油控制信号发出喷油信号，喷油器和电源回路接通，电流流过电磁线圈时，电磁线圈产生电磁吸力；在电磁力作用下，衔铁克服弹簧压力、摩擦力和自身重力，带动针阀上移离开阀座，打开喷口，燃油即开始喷射。一般喷油器针阀升程约为 0.1 mm。每次 ECU 控制喷油器电磁线圈通电的时间被称为喷油脉宽，为 2～10 ms。

当发动机 ECU 发出停止喷油指令时，喷油器电磁线圈的搭铁回路被切断，电磁线圈断电，电磁吸力消失，在回位弹簧的作用下，针阀立即将阀口关闭，喷油器停止喷油，喷射停止。在喷油器结构和油路油压与歧管气压之差一定时，喷油量取决于针阀开启时间。

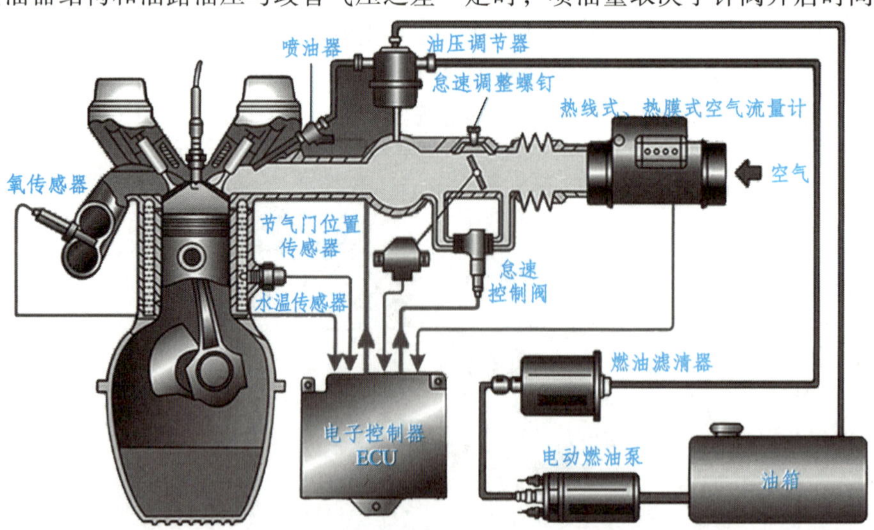

图 7-32 汽车电控燃油喷射系统中的喷油器

2. 触点式电压调节器

1）电压调节器作用

由于交流发电机的转子是由发动机通过皮带驱动旋转的，转速变化范围非常大，这样将引起发电机的输出电压发生较大变化，无法满足汽车用电设备的工作要求。为了满足用电设备恒定电压的要求，以避免电器设备在电压不稳定的情况下工作不正常，同时保护电器设备免受过高或过低电压的不良影响，交流发电机必须配用电压调节器，使其输出电压在发动机所有工况下基本保持恒定。当交流发电机的转速升高时，调节器通过减小发电机的励磁电流来减小磁通，使发电机的输出电压保持不变。它是车载电路中非常重要的电子设备，对于保持汽车电气系统的稳定运行至关重要。

2）调压原理

触点式电压调节器是一种机械振动式电压调节器，它利用触点的开闭作用，改变磁场电路的电阻，保持端电压的恒定，如图 7-33 所示。

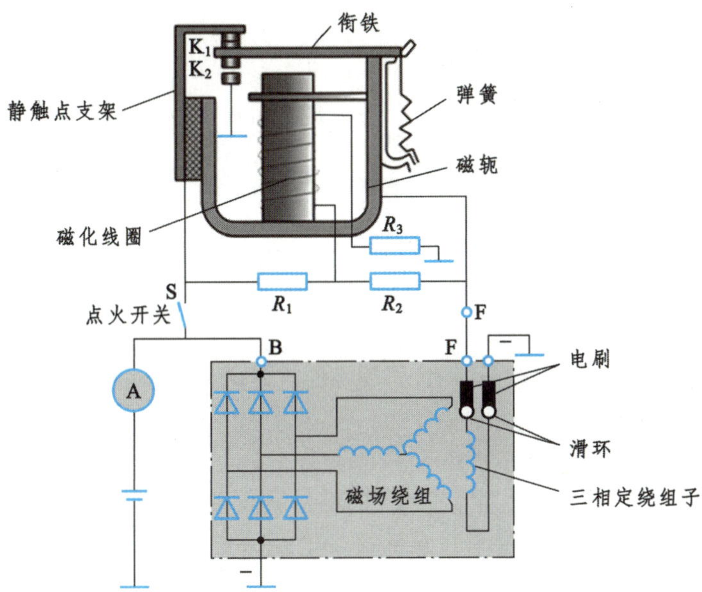

K_1—低速触点（常闭）；K_2—高速触点（常开）。

图 7-33　双级电磁振动式调节器基本电路

3）电压调节器的工作过程

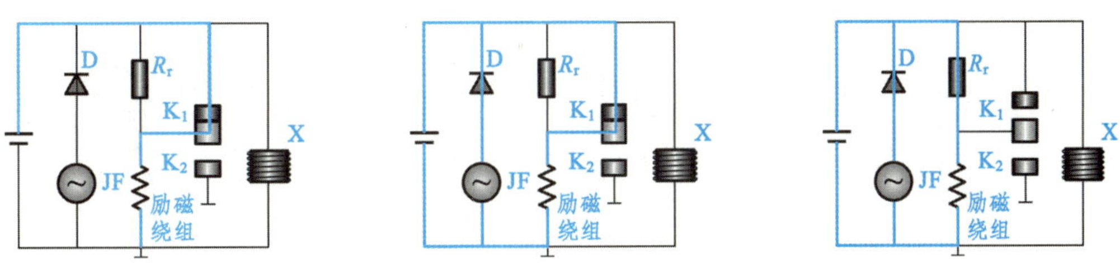

（1）起动过程他励阶段　（2）转速升高自励阶段　（3）低速一级调压阶段

（4）触点断开失控阶段　　（5）高速二级调压阶段

图 7-34　电压调节器的工作过程

如图 7-34 所示，电压调节器的工作过程分为：

（1）起动过程他励阶段。

发动机起动时，低速触点 K_1 闭合，励磁电流由蓄电池提供，发电机他励发电。励磁电流由蓄电池到 K_1 到发电机励磁线圈回负极。

（2）转速升高自励阶段。

发动机转速升高，电压上升，当发电机电压高于蓄电池端电压时，励磁电流由发电机提供，发电机自励发电。自励随转速的升高，发电机的电压上升，电流由 JF 到 D，同时到 K_1 到励磁线圈回 JF，到蓄电池回 JF。

（3）低速一级调压阶段。

电压上升，达到一级调压值时，K_1 打开但 K_2 不闭合，电阻 R_r 串入电路，通过励磁绕组的励磁电流减小（磁场减弱），发电机电压逐渐下降。

（4）触点断开失控阶段。

电压继续上升，当 K_2 一直打开但 K_1 不闭合时，发电机电压随转速升高而升高，调节器失去电压调节能力（失控）。

（5）高速二级调压阶段。

电压继续上升，达到二级调压值时，K_2 闭合，励磁绕组被短路（磁场消失），电压下降后，K_2 又断开，电压上升，如此反复，电压维持恒定。

二、变压器的结构与原理

变压器是利用电磁感应原理，将某一等级的交流电压和电流转变成同频率另一等级的电压和电流的设备。其对电能的经济输送、灵活分配和安全用电具有重要意义，在电气测量、电气控制中都具有广泛的应用。

（一）变压器的基本结构

变压器主要由铁心和两个或两个以上的绕组组成。

7.2.2　变压器的结构与原理

1. 铁　心

变压器铁心的作用是构成磁路。为了减小交变磁通在铁心中引起的损耗，铁心通常用厚度为 0.3 ~ 0.5 mm、表面具有绝缘膜的硅钢片叠装而成。图 7-35 所示的变压器，从外面看，线圈包围铁心柱，称为心式结构；图 7-36 所示的变压器，从外面看，铁心柱包围线圈，则称为壳式结构。小容量变压器多采用壳式结构。交变磁通在铁心中引起涡流损耗和磁滞损耗，为使铁心的温度不致太高，在大容量的变压器的铁心中往往设置油道；而铁心则浸在变压器油中，当油从油道中流过时，可将铁心中产生的热量带走。图 7-37 为变压器的图形符号。

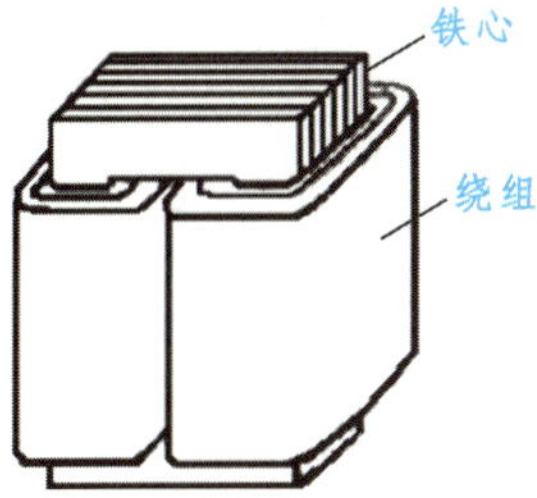

图 7-35　心式结构变压器

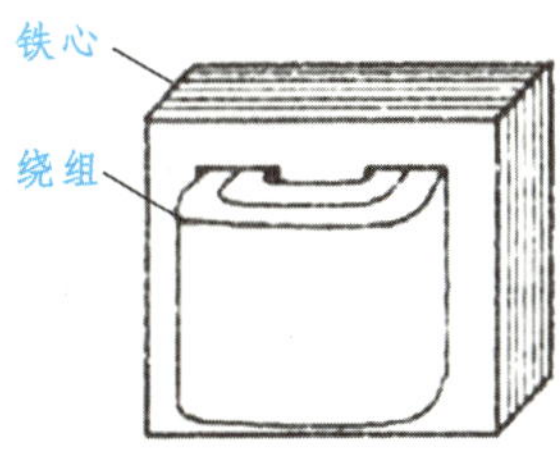

图 7-36　壳式结构的变压器

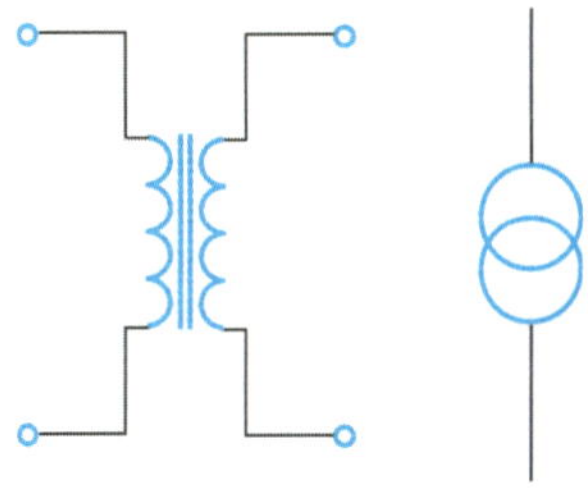
图 7-37　变压器图形符号

2. 绕　组

绕组是变压器的电路。变压器一般有两个或以上的绕组：接电源的绕组称为一次绕组，接负载的绕组称为二次绕组。绕组一般用铜或铝的绝缘导线缠绕在铁心柱上。高压绕组电压高，绝缘要求高；如果高压绕组在内部，离变压器铁心近，则应加强绝缘，这提高了变压器的成本造价。因此，为了绝缘方便，将低压绕组紧靠着铁心，将高压绕组套装在低压绕组的外面。两个绕组之间留有油道，既可以起绝缘作用，又可以使油把热量带走。在单相变压器中，高、低压绕组均分为两部分，分别缠绕在两个铁心柱上，两部分既可以串联又可以并联。三相变压器属于同一相的高、低压绕组全部缠绕在同一铁心柱上。

只有绕组和铁心的变压器称为干式变压器。大容量变压器的器身放在盛有绝缘油的油箱中，这样的变压器称为油浸式变压器，油浸式变压器外形如图 7-38 所示。

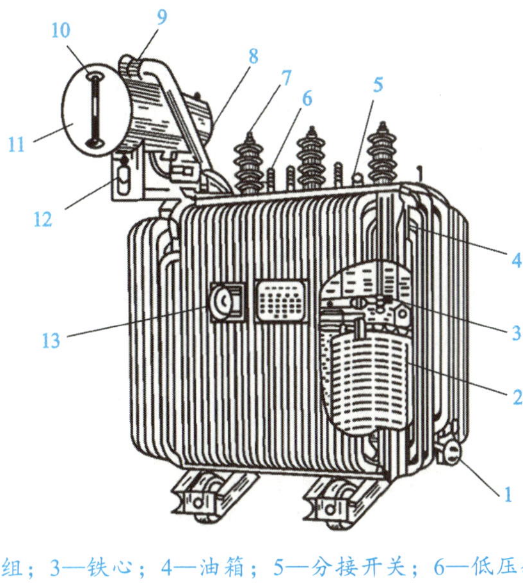

1—放油阀门；2—绕组；3—铁心；4—油箱；5—分接开关；6—低压套管；7—高压套管；8—气体继电器；9—安全气道；10—油表；11—储油柜；12—吸湿器；13—湿度计。

图 7-38　油浸式变压器

（二）变压器的工作原理

现以单相双绕组变压器为例来讨论变压器工作原理。

单相双绕组变压器在一个闭合的铁心上缠绕两个绕组，其匝数既可以相同，也可以不同，但一般是不同的。如图 7-39 所示，两个绕组之间只有磁的耦合，而没有电的联系。

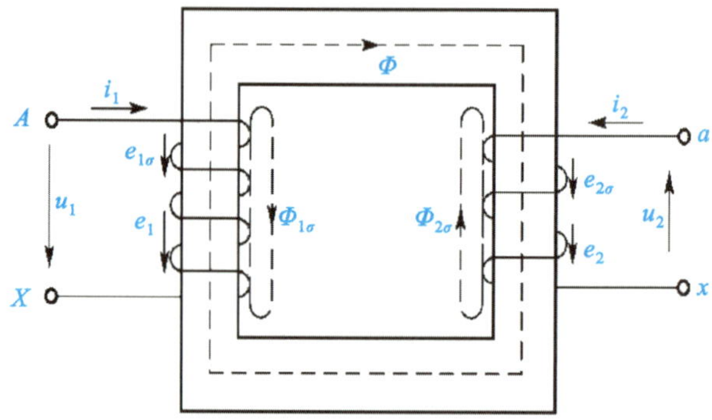

图 7-39　单相双绕组变压器原理图

与电源相连的绕组，接受交流电能，通常称为一次绕组，以 A、X 标注其出线端；与负载相连的绕组，送出交流电能，通常称为二次绕组，以 a、x 标注其出线端。与一次绕组相关的物理量均以下角标“1”来表示，与二次绕组相关的物理量均以下标“2”来表示。例如一次的匝数、电压、电动势、电流分别以 N_1、u_1、e_1、i_1 来表示；二次的匝数、电压、电动势、电流分别以 N_2、u_2、e_2、i_2 来表示。

当一次绕组接通电源，便会在铁心中产生与电源电压同频率的交变磁通。忽略漏磁，该磁通便同时与一、二次绕组相交链，耦合系数 $k_c=1$，这样的变压器称为理想变压器。理想变压器的一、二次电压比等于匝数比，即

$$\frac{U_1}{U_2}=\frac{N_1}{N_2} \tag{7-29}$$

当 $N_1>N_2$ 时，为降压变压器；当 $N_1<N_2$ 时，为升压变压器。

根据能量守恒原理有电功率

$$P_1=P_2 \tag{7-30}$$

式中，P_1 为一次功率；P_2 为二次功率。

根据式（7-28）与式（7-29）可得电流比与匝数比互为倒数，即

$$\frac{I_2}{I_1}=\frac{N_1}{N_2} \tag{7-31}$$

注意式（7-30）只在理想变压器只有一个二次线圈时成立。当有两个二次线圈时

$$P_1=P_2+P_3 \tag{7-32}$$

$$U_1 / N_1 = U_2 / N_2 = U_3 / N_3 \tag{7-33}$$

电流则须利用电功率的关系式去求。有多个二次线圈时，依此类推。

（三）变压器的分类

1. 按用途分类

（1）电力变压器，如升压变压器、降压变压器、配电变压器（用于配电网络，以满足生产和日常生活的要求）、联络变压器（用于联络两变电所系统）、厂用或所用变压器（发电厂或变电所自用或为厂矿企业专用）等。

（2）仪用变压器，如电流互感器、电压互感器，作为测量和保护装置。

（3）电炉变压器，如炼钢炉变压器、电压炉变压器、感应炉变压器。

（4）试验变压器，主要用来做电气设备和绝缘材料的工频耐压试验。

（5）整流变压器，是整流设备的电源变压器。

（6）调压变压器，分为自耦式调压变压器、感应式调压变压器和移圈式调压器等。

（7）矿用变压器（防爆变压器），是用于矿井的变压器，套管不曝露在外，用电缆与外界连接，能防尘、防机械损坏。用于矿井内开采用的变压器要防爆（防可燃气体和粉尘爆炸），故又称为防爆变压器。

（8）其他用途变压器，如船用变压器、中频变压器、电焊变压器、电抗器、消弧电抗器、X 光变压器、换相器、滤波器、无线电小变压器、行灯变压器接地变压器等。

2. 按相数分类

（1）单相变压器，用于单相负载或三相变压器组。

（2）三相变压器，用于三相负载。

3. 按绕组结构分类

分为双绕组、三绕组、多绕组变压器和自耦变压器。

4. 按铁心结构分类

分为心式变压器和壳式变压器。

5. 按冷却方式分类

分为干式变压器、油浸自冷变压器、油浸风冷变压器、强迫油循环冷却变压器、强迫油循环导向冷却变压器、充气式变压器等。

6. 按容量分类

（1）小型变压器，容量为 630 kV·A 及以下。

（2）中型变压器，容量为 800 kV·A ~ 6 300 kV·A。

（3）大型变压器，容量为 8 000 kV·A ~ 63 000 kV·A。

（4）特大型变压器，容量为 900 000 kV·A 及以上。

（四）变压器在汽车上的应用

汽车点火系统为了保证汽车的正常工作，会按照各缸点火次序，定时地供给火花塞以足够高能量的电压（约 15 ~ 30 kV），使火花塞产生足够强的火花，进而点燃可燃混合气。但是，汽车上普遍采用的是 12 V 和 24 V 的低压电，如何才能获得到如此高的点火电压呢？答案就是利用变压器。汽车上所用的变压器指的是点火系统中的点火线圈。

1. 点火线圈构成

点火线圈由一次绕组、二次绕组和铁心等组成，它的作用是将电源提供的 12 V 低压电转变成能击穿火花塞电极间隙的高压电。

汽车无分电器的计算机点火系统通常将点火线圈和火花塞制成一体。点火系统的组成如图 7-40 所示。

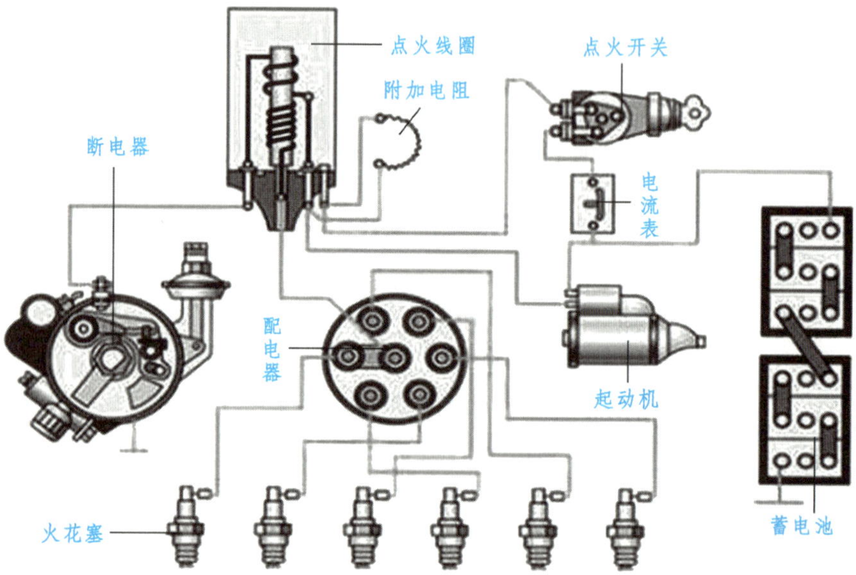

图 7-40　点火系统的组成

2. 点火线圈分类

点火线圈是利用电磁感应原理制成的。点火线圈按其磁路结构形式的不同，一般分为开磁路式和闭磁路式两种。

（1）开磁路点火线圈。

开磁路点火线圈是利用电磁互感原理制成的。其结构主要由硅钢片叠成的铁心上的一次线圈和二次线圈、壳体及其外的附加电阻等组成。开磁路点火线圈的结构如图 7-41 所示，它的上端装有胶木盖，其中央突出部分为高压插孔，其余的接线柱为低压接线柱。

开磁路点火线圈特点：为了减少涡流和磁路损失，铁心由若干层涂有绝缘漆的硅钢片叠成，包在硬纸做成的绝缘套管内。套管外面有用直径为 0.06 ~ 0.10 mm 的漆包线分层绕制的二次绕组，绕组匝数为 11 000 ~ 26 000 匝。每层绕组之间都用绝缘纸隔开，最外层的绝缘纸层数较多。再用同样方法将一次的绕组绕在二次绕组的外边。一次的绕组因通过的电流较大。所以一般用 0.5 ~ 1.0 mm 的漆包线绕制，匝数约为 230 ~ 380 匝；绕组绕好后在真空中浸以石蜡和松香的混合物，以增强绝缘性。外壳与绕组之间装有导磁用的钢套。钢套作用是减小磁阻，并使一次绕组的热量易于散出。两个绕组连同铁心浸渍石蜡和松香的混合物后装入外壳中，并支于瓷质绝缘座上。为加强绝缘防止潮气浸入，利于散热，在外壳内填满沥青或变压器油：前者称为干式点火线圈；后者称为油浸式点火线圈。点火线圈上端装有胶木盖，用以密封点火线圈内部，并可防止高压电击穿刺激绕组的绝缘层，向外壳放电。

根据低压接线柱的数量，开磁路点火线圈分为两接线柱式和三接线柱式。三接线柱式点火线圈上装有一附加电阻，接在标有“开关”和“开关电源”的两接线柱上。附加电阻由低碳钢丝或镍铬丝制成，具有受热时电阻迅速增大、冷却时电阻迅速降低的特性。因此，在发动机工作时，可自动调节一次电流，改善高速时的点火特性。在安装时应将附加电阻的两接线柱接至起动机的辅助开关触点上，以便起动时将其短路隔除，以提高起动时的一次电流，使起动容易。二接线柱式点火线圈无附加电阻，如 EQ1090 型汽车上装的 DQ125 型点火线圈，其负接线柱接至分电器触点，而正接线柱上接有两根导线，其中一根蓝色导线接至起动机电磁开关的附加电阻短路接线柱上，另一根白色导线接至点火开关。这根白色导线就是附加电阻线，电阻值为 1.712 Ω，相当于三接线柱点火线圈的附加电阻。当一次电流通过开磁路点火线圈时，使铁心磁化，其磁路如图 7-41 所示。从图可见，磁体的上下部分是从空气中通过的，因此漏磁较多，能量损失大。

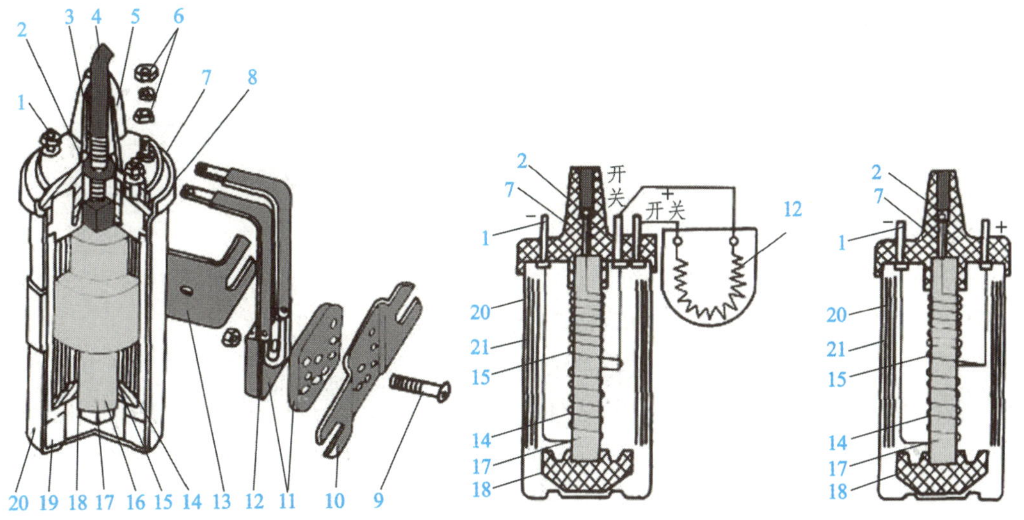

（a）结构示意图　　（b）三接线柱式原理图　　（c）二接线柱式原理图

1—线柱式接线柱；2—二次绕组引出头及弹簧；3—橡胶罩；4—高压阻尼线；5—高压线插座；6—螺母及垫片；7—绝缘盖；8—橡胶密封圈；9—螺钉及螺母；10—附加电阻盖；11—附加电阻瓷质绝缘体；12—附加电阻及接线片；13—固定夹；14—一次绕组；15—二次绕组；16—绝缘纸；17—铁心；18—瓷绝缘体；19—沥青材料；20—外壳；21—导磁钢套。

图 7-41　开磁路点火线圈

（2）闭磁路点火线圈。

闭磁路点火线圈的结构如图 7-42 所示。

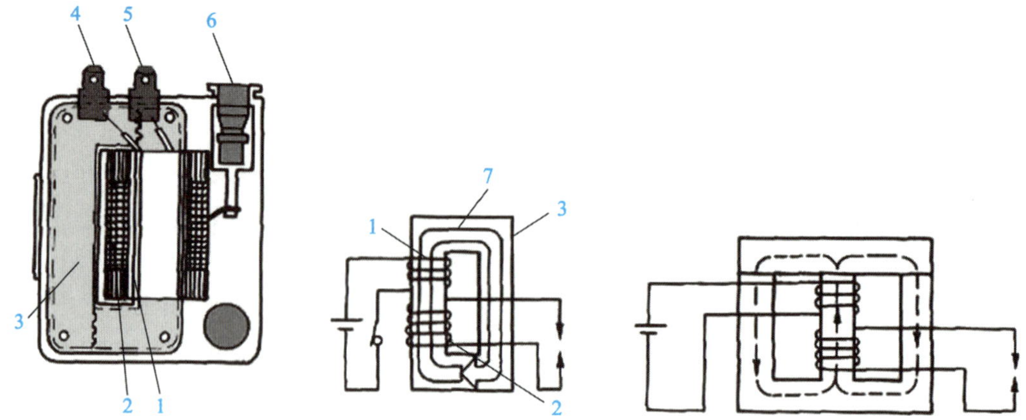

（a）闭磁路点火线圈　（b）“口”字形铁心　（c）“日”字形铁心

1—一次绕组；2—二次绕组；3—铁心；4—正接线柱；5—负接线柱；6—高压接线柱；7—磁感线。

图 7-42　闭磁路点火线圈

闭磁路点火线圈将一次绕组和二次绕组都绕在“口”字形或“日”字形的铁心上。一次绕组在铁心中产生的磁通，通过铁心构成闭合磁路。

闭磁路点火线圈的优点：漏磁少、磁路的磁阻小，因而能量损失小，能量变换率高；闭磁路式点火线圈采用热固性树脂作为绝缘填充物，外壳以热熔性塑料注塑成型，其绝缘性、密封性均优于开磁式点火线圈；体积小，可直接装在配电器盖上，不仅结构紧凑，而且省去了点火线圈与配电器之间的高压导线，并可使二次电容减小，所以广泛应用于电子点火系统中。

3. 点火线圈工作原理

在传统点火系统中，蓄电池或发电机供给 12 V 低电压，经点火线圈和断电器转变为高电压，再经配电器分送到各缸火花塞，使电极间产生电火花。

如图 7-43 所示，发动机工作时，分电器轴连同凸轮一起在发动机凸轮轴的驱动下旋转，凸轮旋转时交替地使断电器触点打开与闭合。因此传统点火系统的工作原理可分为：触点闭合，一次电流增长；触点打开，二次绕组产生高压；火花塞电极间火花放电三个阶段。在点火开关接通的情况下，当触点闭合时，点火线圈一次绕组中有电流流过，流过一次绕组的电流称为一次电流 I_1，一次电流所流过的路径称为一次电路，或低压电路。其路径如下：蓄电池正极→电流表→点火开关→点火线圈“+开关”接线柱→附加电阻→“开关”接线柱→点火线圈一次绕组→点火线圈“-”接线柱→断电器触点→搭铁→蓄电池负极。

电流通过一次绕组时，在铁心中产生磁场。当断电器凸轮将触点打开时，一次电路被切断，一次绕组中的电流迅速下降到 0，引起磁通突降，在一次绕组中产生自感电动势，达 200 ~ 300 V。因此，二次绕组中将在互感的作用下产生与二次绕组和一次绕组匝比成正比的高压电动势，达 15 ~ 20 kV。该电动势击穿火花塞间隙，产生电火花，点燃混合气。二次绕组上产生的电压称为二次电压 U_2，二次绕组所在的电路称为二次电路，或高压电路。其路径为：二次绕组→附加电阻→点火开关→蓄电池正极→蓄电池负极→高压导线→配电器旁电极→分火头→高压导线→二次绕组。

发动机工作期间，断电器凸轮每转一周，各缸按点火顺序轮流点火一次。

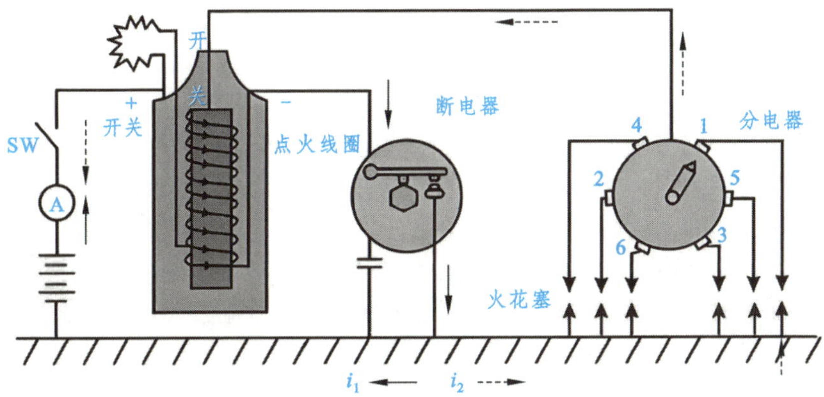

传统点火系统的组成和工作原理

图 7-43　点火线路

任务三　继电器、汽车喇叭电路的连接

一、继电器的结构与原理

（一）继电器的初步认识

7.3.1　继电器的结构与原理

继电器是自动控制电路中常用的一种传递信号的元件，可以接通和分断控制电路，是可用较小的电流来控制较大电流的一种自动开关。继电器的输入信号可以是电压、电流等电量，也可以是热、速度、油压等非电量，而输出则都是触点动作，使输出量发生预定的变化。继电器的电磁系统和触头都较小，因此它的动作迅速、反应灵敏。在工业控制中使用的中间继电器、热继电器等体积较大，线圈通过的电流或承受的电压较大，触点允许通过的电流较大。在汽车电气系统中所使用的继电器体积较小，触点控制的电流也较小。

（二）几种常见的继电器

下面分别介绍电磁继电器、热继电器和干簧式继电器。

1. 电磁继电器

（1）电磁继电器的结构。

电磁继电器是利用电磁铁控制工作电路通断的开关，实物如图 7-44 所示。电磁式继电器一般由电磁铁、触点、衔铁和弹簧等部分组成，如图 7-45 所示。触点系统包括回位弹簧和触点。电磁式继电器以电磁系统为主体，成本较低，便于控制电路采用。电磁式继电器按其触电位置分为三类：常开（NO 型）继电器、常闭（NC 型）继电器和开闭混合型继电器。

（2）电磁继电器的工作原理。

电磁继电器在线圈两端加上一定的电压，线圈中就会流过一定的电流，从而产生电磁效应，衔铁就会在电磁力吸引的作用下克服返回弹簧的拉力吸向铁心，从而带动衔铁的动触点与静触点（常开触点）吸合。当线圈断电后，电磁的吸力也随之消失，衔铁就会在弹簧的反作用力下返回原来的位置，使动触点与原来的静触点（常闭触点）释放。这样吸合、释放，从而达到了在电路中的导通、切断的目的。对于继电器的“常开、常闭”触点，可以这样来区分：继电器线圈未通电时处于断开状态的静触点，称为“常开触点”；处于接通状态的静触点称为“常闭触点”。

图 7-44　继电器实物

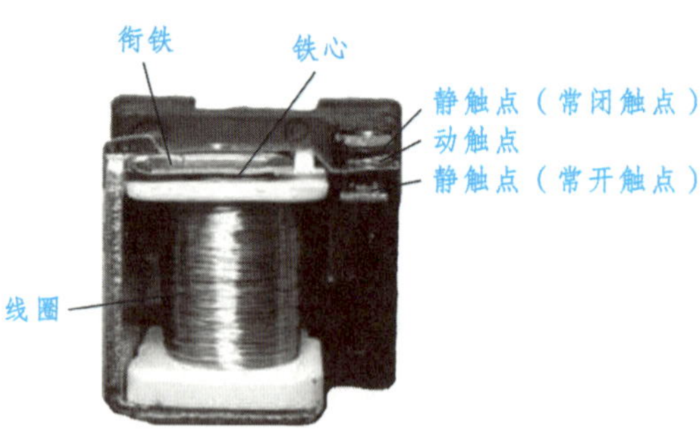

图 7-45　电磁继电器组成

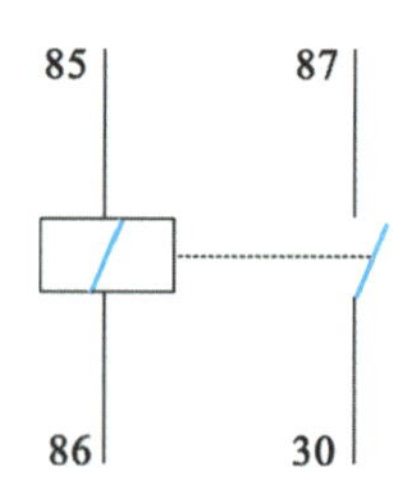

图 7-46　继电器符号

（3）电磁继电器在电路中的连接方式。

电磁继电器一般有两股电路，为低压控制电路和高压工作电路，其中线圈接入低压控制电路，触点接入高压工作电路。继电器的图形符号如图 7-46 所示，端子 85、86 之间是线圈，端子 30、87 之间是触点。继电器在电路中的接线方式如图 7-47 所示。可参照图 7-48 汽车喇叭电路来理解继电器在电路中的接线。在汽车喇叭电路中，继电器用小电流控制大电流，减小喇叭开关的电流负荷，具有保护喇叭开关的作用。

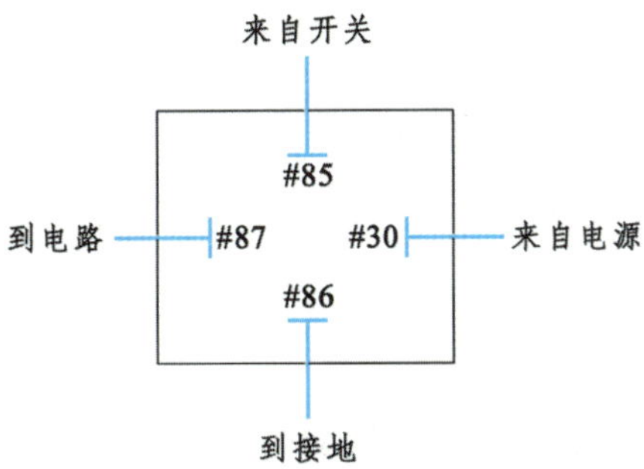

图 7-47　四个引脚继电器典型的接线端框

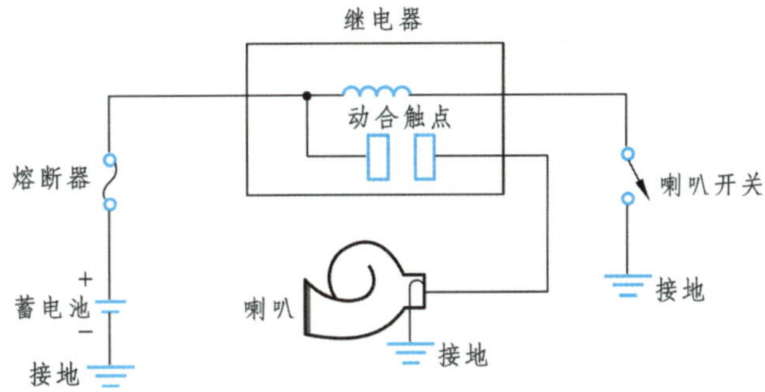

图 7-48　汽车喇叭电路

常用电磁继电器有单位继电器（四脚继电器）和双位继电器（五脚继电器），如图 7-49 和 7-50 所示。

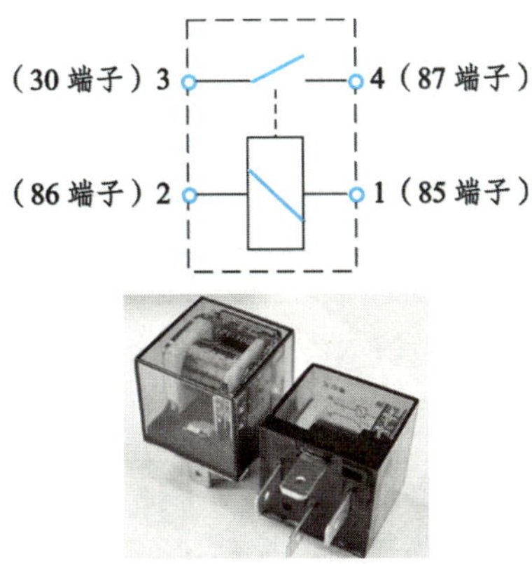

图 7-49　四脚继电器

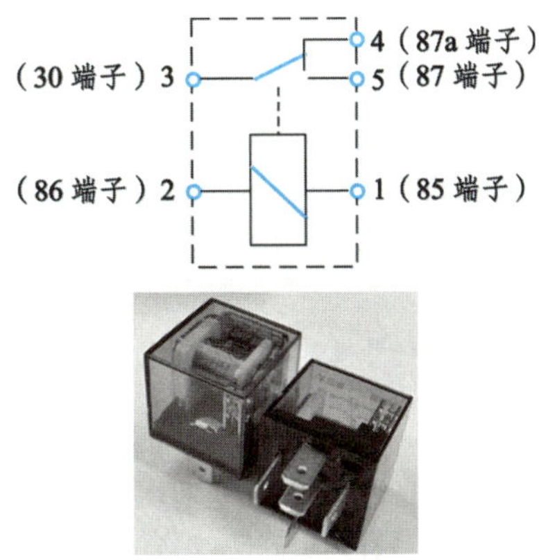

图 7-50　五脚继电器

2. 热继电器

热继电器是用来保护电动机，使之免受长期过载受到危害的继电器。热继电器是利用电流的热效应而动作的，它的原理如图 7-51 所示。

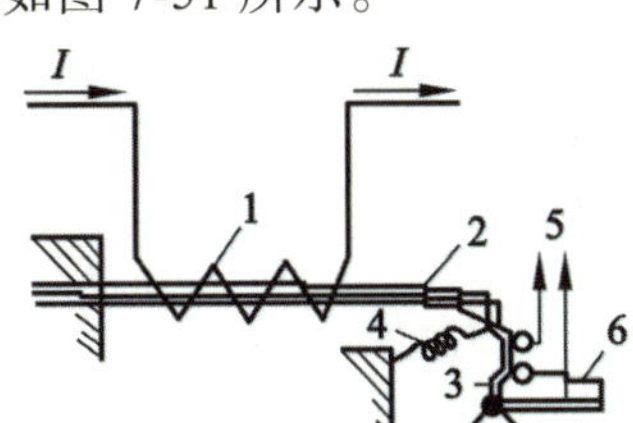

1—热元件；2—双金属片；3—扣板；4—弹簧；5—常闭触头；6—复位按钮。

图 7-51　热继电器的原理图

图 7-51 中热元件是一段电阻不大的电阻丝，接在电动机的主电路中。双金属片由两种具有不同膨胀系数的金属采用热和压力碾压而成，亦可采用冷结合，其中下层金属的膨胀系数大，上层的膨胀系数小。当主电路中电流超过允许值而使双金属片受热时，它便向上弯曲，进而脱扣，扣板在弹簧的拉力下将常闭触头断开。触头接在电动机的控制电路中，控制电路断开而使接触器的线圈断电，从而断开电动机的主电路。

由于热惯性，热继电器不能用作短路保护。因为发生短路事故时，要求电路立即断开，而热继电器是不能立即动作的。一般在电动机起动或短时过载时，热继电器不会动作，从而可避免电动机不必要的停车。

热继电器的主要技术数据是整定电流，即热元件通过的电流超过此值的 20%时，热继电器应当在 20 min 内动作。根据整定电流选用热继电器，整定电流与电动机的额定电流基本一致。

3. 干簧式继电器

干簧式继电器是由一组或几组导磁簧片封装在有惰性气体的玻璃管中组成的开关元件。继电器的触点是一个或几个干簧管，它的图形符号与中间继电器一样。当继电器线圈通以电流时，在线圈中心工作气隙中形成磁通回路，从而使干簧管的一对触点吸合，如图 7-52（a）。图 7-52（b）表示利用外磁场驱动继电器，在磁场作用下，干簧管中的两根簧片分别被磁化而相吸引，接通电路；磁场消失后，簧片靠本身的弹性分开。

（a）利用线圈内磁场驱动继电器　　（b）利用线圈外磁场驱动继电器

图 7-52　干簧式继电器

汽车控制电路继电器常用的有电磁继电器和干簧式继电器两种。电磁继电器成本较低，便于控制电路采用。干簧式继电器反应灵敏，多作为信号采集使用。控制执行部件大多采用电磁继电器，传感器大多采用干簧式继电器。

（三）继电器电气符号

继电器线圈在电路中用一个长方框符号表示，如果继电器有两个线圈，就画两个并列的长方框。同时在长方框内或长方框旁标上继电器的文字符号“K”表示，以前常用“J”表示。细分时应用双字母表示。

电磁继电器的常用符号如图 7-53 所示。

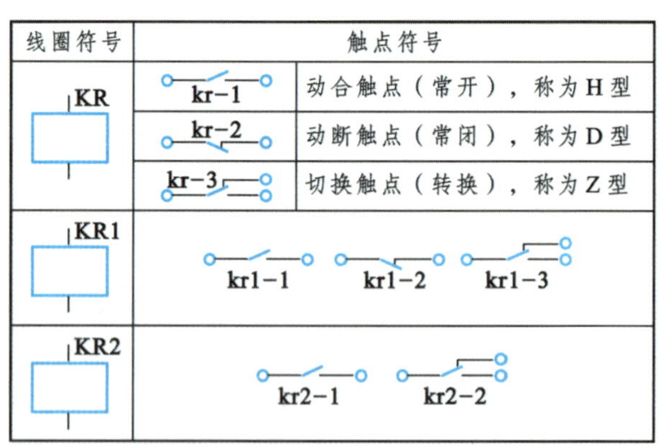

图 7-53　电磁继电器的常用符号

（四）继电器的检测

1. 电磁式继电器的检测

（1）测触点的接触电阻。

用万用表电阻挡，测量继电器常闭触点（30、87a 端子）的电阻值，正常值应为 0。若测出某组触点有一定电阻值或为无穷大，则说明该触点已氧化或触点已被烧蚀。

（2）检测电磁线圈的电阻值。

继电器正常时，其电磁线圈的电阻值为 25 ~ 2 000 Ω。额定电压较低的电磁式继电器，其线圈的电阻值较小；额定电压较高的继电器，线圈的电阻值相对较大。

将万用表拨至 R × 200 挡，然后将两表笔分别与线圈接线脚（85、86 端子）接触，测量其电阻值。若测得继电器电磁线圈的电阻值为无穷大，则说明该继电器的线圈已开路损坏；若测得线圈的电阻值低于正常值许多，则是线圈内部有短路故障。

（3）测量吸合电压和吸合电流。

用可调稳压电源和电流表，给继电器输入一组电压，且在供电回路中串入电流表进行监测。慢慢调高电源电压，听到继电器吸合声时，记下该吸合电压和吸合电流。

测量释放电压和释放电流：也是像上述那样连接测试，当继电器发生吸合后，再逐渐降低供电电压，当听到继电器再次发生释放声音时，记下此时的电压和电流值。一般情况下，继电器的释放电压为吸合电压的 10% ~ 50%，如果释放电压太低（小于 10%的吸合电压）时则不能正常使用了，这样会对电路的稳定性造成威胁，使工作不可靠。

2. 干簧式继电器的检测

（1）有线圈的干簧管继电器触点的检测。

干簧管继电器接点形式有两种：常开触点（H 型）和转换触点（Z 型），选用万用表的 R × 1 挡，将表笔分别接在常闭接触点的两个引出脚上，电阻值为 0。然后用表笔接触常开触点的引脚，它的电阻值应该是无穷大（∞），再给继电器的线圈加上该元件的额定电压，通电线圈产生的磁场使常开的舌簧片磁化，将常闭触点转为开路，将常开触点转为闭合。此时原常闭触点电阻值应变为无穷大，常开触点的电阻值则变为 0，与通电前的电阻值情况相反，说明该继电器良好。若万用表有一定电阻值或无指示，则说明该继电器有故障。

（2）永久磁铁干簧管继电器触点的检测。

将万用表置于 R × 1 挡，使永久磁铁远离干簧管，再用万用表的两支表笔分别接触干簧管（H 型）的两个引脚，此时表的指示值应为无穷大，然后将永磁铁平行移近干簧管，在移至相聚 6 ~ 10 mm 时，万用表的指示值变为 0，说明该 H 型永磁干簧管的触点良好。用上述方法同样可检测 Z 型继电器。测试的时候，若万用表指示有一定电阻值或者无指示，则表明继电器的舌簧片有故障，可能是接触不好或者是磁化不良等原因。

二、汽车喇叭电路的连接

汽车上都装有喇叭，用来警告行人和其他车辆，以引起注意，保证行车安全。

（一）汽车喇叭

1. 汽车喇叭类型

汽车喇叭类型较多，常用的分类方法及类型有如下几种。

（1）按发音动力不同可分为气喇叭和电喇叭。

气喇叭是利用气流使金属膜片振动产生音响，外形一般为筒形，多用在具有空气制动装置的重型载重汽车上。

电喇叭是利用电磁力使金属膜片振动产生音响，其声音悦耳，广泛应用于各种类型的汽车上。电喇叭按有无触点又可分为普通电喇叭和电子电喇叭。普通电喇叭是靠触点的闭合和断开，控制电磁线圈激励膜片振动而产生音响的；电子电喇叭中无触点，则利用晶体管电路激励膜片振动产生音响。

（2）按外形不同可分为螺旋形、筒形和盆形。

在中小型汽车上，由于安装位置的限制，多采用螺旋形和盆形电喇叭。盆形电喇叭具有体积小、质量轻、指向好、噪声小等优点。

（3）按音频高低不同可分为高音喇叭和低音喇叭。

2. 常见的电喇叭

（1）螺旋形电喇叭。

螺旋形电喇叭的结构如图 7-54 所示，其中膜片 3 和共鸣板 2 借中心杆 15 与衔铁 10、调整螺母 13、锁紧螺母 14 联成一体。

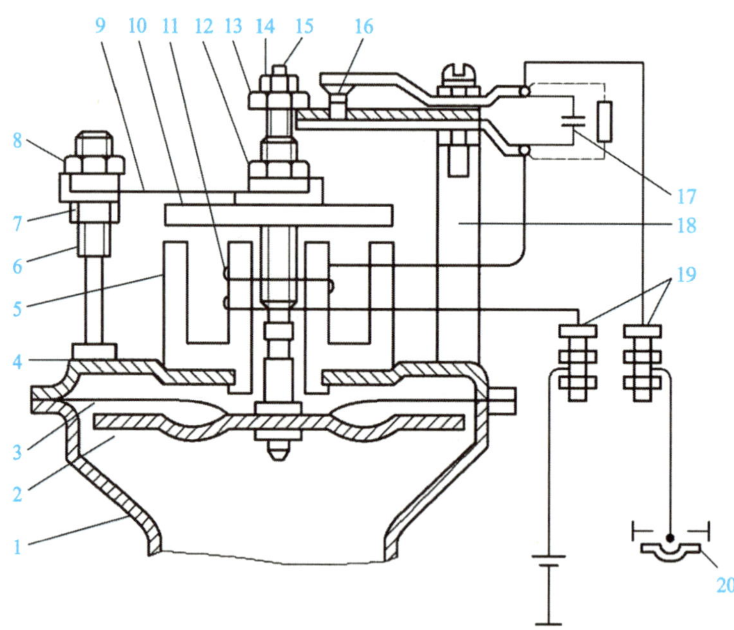

1—扬声器；2—共鸣板；3—膜片；4—底板；5—山字形铁心；6—螺柱；7—音调调整螺母；8，12，14—锁紧螺母；9—弹簧片；10—衔铁；11—线圈；13—音量调整螺母；15—中心杆；16—触点；17—电容器；18—触点支架；19—接线柱；20—喇叭按钮。

图 7-54 螺旋形电喇叭

其工作过程是：当按下按钮时，电流由蓄电池正极→线圈 11→触点 16→按钮 20→搭铁→蓄电池负极。当电流通过线圈 11 时，产生电磁吸力，吸下衔铁 10，中心杆上的调整螺母 13 压下活动触点臂，使触点 16 分开而切断电路。此时线圈 11 电流中断，电磁吸力消失，在弹簧片 9 和膜片 3 的弹力作用下，衔铁又返回原位，触点闭合，电路再次接通。

此后，上述过程反复进行，膜片不断振动，从而发出一定音调的音波，由扬声器 1 加强后传出。共鸣板与膜片刚性连接，在振动时发出伴音，加强音量和改善音色，使声音更加悦耳。为了减小触点火花，保护触点，在触点 16 间并联了一个电容器（或消弧电阻）。

（2）盆形电喇叭。

如图 7-55 所示为盆形电喇叭的结构。其工作原理是：当按下喇叭按钮时，电流由蓄电池“+”极→线圈→触点→喇叭按钮→搭铁→蓄电池“-”极，构成回路。线圈通电后产生吸力，将衔铁吸下，使膜片向下拱曲，直至触点打开；触点打开后，线圈电路被切断，电磁力消失，衔铁和膜片回位，直至触点闭合。在如此反复过程中，膜片不断振动并与共鸣板一起作用产生共鸣发声。

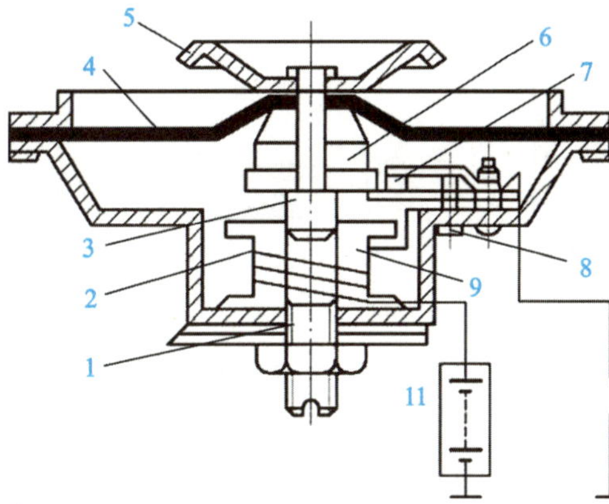

1—下铁心；2—线圈；3—上铁心；4—膜片；5—共鸣板；6—衔铁；7—触点；8—调整螺钉；9—铁心；10—喇叭按钮；11—紧锁螺母。

图 7-55　盆形电喇叭结构

（3）电子电喇叭。

由于普通电喇叭常出现触点烧蚀、氧化现象，使喇叭工作可靠性下降，因此现在汽车多采用电子电喇叭，即无触点电喇叭。它利用晶体管控制电路来激励膜片振动产生声响，其结构如图 7-56 所示。

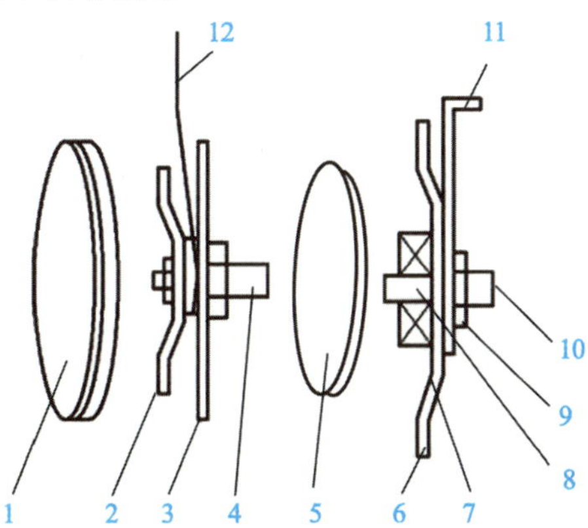

1—罩盖；2—共鸣板；3—绝缘膜片；4—上衔铁；5—纸张垫圈；6—喇叭体；7—线圈；8—下衔铁；9—锁紧螺母；10—调节螺钉；11—托架；12—导线。

图 7-56　电子电喇叭结构

3. 喇叭的调整

喇叭调整包括音调调整和音量调整。喇叭音调的高低取决于膜片振荡的频率，振荡越快，音调越高。不同类型的喇叭调整方法不同，通常喇叭调整原理如图 7-57 所示。

（1）音调的调整。

音调的高低取决于膜片振动的频率，改变铁心间隙可以改变膜片的振动频率，从而改变音调（有的在制造时已经调好，工作中不用调整）。当减小间隙时，则音调提高；当增大间隙时，则音调降低。音调调整可通过调节图 7-57 中螺钉 2 即可完成。

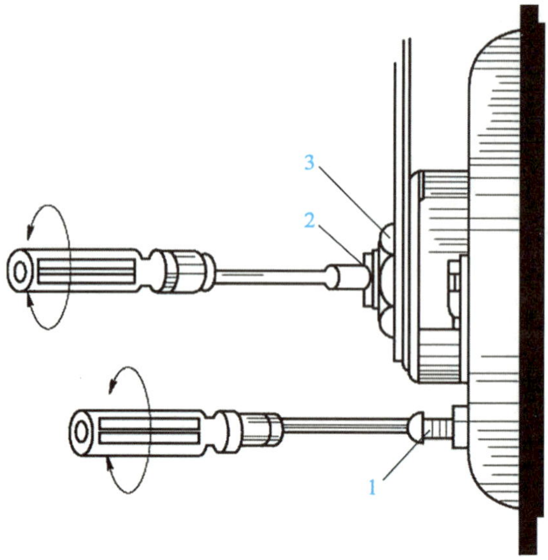

1—音量调整螺钉；2—音调调整螺钉；3—紧固螺母。

图 7-57 喇叭的调整

（2）音量的调整。

音量的大小与通过线圈的电流大小有关：当线圈通过电流大时，则喇叭音量就大；当线圈通过电流小时，则喇叭音量就小。线圈通过的电流大小，可以通过改变喇叭触点的接触压力来调整。音量调节可通过调整图 7-57 中螺钉 1 完成。

（二）汽车喇叭电路的组成

1. 汽车喇叭电路的组成

（1）电源（蓄电池、发电机）：向汽车中所有用电设备提供低压直流电源（通常汽油车为 12 V，柴油车为 24 V），使汽车各部分能正常工作。

（2）点火开关：点火开关又被称为总开关、总电门或总钥匙，是整个汽车电路系统的控制中枢。它控制着整个汽车电路系统的通断，保证汽车在不同状态下能够正常工作。

（3）保险丝：喇叭保险丝主要作用是通过防止电路中电器的过载，来保护汽车电器设备。

（4）汽车喇叭继电器：汽车喇叭继电器通过以小电流控制大电流，减少控制开关触点的电流负荷，起到保护开关的作用。由于喇叭工作时需要的电流较大，如果直接用开关控制，按钮容易烧坏。为了避免这个缺点，可在电路加入继电器，此时开关控制继电器，继电器再给喇叭送电，这样开关就不容易被烧毁了。

（5）喇叭：在汽车的行驶过程中，驾驶员根据需要和规定发出必需的音响信号，警告行人和引起其他车辆注意，保证交通安全，同时还用于催行与传递信号。

（6）喇叭开关（按钮）：汽车喇叭按钮的作用是起动喇叭，让喇叭发出声音信号。

2. 汽车喇叭电路的工作原理

根据图 7-58 分析：

（1）当按下喇叭按钮时，电流通过继电器线圈，产生电磁吸力，吸下衔铁，触点闭合，此时接通喇叭电路，喇叭开始工作。

（2）当释放喇叭按钮时，喇叭控制线路断开，电磁力消失，触点断开，喇叭停止工作。

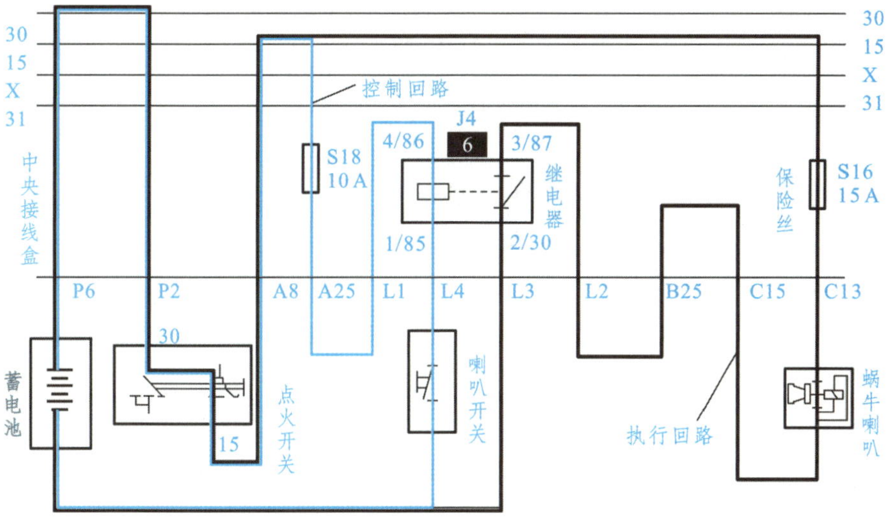

图 7-58　喇叭电路分析图

（三）汽车喇叭电路的连接

1. 看懂电路图

7.3.2　汽车喇叭电路的连接

图 7-59 是喇叭电路图，先要看懂电路图。

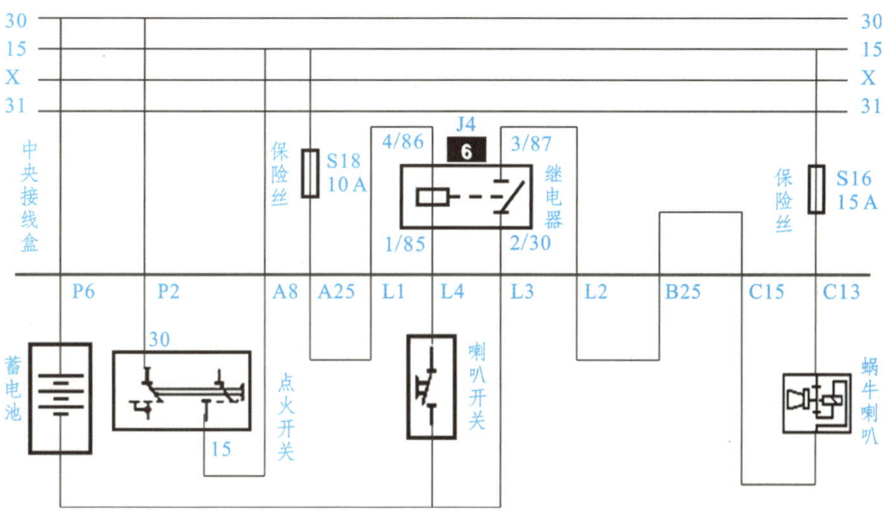

图 7-59　喇叭电路图

2. 拟画出喇叭简易电路图

根据电路图可以简单画出模拟电路图，如图 7-60 所示。

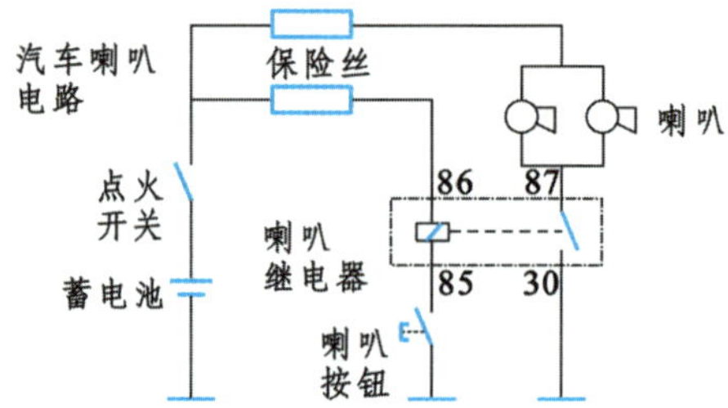

图 7-60　喇叭简易电路图

3. 汽车喇叭电路的连接

根据汽车喇叭简易电路图将器材连接起来。

连接时需注意：

（1）按图连接。

（2）线路的连接要牢固，不要短路。

（3）分清电源正负极。

（4）接好后复查一次线路，再接电源。

（四）喇叭电路的故障诊断与排除

1. 汽车喇叭电路的检测

（1）检查电源。使用电压测量仪或万用表等工具，检测电源电压，以确保其在正常范围内工作。

（2）喇叭的检测。检查喇叭接线脚是否松动或脱落，然后检查喇叭本身有无问题，用万用表测喇叭的两个接线柱之间的电阻，一般电阻约 1 Ω。通电后喇叭会响，根据声音可以判断是高音，还是低音。当喇叭声音嘶哑时，可尝试通过喇叭调整螺钉进行调整。

（3）保险丝的检测。对于普通保险丝，可以用万用表的电阻挡测量其电阻值。如果电阻值在 1 Ω 以下，通常表示保险丝是好的；如果电阻值在几十欧以上，则表示保险丝可能已经损坏。还可以用试灯或目测保险丝是否中间断裂。

（4）继电器的检测。85 和 86 表示线圈，用万用表欧姆挡测量 85 与 86 这两个脚是导通的。30 和 87 表示开关，用万用表测量，电阻无穷大，再给 85 和 86 这两个脚供电，那么 30 和 87 这两个脚就会接通。这样说明继电器是好的。

（5）检查喇叭按钮。检查喇叭按钮触点是否接触不良。

2. 喇叭电路的故障诊断与排除的方法

电路排除故障的原则是先简单后复杂，其步骤为：

（1）检查保险。

（2）检查是否有电到喇叭。

（3）如果有电到喇叭，则故障在喇叭或喇叭的搭铁线。

（4）如果没有电到喇叭，则故障在喇叭开关或喇叭继电器或线路。

Project 8

项目八

新能源汽车执行器与控制

任务一　三极管及其控制电路

核心知识点

本任务核心知识点涉及三极管的基本概念、工作原理、工作状态、放大倍数以及其在电路中的应用。掌握这些知识点对于理解和分析三极管电路至关重要。

8.1.1　三极管的结构及好坏判别

一、三极管的结构及好坏判别

（一）三极管基本知识

1. 三极管的概念及作用

三极管，全称为半导体三极管，也称双极型晶体管、晶体三极管，是一种控制电流的半导体器件。其作用是把微弱信号放大成幅度值较大的电信号，也用作无触点开关。三极管的外形如图 8-1 所示。

图 8-1　三极管外形图

2. 三极管的符号

三极管是半导体基本元器件之一，具有电流放大作用，是电子电路的核心元件。三极管是在一块半导体基片上制作两个相距很近的 PN 结，两个 PN 结把整块半导体分成三部分，中间部分是基区，两侧部分是发射区和集电区，排列方式有 PNP 和 NPN 两种。三极管的符号如图 8-2 所示。

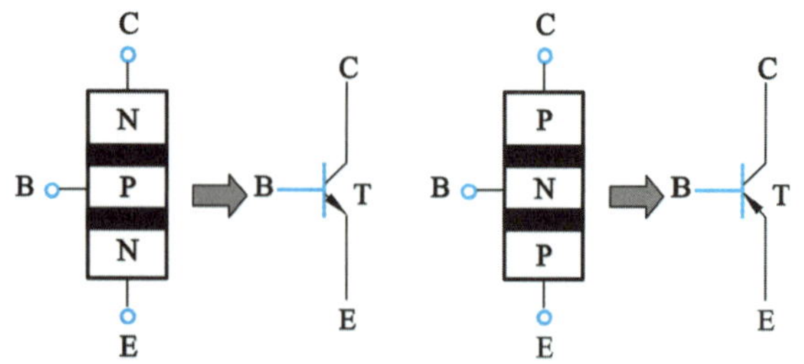

（a）NPN 型　　（b）PNP 型

图 8-2　三极管构成

3. 三极管的发展

在晶体三极管问世之前，电子电路中主要采用真空电子三极管通过放大和开关功能来控制电流。但真空电子管具有笨重、耗能高以及反应迟缓等缺点。

二战时，军事上急切需要一种稳定可靠、快速灵敏的电信号放大元件，研究成果在二战结束后获得。早期，由于锗晶体较易获得，主要研制应用的是锗晶体三极管。硅晶体出现后，由于硅管生产工艺很高效，锗管逐渐被淘汰。经半个世纪的发展，三极管已种类繁多，形貌各异。

4. 三极管的种类

小功率三极管一般为塑料包封；大功率三极管一般为金属铁壳包封，如图 8-3 所示。

图 8-3　三极管种类

5. 三极管结构

三极管的核心是 PN 结，是两个背对背的 PN 结，可以是 NPN 组合，也可以是 PNP 组合。

如图 8-4 所示，NPN 型三极管有三个电极，分别是发射极（带箭头的那一极是发射极），用 E 来表示；集电极，用 C 来表示；基极，用 B 表示。B 到 C 和 B 到 E 可以看作两个 PN 结，分别是发射极与基极之间的 PN 结，称为发射结；集电极与基极之间的 PN 结称为集电结。

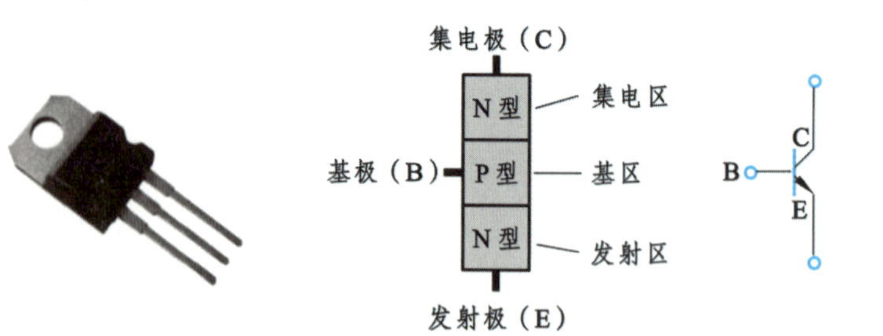

（a）实物图　　（b）结构　　（c）图形符号

图 8-4　NPN 型三极管原理

晶体三极管是 P 型和 N 型半导体的有机结合，两个 PN 结之间相互影响，使 PN 结功能发生了质的飞跃，具有电流放大作用。晶体三极管按结构粗分有 NPN 型和 PNP 型两种。

6. 三极管工艺特点

（1）发射区高掺杂：为了便于发射结发射电子，发射区半导体掺浓度高于基区的掺杂浓度，且发射结的面积较小。

（2）基区尺度很薄：3 ~ 30 μm，掺杂浓度低。

（3）集电结面积大：集电区与发射区为同一性质的掺杂半导体，但集电区的掺杂浓度要低，面积要大，便于收集电子。

（4）三极管不是两个 PN 结的简单拼凑，因 PN 结材料成分、尺寸、排布、掺杂浓度和几何结构不同，能制成各式各样的元件或集成电路。

7. 三极管结构特点

以 NPN 型为例，三极管的结构特点可以概括为三极、三区、两结。

从三片半导体各引出一个引脚，就是三极，中间为基极 B，两边分别为集电极 C 和发射极 E。

与三个引脚相连的三片半导体即为“三区”：基区、集电区和发射区。

三个区结构上各有特点，基区最薄，集电区面积最大，发射区掺杂浓度最高。三个区相互结合，在交界处形成两个 PN 结。基区与集电区交界处称为集电结，基区与发射区交界处称为发射结。电路中，用字母 T 表示三极管，图形符号中的箭头表示发射结导通时的电流方向。由于 PN 结导通时，电流从 P 区流向 N 区，因此，NPN 型箭头向外，PNP 型箭头向里。

（二）三极管的极性和好坏判别

在电路调试过程中遇到问题时，经常需要判断三极管的极性和好坏，可以使用数字万用表的二极管挡进行测量，红表笔相当于是电池的正极，黑表笔相当于是电池的负极。

三极管分为 NPN 型和 PNP 型的管子，它们的内部结构是不太一样的。但是 B 极跟 C、E 极之间都存在一个 PN 结，当表笔给 PN 结加上正向电压是能够导通的。

如图 8-5 所示，用数字万用表测量时，电流从红表笔流出。如果是 PNP 型的三极管，B 极接黑表笔，C、E 两极接红表笔时，PN 结正向导通，万用表会显示导通电压。

测量时可以先假设其中一个极是 B 极，然后用其中一支表笔固定在假设的 B 极上，另一支表笔分别接触其余两个引脚。如果两次测量时都不导通，可以互换一下表笔测量，直到找到 B；如果测量时显示的导通电压为 0，说明三极管内部击穿，已经损坏。

B 极找出之后，就可以找 C 极和 E 极了，用手捏住 B 极和假设是 C 极的电极，然后把表笔放到假设的 C 极和假设的 E 极，如果不导通，则互换红黑表笔。

如果互换表笔之后依然不导通，换另外的一个电极假设是 C 极，然后把表笔放到假设的 C 极和假设的 E 极上测量。

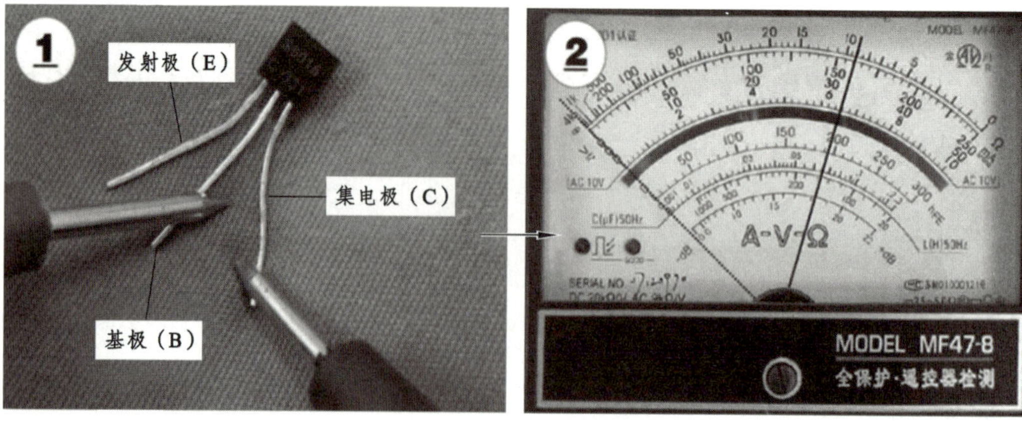

（a）将万用表的红表笔搭在 PNP 三极管基极上，黑表笔分别搭在集电极和发射极，检测正向阻值

（b）万用表实测得基极与集电极之间的正向阻值为 9 kΩ。调换表笔测得基极与集电极之间的反向阻值为无穷大

图 8-5　三极管检测方法

二、晶体管开关电路的应用

三极管作为组成各类电子电路的核心器件，其产生使得 PN 结的应用实现了质的飞跃。晶体管（三极管）凭借其截止特性能够实现开关功能。晶体管开关电路应用极为广泛，在汽车电气、电控系统中几乎不可或缺。晶体管被广泛应用于汽车电器的开关操作，用以开启或关闭电路。

8.1.2　晶体管开关电路的应用

（一）晶体管开关电路的原理

对于硅三极管而言，其发射结的正向偏压值约为 0.6 V，因此为了使三极管截止，U_I 必须低于 0.6 V，以使三极管的基极电流为零。通常在设计时，为了更确保三极管处于截止状态，往往使 U_I 值低于 0.3 V。当然输入电压愈接近 0，便愈能保证三极管开关处于截止状态。晶体管开关电路如图 8-6 所示。

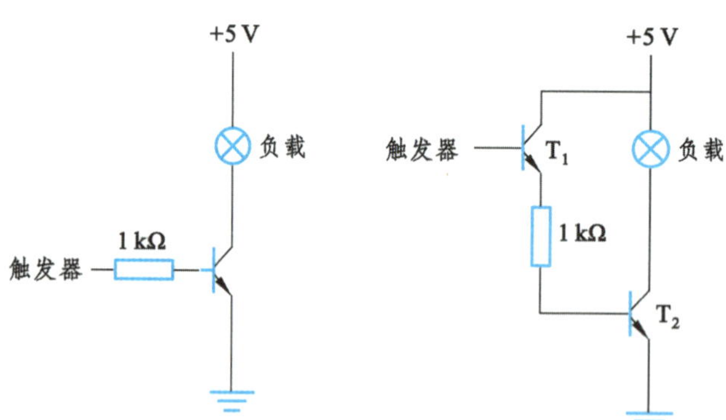

图 8-6　晶体管开关电路

晶体管伏安特性曲线如图 8-7 所示。为了将电流传送到负载上，则三极管的集电极与发

射极尽可能短路，就像机械开关的闭合动作一样，这需要使 U_{BE} 足够大，以驱动三极管使其进入饱和工作区工作。三极管呈饱和状态时，集电极电流相当大，几乎使得整个电源电压 U_{CC} 均跨在负载电阻上，如此则 U_{CE} 便接近于 0，而使三极管的集电极和发射极几乎呈短路。

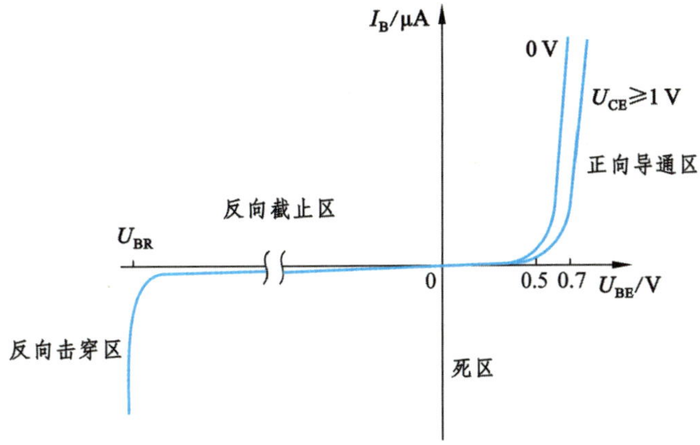

图 8-7 晶体管伏安特性曲线

1. 晶体管开关电路的分类

晶体管开关电路按驱动能力分为小信号开关电路和功率开关电路；按晶体管连接方式分为发射极接地（PNP 晶体管发射极接电源）和射级跟随开关电路。

2. 三极管开关与机械式开关的比较

三极管开关不存在活动接点部分，所以不存在磨损之忧，使用寿命很长。而一般的机械式开关，由于接点会磨损，只能使用数百万次左右，并且其接点容易受污损从而影响工作，因而无法在脏乱的环境下运行。三极管开关既没有接点又是密封状态，所以不存在这些顾虑。

3. 开关速度

三极管开关的动作速度较一般的开关要快，一般开关的启闭时间是以毫秒（ms）来计算的，三极管开关则以微秒（μs）来计算的。

任务二　放大电路及应用

核心知识点

本任务核心知识点涵盖了放大电路的基本原理、类型、性能指标、应用以及设计原则。理解这些知识点对于掌握放大电路的工作原理、设计方法和实际应用具有重要意义。

一、音频信号放大电路

8.2.1　音频信号放大电路

（一）音频放大器的发展

随着社会和技术的不断发展，音频前置放大电路和音频功率放大器均已达到一个成熟的阶段。音频放大器是多媒体产品的重要组件之一，广泛应用于消费类电子领域。线性音频功放因失真小、音质好，在传统的音频放大器市场上一直占主导地位。音频功率放大器简称音频功放，主要用于推动扬声器发声。凡发声的电子产品中都要用到音频功放，比如手机、笔记本电脑、电视机、音响设备等，给我们的生活和学习工作带来了不可替代的方便和享受。

近年来，随着手机、笔记本电脑等便携式多媒体设备的普及，线性功放的效率和体积已不能满足市场的要求，而 D 类功放以效率高、节能、体积小等优点越来越受到人们的青睐。因此，高性能的 D 类功放具有十分重要的应用价值及市场前景。

音频放大器已经有接近一个世纪的发展历史了。最早电子管放大器的第一个应用就是音频放大器，然而，直到现在为止，它还在不断地更新、发展、前进，这是因为人类的听觉是各种感觉中相当重要的一种，也是最为基本的一种。为了满足该需要，有关的音频放大器就要不断地加以改进。高效率的音频放大器不只是在便携式的设备中需要，在大功率的电子设备中也需要，因此功率越大，效率也就越重要。而随着人们居住条件的改善，高保真音响设备和更高档的家庭影院也逐渐开始兴起。在这些设备中，往往需要几十瓦甚至几百瓦的音频功率，这时低失真高效率的音频放大器就成为其中的关键部件。

音频放大器的发展先后经历了电子管（真空管）、双极型晶体管、场效应管三个时代。电子管音频放大器音色圆润，然而它体积庞大、功耗高、工作极不稳定，且高频响应不佳，如图 8-8 所示。双极晶体管音频放大器频带宽、动态范围大、可靠性高、寿命长，且高频响应好，然而它的静态功耗、导通电阻都很大，效率难以提高，如图 8-9 所示。场效应管音频放大器具有与电子管同样圆润的音色，同时它的动态范围宽，更重要的是它的导通电阻小，可以达到很高的效率，如图 8-10 所示。

图 8-8　电子管音频放大器

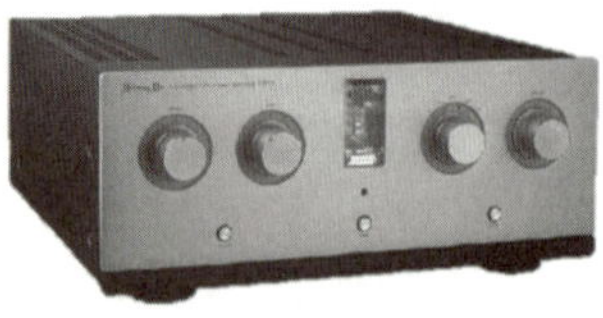

图 8-9　双极晶体管音频放大器

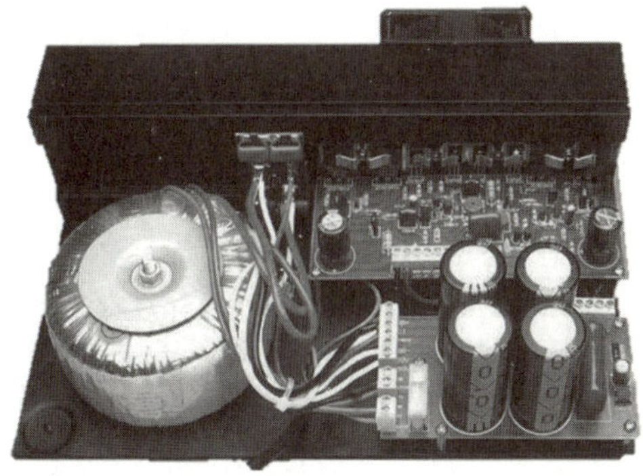

图 8-10　场效应管音频放大器

（二）放大器的结构及工作原理

1. 音频放大器的结构

音频放大器把前级送来的声频信号不失真地加以放大，输出足够的功率去驱动负载（扬声器），从而发出优美的声音，如图 8-11 所示。

音频放大器可以分为前置放大器和功率放大器。前置放大器以放大信号振幅为目的，因而又称电压放大器。功率放大器能够放大信号的功率，使之足以推动扬声器系统工作。

功率放大电路属于一种能量转换电路，它要求在失真处于许可范围内时，高效地为负载提供尽可能大的功率。由于功放管的工作电流和电压变化范围很大，所以三极管常常工作在大信号状态或者接近极限运用状态，存在甲类、乙类、甲乙类等工作方式。

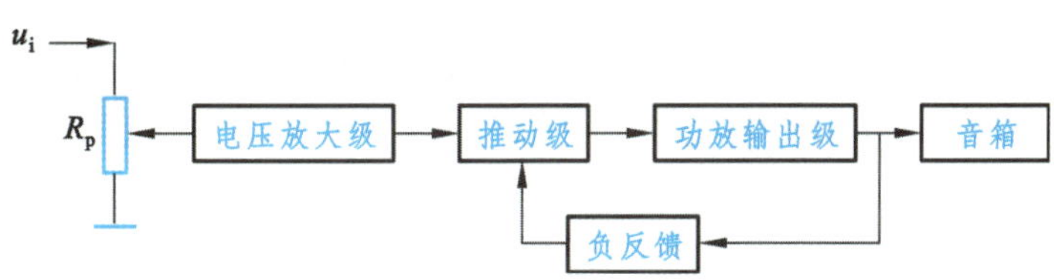

图 8-11　音频放大器的使用

为了提高效率，将放大电路做成推挽式电路，功放管的工作状态设置为甲乙类，以减小交越失真，如图 8-12 所示。

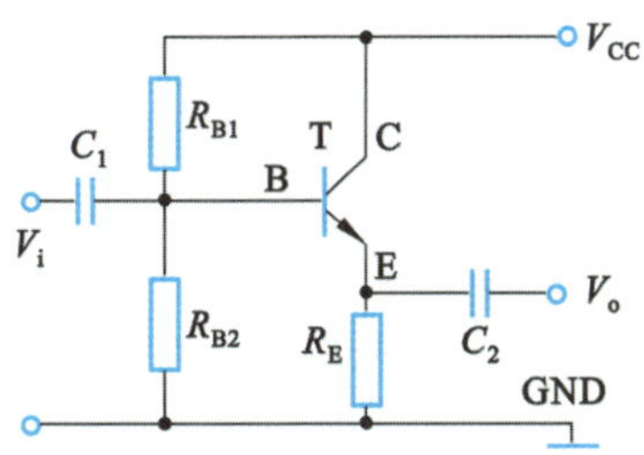

图 8-12　音频放大电路

常见的音频功放电路在连接形式上有以下三种：

（1）双电源互补推挽功率放大器 OCL（无输出电容），如图 8-13 所示。

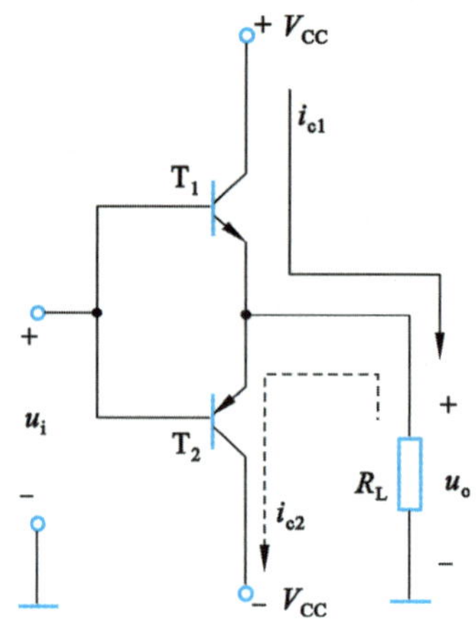

图 8-13　双电源互补推挽功率放大器电路

（2）单电源互补推挽功率放大器 OTL（无输出变压器），如图 8-14 所示。

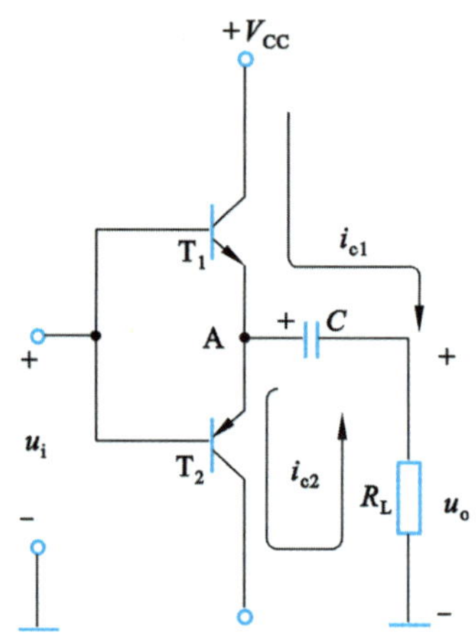

图 8-14　单电源互补推挽功率放大器电路

（3）平衡（桥式）无变压器功率放大器 BTL，如图 8-15 所示。

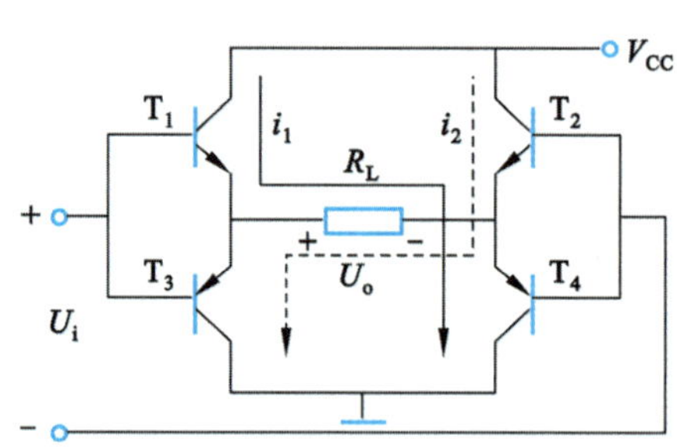

图 8-15　平衡（桥式）无变压器功率放大器电路

2. 音频放大器的工作原理

音频放大器利用三极管的电流控制作用或场效应管的电压控制作用，将电源的功率转换为按照输入信号变化的电流。如图 8-16 所示为单晶体管功率放大器电路。

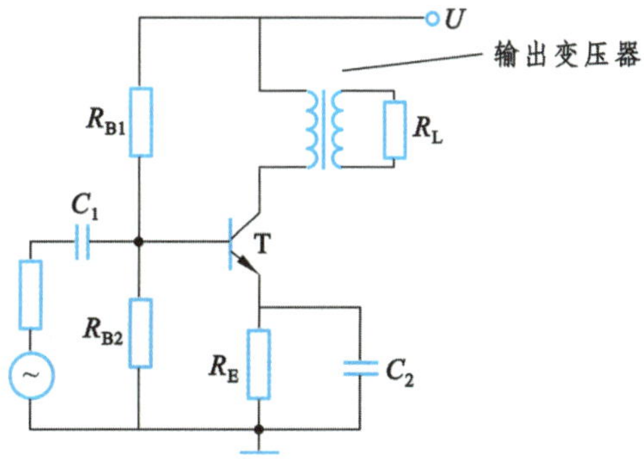

图 8-16　单晶体管功率放大器电路图

声音是不同振幅和不同频率的波，可视为交流信号电流。由于三极管的集电极电流永远是基极电流的 β 倍（β 是三极管的交流放大倍数），若将小信号注入基极，则集电极流过的电流会等于基极电流的 β 倍，然后将这个信号用隔直电容隔离出来，就得到了电流（或电压）是原先的 β 倍的大信号。

二、集成运算放大器及其应用

8.2.2　集成运算放大器及其应用

（一）集成运算放大器的基本知识

集成运算放大器（Integrated Operational Amplifier）简称集成运放，是由多级直接耦合放大电路组成的高增益模拟集成电路。自从 1964 年美国仙童半导体公司研制出第一个单片集成运算放大器 μA702 以来，集成运算放大器得到了广泛的应用，它已成为线性集成电路中品种和数量最多的一类。

1. 集成运算放大器的名称规定

国标统一命名法规定，集成运算放大器各个品种的型号由字母和阿拉伯数字两部分组成。字母在首部，统一采用 CF 两个字母，C 表示国标，F 表示线性放大器，其后的数字表示集成运算放大器的类型，如图 8-17 所示。

图 8-17　集成运算放大器实物图

2. 集成运算放大器的特点

集成运算放大器增益高（可达 60 ~ 180 dB）；输入电阻大、输出电阻低；共模抑制比高（60 ~ 170 dB）；失调与飘移小；输入电压为零时输出电压亦为零；适用于正、负两种极性信号的输入和输出。

3. 集成运算放大器的构造

模拟集成电路一般是由一块厚为 0.2～0.25 mm 的 P 型硅片制成，这种硅片是集成电路的基片。基片上可以做出包含有数十个或更多的 BJT 或 FET、电阻和连接导线的电路，如图 8-18 所示。

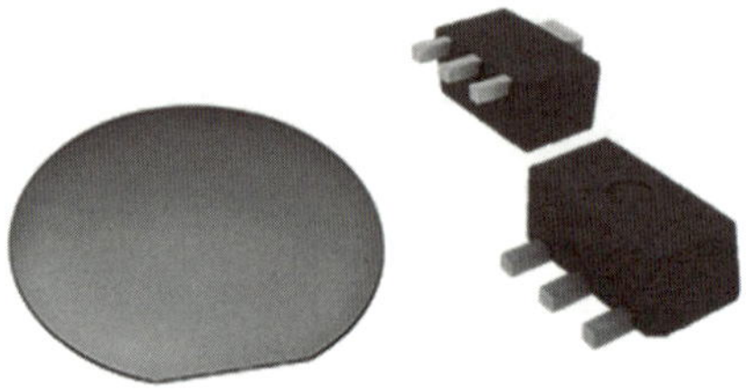

（a）P 型硅片　　（b）BJT

图 8-18　构造图

运算放大器除具有+/—输入端和输出端外，还有+/—电源供电端、外接补偿电路端、调零端、相位补偿端、公共接地端及其他附加端等，如图 8-19 所示。它的闭环放大倍数取决于外接反馈电阻，这给使用带来很大方便。

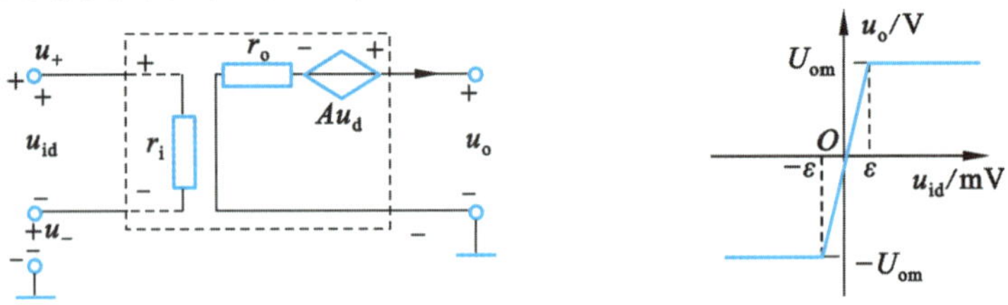

（a）电路模型　　（b）输入输出特征

图 8-19　运算放大器的电路模型和输入输出特征

目前广泛应用的电压型集成运算放大器是一种高放大倍数的直接耦合放大器。集成运算放大器的种类非常多，可适用于不同的场合，在新能源汽车上也有较多的应用。

（二）集成运算放大器的分类

按照集成运算放大器的参数来分，集成运算放大器可分为通用型运算放大器和高阻型运算放大器。

1. 通用型运算放大器

通用型运算放大器是以通用为目的而设计的，如图 8-20 所示。

图 8-20　通用型运算放大器实物图

特点：价格低廉、产品量大面广，其性能指标能适合于一般性使用。

常用通用型运算放大器引脚或内部结构如图 8-21 所示。

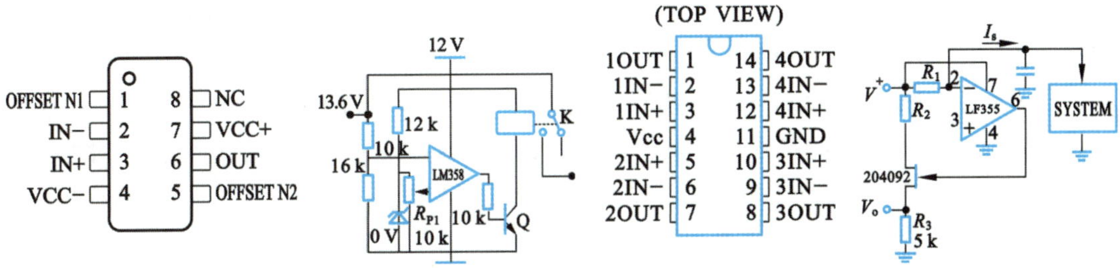

（a）μA741　（b）LM358　（c）LM324　（d）LF356

图 8-21　常用通用型运算放大器

2. 高阻型运算放大器

特点：差模输入阻抗非常高，输入偏置电流非常小。

实现指标的主要措施：利用场效应管高输入阻抗的特点，用场效应管组成运算放大器的差分输入级。

优点：用 FET 作输入级，不仅输入阻抗高、输入偏置电流低，而且具有高速、宽带和低噪声等优点。

缺点：输入失调电压较大。

常见的集成器件有 LF356、LF355、LF347（四运放）及更高输入阻抗的 CA3130、CA3140 等，如图 8-22 所示。

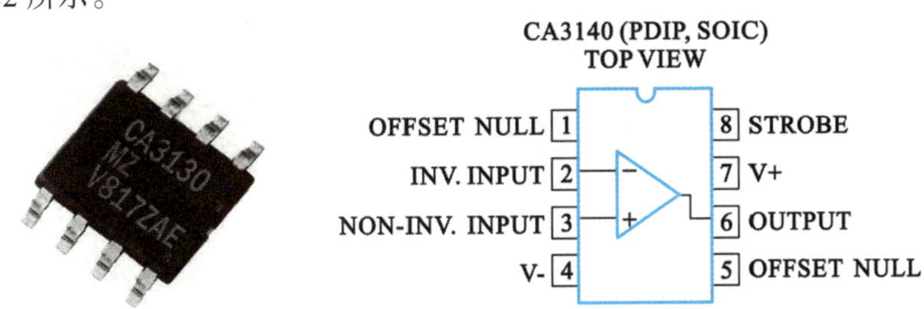

CA3130　CA3140

（a）实物图　（b）引脚示意

图 8-22　常见的集成器件

（三）集成运算放大器

1. 集成运算放大器的组成

集成运算放大器是一种具有高电压放大倍数的直接耦合放大器，主要由输入、中间、输出三部分组成，如图 8-23 所示。

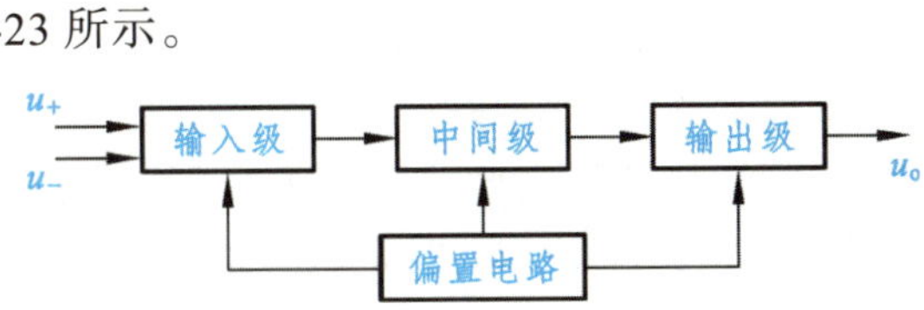

图 8-23　集成运算放大器组成

（1）输入部分是差动放大电路，有同相和反相两个输入端；前者的电压变化和输出端的电压变化方向一致，后者则相反。

（2）中间部分提供高电压放大倍数，经输出部分传到负载。其中调零端外接电位器，用来调节使输入端对地电压为零（或某一预定值）。

（3）输出端对地电压也为零（或另一个预定值）。补偿端外接电容器或阻容电路，以防止工作时产生自激振荡（有些集成运算放大器不需要调零或补偿）。供电电源通常接成对地为正或对地为负的形式，而以地作为输入、输出和电源的公共端。

2. 集成运放的电源供给方式

集成运放有两个电源接线端$+V_{CC}$和$-V_{EE}$，但有不同的电源供给方式。对于不同的电源供给方式，对输入信号的要求是不同的，如图 8-24 所示。

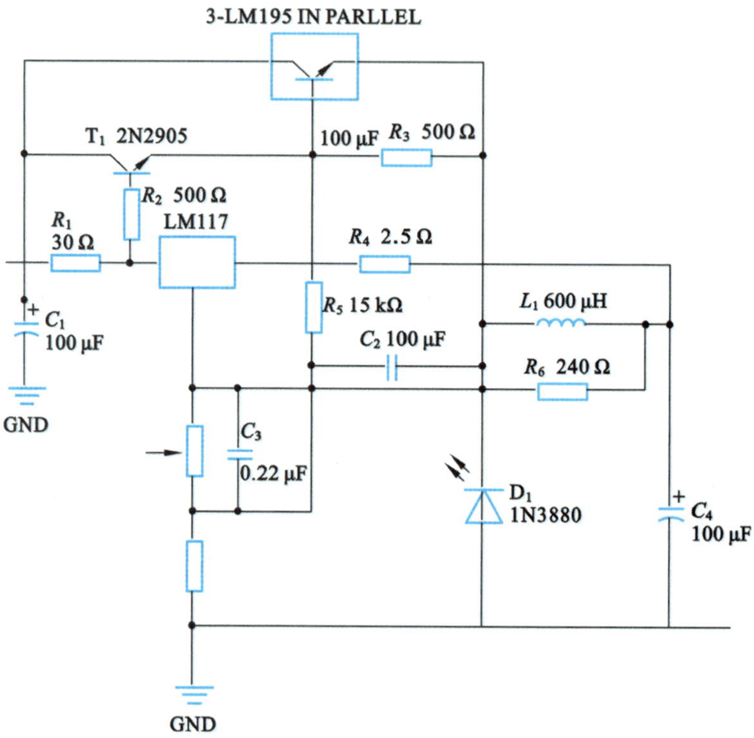

图 8-24　集成运放电路图

（1）对称双电源供电方式：

相对于公共端（地）的正电源（$+E$）与负电源（$-E$）分别接于运放的$+V_{CC}$和$-V_{EE}$管脚上。在这种方式下，可把信号源直接接到运放的输入脚上，而输出电压的振幅可达正负对称电源电压，如图 8-25 所示。

（2）单电源供电方式：

单电源供电是将运放的$-V_{EE}$管脚连接到地上。此时为了保证运放内部单元电路具有合适的静态工作点，在运放输入端一定要加入一直流电位。

对于交流放大器，静态时，运算放大器的输出电压近似为$V_{CC}/2$，为了隔离掉输出中的直

流成分接入电容 C_3。

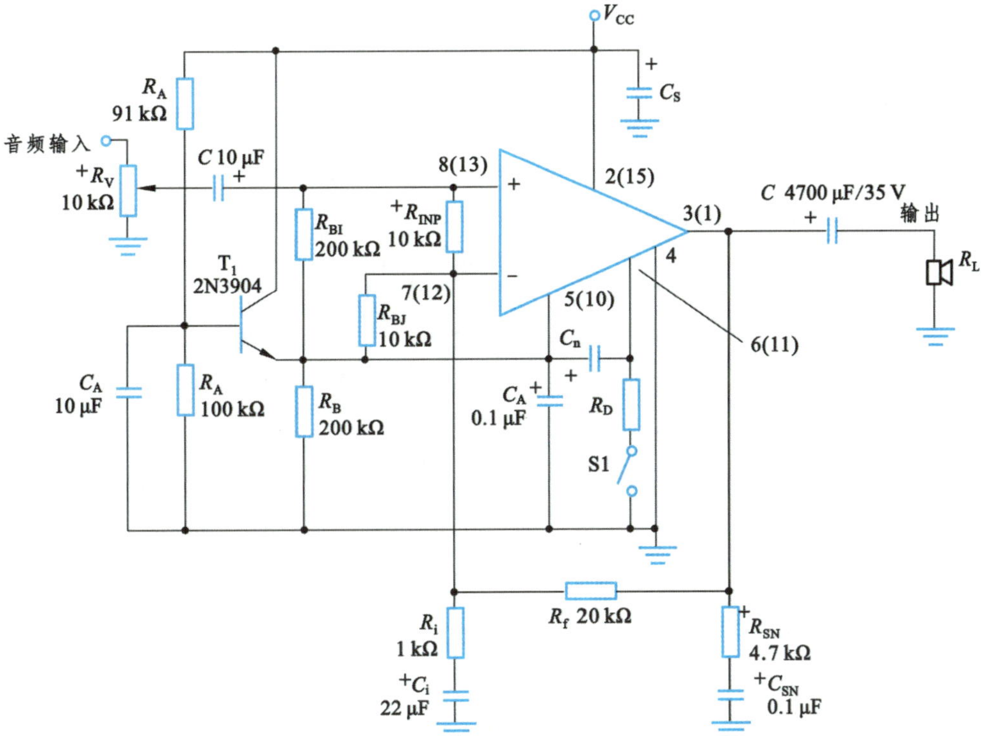

图 8-25　对称双电源供电

3. 集成运放的调零

由于集成运放的输入失调电压和输入失调电流的影响，当运算放大器组成的线性电路输入信号为零时，输出往往不等于零。为了提高电路的运算精度，要求对失调电压和失调电流造成的误差进行补偿，这就是运算放大器的调零，如图 8-26 所示。

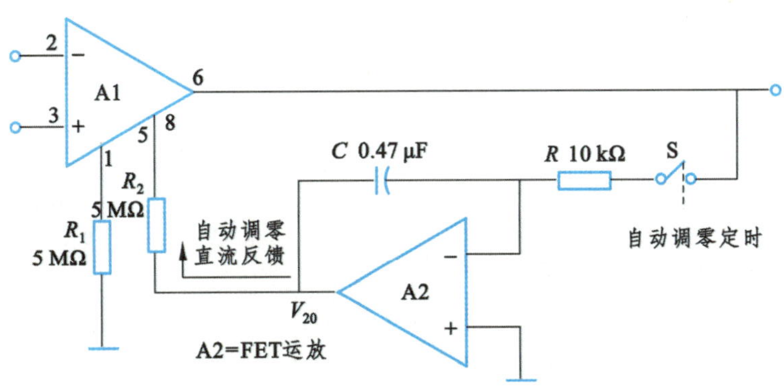

图 8-26　集成运放的调零

常用的调零方法有内部调零和外部调零，而对于没有内部调零端子的集成运放，要采用外部调零方法，如图 8-27 所示。

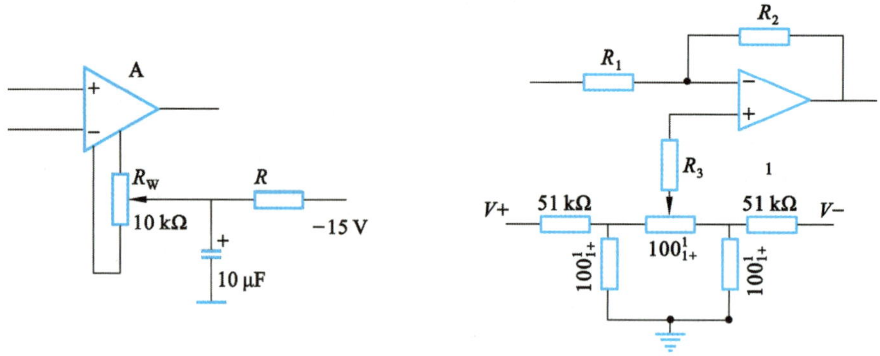

（a）内部调零　　（b）外部调零

图 8-27　内部调零和外部调零

Project 9

项目九

新能源汽车电力电子元件

任务　电力电子元件认知与检测

核心知识点

电力电子器件是电力电子技术发展的动力和基础。在电力电子装置中，直接实现电能的变换和控制的电路称为主电路。电力电子器件是指用于主电路中，承担电能的变换和控制任务的主要电子器件。

一、晶闸管认知与检测

晶闸管是晶体闸流管的简称，早期称作可控硅整流器（简称为可控硅）。它是一种较理想的大功率变流器件，主要应用在可控整流、交流调压、无触点交直流开关、逆变和直流斩波等方面。

（一）晶闸管的结构

晶闸管是最早出现的电力电子器件之一，属于半控型电力电子器件。1956 年美国贝尔实验室发明了晶闸管，1957 年美国通用电气公司开发出世界上第一只晶闸管产品，并商业化应用，从此开辟了电力电子技术迅速发展和广泛应用的时代。20 世纪 80 年代以来，晶闸管开始被各种性能更好的全控型器件所取代，但是由于其所能承受的电压和电流容量仍然是目前电力电子器件中最高的，而且价格低、工作可靠，因此在大容量、低频的电力电子装置中仍占主导地位。

晶闸管是一种含有 4 层半导体 3 个 PN 结的三端大功率电力电子器件。如图 9-1 所示为晶闸管的外形、结构以及电气符号。

晶闸管有螺栓型和平板型两种主要封装结构。每个器件引出阳极 A、阴极 K 和门极（控制端）G 三个联接端。螺栓型封装的螺栓为阳极，做成螺栓状是为了能与散热器紧密连接且安装方便；较粗的端子为阴极，细的为门极。平板型封装的晶闸管由两个散热器将其夹在中间，两个平面分别是阳极和阴极，引出的细长端子为门极。

图 9-1（b）可以看出，晶闸管内部是 PNPN 四层半导体结构，从上到下分别命名为 P_1、N_1、P_2、N_2 四个区，形成 J_1、J_2、J_3 三个 PN 结。阳极 A 由 P_1 区引出，阴极 K 由 N_2 区引出，门极由 P_2 区引出。

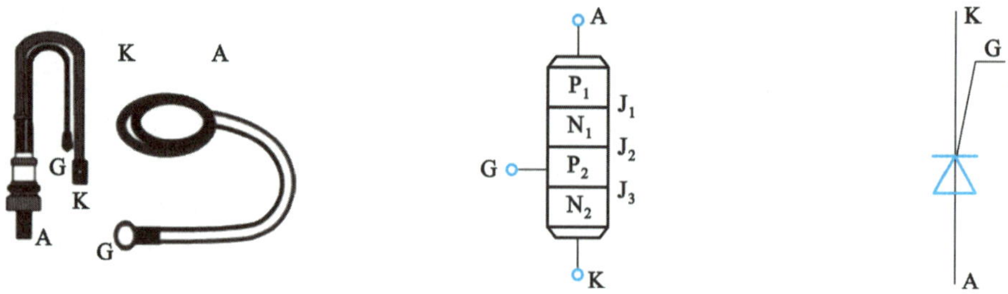

（a）外形　　（b）结构　　（c）电气图形符号

图 9-1　晶闸管的外形、结构及电气图形符号

（二）晶闸管的工作原理

晶闸管内部是 PNPN 四层半导体结构，如果正向电压（阳极高于阴极）加到器件上，则 J_2 处于反向偏置状态，器件 A、K 两端之间处于阻断状态，只能流过很小的漏电流。如果反向电压加到器件上，则 J_1 和 J_3 反偏，该器件也处于阻断状态，仅有极小的反向漏电流通过。

晶闸管导通的工作原理可以用双晶体管模型来解释，如图 9-2 所示。如在器件上取一倾斜的截面，则晶闸管可以看作由 $P_1N_1P_2$ 和 $N_1P_2N_2$ 构成的两个晶体管 T_1、T_2 组合而成。如果外电路向门极注入电流 I_G，也就是注入驱动电流，则 I_G 流入晶体管 T_2 的基极，即产生集电极电流 I_{C2}，它构成晶体管 T_1 的基极电流，放大成集电极电流 I_{C1}，又进一步增大 T_2 的基极电流，如此形成强烈的正反馈，最后 T_1 和 T_2 进入完全饱和状态，即晶闸管导通。此时如果撤掉外电路注入门极的电流 I_G，晶闸管由于内部已形成了强烈的正反馈会仍然维持导通状态。而若要使晶闸管关断，必须去掉阳极所加的正向电压，或者给阳极施加反压，或者设法使流过晶闸管的电流降低到接近于零的某一数值以下，晶闸管才能关断。所以，对晶闸管的驱动过程称为触发。由于通过门极只能控制其开通，不能控制其关断，晶闸管又被称为半控型器件。

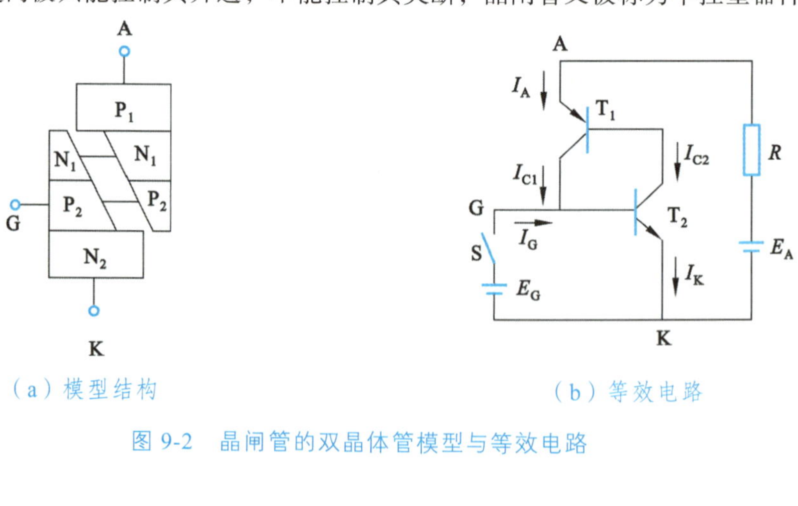

（a）模型结构　　（b）等效电路

图 9-2　晶闸管的双晶体管模型与等效电路

按照晶体管工作原理，可列出如下方程，即

$$\begin{cases} I_{C1}=\alpha_1 I_A+I_{CBO1} \\ I_{C2}=\alpha_2 I_K+I_{CBO2} \\ I_K=I_A+I_G \\ I_A=I_{C1}+I_{C2} \end{cases} \tag{9-1}$$

式中，α_1 和 α_2 分别是晶闸管 T_1 和 T_2 共基极电流增益系数；I_{CBO1} 和 I_{CBO2} 分别是 T_1 和 T_1 共基极漏电流。

得

$$I_A=\frac{\alpha_2 I_G+I_{CBO1}+I_{CBO2}}{1-(\alpha_1+\alpha_2)} \tag{9-2}$$

晶体管的特性是：在低发射极电流下 α 很小，而当发射极电流建立起来后，α 迅速增大。因此，在晶体管阻断状态下，$I_G=0$，而 $\alpha_1+\alpha_2$ 很小。由式（9-2）可看出，此时流过晶闸管的漏电流只是稍大于两个晶体管漏电流之和。如果注入触发电流使各个晶体管的发射极电流增大以致 $\alpha_1+\alpha_2$ 趋近于 1 的话，流过晶闸管的电流 I_A（阳极电流）将趋近于无穷大，从而实现器件饱和导通。但由于外电路负载的限制，I_A 实际上会维持有限值。

晶闸管在以下几种情况下也可能被触发导通：阳极电压升高至相当高的数值造成雪崩效应；阳极电压上升率 dU/dt 过高；结温较高；光直接照射硅片，即光触发。这些情况除了光触发可以保证控制电路与主电路之间的良好绝缘而应用于高压电力设备之外，其他都因不易控制而难以应用于实践。只有门极触发是最精确、迅速且可靠的控制手段。

（三）晶闸管的特性

1. 晶闸管的静态特性

晶闸管静态特性又称为晶闸管伏安特性，是指晶闸管器件端电压与电流的关系。下面介绍晶闸管阳极伏安特性和门极伏安特性。

1）晶闸管的阳极伏安特性

晶闸管的阳极伏安特性曲线，如图 9-3 所示。

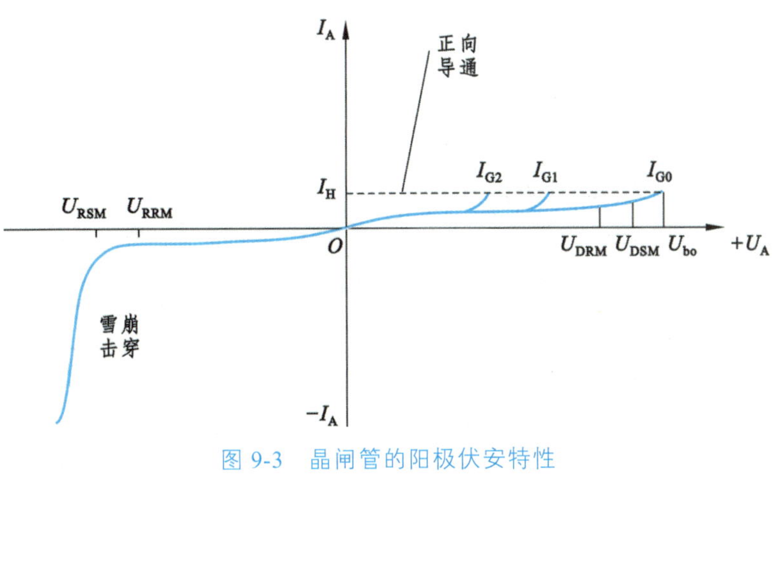

图 9-3 晶闸管的阳极伏安特性

晶闸管阳极伏安特性分为两个区域：第Ⅰ象限为正向特性区，第Ⅲ象限为反向特性区。在正向特性区，当晶闸管两端加正向电压且门极加触发信号时，晶闸管导通。而当 $I_G=0$ 时，晶闸管处于正向阻断状态，只有很小的正向漏电流流过。如果正向电压超过临界极限正向转折电压 U_{bo}，则漏电流将急剧增大，器件由高阻线区经虚线负阻区到低阻区而导通，导通后的晶闸管特性与二极管正向特性相仿。随着门极电流的增大，正向转折电压降低。即使通过较大的阳极电流，晶闸管本身的压降也很小，在 1 V 左右。导通期间，如果门极电流为 0，并且阳极电流降至接近于零的某一数值 I_H 以下，晶闸管又回到正向阻断状态.I_H 称为维持电流。

当晶闸管承受反向阳极电压时，由于 J_1 和 J_3 两个 PN 结处于反向偏置，器件处于反向阻断状态，只流过一个很小的漏电流。随着反向电压的增加，反向漏电流略有增大。一旦阳极反向电压超过一定限度，到反向击穿电压后，外电路如无限制措施，则反向漏电流急剧增大，导致晶闸管发热造成永久性损坏。

2）晶闸管的门极伏安特性

晶闸管的门极触发电流是从门极流入晶闸管，从阴极流出的。阴极是晶闸管主电路与控制电路的公共端。门极触发电流也往往是通过触发电路在门极和阴极之间施加触发电压而产生的。晶闸管门极和阴极之间存在一个 PN 结 J_3，其伏安特性称为门极伏安特性。门极伏安特性是指这个 PN 结上正向门极电压 U_G 与门极电流 I_G 间的关系。

如图 9-4 所示为晶闸管门极伏安特性曲线。由于这个结的伏安特性有较大分散性，无法找到一条典型的代表曲线，只能用极限高阻门极特性和一条极限低阻门极特性之间的一个区域，来代表所有元件的门极特性。在晶闸管的正常使用中，门极 PN 结不能承受过大的电压、过大的电流及过大的功率，这就是门极伏安特性区的上限，它分别用门极正向峰值电压 U_{FGM}、门极正向峰值电流 I_{FGM}、门极峰值功率 P_{GM} 来表征。另外门极触发也有一个灵敏度问题，为了保证可靠、安全地触发，门极触发电路所提供的触发电压、触发电流和功率都应限制在晶闸管门极伏安特性曲线中的可靠触发区（图 9-4 中的 A—K—D—E—F—G—L—C—B—A 区域）内，其中，U_{GT} 为门极触发电压；I_{GT} 为门极触发电流。

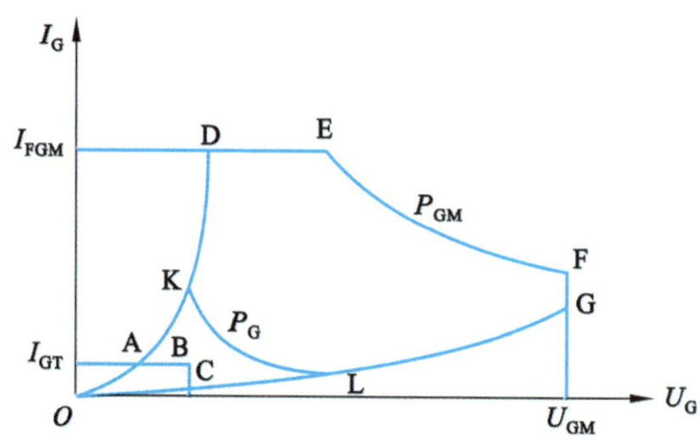

图 9-4　晶闸管门极伏安特性

2. 晶闸管的动态特性

晶闸管的动态特性是指器件上电压、电流随时间变化的关系。晶闸管突加电压或电流时的工作状态，往往直接影响电路的工作稳定性、可靠性及可运行性，特别是高频电力电子电路，更应该注意。如图 9-5 所示，晶闸管的动态特性给出了晶闸管开通和关断过程的波形。

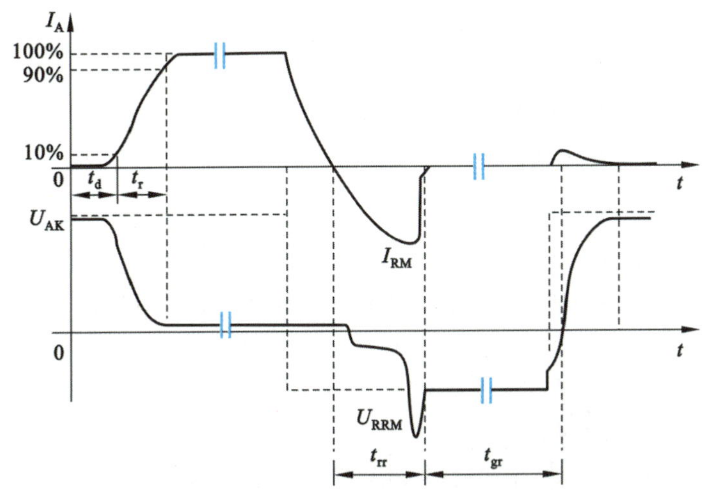

图 9-5　晶闸管动态波形图

1）开通过程

如图 9-5 所示，描述的开通过程是使门极在坐标原点时刻开始受到理想阶跃电流触发的情况。由于晶闸管内部的正反馈过程需要时间，再加上外电路电感的限制，晶闸管受到触发后，其阳极电流的增长不可能是瞬时的。从门极电流阶跃时刻开始，到阳极电流上升到稳态值的 10%，这段时间称为延迟时间 t_d。与此同时，晶闸管的正向压降也在减小。阳极电流从 10%上升到稳态值的 90%所需的时间称为上升时间 t_r。开通时间 t_{gt} 的定义为延迟时间 t_d 和上升时间 t_r 之和。

普通晶闸管延迟时间为 0.5 ~ 1.5 μs，上升时间为 0.5 ~ 3 μs。其延迟时间随门极电流的增大而减小。上升时间除反映晶闸管本身特性外，还受到外电路电感的严重影响。延迟时间和上升时间还与阳极电压的大小有关。提高阳极电压可以使正反馈过程加速，延迟时间和上升时间都可显著缩短。

2）关断过程

原处于导通状态的晶闸管当外电压突然由正向变为反向时，由于电路电感的存在，阳极电流将逐步衰减到 0，在反方向会流过反向恢复电流，经过最大值 I_{RM} 后，再反方向衰减。同样，在恢复电流快速衰减时，由于外电路电感的作用，会在晶闸管两端引起反向的尖峰电压 U_{RRM}。最终反向恢复电流衰减至接近于 0，晶闸管恢复其对反向电压的阻断能力。从正向电流降为 0，到反向恢复电流衰减至接近于 0 的时间，称为晶闸管的反向阻断恢复时间 t_{rr}。反向恢复过程结束后，由于载流子复合过程比较慢，晶闸管要恢复其对正向电压的阻断能力还需要一段时间，这段时间称为正向阻断恢复时间 t_{gr}。在正向阻断恢复时间内，如果重新对晶闸管施加正向电压，晶闸管会重新正向导通，而不是受门极电流控制而导通。所以实际应用中，应对晶闸管施加足够长时间的反向电压，使晶闸管充分恢复其对正向电压的阻断能力，电路才能可靠工作。晶闸管的电路换向关断时间 t_q 定义为晶闸管的反向阻断恢复时间 t_{rr} 与正向阻断恢复时间 t_{gr} 之和。普通晶闸管的关断时间约几百微秒。

（四）晶闸管的测试

晶闸管的导通条件：单向晶闸管由阻断到导通必须同时具备两个条件，即晶闸管的阳极与阴极之间加正向电压、控制极与阴极之间加正向触发电压。而晶闸管从截止到导通后，触发电压就失去了作用。

晶闸管的关断条件：要使单向晶闸管从导通到关断，可减小阳极与阴极之间的阴极电流，使之小于维持电流或使阳极电压反向或断开主电路。

1. 晶闸管的各电极判别

1）根据外形结构识别

如图 9-6 所示为常用晶闸管外形结构，在图中标示了晶闸管的阳极 A、阴极 K 和门极（控制端）G。

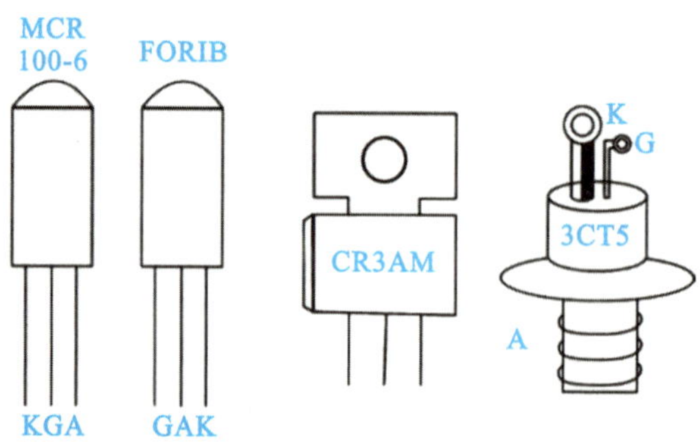

图 9-6　常见晶闸管的外形及电路图形符号

2）使用万用表进行判别

使用万用表判断晶闸管电极，应将万用表拨至 R×100 或 R×1 k 挡，测量任意两脚间的电阻，仅当黑表笔接 G 极，红表笔接 K 极时，电阻呈低电阻值，对其他情况电阻值均为无穷大。由此可迅速判定 G、K 极，剩下的就是 A 极。若两次测得的电阻值都为无穷大，则需更换黑表笔所接电极，直到找出晶闸管的三个电极为止。

2. 单向晶闸管的质量判断

使用万用表的 R×1 k 电阻挡测量单向晶闸管的阳极 A 与阴极 K 之间的正、反向电阻值，正常时均应接近无穷大。若测得阳极 A 与阴极 K 之间的正、反向电阻值为零或较小，则说明单向晶闸管的内部已被击穿或漏电。

单向晶闸管的控制极 G 与阴极 K 之间的正向电阻值约为 2 kΩ，反向电阻值约为 80 kΩ 以上，若两次测得的电阻值均很大（∞）或很小，则说明单向晶闸管的控制极 G 与阴极 K 之间开路或短路。

单向晶闸管的阳极 A 与控制极 G 的正向阻值接近无穷大，若出现阳极与控制极 G 之间的正、反向电阻值不一样（一大一小），则说明其中有一个 PN 结被击穿。

3. 检查晶闸管的触发能力

检查晶闸管的触发能力需分两种情况，分别为小功率晶闸管和中、大功率晶闸管。

对于小功率的单向晶闸管，可用万用表的 R×1 挡测量。首先将万用表黑表笔接 A 极，红表笔接 K 极，电阻为无穷大；然后用黑表笔尖也同时接触 G 极，加上正向触发信号，指针向右偏转到低阻值即表明 A、K 之间呈导通状态；最后脱开 G 极，只要 A、K 之间维持低阻导通状态，就说明被测管触发性能良好。整个过程中，黑表笔始终接触阳极 A。

对于电流在 5 A 以上的中、大功率普通晶闸管，因其通态压降 U_T、维持电流 I_H 及门极触发电压 U_G 均相对较大，万用表 R×1 所提供的电流偏低，晶闸管不能完全导通，故检测时可在黑表笔端串接 1～3 节 1.5 V 干电池（视被测晶闸管的容量而定，若工作电流大于 100 A，应用 3 节 1.5 V 干电池），黑表笔接电池负极，再进行测量。

二、功率晶体管认知与检测

功率晶体管（Giant Transistor，GTR）也叫电力晶体管，是目前各种自关断器件中应用较为广泛的一种。在数百千瓦以下的低压变频电路中，使用最多的就是 GTR。

（一）功率晶体管的结构

GTR 是由 3 层半导体（分别为引出集电极 C、基极 B 和发射极 E）形成的两个 PN 结（集电结和发射结）构成，和小功率三极管一样，有 PNP 和 NPN 两种类型，如图 9-7 所示为 GTR 基本结构及电气图形符号，图中“+”表示高掺杂浓度。GTR 通常采用 NPN 结构。

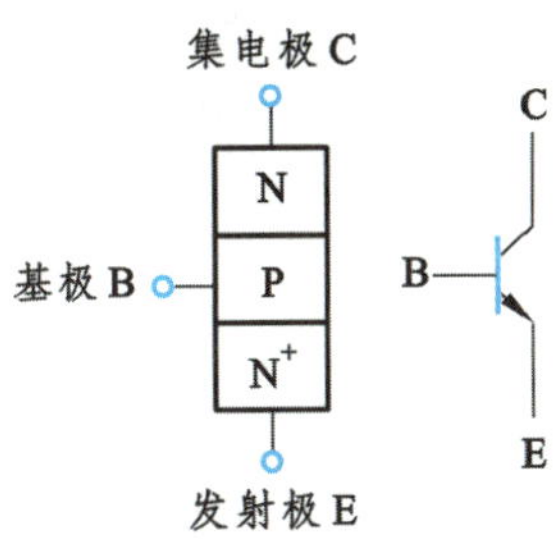

（a）NPN 型

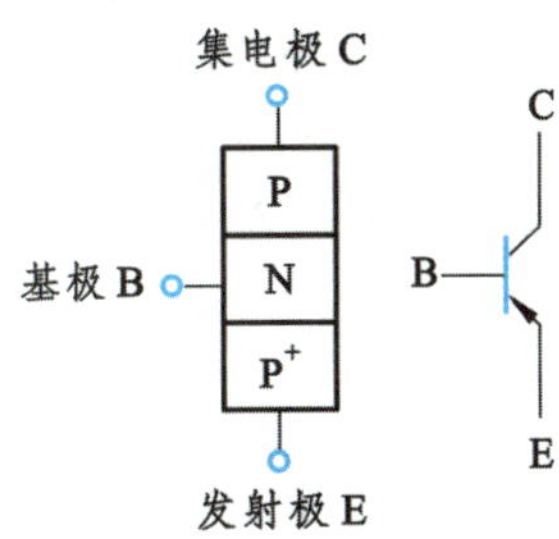

（b）PNP 型

图 9-7　GTR 的基本结构和电气图形符号

（二）功率晶体管的工作原理

GTR 的基本工作原理与普通的双极结型晶体管是一样的。它们均是用基极电流控制集电极电流 i 的电流控制型器件。GTR 的集电极和发射极施加正向电压后，基极正偏（$I_B>0$）时处于导通状态：反偏（$I_B<0$）时处于截止状态。因此，给 GTR 的基极施加幅值足够大的脉冲驱动信号，它将工作于导通或截止的开关状态。

在应用中，GTR 一般采用共发射极接法，如图 9-8 所示，集电极电流 I_C 与基极电流 I_B 之比为

$$\beta=\frac{I_C}{I_B} \tag{9-3}$$

式中，β 称为电流放大系数，它反映了基极电流对集电极电流的控制能力。

当考虑到集电极和发射极间的漏电流 I_{CEO} 时，I_C 和 I_B 的关系为

$$I_B=\beta I_B+I_{CEO} \tag{9-4}$$

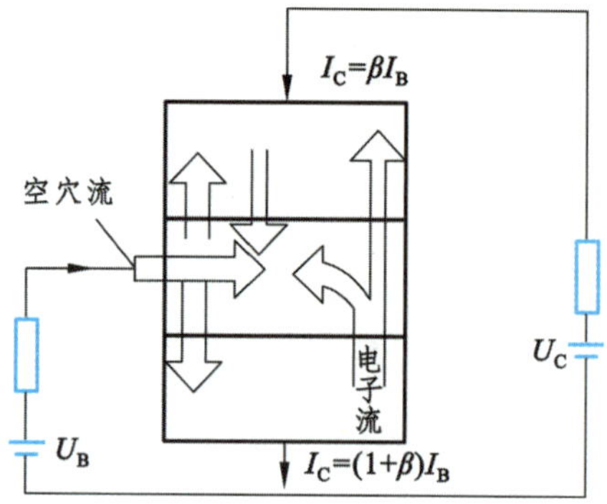

图 9-8　共射极晶体管内部载流子的流动示意图

（三）功率晶体管的特性

1. 功率晶体管的静态特性

功率晶体管在共发射极接法时的典型输出特性分为截止区、放大区和饱和区 3 个区域，如图 9-9 所示。GTR 工作在开关状态，即工作在截止区或饱和区。但在开关过程中，即在截止区和饱和区之间过渡时，一般要经过放大区。

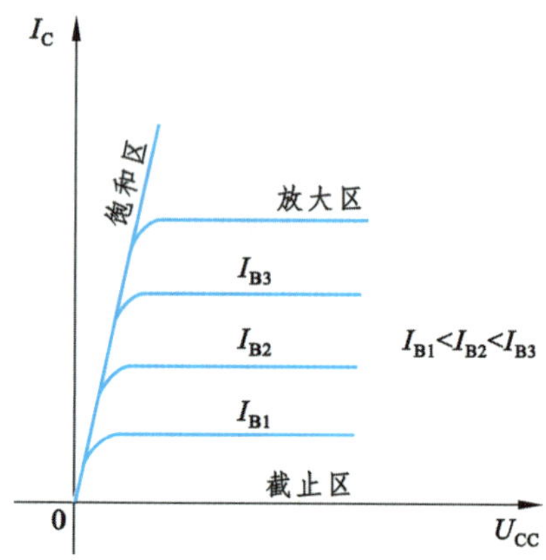

图 9-9　共发射极接法时 GTR 的输出特性

2. 功率晶体管的动态特性

1）开通过程

如图 9-10 所示，其中 t_D 表示延迟时间，主要是由发射结势垒电容和集电结势垒电容充电产生的。t_R 表示上升时间。t_D 与 t_R 两者之和为开通时间 t_{ON}，一般开通时间为微秒数量级。增大基极驱动电流 I_{B1} 的幅值并增大 dI_B/dt，可以缩短 t_D，同时也可以缩短 t_R，从而加快开通过程。

2）关断过程

在图 9-10 中，t_S 表示储存时间，是用来除去饱和导通时储存在基区的载流子的；t_F 表示下降时间。t_S 与 t_F 两者之和为关断时间 t_{OFF}，而 t_S 是 t_{OFF} 的主要部分，关断时间的数值在微秒数量级。减小导通时储存的载流子，或者增大基极抽取负电流 I_{B2} 的幅值和负偏压，可以缩短 t_S，从而加快关断速度。

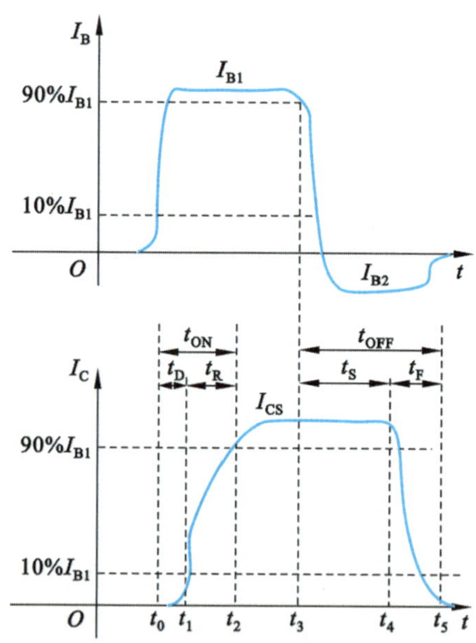

图 9-10　GTR 的开通和关断过程电流波形

由于 GTR 在导通和关断过程中都要经过放大区，而放大区的功耗很大，因此应尽可能缩短开关时间，减少开关损耗。

（四）功率晶体管的测试

1. 功率晶体管测试

（1）使用万用表测试晶闸管阳极 A 和阴极 K 之间的正、反电阻值，并记录为 R_{ak} 和 R_{ka}。

（2）断开电路，将负载电阻 R_2 改为 10 kΩ，更换后合上电路，并用万用表测试输出电压 U_O。

（3）万用表使用 R×10 挡或 R×100 挡测量控制极 G 和阴极 K 之前的正、反电阻值，并记录为 R_{gk} 和 R_{kg}。

（4）根据测试的电阻值判断晶体管的好坏。如果 R_{ak} 约等于 R_{ka} 且 R_{gk} 约等于 R_{kg}，则晶闸管是好的。如果 R_{ak}、R_{ka}、R_{gk}、R_{kg} 中有一项或多项为无穷大或为 0，则晶闸管是坏的。

2. 功率晶体管 β 测试

（1）将万用表拨到 hef 挡。

（2）将被测晶体管的 C、B、E 三个引脚分别插入相应的插孔中。

（3）从万用表显示屏读出该管的电流放大系数 β。

三、功率场效应晶体管认知与检测

功率场效应晶体管（Power MOSFET）也称为电力场效应晶体管或电力场控晶体管，是一种单极型的电压控制器件。它不但有自关断能力，而且还具有驱动功率小、开关速度高、无二次击穿、安全工作区宽等特点。

（一）功率场效应晶体管的结构

MOSFET 种类和结构较多，按导电沟道可分为 P 沟道和 N 沟道。对于 N（或 P）沟道器件，栅极电压大于（或小于）0 时才存在导电沟道的称为增强型；当栅极电压为 0 时漏源极间存在导电沟道的称为耗尽型。在功率 MOSFET 中，应用较多的是 N 沟道增强型。功率 MOSFET 导电机理与小功率 MOS 管相同，但在结构上有较大区别。小功率 MOS 管是一次扩散形成的器件，其导电沟道平行于芯片表面，是横向导电器件。而功率 MOSFET 大都采用垂直导电结构，这种结构能大大提高器件的耐压和通流能力，所以功率 MOSFET 又称 VMOSFET（Vertical MOSFET）。图 9-11 为功率场效应晶体管的实物图。

图 9-11　功率场效应晶体管实物图

图 9-12（a）所示为 N 沟道增强型功率 MOSFET 的结构，图 9-12（b）所示为功率 MOSFET 的电气图形符号，其引出的三个电极分别为栅极 G、漏极 D 和源极 S。

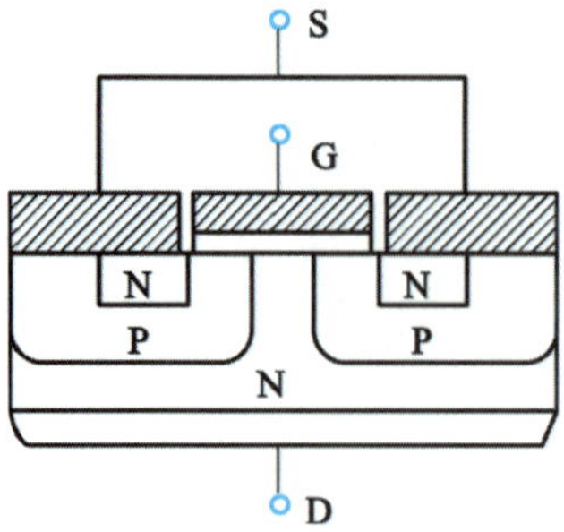

（a）结构

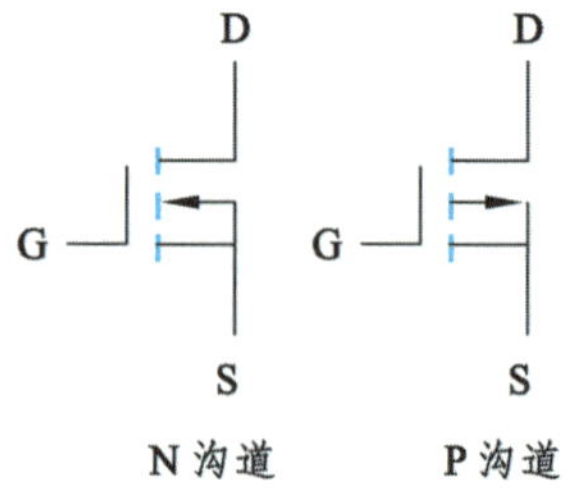

（b）电气图形符号

图 9-12　功率场效应晶体管的结构及电气图形符号

（二）功率场效应晶体管的工作原理

功率场效应晶体管的工作原理如图 9-13 所示。当栅源极间电压为 0 时，若漏源极间加正电源，P 基区与 N 区之间形成的 PN 结反偏，漏源极之间无电流流过；若在栅源极间加正电压 U_{GS}，由于栅极是绝缘的，所以不会有栅极电流流过，但栅极的正电压会将其下面 P 区中的空穴推开，而将 P 区中的电子吸引到栅极下面的 P 区表面，当 $U_{GS}<U_T$（开启电压）时，栅极下 P 区表面的电子浓度相对空穴浓度较低，无法形成导电沟道，即漏极源极仍无法导电；当 $U_{GS}>U_T$（开启电压）时，栅极下 P 区表面的电子浓度将超过空穴浓度，使 P 型半导体反型成 N 型而成为反型层，该反型层形成 N 沟道而使 PN 结消失，漏极和源极导电。

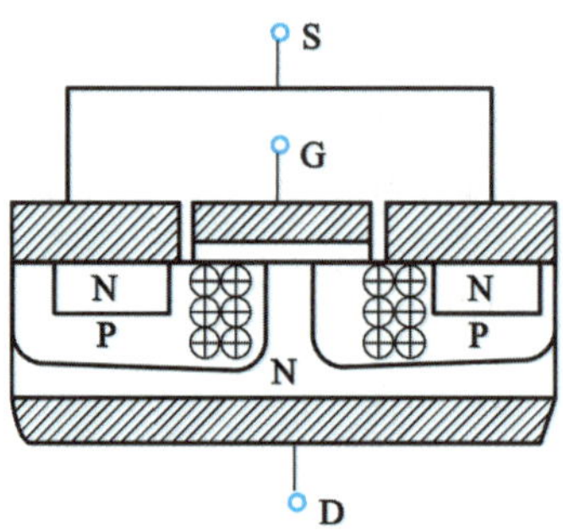

图 9-13　功率场效应晶体管的导电机理

（三）功率场效应晶体管的特性

1. 功率场效应晶体管的静态特性

1）转移特性

转移特性表示漏极电流 I_D 与栅源之间电压 U_{GS} 的转移特性关系曲线，如图 9-14（a）所示。转移特性可表示出器件的放大能力，并且是与 GTR 中的电流增益 β 相似。由于功率场效应管是压控器件，因此用跨导 G_m 这一参数来表示。图中 U_T 为开启电压，只有当 $U_{GS}=U_T$ 时才会出现导电沟道，产生漏极电流 I_D。

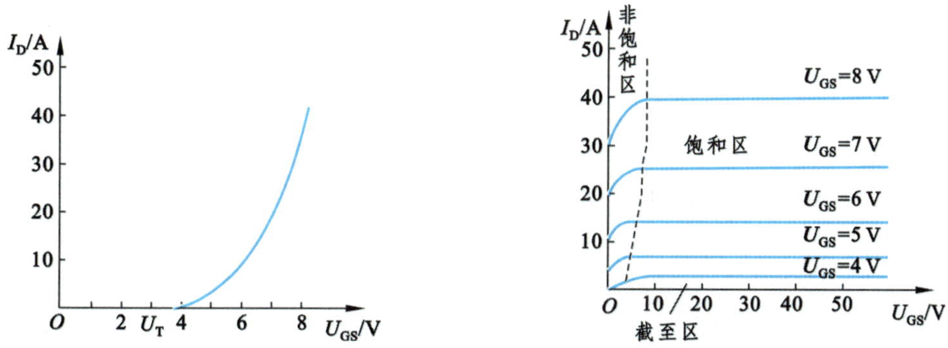

（a）转移特性曲线　　（b）输出特性曲线

图 9-14　功率场效应晶体管静态特性曲线

主要参数包括以下几项：

（1）漏极击穿电压 U_{BD}。U_{BD} 是不使器件击穿的极限参数，它大于漏极电压额定值。U_{BD} 随结温的升高而升高，这点正好与 GTR 和 GTO 相反。

（2）漏极额定电压 U_D。U_D 是器件的标称额定值。

（3）漏极电流 I_D 和 I_{DM}。I_D 是漏极直流电流的额定参数；I_{DM} 是漏极脉冲电流幅值。

（4）栅极开启电压 U_T。U_T 又称阈值电压，是开通功率场效应管的栅—源电压，它为转移特性的特性曲线与横轴的交点。施加的栅源电压不能太大，否则将击穿器件。

（5）通态电阻 R_{on}。通常规定，在确定的栅源电压 U_{GS} 下，功率场效应管由可调电阻区进入饱和区时的漏源极间直流电阻为通态电阻 R_{on}。它是影响最大输出功率的重要参数。在开关电路中，它决定了输出电压幅度和自身损耗大小。

2）输出特性

输出特性即是漏极的伏安特性，曲线如图 9-14（b）所示。由图所见，输出特性分为截止、饱和与非饱和 3 个区域。这里饱和、非饱和的概念与 GTR 不同。饱和是指漏极电流 I_D 不随漏源电压 U_{GS} 的增加而增加，也就是基本保持不变；非饱和是指漏极电流 I_D 随 U_{GS} 增加呈线性关系变化。

2. 功率场效应晶体管的动态特性

动态特性主要描述输入量与输出量之间的时间关系，它影响器件的开关过程。由于该器件为单极型，靠多数载流子导电，因此开关速度快、时间短，一般在纳秒数量级。

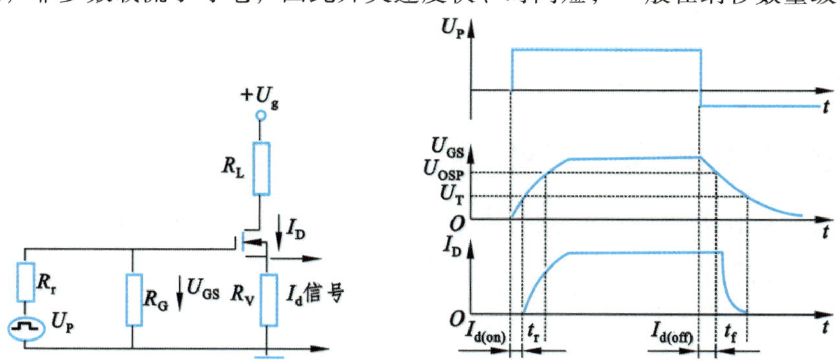

（a）测试电路　　（b）开关过程波形

图 9-15　功率场效应管的动态特性

功率场效应管的动态特性用图 9-15（a）所示电路测试：U_p 为矩形脉冲电压信号源；R_r 为信号源内阻；R_G 为栅极电阻；R_L 为漏极负载电阻；R_V 用以检测漏极电流。功率场效应管的开关过程波形如图 9-15（b）所示。

功率场效应管的开通过程：由于功率场效应管有输入电容，因此，当脉冲电压 U_p 的上升沿到来时，输入电容有一个充电过程，栅极电压 U_{GS} 按指数曲线上升。当 U_{GS} 上升到开启电压 U_T 时，开始形成导电沟道并出现漏极电 I_D。从 U_p 前沿时刻到 $U_{GS}=U_T$，且开始出现 I_D 的时刻，这段时间称为开通延时时间 $t_{d(on)}$。此后，I_D 随 U_{GS} 的上升而上升，U_{GS} 从开启电压 U_T 上升到功率场效应管临近饱和区的栅极电压 U_{OSP} 这段时间，称为上升时间 t_r。这样功率场效应管的开通时间为 $t_{on}=t_{d(on)}+t_r$。

功率场效应管的关断过程：当 U_p 信号电压下降到 0 时，栅极输入电容上储存的电荷通过电阻 R_V 和 R_G 放电，使栅极电压按指数曲线下降，当下降到 U_{OSP} 继续下降，I_D 才开始减小，这段时间称为关断延时时间 $t_{d(off)}$。此后，输入电容继续放电，U_{GS} 继续下降，I_D 也继续下降，直到导电沟道消失，$I_D=0$，这段时间称为下降时间 t_f。这样功率场效应管的关断时间 $t_{off}=t_{d(off)}+t_f$。

从上述分析可知，要提高器件的开关速度，则必须减小开关时间。在输入电容一定的情况下，可以通过降低驱动电路的内阻 R_r 来加快开关速度。

功率场效应管是压控器件，在静态时几乎不输入电流。但在开关过程中，需要对输入电容进行充放电，故仍需要一定的驱动功率。工作速度越快，需要的驱动功率越大。

（四）功率场效应晶体管的测试

先用 R×1 k 挡测任意两脚之间的正、反向电阻，如果有两次或两次以上都很小，则晶体管损坏。

用 R×100 挡测任意两引脚之间的电阻，若某两引脚之间的电阻为几百欧（姆），则该两引脚或为漏极 D，或为源极 S，另一引脚为栅极 G。再用 R×10 k 挡测漏极 D 与源极 S 之间的正、反向电阻值，分别为几十千欧和 500 kΩ 到 ∞（反向电阻）。在测反向电阻时，红表笔不动，黑表笔先移开所接引脚，与 G 脚触碰一下，然后黑表笔回接原引脚，此时会出现两种可能：

（1）电阻值变为 0，则此管为 N 沟道型，且红笔处为源极 S，黑笔处为漏极 D。

（2）电阻值仍较大，黑表笔不动，红表笔先移开所接引脚，与 G 脚触碰一下，然后红表笔回接原引脚，电阻值变为 0，则此管为 P 沟道型，且红笔处为漏极 D，黑笔处为源极 S。

四、绝缘栅双极型晶体管认知与检测

绝缘栅双极型晶体管（Insulated Gate Bipolar Transistor，IGBT 或 IGT），是兼具 GTR 和 MOSFET 的优点的复合式全控型器件。它既具有 MOSFET 的输入阻抗高、驱动功率小、开关频率高等优点，又具有 GTR 通态电阻低、电流容量大等优点。

如图 9-16 所示为几种常用的 IGBT 实物图。IGBT 适合应用于中小功率的电力电子装置，如在交流电机、变频器、开关电源、照明电路、牵引传动等领域广泛使用。

（a）单管　　（b）模块 1　　（c）模块 2

图 9-16　IGBT 单管及模块实物图

（一）绝缘栅双极型晶体管的结构

IGBT 是一种三端器件，它们分别是栅极 G、集电极 C 和发射极 E。如图 9-17 所示为其内部结构剖面和简化等效电路。由图 9-17（a）可知，它相当于用一个 MOSFET 驱动的厚基区 PNP 晶体管。从图 9-17（b）可以看出，IGBT 等效为一个 N 沟道 MOSFET 和一个 PNP 型晶体三极管（GRT）构成的复合管，导电以 GTR 为主，R_N 是 GTR 厚基区内的调制电阻。

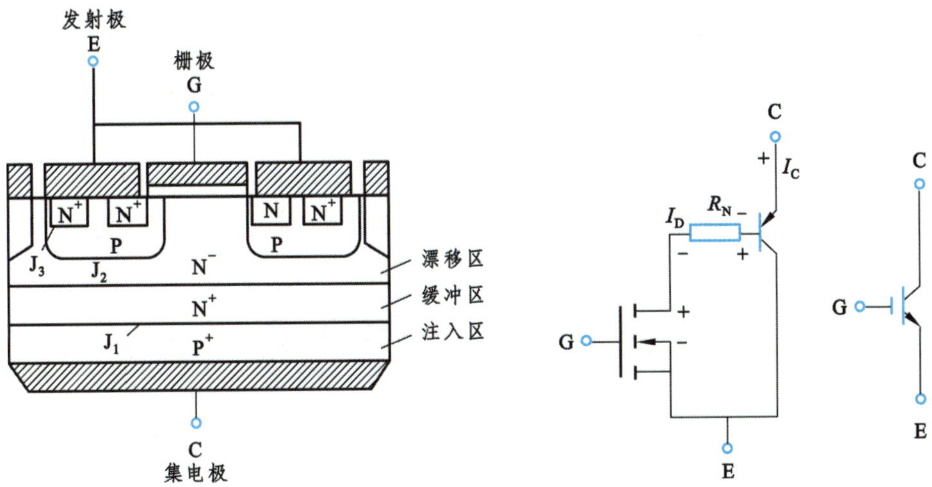

（a）内部结构断面示意图　　（b）简化等效电路

图 9-17　绝缘栅双极型晶体管

（二）绝缘栅双极型晶体管的工作原理

ICBT 的驱动原理与电力 MOSFET 基本相同，是一种场控器件。其开通和关断是由栅极和发射极间的电压 U_{GE} 决定的。如图 9-17（b）所示，当 U_{CE} 为正且大于阈值电压 $U_{CE(th)}$时，MOSFET 内形成沟道，并为 GTR 提供基极电流进而使 IGBT 导通。当栅极与发射极间施加反向电压或不加信号时，MOSFET 内的沟道消失，GTR 的基极电流被切断，使得 IGBT 关断。电导调制效应使得电阻 R_N 减小，这样高耐压的 IGBT 也具有很小的通态压降。

（三）绝缘栅双极型晶体管的特性

1. 绝缘栅双极型晶体管的静态特性

绝缘栅双极型晶体管的静态特性表现为转移特性和输出特性，如图 9-18 所示。

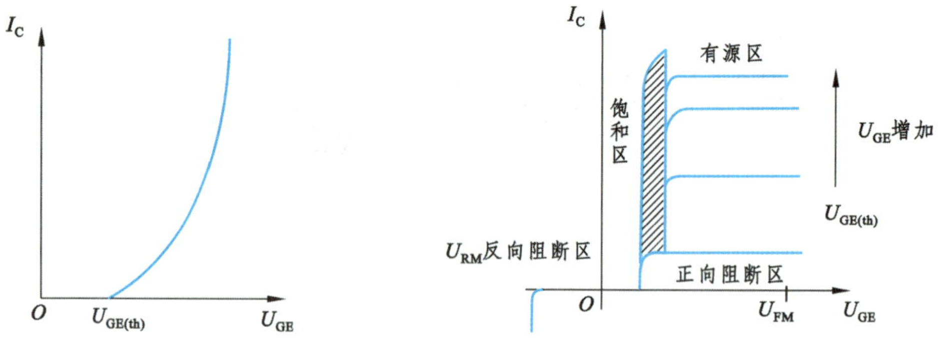

（a）转移特性　（b）输出特性

图 9-18　IGBT 的静态特性

1）转移特性

如图 9-18（a）所示，转移特性描述的是集电极电流 I_C 与栅射电压 U_{GE} 之间的关系。阈值电压 $U_{GE(th)}$是 IGBT 能实现电导调制而导通的最低栅射电压，随温度升高而略有下降。当栅射电压小于 $U_{GE(th)}$时，IGBT 处于关断状态。

2）输出特性

如图 9-18（b）所示，输出特性描述的是以栅射电压为参考变量时，集电极电流 I_C 与发射极间电压 U_{CE} 之间的关系。图中分为 3 个区域，分别为正向阻断区、有源区和饱和区。当 $U_{CE}<0$ 时，IGBT 为反向阻断工作状态。在电力电子电路中，IGBT 工作在开关状态，因而是在正向阻断区和饱和区之间来回转换。

2. 绝缘栅双极型晶体管的动态特性

如图 9-19 所示为绝缘栅双极型晶体管的开关过程的波形图。

1）开通过程

$t_{d(on)}$是开通延迟时间，表示从驱动电压 U_{GE} 幅值的 10%开始，到集电极电流 I_C 上升到幅值的 10%所用的时间。t_{ri} 是电流上升时间，表示 I_C 从 10%上升到 90%所用的时间。开通时间 $t_{on}=t_{d(on)}+t_{ri}+t_{fv}$，其中 t_{fv} 表示电压下降时间，分为 t_{fv1} 和 t_{fv2} 两段。

2）关断过程

关断时间 $t_{off}=t_{d(off)}+t_{rv}+t_{fi}$，其中，$t_{d(off)}$表示关断延迟时间，表示从驱动电压 U_{GE} 幅值的 90%到集射电压 U_{CRM} 上升为幅值的 10%所用的时间。t_{rv} 表示电压上升时间；t_{fi} 表示电流下降时间，t_{fi} 分为 t_{fi1} 和 t_{fi2} 两段。

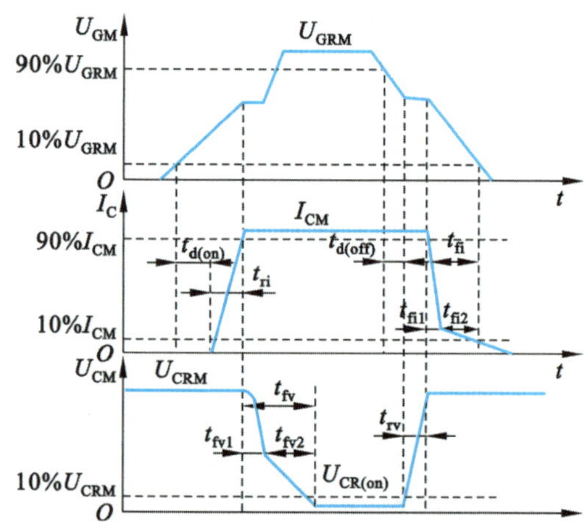

图 9-19　晶闸管动态波形图

引入了少子储存现象，因而 IGBT 的开关速度要低于电力 MOSFET。

3. 绝缘栅双极型晶体管的测试

IGBT 管的好坏可用指针万用表的 R × 1 k 挡来检测，或用数字万用表的“二极管”挡来测量 PN 结正向压降进行判断。

检测前先将 IGBT 管三只引脚短路放电，避免影响检测的准确度；然后用指针万用表的两支表笔正反测 G、E 两极及 G、C 两极的电阻，对于正常的 IGBT 管（正常 G、C 两极与 G、C 两极间的正反向电阻均为无穷大；内含阻尼二极管的 IGBT 管正常时，E、C 极间均有 4 kΩ 正向电阻），上述所测值均为无穷大；最后用指针万用表的红笔接 C 极、黑笔接 E 极，若所测值在 3.5 kΩ 左右，则所测管为含阻尼二极管的 IGBT 管，若所测值在 50 kΩ 左右，则所测 IGBT 管内不含阻尼二极管。对于数字万用表，正常情况下，IGBT 管的 G、C 极正向压降约为 0.5 V。

综上所述，关键检测要点说明：

（1）放电操作：用导线短接 G、C、E 三极释放残余电荷。

（2）电阻检测（指针表）：

G-E 极：正反测均应为∞；

G-C 极：正反测均应为∞；

C-E 极：含阻尼管为 3.5 kΩ（红 C 黑 E）；无阻尼管为 50 kΩ。

（3）压降检测（数字表）：G-C 极间正向压降约为 0.5 V 为正常。

注：实际检测时建议断开 IGBT 所有外部连接，确保测量准确性。

IGBT 管放大能力的粗略判断：用 MF500 型万用表 R × 10 k 挡，红表笔接 E 极，黑表笔接 C 极时，电阻值为无穷大；若这时用手指同时接触一下黑表笔与 G 极，电阻值立即降至 110 kΩ；若用黑表笔触一下 G 极，再次测得 C、E 极间正向电阻已降为 16 kΩ 左右。

由此可见，IGBT 管放大能力的判断方法类似于三极管放大倍数的判断。用以上方法还可以快速判断出特殊外形的 IGBT 管的 C、E 极，剩下一脚便为 G 极。

4. 碳化硅（SiC）与 IGBT 的应用

碳化硅作为一种宽禁带半导体材料，具有耐高温、耐高压、高频、大功率、抗辐射等特点。这使得碳化硅器件能够大幅降低产品功耗、提高能量转换效率并减小产品体积。在电力电子领域，碳化硅的高电场饱和漂移速度和高击穿电场强度使其能够制造出耐高压和高频的功率器件，广泛应用于智能电网、轨道交通、电动汽车、新能源并网、通信电源等领域。特别是在新能源汽车领域，碳化硅的应用正在逐步增加，比亚迪等新能源车企已经开始将碳化硅应用于其新能源汽车的主控电路中。

IGBT 作为半导体功率器件中的全控器件，是由 BJT（双极型三极管）和 MOSFET（绝缘栅型场效应管）组成的复合全控型电压驱动式功率半导体器件。它结合了 MOSFET 的高输入阻抗和 GTR 的低导通压降的优点，具有逆变和变频的作用，能够实现直流电和交流电之间的转化或者改变电流的频率。IGBT 在电力电子系统中占据核心地位，广泛应用于电机节能、轨道交通、智能电网、航空航天、家用电器等领域。

在 IGBT 的应用中，碳化硅也发挥着重要作用。碳化硅具有超高的绝缘性、高热导率以及低电阻率等特点，使得碳化硅基板成为 IGBT 模块中不可或缺的重要部件。碳化硅基板能够承受 IGBT 在工作时产生的高电压和大电流，同时有效地散发热量，保证 IGBT 的稳定运行。因此，在未来更多 IGBT 模块的应用领域中，都会伴随着碳化硅基板的出现，以满足对高效、可靠和紧凑的电力电子系统的需求。

Project 10

项目十

新能源汽车常用变换电路

任务　功率变换电路

核心知识点

新能源汽车作为未来汽车业发展的主流，其中涉及到了交流变直流（AC-DC）、直流变交流（DC-AC）、直流变直流（DC-DC）、交流变交流（AC-AC）的应用。因此，掌握基本的电能转换、汽车电子元器件性能状态和新能源汽车的电能变换电路等对汽车电气维修至关重要。

一、AC-DC 变换电路的分析与检测

整流电路是电子电路中最早出现的一种。其作用是将交流电能转换为直流电能，以供直流用电设备使用。整流电路的应用十分广泛，例如直流电动机、LED 灯、通信系统电源等。整流电路可从各种角度进行分类，按组成的器件可分为不可控、半控、全控三种；按电路结构可分为桥式电路和零式电路；按交流输入相数分为单相电路和多相电路；按变压器二次电流的方向是单向或双向，又分为单拍电路和双拍电路。

（一）单相半波整流电路及其工作原理

图 10-1 所示的是一个单相半波整流电路，Tr 为电源变压器，D为整流二极管，R_L 代表需要用直流电源的负载。

在变压器的二次电压 u_2 正半周，二极管导通，电流经过二极管流向负载 R_L，在 R_L 上得到一个极性为上正、下负的电压。在 u_2 的负半周，二极管

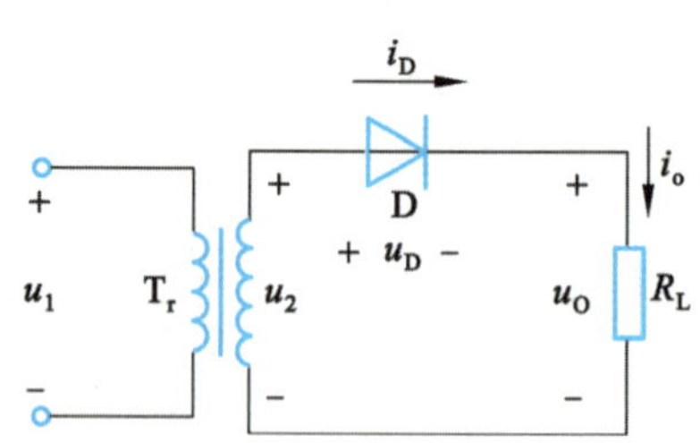

图 10-1　单相半波整流电路

被反向偏置，电流基本上为 0。所以，在负载电阻 R_L 的两端得到的电压 u_O 极性是单方向的。

现假设整流二极管 D 为理想二极管，即正向电阻为 0，反向电阻为无穷大，我们视为断路，同时忽略整流电路中变压器等元器件的内阻对电路的影响。则正半周期通过负载的电流和二极管的电流 i_D 为

$$i_D = i_O = \frac{u_O}{R_L} \tag{10-1}$$

负载上的电压 u_O 等于变压器的二次电压 u_2，二极管电压为 0，即

$$u_2 = u_O, u_D = 0 \tag{10-2}$$

在负半周内，二极管反向截至，电路接近于断路状态，二极管电流和输出电流均为 0，即

$$i_O = i_D = 0 \tag{10-3}$$

整流电路中各处的波形图如图 10-2 所示。

由图可知，由于二极管的单向导电作用，使变压器的二次交流电压变换成负载两端的单相脉动电压，达到了整流目的。因为这种电路只有在交流电压的半个周期内才有电流流过负载，所以称为单相半波整流电路。这种电路的优点是使用元器件少、结构简单（在图中只使用了一个二极管作为主要元件）；缺点是输出波形脉动大、直流成分小、变压器利用率低。

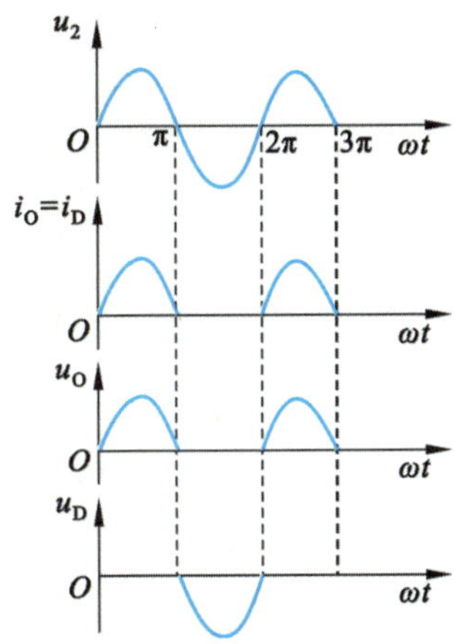

图 10-2 单相半波整流波形图

（二）三相桥式整流电路及其工作原理

如图 10-3 所示是一个三相桥式整流电路图。三相交流电源经二次侧星形联结的三相变压器变压后，接于三相桥式电路 a、b、c 端。图中六个二极管分成两组。第一组 D_1、D_3、D_5 为共负（阴）极连接，第二组 D_2、D_4、D_6 为共正（阳）极连接。每一组中三个二极管轮流导通。共负极组中，正极电位最高的那个二极管导通；共正极组中，负极电位最低的那个二极管导通。同一时刻，各组中只有一个二极管导通，其他的不导通。

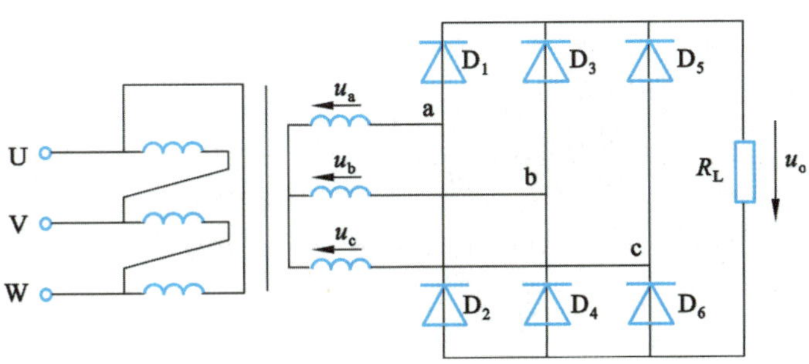

图 10-3 三相桥式整流电路

图 10-4（a）是三相桥式整流电路波形；图 10-4（b）是整流后的输出电压波形图；图 10-

4（c）所示为不同时间间隔的导通二极管标注。

在 $t_1 \sim t_2$ 时间段三相电压中，u_a 相电压最高，共负极组的 D_1 导通；u_b 相电压最低，共正极组的 D_4 导通。所以输出电压应是线电压 u_{ab} 在该时间段的波形。

在 $t_2 \sim t_3$ 时间段内，u_a 仍是最高，共负极组仍是 D_1 导通，但此时 u_c 电压最低，所以共正极组的 D_6 导通，输出电压是线电压 u_{ac}。其余类推，可以得出：输出电压 u_O 波形是由各时间段的线电压拼接而成的波形。

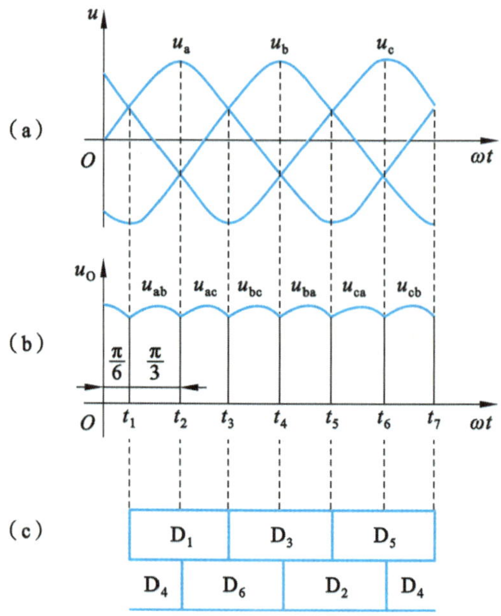

图 10-4　三相桥式整流电路波形图

下面分析三相桥式整流中参数及指标：

输出电压平均值 U_O：设 U_2 表示变压器二次侧相电压的有效值，则星形联结的变压器二次侧电压有效值为$\sqrt{3}U_2$，相位上超前相电压 30°。则输出电压的平均值为

$$U_O = 2.34U_2 \tag{10-4}$$

负载电流平均值 I_O 为

$$I_O = \frac{U_O}{R_L} = 2.34\frac{U_2}{R_L} \tag{10-5}$$

流过每个二极管电流平均值 I_F 为

$$I_F = \frac{1}{3}I_O = \frac{2.34U_2}{3R_L} = 0.78\frac{U_2}{R_L} \tag{10-6}$$

每个二极管所承受的最高反向电压 U_{RM} 为变压器二次侧线电压的幅值，即

$$U_{RM} = \sqrt{3}\times\sqrt{2}U_2 = 2.45U_2 = 1.05U_O \tag{10-7}$$

（三）单相半波可控整流电路及其工作原理

由晶闸管基本特性可知，晶闸管可以组成可控整流电路，且有多种电路形式，如单相半

波或单相桥式可控整流电路。当功率比较大时，通常采用三相交流电源组成三相半波或三相桥式可控整流电路。下面以单相半波可控整流电路为例来讨论可控整流电路的工作原理。

图 10-5 所示为一个带电阻负载的单相半波可控整流电路。电路中使用晶闸管 T 代替单相半波整流电路中的二极管。

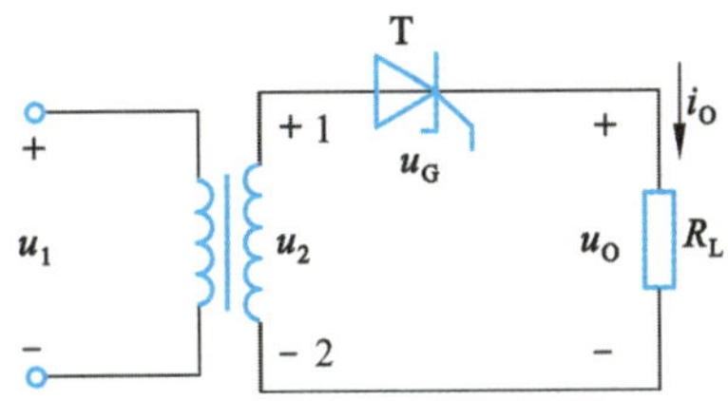

图 10-5　单相半波可控整流电路

单相半波可控整流电路中的各处波形如图 10-6 所示。在 u_2 的正半周，T 承受正向电压，但若此时控制极不加触发脉冲，T 仍不能导通。假设当 $\omega t=\alpha$ 时，在 T 的控制极加上触发脉冲 u_G，则 T 突然导通，电流从 u_2 的 1 端出发，经过 T、R_L 流向 2 端。由于晶闸管导通时降压很小，此时可以认为 u_O 约等于 u_2，当 $\omega t=180°$ 时，u_2 降为 0，T 又变为阻断。

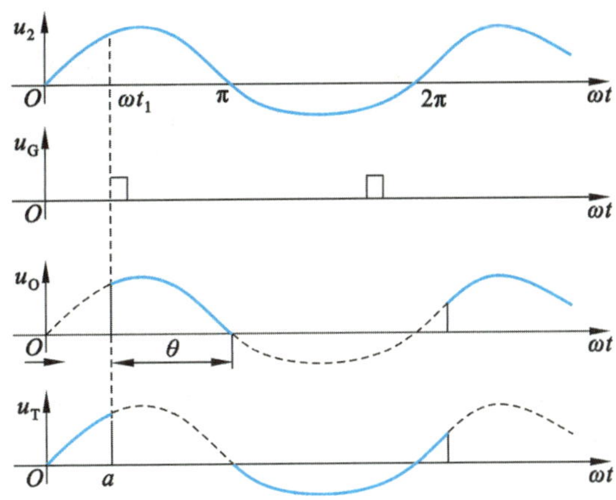

图 10-6　单相半波可控整流电路波形

在 u_2 的负半周，T 无论是否加上触发脉冲，晶闸管截止。此时，负载上的输出电压 $u_L=0$，而晶闸管两端承受一个反向电压，其值就是变压器二次电压，即 $u_T=u_2$。

由于晶闸管的单向导电作用，使变压器的二次交流电压变换成负载两端的单向脉动电压，达到了整流目的。因为这种电路只有在交流电压的半个周期内才有电流流过负载，且可以根据给定输入电压调节输出电压，所以称为单相半波可控整流电路。

通过分析单相半波整流电路可知，单相半波整流电路的优点是结构简单、使用的元件少，但是也有明显的缺点（输入波形脉动大，直流成分比较低，变压器有半个周期不导电使得电能利用率低，变压器电流含有直流成分，容易饱和）所以只能用在输出电流较小，要求不高的场合。

（四）单相桥式可控整流电路及其工作原理

针对半波整流电路的缺点，提出了单向桥式可控整流电路。在图 10-7 的电路中采用 2 个二极管 D_1、D_2 和 2 个晶闸管 T_1、T_2 接成电桥形式，故称为单相桥式可控整流电路。

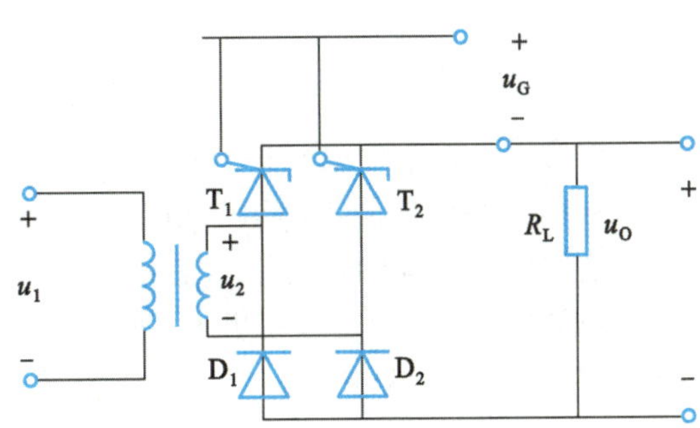

图 10-7　单相桥式可控整流电路

在 u_2 的正半周，T_1 和 D_2 承受正向电压，但若控制极不加触发脉冲，T_1 仍不能导通。假设当 $\omega t=\alpha$ 时，T_1 的控制极加上触发脉冲 u_G，则 T_1 突然导通，电流

从 u_2 的“+”端出发，经 T_1、R_L 和 D_2，流向“-”端。由于晶闸管导通时管压降很小，u_2 基本上都降落在 R_L 上，因此可以认为 $u_O \approx u_2$，如图 10-8 所示。此时 T_2 和 D_1 承受反向电压，所以均不导通。当 ωt=180°时，u_2 降为 0，T_1 又变为阻断。

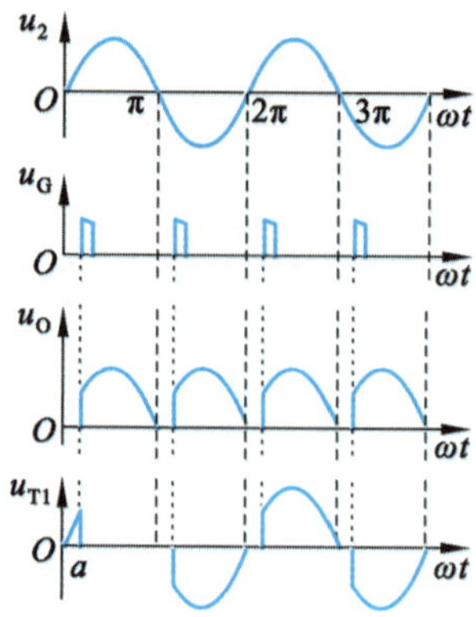

图 10-8　单相桥式可控整流电路波形图

在 u_2 的负半周，T_2 和 D_1 承受正向电压，当 T_2 的控制极加上触发脉冲时，T_2 导通，电流从 u_2 的“-”端出发，经 T_2、R_L 和 D_1 流向“+”端，直到 ωt=60°时，T_2 恢复阻断状态。α 为控制角，θ 为导电角，α 和 θ 满足关系 $\alpha+\theta$=180°。显然，当 α 愈小，即 θ 愈大时，输出电压的平均值愈大。

根据图 10-8 中的波形图，可求得可控整流电路输出电压的平均值为

$$U_d = \frac{1}{\pi}\int_{\alpha}^{\pi}\sqrt{2}U_2 \sin\omega t\mathrm{d}\omega t = 0.9U_2\frac{1+\cos\alpha}{2} \tag{10-8}$$

由式可得，当 U_2 固定时，只需改变控制角α的大小就可以调节 U_d 的数值。

输出电流的平均值为

$$I_d = U_d/R_d = 0.9U_2\frac{1+\cos\alpha}{2R_d} \tag{10-9}$$

由图 10-8 的波形图还可以看出晶闸管承受的反向电压为

$$u_2 = \sqrt{2}U_2 \sin\omega t \tag{10-10}$$

（五）三相桥式全控整流电路及其工作原理

在三相桥式全控整流电路中，对共阴极组和共阳极组是同时进行控制的，控制角都是 α。由于三相桥式整流电路是两组三相半波电路的串联，因此整流电压为三相半波时的 2 倍。很显然在输出电压相同的情况下，三相桥式晶闸管要求的最大反向电压，可比三相半波线路中的晶闸管低一半。为了分析方便，使三相全控桥的六个晶闸管触发的顺序是 1→2→3→4→5→6，晶闸管是这样编号的：晶闸管 T_1 和 T_4 接 a 相，晶闸管 T_3 和 T_6 接 b 相，晶管 T_5 和 T_2 接 c 相。晶闸管 T_1、T_3、T_5 组成共阴极组，而晶闸管 T_2、T_4、T_6 组成共阳极组，如图

10-9 所示。

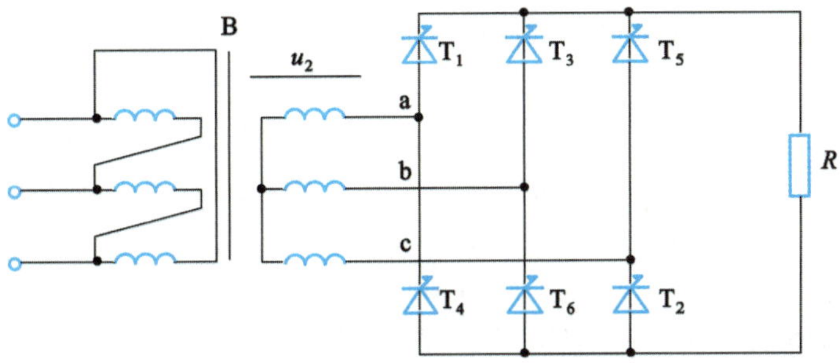

图 10-9　三相桥式可控整流电路

为了明晰 α 变化时各晶闸管的导通规律，分析输出波形的变化规则，下面研究几个特殊控制角。首先分析 $\alpha=0$ 的情况，也就是在自然换相点触发换相时的情况。为了分析方便起见，把一个周期等分 6 段，波形如图 10-10 所示。

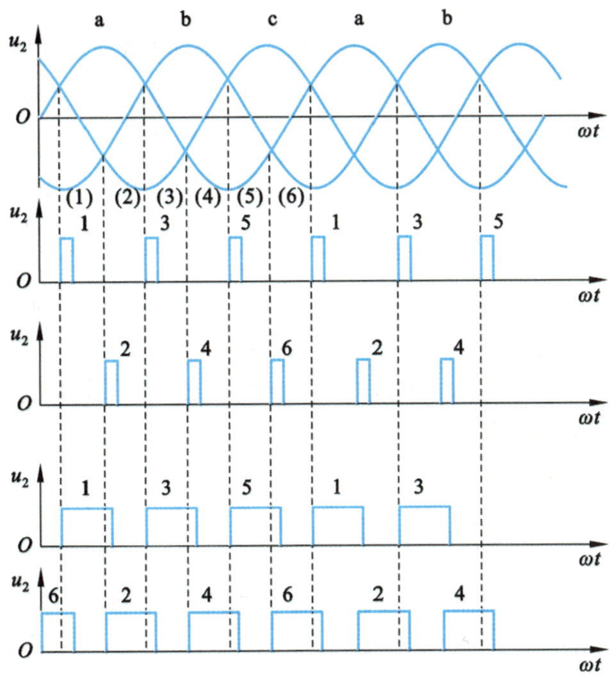

图 10-10　三相桥式可控整流电路波形

在第 1 段期间，a 相电压最高，而共阴极组的晶闸管 T_1 被触发导通，b 相电位最低，所以共阳极组的晶闸管 T_6 被触发导通。这时电流由 a 相经 T_1 流向负载，再经 T_6 流入 b 相。变压器 a、b 两相工作，共阴极组的 a 相电流为正，共阳极组的 b 相电流为负。加在负载上的整流电压为 $u_d=u_a-u_b=u_{ab}$。经过 60°后进入第 2 段时期。这时 a 相电位仍然最高，晶闸管 T_1 继续导通，但是 c 相电位却变成最低，当经过自然换相点时触发 c 相晶闸管 T_2，电流即从 b 相换到 c 相，T_6 承受反向电压而关断。这时电流由 a 相流出经 T_1、负载、T_2 流回电源 c 相，变压器 a、c 两相工作。这时 a 相电流为正，c 相电流为负。在负载上的电压为 $u_d=u_a-u_c=u_{ac}$。再经过 60°，进入第 3 段时期。这时 b 相电位最高，共阴极组在经过自然换相点时，触发导通晶闸管 T_3，电流即从 a 相换到 b 相，c 相晶闸管 T_2 因电位仍然最低而继续导通。此时变压器

be 两相工作，在负载上的电压为 $u_d=u_b-u_c=u_{bc}$。余相依此类推。

由上述三相桥式全控整流电路的工作过程可以看出：

（1）三相桥式全控整流电路在任何时刻都必须有两个晶闸管导通，而且这两个晶闸管一个是共阴极组，另一个是共阳极组的，只有它们能同时导通，才能形成导电回路。

（2）三相桥式全控整流电路就是两组三相半波整流电路的串联，所以与三相半波整流电路一样，对于共阴极组触发脉冲的要求是保证晶闸管 T_1、T_3 和 T_5 依次导通，因此它们的触发脉冲之间的相位差应为 120°。对于共阳极组触发脉冲的要求是保证晶闸管 T_2、T_4 和 T_6 依次导通，因此它们的触发脉冲之间的相位差也是 120°。

（3）由于共阴极的晶闸管是在正半周触发，共阳极组是在负半周触发，因此接在同一相的两个晶闸管的触发脉冲的相位应该相差 180°。

（4）三相桥式全控整流电路每隔 60°有一个晶闸管要换流，由上一号晶闸管换流到下一号晶闸管触发，触发脉冲的顺序是：1→2→3→4→5→6→1，依次下去。相邻两脉冲的相位差是 60°。

（5）由于电流断续后，能够使晶闸管再次导通，必须对两组中应导通的一对晶闸管同时有触发脉冲。为了达到这个目的，可以采取两种办法：一种是使每个脉冲的宽度大于 60°（必须小于 120°），一般取 80°～100°，称为宽脉冲触发；另一种是在触发某一号晶闸管时，同时给前一号晶闸管补发一个脉冲，使共阴极组和共阳极组的两个应导通的晶闸管上都有触发脉冲，相当于两个窄脉冲等效地代替大于 60°的宽脉冲，这种方法称双脉冲触发。

（6）整流输出的电压，也就是负载上的电压。整流输出的电压应该是两相电压相减后的波形，实际上都属于线电压，波头 u_{ab}、u_{ac}、u_{bc}、u_{ba}、u_{ca}、u_{cb} 均为线电压的一部分，是上述线电压的包络线。相电压的交点与线电压的交点在同一角度位置上，故线电压的交点同样是自然换相点，同时亦可看出，三相桥式全控的整流电压在一个周期内脉动六次，脉动频率为 6×50=300 Hz，比三相半波时大一倍。

（7）晶闸管所承受的电压。三相桥式整流电路在任何瞬间仅有二臂的元件导通，其余四臂的元件均承受变化着的反向电压。例如在第 1 段时期，T_1 和 T_6 导通，此时 T_3 和 T_4 承受反向线电压 $u_{ba}=u_b-u_a$。T_2 承受反向线电压 $u_{bc}=u_b-u_c$。T_5 承受反向线电压 $u_{ca}=u_c-u_a$。晶闸管所受的反向最大电压即为线电压的峰值。当α从 0 增大的过程中，同样可分析出晶闸管承受的最大正向电压也是线电压的峰值。

二、DC-AC 变换电路的分析与检测

将输入电路的直流电变换为交流电输出的电路称为逆变电路，简称 DC-AC 电路，逆变分为有源逆变和无源逆变两种。有源逆变是指将输出的交流电直接和电网连接，即将交流电反馈逆变电路给交流电网供电。无源逆变是指输出的交流电直接给负载供电。通常所讲的逆变电路，在不特别说明的时，一般指的都是无源逆变电路。

（一）逆变电路的用途及分类

1. 逆变电路的用途

逆变电路的应用十分广泛。当需要各种直流电源（如蓄电池、干电池、太阳能电池等）

给交流负载供电时，就需要逆变电路。在高压直流输电、不间断供电电源 UPS、应急电源 EPS、交流电机变频调速、感应加热等电力电子装置的核心部分都是逆变电路。以新能源汽车为例，逆变电路将储存的直流电转换为交流电，驱动新能源汽车交流电机转动，作为新能源汽车提供动力来源。其中交流电机变频调速技术的应用在生产和生活的不同领域，并且在新能源汽车、空调、洗衣机和电冰箱等中得到了广泛的应用。而交流电机变频调速的核心是交-交变频器，当变频器采用间接变换的时候，装置的核心就是逆变电路通常整流装置由直流电源、逆变电路主电路、控制回路、滤波器、负载组成。

2. 逆变电路的分类

逆变电路的分类方法很多，现介绍以下几种分类方法。

（1）按输入电源的特点分类，可分为：①输入电源（直流侧电源）为恒压源的逆变电路称为电压源型逆变电路，或电压型逆变电路；②输入电源（直流侧电源）为恒流源的逆变电路称为电流源型逆变电路，或电流型逆变电路。

（2）按主电路的结构特点分类，可分为：半桥式逆变电路、全桥式逆变电路和推挽式逆变电路。

（3）按输出相数分类，可分为：①逆变电路输出的交流电是单相电，称为单相逆变电路；②逆变电路输出的交流电是三相电，称为三相逆变电路。

（4）按换流方式的不同分类。将电流从一个支路向另一个支路转移的过程，称为换流或换相。

3. 常用的换流方式

对于全控型器件而言，由于通过给控制端施加控制信号就可以控制其导通和关断，所以在采用全控型器件的电路中，其换流方式为器件换流。

对于半控型器件晶闸管而言，只能通过控制端控制其导通，但不能通过控制端控制其关断，所以在采用半控型器件的电路，就不能采用器件换流的方式。一般来说，要让晶闸管关断，需要对其施加反向电压使得流过晶闸管的电流下降到接近 0。因此有晶闸管的电路则需要借助外部手段（施加反向电压）才能实现换流，一般将此类换流方式统称为外部换流。通常外部换流又分为：电网换流、负载换流和强迫换流。

（1）电网换流：利用电网提供的电压使晶闸管关断，从而实现换流的方式称为电网换流。如可控整流电路，无论其工作在整流状态还是有源逆变状态，都是利用电网提供的电压实现换流的，都属于电网换流。AC-AC 变换电路属于电网换流。在换流时，利用电网电压给欲关断的晶闸管施加反向电压，即可使其关断。此类换流方式仅适用于和交流电网有连接的电路，不适用于没有交流电网的无源逆变电路。

（2）负载换流：利用负载提供的电压使晶闸管关断，从而实现换流的方式称为负载换流。只有当负载电流的相位超前于负载电压的相位，才能使晶闸管关断，实现负载换流。因此这种换流方式适用于负载为容性负载的场合，且负载电流超前电压的时间应大于晶闸管的关断时间，才可实现负载换流。

（3）强迫换流：利用专门的附加换流电路使晶闸管关断，从而实现换流的方式称为强迫换流。强迫换流是通过电容储存的能量，在换流时刻提供一个反向电压，从而使晶闸关断。

强迫换流可使开关频率不受电网的频率的限制，但需要附加庞大的换流装置，同时还要增加晶闸管的电压、电流定额，对晶闸管的动态特性要求也高。

（二）逆变电路的工作原理

基本的单相桥式无源逆变电路工作原理如图 10-11（a）所示，图中 U_d 为直流电源电压，R 为逆变电路的输出负载，S_1、S_2、S_3、S_4 为 4 个高速开关。该电路有两种工作状态：

（1）S_1、S_4 闭合，S_2、S_3 断开，加在负载 R 上的电压为左正右负，输出电压 $U_O=U_d$

（2）S_2、S_3 闭合，S_1、S_4 断开，加在负载 R 上的电压为左负右正，输出电压 $U_O=-U_d$。

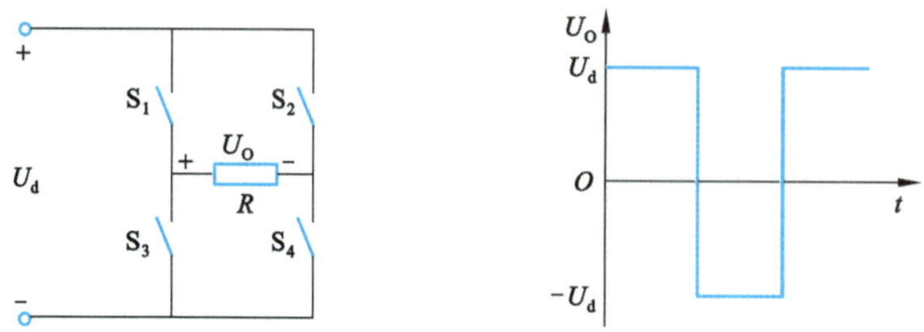

（a）电路图　　（b）波形

图 10-11　逆变电路原理图

当以频率交替切换 S_1、S_4 和 S_2、S_3 时，负载将获得交变电压，其波形如图 10-11（b）所示。切换周期 $T=1/f$，这样，就将直流电压 U_d 变换成交流电压。

与斩波电路相同，开关 S_1、S_2、S_3、S_4 也是由电力电子器件构成的电子开关。它可由半控型的快速晶闸管构成，也可由 GTO、GTR、IGBT 等全控型器件构成。

全控型电力电子器件可由门极（或基极/栅极）控制开通与关断，不需要复杂的换流电路，是构成逆变器的理想器件。

（三）单相电压型逆变电路及其工作原理

电压型逆变电路的电源为电压源，一般采取在直流电源侧并联大电容的方法获得恒压源，工作时直流侧电压基本无脉动，其输出电压波形为矩形波，当交流侧为感性负载时，电容还起缓冲无功能量的作用。下面将介绍半桥逆变电路和全桥逆变电路。

1. 单相电压型半桥逆变电路

电压型单相半桥逆变电路如图 10-12（a）所示，主要由两个导电桥臂构成，每个导电桥臂由一个全控型器件 IGBT 和反向并联的二极管构成。在直流侧为提供恒压源，并联了大电容。由于负载只有一端可以接在两个导电桥臂连接点处，而负载的另一端只能接在直流侧的中点位置，于是直流侧的电容分为了两个电容 C_1 和 C_2，且 $C_1=C_2$，负载的另一侧就接在了两个电容的连接点处。输出电压为负载两端的电压，用 u_o 表示；输出电流为负载电流用 i_o 表示。

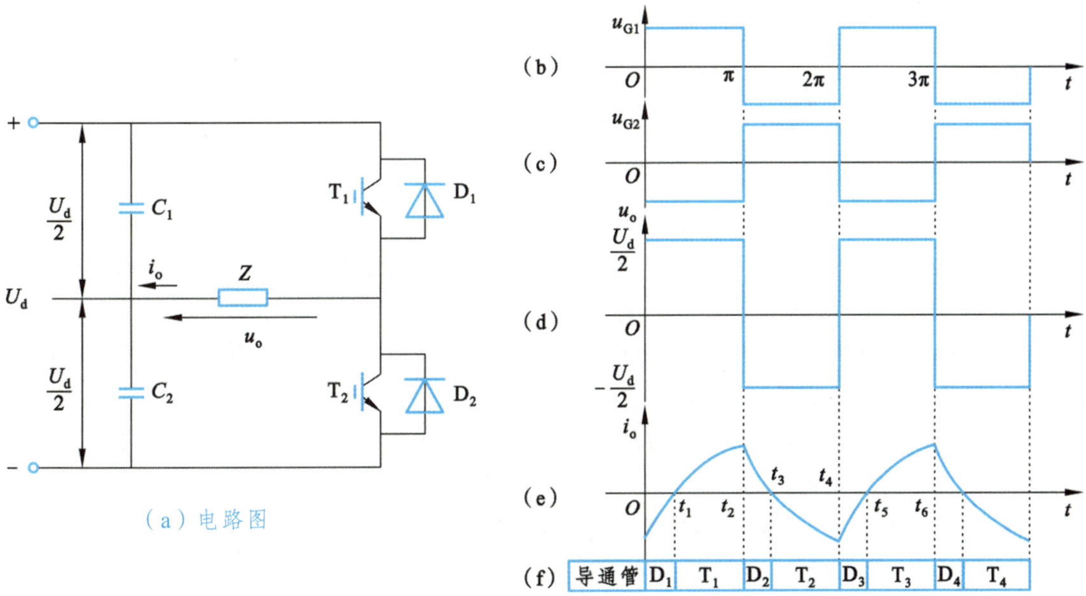

图 10-12　单相电压型半桥逆变电路及其波形

如图 10-12（b）、图 10-12（c）所示，两个 IGBT 的栅极控制信号 u_{G1}、u_{G2} 相互互补，并且各自在一个周期内有半个周期正偏，半个周期反偏。

（1）带电阻负载的工作情况。

以下为带电阻负载的电压型单相半桥逆变电路的工作状态分析，负载 Z 为纯电阻 R。

$0\sim\pi$ 期间：T_1 的栅极信号正偏，T_1 导通，T_2 的栅极信号反偏，T_2 关断，输出电压 $u_o=U_d/2$。

$\pi\sim2\pi$ 期间：T_1 的栅极信号反偏，T_1 关断，T_2 的栅极信号正偏，T_2 导通，输出电压 $u_o=-U_d/2$。

上述分析了一个周期中电路的工作情况，之后连续重复循环此工作过程。由于负载为电阻负载，其输出电流和电压成正比，输出电流 i_o 的波形和输出电压 u_o 的波形均为矩形波，如图 10-12（d）所示。

（2）带阻感负载的工作情况。

以下是带阻感负载的电压型单相半桥逆变电路在一个周期内的工作状态的分析，其中负载 Z 为阻感负载 R、L。输出电流 i_o 波形如图 10-12（e）所示，IGBT 和二极管导通情况如图 10-12（f）所示。

① $t_1\sim t_2$ 期间：T_1 的栅极信号正偏，T_2 的栅极信号反偏，所以 T_1 导通，T_2 为关断状态。输出电压 $u_o=U_d/2$。但由于负载为阻感负载，流过电感的电流不能发生突变，输出电流 I_O 缓慢上升。

② $t_2\sim t_3$ 期间：T_1 的栅极信号反偏，T_2 的栅极信号正偏，所以 T_1 关断，但由于阻感负载的电流不能立即改变方向，所以 T_2 暂时不能导通，于是由 D_2 导通续流。此时，输出电压 $u_o=-U_d/2$，即负载两端承受的电压反向了，所以输出电流 i_o 缓慢下降。

③ $t_3\sim t_4$ 期间：T_1 的栅极信号反偏，T_2 的栅极信号正偏，所以 T_1 保持关断，由于 t_3 时刻

电流下降到 0，续流二极管 D_2 截止，T_2 开始导通，输出电压 $u_o=-U_d/2$，输出电流 i_o 开始反向增大。

④ $t_4\sim t_5$ 期间：T_1 的栅极信号正偏，T_2 的栅极信号反偏，所以 T_2 关断，但由于阻感负载电流不能立即改变方向，所以 T_1 暂时不能导通，D_1 导通续流。输出电压 $u_o=U_d/2$，输出电流 i_o 开始反向减小。

⑤ t_5 时刻之后连续地重复循环此工作过程。

通过上述分析可知，当 T_1 或 T_2 导通时，负载电流和电压方向相同，直流侧向负载提供能量；而当 D_1 和 D_2 导通时，负载电流和电压方向相反，负载电感中储存的能量向直流侧反馈，即感性负载将其吸收的无功能量反馈回直流侧。反馈的能量暂时储存在直流侧的电容器中，可见直流侧的电容器起着缓冲无功能量的作用。

二极管 D_1 和 D_2 是负载向直流侧反馈能量的通道，故称为反馈二极管；又由于 D_1 和 D_2 使负载电流连续，故又可称为续流二极管。

通过上述分析可知，电压型单相半桥逆变电路，无论是电阻负载还是阻感负载，其输出电压的波形均为 180°方波，其幅值为 $U_d/2$。输出电压的有效值为

$$U_o=\sqrt{\frac{2}{T}\int_0^{T/2}\left(\frac{U_d}{2}\right)_d^2 d(t)}=\frac{U_d}{2} \tag{10-11}$$

将 u_o 分解为傅里叶级数，得

$$u_o=\frac{2U_d}{\pi}\left(\sin\omega t+\frac{1}{3}\sin 3\omega t+\frac{1}{5}\sin 5\omega t+\cdots\right) \tag{10-12}$$

电压型单相半桥逆变电路的优点是电路及工作原理简单，使用器件少，成本低；其缺点是输出交流电压的幅值较低，仅为输入电压的一半，直流电源利用率低，且需要分压电容器，还需要控制两个电容器的电压均衡。因此，此类逆变电路常用于 1 kw 以下的小功率场合。

为了保证逆变电路正常工作，上桥臂（T_1、D_1 构成）和下桥臂（T_2、D_2 构成）不能同时导通，否则会造成直流侧短路，损坏开关器件。为防止此类情况出现，一般采取“先断后通”的方法。即先给应关断的器件关断信号，待其关断后留一定裕量，然后再给应导通的器件发出开通信号，即在两个开关器件的控制信号的切换过程中留一个短暂的死区时间。

2. 单相电压型全桥逆变电路

（1）单相电压型全桥逆变电路组成。

单相全桥逆变电路用全控型器件 IGBT 及其反并联二极管取代图 10-11（a）中的理想开关后，就得到如图 10-13 所示的单相电压型全桥逆变电路。可见，它由 4 个桥臂组成，可以看成由两个半桥逆变电路构成。在工作时，T_1 和 T_4 为一组，同

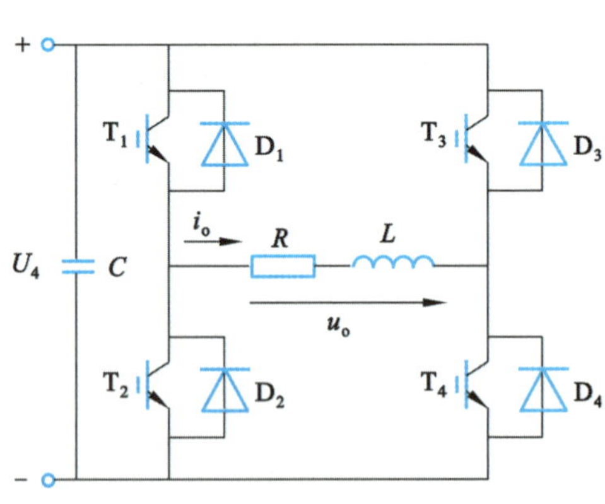

图 10-13　单相电压型全桥逆变电路

时通或断；T_2 和 T_3 为一组，同时通或断。因此，组内的控制信号保持一致，两组之间的控制信号相互互补，且半个周期正偏，半个周期反偏，如图 10-14（a）所示。

（2）单相电压型全桥逆变工作原理。

① $t_1 \sim t_2$ 期间：T_1 和 T_4 的控制信号正偏，T_2 和 T_3 的控制信号反偏，所以 T_1 和 T_4 导通，T_2 和 T_3 为关断状态。输出电压 $u_o = U_d$。由于电感电流 i_o 不能发生突变，电流 i_o 缓慢上升。

② $t_2 \sim t_3$ 期间：T_1 和 T_4 的控制信号反偏，T_2 和 T_3 的控制信号正偏，所以 T_1 和 T_4 关断，电流 i_o 不能立即改变方向，所以 T_2 和 T_3 暂时不能导通，由 D_2 和 D_3 导通续流。此时，输出电压 $u_o = -U_d$，即负载两端承受的电压反向了，所以输出电流 i_o 缓慢下降。

③ 期间：T_1 和 T_4 的控制信号反偏，T_2 和 T_3 的控制信号正偏，所以 T_1 和 T_4 保持关断，由于 t_3 时刻电流下降到零，续流二极管 D_2 截止，T_2 和 T_3 开始导通，输出电压 $u_o = -U_d$，输出电流 i_o 开始反向增大。

④ 期间：T_1 和 T_4 的控制信号正偏，T_2 和 T_3 的控制信号反偏，所以 T_2 和 T_3 关断，电流不能立即改变方向，所以 T_1 和 T_4 暂时不能导通，D_1 和 D_4 导通续流。输出电压 $u_o = U_d$，输出电流 i_o 开始反向的减小。

其工作波形如图 10-14（b）所示，由此可见，其输出电压的波形和半桥逆变电路的波形，形状相同，均为方波，只是幅值增大一倍为 U_d。因此输出电压的有效值为 U_d。

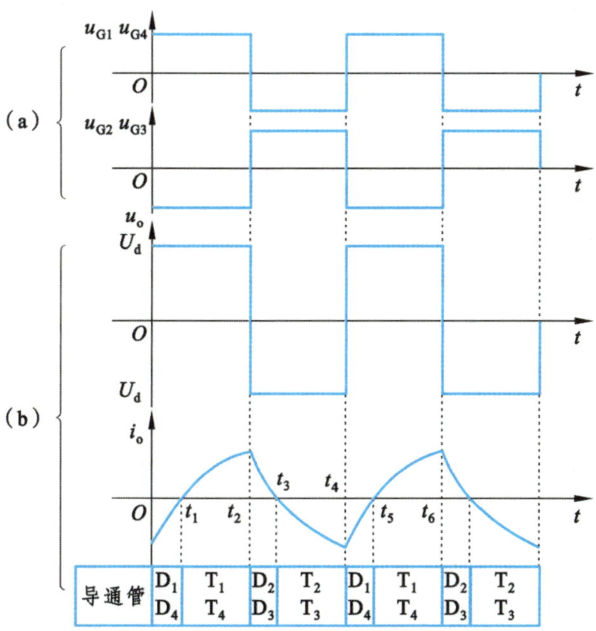

图 10-14　单相电压型全桥逆变电路

（四）三相电压型桥式逆变电路及其工作原理

1. 三相电压型桥式逆变电路组成

三相电压型桥式逆变电路由 3 个半桥逆变电路构成，共有 6 个桥臂，每个桥臂由开关器件 IGBT 和反并联二极管构成，如图 10-15 所示。通常直流侧只有一个电容器，为了方便分析，图中将两个电容器串联，得到假想中点 N′。

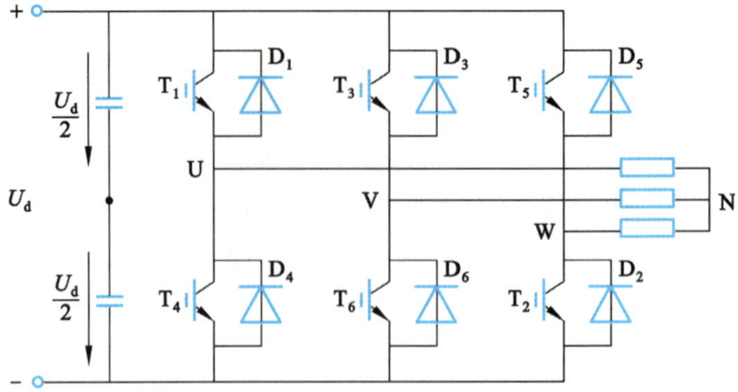

图 10-15　三相电压型桥式逆变电路

2. 三相电压型桥式逆变电路工作原理

电压型三相桥式逆变电路的基本工作方式有两种，即 180°和 120°。采用 180°导电方式，即每个桥臂的导电角度为 180°时，同一相上、下两个桥臂交替导电，各相依次相差 120°。在任一时刻，均将有 3 个桥臂同时导通。可能是上面 1 个桥臂下面 2 个桥臂，也可能是上面 2 个桥臂下面 1 个桥臂同时导通。每次换流都是在同一相中上下两个桥臂之间进行的，因此也称为纵向换流。

对于上述 180°导电方式逆变电路中，为了防止同一相中上、下两桥臂的开关器件同时导通而引起直流侧电源短路，要采取“先断后通”的方法，即上、下桥臂的驱动信号之间必须存在死区时间。下面分析该电路的工作波形。

对于U相输出来说，当上桥臂 T_1 或 D_1 导通时，$u_{UN'}=U_d/2$，当下桥臂 T_3 或 D_1 导通时，则图中的 U 点和假想点 N′之间的电压 $u_{UN'}=-U_d/2$，因此，$u_{UN'}$ 的波形为 180°的方波幅值为 $U_d/2$。V、W 两相的情况和 U 相类似，得到 $u_{VN'}$、$u_{WN'}$ 的波形和 $u_{UN'}$ 相同，只是相位依次相差 180°。

负载线电压 u_{UV}、u_{VW}、u_{WU} 可由下式求出

$$\begin{cases} u_{UV}=u_{UN'}-u_{VN'} \\ u_{VW}=u_{VN'}-u_{WN'} \\ u_{WU}=u_{WN'}-u_{UN'} \end{cases} \tag{10-13}$$

依照上式画出的波形图如图 10-16（c）所示。设负载中性点 N 和直流电源假想中点 N′之间的电压为$u_{NN'}$，则负载的相电压 u_{UN}、u_{VN}、u_{WN} 分别为

$$\begin{cases} u_{UN}=u_{UN'}-u_{NN'} \\ u_{VN}=u_{VN'}-u_{NN'} \\ u_{WN}=u_{WN'}-u_{NN'} \end{cases} \tag{10-14}$$

将 3 个式子相加并整理得

$$u_{NN'}=\frac{1}{3}\left(u_{UN'}+u_{VN'}+u_{WN'}\right)-\frac{1}{3}\left(u_{UN}+u_{VN}+u_{WN}\right) \tag{10-15}$$

由于当负载为三相对称时，$u_{UV}+u_{VW}+u_{WU}=0$，带入可得

$$u_{NN'}=\frac{1}{3}\left(u_{UN'}+u_{VN'}+u_{WN'}\right) \tag{10-16}$$

根据公式得到的波形，则可画出 $u_{NN'}$ 的波形，如图 10-16（d）所示。又根据式（10-14）可画出各相负载相电压的波形，如图 10-16（e）所示。

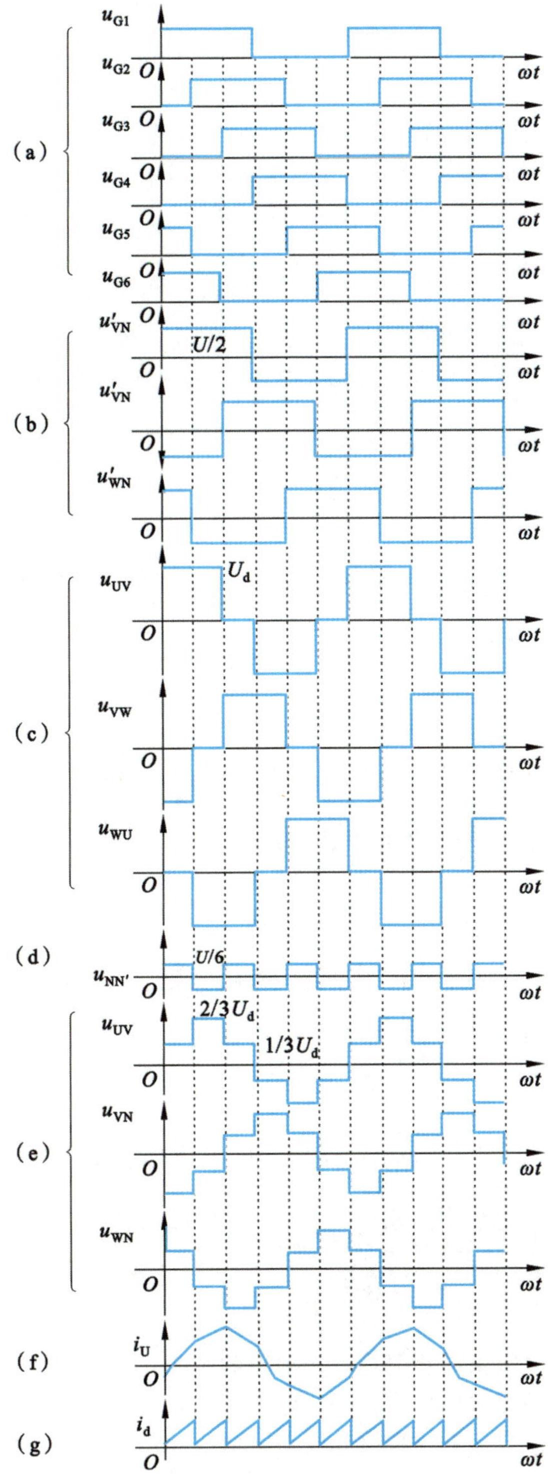

图 10-16　三相电压型桥式逆变电路波形

可见 3 个相电压的波形形状相同，只是相位依次相差 120°。

当负载为三相对称时，若负载参数已知，可由 u_{UN} 求出 U 相电流 i_U。负载阻抗角 φ（$\varphi=\arctan(\omega L/R)$）不同时，$i_U$ 的波形和相位都不同。图 10-16（f）绘制出了阻感负载 $\varphi<\pi/3$ 时，电流 i_U 的波形。对于 U 相桥臂来说，其上桥臂 1 和下桥臂 4 之间的换流工作过程和阻感负载的半桥电路相似。上桥臂的 T_1 从通态转换为断态时，由于阻感负载电流不能突变，下桥臂的 T_4 不能导通，只能由 D_4 先续流导通，直到负载电流下降到零变为负，下桥臂的 T_4 才导通。当 $u_{UN'}>0$ 为上桥臂的导电时间，其中 $i_U<0$ 时为 D_1 导通，$i_U>0$ 时为 T_1 导通。当 $u_{UN'}<0$ 为下桥臂的导电时间，其中 $i_U>0$ 时为 D_4 导通，$i_U<0$ 时为 T_4 导通。负载阻抗角 φ 越大，续流二极管的导电时间就越长。

电流 i_V、i_W 的波形分析类似 i_U，三者波形相同，只是相位依次相差 120°。将桥臂 1、3、5 的电流相加就是直流侧的电流 i_d，如图 10-16（g）所示。

根据图 10-16（e）所示为相电压波形，以 U 相为例输出相电压有效值 U_{UN} 为

$$U_{UN}=\sqrt{\frac{1}{2\pi}\int_0^{2\pi}u_{UN}^2\mathrm{d}\omega t}=0.471U_d \tag{10-17}$$

把 U_{UN} 按傅里叶级数展开，得

$$\begin{aligned}U_{UN}&=\frac{2U_d}{\pi}\left(\sin\omega t+\frac{1}{5}\sin 5\omega t+\frac{1}{7}\sin 7\omega t+\frac{1}{11}\sin 11\omega t+\frac{1}{13}\sin 13\omega t+\cdots\right)\\&=\frac{2U_d}{\pi}\left(\sin\omega t+\sum_n\frac{1}{n}\sin n\omega t\right)\end{aligned} \tag{10-18}$$

其中 $n=6k+1$，k 为自然数。

可知，相电压的基波幅值 U_{UN1m} 和基波有效值 U_{UN1} 分别为

$$\begin{cases}U_{UN1m}=\dfrac{2U_d}{\pi}=0.637U_d\\[2ex]U_{UN1}=\dfrac{U_{UN1m}}{\sqrt{2}}=0.45U_d\end{cases} \tag{10-19}$$

其他各次谐波值与基波值的比值为谐波次数的倒数。从图 10-16（c）中可见，输出线电压 u_{UV} 为 120°方波，其有效值 U_{UV} 为

$$U_{UV}=\sqrt{\frac{1}{2\pi}\int_0^{2\pi}u_{UV}^2\mathrm{d}\omega t}=\sqrt{\frac{2}{3}}U_d=0.816U_d \tag{10-20}$$

由此可知，线电压的基波幅值 U_{UV1m} 和基波有效值 U_{UV1} 分别为

$$\begin{cases}U_{UV1m}=\dfrac{2\sqrt{3}U_d}{\pi}=1.1U_d\\[2ex]U_{UV1}=\dfrac{U_{UV1m}}{\sqrt{2}}=0.78U_d\end{cases} \tag{10-21}$$

其他各次谐波值与基波值的比值为谐波次数的倒数。

通过本节所述，可总结出电压型逆变电路有下述几个主要特点：

（1）直流侧为恒压源，或在直流侧并联大电容，使得直流侧电压基本无脉动，直流侧呈现为低阻抗。

（2）由于输入直流侧恒压源的钳位作用，在开关器件的控制下，使得输出电压的波形为矩形波，波形仅与控制信号相关而与负载性质无关。但输出电流的波形和相位与负载的阻抗角相关。

（3）负载为阻感负载时，需要将感性负载储存的无功能量反馈回直流侧，直流侧的电容器起着缓冲无功能量的作用，且逆变桥各臂都反并联了反馈二极管，作为反馈无功能量的通道。

（五）单相电流型逆变电路及其工作原理

如前所述，直流电源为电流源的逆变电路称为电流型逆变电路。实际上理想直流电流源并不多见，一般是在逆变电路直流侧串联一个大电感，由于大电感中的电流脉动很小，因此可近似看成直流电流源。

在电流型逆变电路中，采用半控型器件的电路仍应用较多，换流方式有负载换流和强迫换流。

1. 单相电流型逆变电路组成

图 10-17 是一种单相桥式电流型逆变电路。由四个桥臂构成，每个桥臂的晶闸管各串联一个电抗器 L_T，用来限制晶闸管开通时的 di/dt。各桥臂的 L_T 之间不存在互感。使桥臂 1、4 和桥臂 2、3 以 1 000～2 500 Hz 的中频轮流导通，就可以在负载上得到中频交流电。

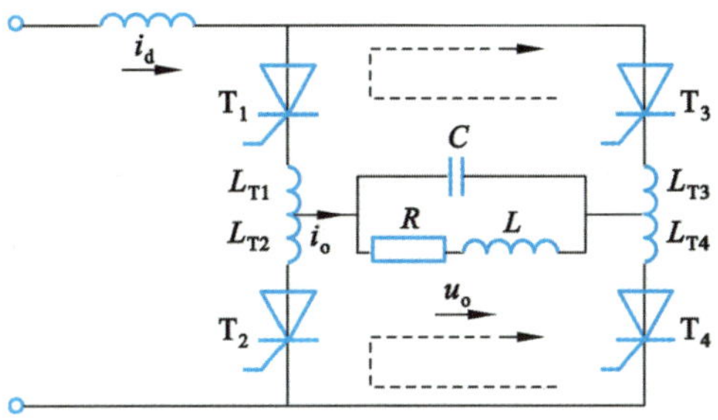

图 10-17　单相电流型逆变电路

该电路采用负载换相方式工作，要求负载电流略超前于负载电压，即负载略呈容性。实际负载一般是电磁感应线圈，用来加热置于线圈内的钢料。

图 10-17 中 R 和 L 串联即为感应线圈的等效电路。因为功率因数很低，故并联补偿电容器 C。电容 C 和 L、R 构成并联谐振电路。负载换流方式要求负载电流超前电压，因此补偿电容应使负载过补偿，使负载电路总体上工作在容性小失谐的情况下。

由于是电流型逆变电路，故其输出电流波形接近矩形波，其中含基波和各奇次谐波，且谐波幅值远小于基波。因基波频率接近负载电路谐振频率，故负载电路对基波呈现高阻抗，而对谐波呈现低阻抗，谐波在负载电路上产生的压降很小，因此负载电压的波形接近正弦波。

2. 单相电流型逆变电路工作原理

图 10-18 是单相电流型逆变电路的工作波形。

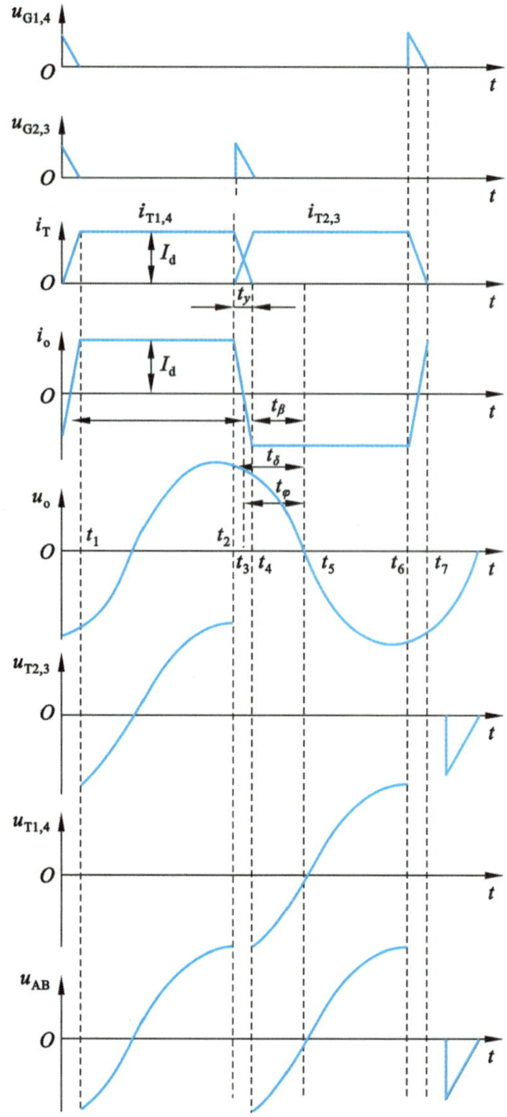

图 10-18 单相电流型逆变电路波形

2. 单相电流型逆变电路工作原理

图 10-18 是该逆变电路的工作波形。在交流电流一侧有两个稳定导通阶段和两个换流阶段。$t_1 \sim t_2$ 之间为晶闸管 T_1 和 T_4 稳定导通阶段，$i_o = I_d$，t_2 时刻前在 C 上建立了左正右负的电压。

在 t_2 时刻触发 T_2 和 T_3，因在 t_2 前 T_2 和 T_3 的阳极电压等于负载电压，为正值，故 T_2 和 T_3 开通，开始进入换流阶段。由于换流电抗器 L_T 的作用，T_1 和 T_4 不能立刻关断，其电流有一个减小的过程，同时 T_2 和 T_3 的电流也有一个增大的过程。

t_2 时刻后，四个晶闸管全部导通，负载电容电压经两个并联的放电回路同时放电。其中一个回路是经 $L_{T1} \to T_1 \to T_3 \to L_{T3}$ 回到电容 C。另一个回路是经 $L_{T2} \to T_2 \to T_4 \to L_{T4}$ 回到电容 C。如图 10-17 中虚线所示。在这个过程中，T_1、T_4 电流逐渐减小，T_2、T_3 电流逐渐增大。

当 $t = t_4$ 时，T_1、T_4 电流减至零而关断，直流侧电流 I_d 全部从 T_1、T_4 转移到 T_2、T_3，换流

阶段结束。$t_\gamma = t_4 - t_2$ 称为换流时间。因为负载电流 $i_o = i_{T1} - i_{T2}$，所以 i_o 在 t_3 时刻，即 $i_{T1} = i_{T2}$ 时刻过零，t_3 时刻大体位于 t_2 和 t_4 的中点。

晶闸管在电流减小到零后，尚需一段时间才能恢复正向阻断能力。因此，在 t_4 时刻换流结束后，还要使 T_1、T_4 承受一段反压时间 t_β 才能保证其可靠关断。$t_\beta = t_5 - t_4$ 应大于晶闸管的关断时间 t_q。如果 T_1、T_4 尚未恢复阻断能力就被加上正向电压，将会重新导通，导致逆变失败。

为保证可靠换流，应在 u_o 过零前 $t_\delta = t_5 - t_2$ 时刻触发 T_2、T_3，t_δ 为触发引前时间，从图10-16可得

$$t_\delta = t_\gamma + t_\beta \tag{10-22}$$

从图10-16还可以看出，负载电流 i_o 超前于 u_o 的时间 t_φ 为

$$t_\varphi = \frac{t_\gamma}{2} + t_\beta \tag{10-23}$$

把 t_φ 表示为电角度 φ 可得

$$\varphi = \omega\left(\frac{t_\gamma}{2} + t_\beta\right) = \frac{\gamma}{2} + \beta \tag{10-24}$$

式中，ω 为电路工作角频率；γ、β 分别是 t_γ、t_β 对应的电角度；φ 也是负载的功率因数角。

3. 电流型逆变电路的主要特点

（1）直流侧串联大电感，电流基本无脉动，相当于电流源。直流侧电流基本无脉动，直流回路呈现高阻抗。

（2）电路中开关器件的作用仅改变直流电流的流通路径，因此交流输出电流为矩形波，与负载阻抗角无关，输出电压波形和相位因负载的不同而不同。

（3）当交流侧为阻感负载时需要提供无功功率，直流侧电感起缓冲无功能量的作用，因为反馈无功能量时直流电流并不反向，因此不必像电压型逆变电路那样需给开关器件反并联二极管。

三、DC-DC 变换电路的分析与检测

将直流电的一种电压值通过电力电子变换装置变换为另一种固定或可调电压值的变换，称为直流-直流（DC-DC）变换。

（一）斩波电路的用途及分类

1. 斩波电路的用途

斩波电路是采用直流电动机驱动的电力牵引（如地铁、电力机车、无轨电车、电瓶车等）和传动系统，其调速装置的调速性能与直流电源的性能密切相关。直流斩波变换技术可使直流输出电压脉动更小、纹波更低，从而使直流传动装置的稳态性能和动态性能得到进一步提高。高频开关电源则使直流电源的体积减小、质量大幅度减轻，效率明显提高。使用开关电源技术的逆变焊机不仅降低了设备的体积和质量、提高了电源的效率，而且使焊接质量明显提高。直流电源的应用越来越广，对直流电压的规格和性能的要求也越来越细和越来越高，

同时电力电子应用技术不断向两端发展，一方面向更低电压领域拓展，另一方面向更高电压领域延伸。

2. 斩波电路的分类

在直流斩波电路中，电力电子开关器件的阳极都在正的直流电压下工作，触发导通很容易。但若采用普通晶闸管作为开关器件，则必须设置换流关断附加电路；若是采用自关断电力电子开关器件，则它的关断靠门极（即控制极）控制，其主电路简单、效率高，无论是由普通晶闸管类半控型器件，还是由具有自关断电力的全控型器件组成的直流斩波电路，都由三个基本部分组成：直流电源、斩波器和负载。其中负载可以是电阻性负载，也可以是感性或反电动势负载。直流斩波变换电路能将一组电参数的直流电能变换为另一组电参数的直流电能，这些电参数包括直流电幅值、直流电极性、直流电阻抗。目前主要用脉冲调制实现输出电压的控制，调制方法主要有两种：脉冲宽度调制和脉冲频率调制，其中脉冲宽度调制应用比较广泛。

（二）升压斩波电路及其工作原理

1. 升压斩波电路的组成

升压斩波电路的工作原理如图 10-19 所示。电路中 L 和 C 分别为储能电感和电容量很大的储能电容。当斩波器 CH 开通时，电源 U 向电感 L 充电，此时电感的自感电动势为左正右负，同时电容 C 向负载 R 放电。此时，隔离二极管因受电容反向电压而关断。当斩波器 CH 关断时，电感 L 中的电流维持原来的方向不变，其自感电动势改变极性，变为左负右正，并和电源正向叠加向电容充电，同时向负载供电。

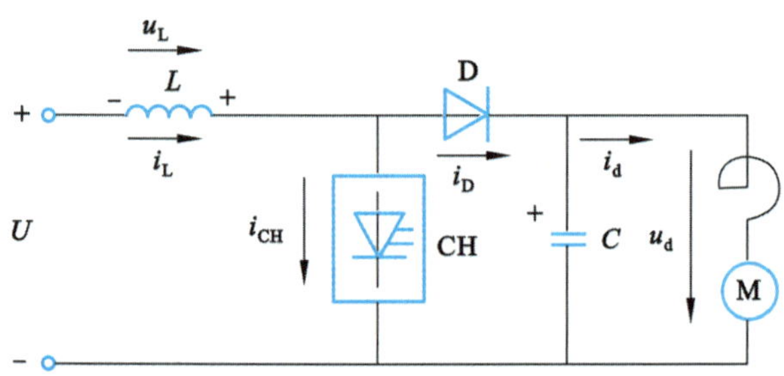

图 10-19　升压斩波电路

这样，斩波器导通时储存在电感中的能量便释放到负载和电容上。此时隔离二极管受正压而导通。

2. 升压斩波电路工作原理

在 t_{on} 期间，电源电压 U 加在电感 L 上，电感充电，电流由 I_1 线性上升至 I_2，此时

$$U = L\frac{I_2 - I_1}{t_{on}} \tag{10-25}$$

在 t_{off} 期间，电感放电，电流由 I_2 线性下降至 I_1，此时

$$U_d - U = L\frac{I_2 - I_1}{t_{off}} \tag{10-26}$$

比较上面两式，可得

$$U \cdot t_{on} = (U_d - U) \cdot t_{off} \tag{10-27}$$

$$U_d = \frac{t_{on} + t_{off}}{t_{off}} U = \frac{T}{t_{off}} U = \frac{1}{1-\alpha} U \tag{10-28}$$

因 $\alpha < 1$，故由上式可知，$U_d > U$。输出电压高于电源电压，故称此电路为升压斩波电路。根据电路结构，负载上的输出电流为

$$I_d = \frac{U_d}{R} = \frac{1}{1-\alpha} \cdot \frac{U}{R} \tag{10-29}$$

3. 升压斩波电路主要应用

升压斩波电路，一是用于直流电动机传动，二是用作单相功率因数校正（Power Factor Correction，PFC）电路，三是用于其他交直流电源中。

当升压斩波电路用于直流电动机传动时，通常是在直流电动机再生制动时把电能回馈给直流电源。由于实际电路中电感 L 不可能为无穷大，因此该电路有电动机电枢电流连续和断续两种工作状态。还需说明的是，此时电动机的反电动势相当于图 10-19 电路中的电源，而此时的直流电源相当于图 10-19 电路中的负载。由于直流电源的电压基本是恒定的，因此不必并联电容。对升压站波电路分析如下：

当可控开关 S 处于导通状态时，设电动机电枢电流为 i_1，可得

$$L\frac{di_1}{dt} + Ri_1 = E_m \tag{10-30}$$

其中，R 为电动机电枢回路电阻与线路电阻之和。

设 i_1 的初始值为 I_1，解上式得

$$i_1 = I_1 e^{-\frac{t}{\tau}} + \frac{E_m}{R}\left(1 - e^{-\frac{t}{\tau}}\right) \tag{10-31}$$

当 S 处于断开状态时，设电动机电枢电流为 i_2，可得

$$L\frac{di_1}{dt} + Ri_1 = E_m - E \tag{10-32}$$

设 i_2 的初始值为 I_2，解上式得

$$i_2 = I_2 e^{-\frac{t-t_{on}}{\tau}} + \frac{E - E_m}{R}\left(1 - e^{-\frac{t-t_{on}}{\tau}}\right) \tag{10-33}$$

当电流连续时，在 $t = t_{on}$ 时刻 $i_1 = I_2$，$t = T$ 时刻 $i_2 = I_1$，由此可得

$$\begin{cases} I_2 = I_1 e^{-\frac{t_{on}}{\tau}} + \dfrac{E_m}{R}\left(1 - e^{-\frac{t_{on}}{\tau}}\right) \\ I_1 = I_2 e^{-\frac{t_{off}}{\tau}} + \dfrac{E - E_m}{R}\left(1 - e^{-\frac{t_{off}}{\tau}}\right) \end{cases} \tag{10-34}$$

由上式可得

$$\begin{cases} I_2 = \dfrac{E_m}{R} - \left(\dfrac{e^{-\frac{t_{on}}{\tau}} - e^{-\frac{T}{\tau}}}{1 - e^{-\frac{T}{\tau}}}\right)\dfrac{E}{R} = \left(m - \dfrac{1 - e^{-\beta\rho}}{1 - e^{-\rho}}\right)\dfrac{E}{R} \\ I_1 = \dfrac{E_m}{R} - \left(\dfrac{1 - e^{-\frac{t_{off}}{\tau}}}{1 - e^{-\frac{T}{\tau}}}\right)\dfrac{E}{R} = \left(m - \dfrac{e^{-\alpha\rho} - e^{-\rho}}{1 - e^{-\rho}}\right)\dfrac{E}{R} \end{cases} \tag{10-35}$$

把上式用泰勒级线性近似，可得

$$I_2 = I_1 = (m - \beta)\frac{E}{R} \tag{10-36}$$

式中表示了 L 值无穷大时电枢电流的平均值 I_o，即

$$I_o = (m - \beta)\frac{E}{R} = \frac{E_m - \beta E}{R} \tag{10-37}$$

式中表明，以电动机一侧为基准看，可将直流电源看作是被降低到了 βE。

当 $t = 0$ 时，$I_1 = i_1 = 0$，通过以上公式可得出 i_2 表达式。当 $t = t_2$ 时，$i_2 = 0$，可求得 i_2 持续时间 t_x，即

$$t_x = \tau \ln \frac{1 - m e^{-\frac{t_{on}}{\tau}}}{1 - m} \tag{10-38}$$

当 $t_x < t_{off}$ 时，电路为电流断续工作状态，$t_x < t_{off}$ 是电流断续的条件，即

$$m < \frac{1 - e^{-\beta\rho}}{1 - e^{-\rho}} \tag{10-39}$$

（三）降压斩波电路及其工作原理

1. 降压斩波电路组成

降压斩波电路也可称为降压斩波器，是一种输出电压的平均值低于直流输入电压的变换电路。图 10-20 是由一个开关组成的变流电路，E 为直流电压源，S 为理想开关，R 为阻性负载。降压斩波电路电压和电流波形图 10-21 所示。

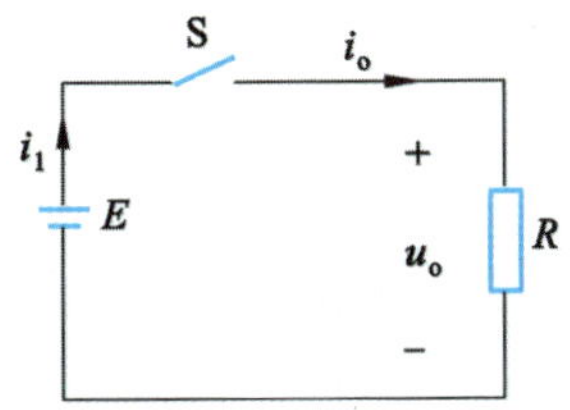

图 10-20　降压斩波电路图

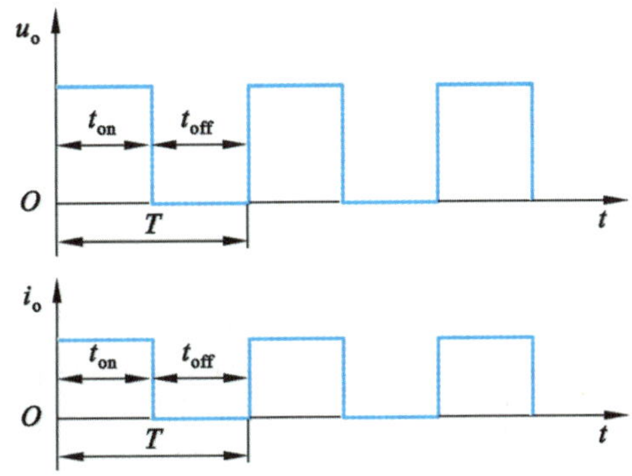

图 10-21　降压斩波电路电压和电流波形图

2. 降压斩波电路工作原理

从 0 时刻开始将开关 S 闭合，S 闭合的时间为 t_{on}，则在此期间，直流电源电压 E 加到负载电阻 R 上，此时负载两端的电压 U 即为直流电源电压 E，同时负载上有直流电流 i 流过；从 t_m 时刻起将开关 S 断开一段时间 t_{on}，这期间负载两端电压为 0，电阻中流过的电流也为 0，之后让开关 S 以时间 $T=t_{on}+t_{off}$ 周期不断接通和断开，负载 R 上就得到了如图 10-21 所示的电压和电流波形，它是一列周期为 T 的矩形脉冲。此时负载上的平均电压 U_O 为

$$U_O=\frac{1}{T}\int_0^{t_{on}}E\mathrm{d}t=\frac{t_{on}}{T}E \tag{10-40}$$

由上式可知，当开关周期 T 不变时，如果改变 S 的开通时间 t_{on}，即改变矩形脉冲的宽度，则负载上的平均电压 U 也随之改变。这种通过改变矩形脉冲宽度来改变负载输出直流电压的调压方式称为直流脉冲宽度（PWM）调制。将电路中的开关 S 换成全控型器件，那么对于已知的不同输出直流电压 U_O 以及给定的开关周期 T，应用上面公式可以准确求出全控型器件的开通和关断时刻，然后就可以此为依据对电路进行控制，从而实现对输出直流电压的调节，这就是直流 PWM 控制的基本原理。

此外，也可以保持开关器件的导通时间 t_{on} 不变，靠改变开关周期 T 来改变占空比，从而改变输出平均电压的值。这种控制方式就是脉冲频率调制方式（PFM），也称定宽调频控制方式。

降压斩波电路常用来给直流电动机供电，以构成高性能直流电机调速系统。这里以反电动势阻感负载为例来分析降压斩波电路的工作原理，电路如图 10-22（a）所示。图中 E 为直流电源，T 为全控型器件 IGBT，续流二极管 D 在 IGBT 关断期间为电感储存的能量提供释放通道，E_M 为反电动势，R、L、E_M 共同组成反电动势阻感负载。负载两端电压记为 u_o，流过负载的电流记为 i_o。

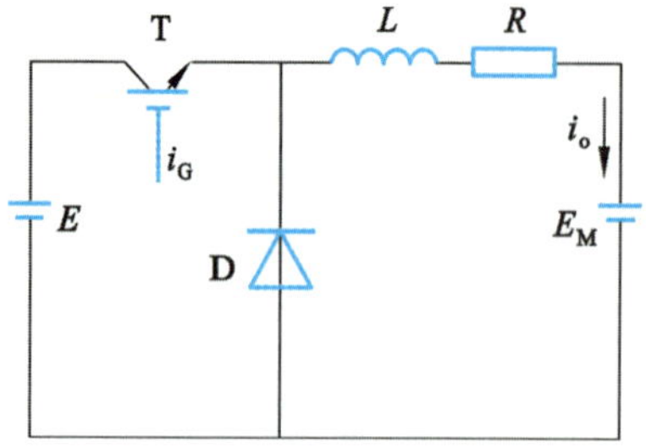

（a）降压斩波电路

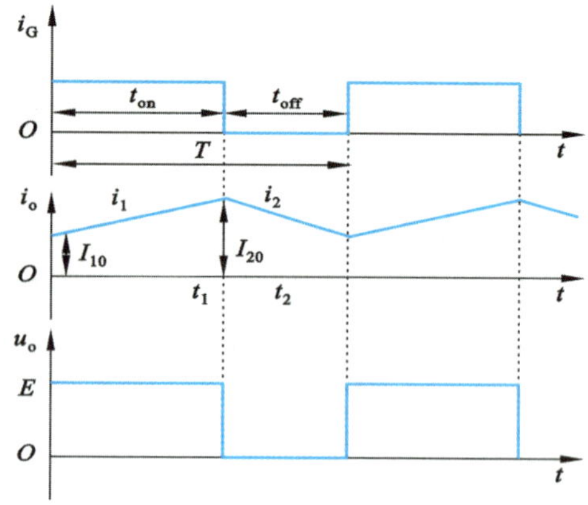

（b）电流连续变化时的波形

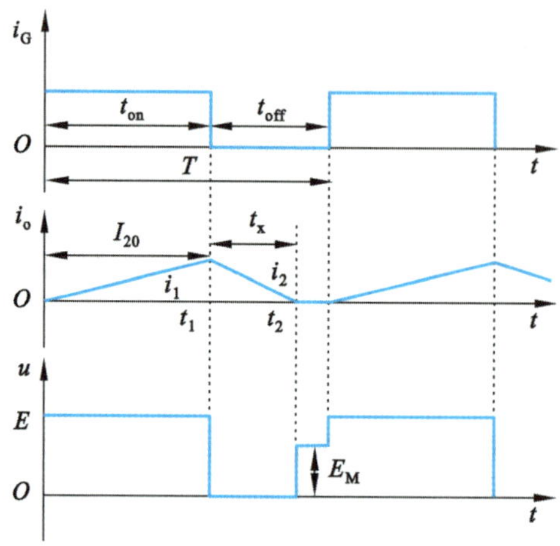

（c）电流断续时的波形

图 10-22　降压斩波电路

3. 降压斩波电路在负载电流连续时的工作原理

假设电路已工作在稳定状态，对电路采用 PWM 控制技术。波形如图 10-22（b）所示，在 0 时刻给 T 的栅极施加控制信号，T 导通，电源电压 E 通过 T 作用到负载上，忽略 T 的管压降，负载两端的电压 u_o 就等于电源电压 E，二极管 D 处于反向偏置状态，此时电流流通路径：E→T→L→R→E_M→E。由于流过电感的电流不能突变，负载电流 i_o 开始以指数规律上升，在此过程中，电源 E 向负载供电，电感开始储存能量。到 t 时刻，使栅极控制电压等于 0，T 随之关断，此时负载电流 i_o 开始通过 D 续流，电流流通路径：L→R→E_M→D→L。

电感中储存的能量一方面向电源 E_M 充电，另一方面由电阻消耗一部分。随着电感中能量的消耗，负载电流以指数规律下降。二极管 D 续流期间两端的电压为零，因此，负载两端的电压 U 变为 0。到 t_2 时刻，再一次使 T 导通一段时间，然后使其关断，使电路重复 0 ~ t_2 的工作过程。记 T 导通的时间为 t_{on}，关断的时间为 t_{off}，则以 $T = t_{on} + t_{off}$ 为周期不断开通和关断

T，负载上就会得到如图 10-22（b）所示的电压和电流波形，图中 I_{10} 和 I_{20} 分别为负载电流 i_o 的上升时段 i_1 和下降时段 i_2 的初值。

负载上的平均电压 U_O 为

$$U_O = \frac{1}{T}\int_0^{t_{on}} E\mathrm{d}t = \frac{t_{on}}{T}E = \alpha E \tag{10-41}$$

式中，$\alpha = t_{on}/T$ 为导通比或占空，由于 $t_{on} \leqslant T$，所以 $0 \leqslant \alpha \leqslant 1$。

由上面的公式可以看出，输出电压平均值 U_O 与 α 成正比，其最大值为 E，因此将该电路称为降压斩波电路。由于稳态时一个周期 T 内电感 L 的储能为 0，因此一个周期内电感两端的电压平均值也为 0。电阻 R 两端的电压平均值就等于负载平均电压 U_O 与反电动势 E_M 之差。设电阻上的平均电流为 I_O，则流过负载的平均电流为

$$I_O = \frac{U_O - E_M}{R} = \frac{\alpha E - E_M}{R} \tag{10-42}$$

这里需要说明的是，如果电感足够大，则负载电流 i_o 是一条平行于横轴的近似直线，且其幅值等于 I_O。当脉冲频率很高且占空比较大时，较小的电感就可使电流的脉动很小。在占空比较小的情况下，每个周期中电感的储能不够大，可能导致电流断续。

4. 降压斩波电路在负载电流断续时的工作原理

在占空比不大且负载的电感 L 较小的情况下，在二极管续流期间，有可能使电流断续。电流断续发生时，续流二极管关断，此时负载两端的电压为反电动势电压 E_M，因此负载上电压和电流的实际波形如图 10-22（c）所示。此时负载上的平均电压为

$$U_O = \frac{1}{T}\left(\int_0^{t_{on}} E\mathrm{d}t + \int_{t_{on}+t_x}^{T} E_M\mathrm{d}t\right) = \alpha E + \frac{(T - t_{on} - t_x)}{T}E_M \tag{10-43}$$

与负载电流连续时的工作原理分析的 U_O 相比，电流断续时，反电动势的存在使得负载平均电压 U 增大。负载上的平均电流为

$$I_O = \frac{U_O - E_M}{R} = \frac{\alpha E - \frac{t_{on} + t_x}{T}E_M}{R} \tag{10-44}$$

（四）升降压斩波电路及其工作原理

1. 升降压斩波电路组成

升降压斩波电路（Buck-boost chopper）如图 10-23（a）所示。其中，E 为直流电源，T 为全控型器件 IGBT，二极管 D 起续流作用，在全控型器件关断期间为电感 L 中储存的能量提供释放通道。负载电阻 R 两端的电压记为 u_o，流过全控型器件 T 的电流记为 i_1，流过二极管的电流记为 i_2。

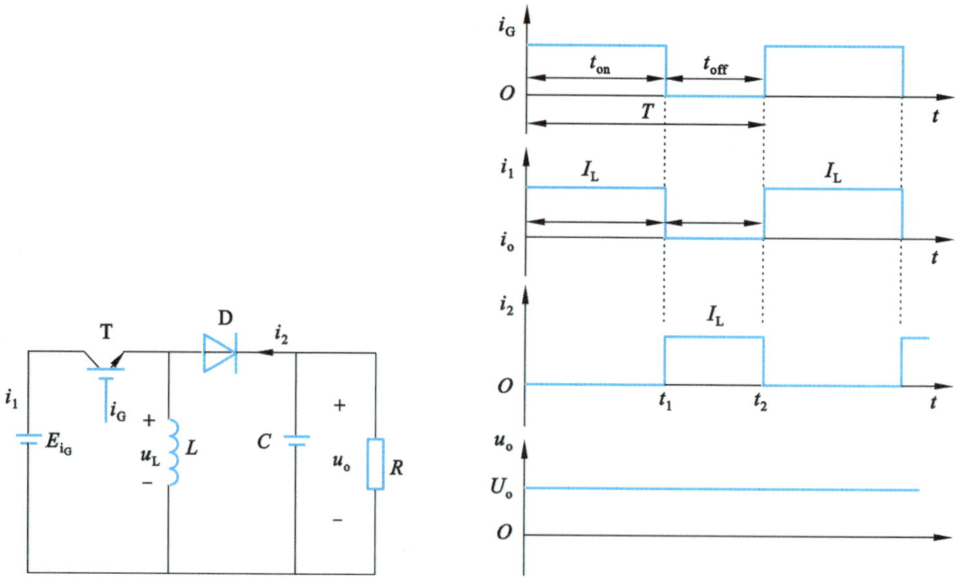

（a）升降压斩波电路　　（b）输入、输出波形

图 10-23　升降压斩波电路

2. 升降压斩波电路工作原理。

同升压斩波电路一样，仍然分 T 导通和关断两种情况进行分析。设电路已工作于稳定状态，在零时刻给 T 的栅极施加控制电压，则 T 导通，此时电源→E→T→L 构成导电回路，电感 L 开始储能，电流 i_1 增加，二极管 D 在电源 E 和电容 C 的共同作用下反向截止，电流 i_2 等于 0。电容 C 向负载 R 供电，两端电压 u_o 随电容储存能量的释放而下降。在 t_1 时刻，使栅极电压等于 0，则全控型器件 T 立刻关断，电流 i_1 立刻变为 0。由于电感电流不能突变，电感两端产生感应电压，其极性为下正上负，使得二极管 T 导通，此时电流流通路径为 L→（C, R）→D→L，电感 L 开始向电阻 R 和 C 释放储能，电容 C 在 u_L 的作用下充电，此时 i_2 由初值 i_1 开始下降，负载 R 两端的电压 u_o 随着电容的充电而上升。记 T 导通的时间为 t_{on}，关断的时间为 t_{off}，则以 $T=t_{on}+t_{off}$ 为周期不断开通和关断 T，电路将重复上述过程。假设 L、C 足够大，且电路工作于稳态，则电感 L 上的电流和电容 C 两端的电压在 T 开通和关断期间基本维持恒定。将电容电压和电感电流分别记为 u_C 和 I_L，则电流 i_1 和 i_2 的波形如图 10-23（b）所示，而电压 u_o 的波形为一条与横轴平行且幅值为 U_O 的近似直线。

下面将计算输出电压平均值 U_O。在 T 开通期间，电感两端的电压 u_L 等于 E，所储存的能量为 EI_1t_{on}；在 T 关断期间，电感两端的电压 u_L 等于 U_O。所释放的能量为 $U_OI_2t_{off}$。由于电路稳定运行期间的一个周期内电感 L 的能量变化为 0，即储能与放能相等，因此有

$$EI_1t_{on}=U_OI_2t_{off} \tag{10-45}$$

因为通过电感 L 的电流值几乎不变，故有 $I_2=I_L$，可得

$$U_O=E\frac{t_{off}}{t_{on}}=\frac{\alpha}{1-\alpha}E \tag{10-46}$$

由上式可知，当 $0\leqslant\alpha\leqslant 0.5$ 时，$U_O\leqslant E$。输出电压降低；当 $0.5\leqslant\alpha<1$ 时，$U_O\geqslant E$，输出电压升高，即输出电压随着占空比的变化既可以升高也可以降低，因此称为升降压斩波电路流过电阻 R 的平均电流 I_O 为

$$I_O=\frac{U_O}{R}=\frac{\alpha}{1-\alpha}\cdot\frac{E}{R} \tag{10-47}$$

由于稳态时，一个周期内流过电容的电流平均值为零，因此流过 R 的平均电流 I_O 与平均电压 I_2 相等。从图 10-23（b）可见，电流 i_1 和 i_2 的平均值 I_1 和 I_2 满足如下关系

$$\begin{cases} I_1=\dfrac{t_{\text{on}}}{T}I_L \\ I_2=\dfrac{t_{\text{off}}}{T}I_L \\ \dfrac{I_1}{I_2}=\dfrac{t_{\text{on}}}{t_{\text{off}}}=\dfrac{\alpha}{1-\alpha} \end{cases} \tag{10-48}$$

因此有

$$I_1=\frac{\alpha}{1-\alpha}I_2=\frac{\alpha}{1-\alpha}I_O=\left(\frac{\alpha}{1-\alpha}\right)^2\cdot\frac{E}{R} \tag{10-49}$$

（五）DC-DC 在新能源汽车中的利用

本节已经介绍 DC-DC 变换电路是将一种电平的直流电压变换为另一种电平的直流电压的电路。变换电路的输入端是一个经过滤波之后的直流电压，但是其可以是固定不变的；变换器的输出是可变的直流电压，也可输出针对不同应用设计成多种输出电压。实际应用中除开关器件之外，DC-DC 变换器还包含有电感和电容等储能元件。功率器件的开关频率一般比较高，部分甚至可以达到几百千赫兹，所以储能元件的尺寸可以做到很小。变换器的效率可以很高，可以达到 90%以上，目前，厂家生产的电动汽车 DC-DC 变换器功率有 1 kW、1.2 kW、1.5 kW、2 kW、2.5 kW、3 kW、5 kW 等。

在新能源汽车中，DC/DC 变换电路主要用于：

（1）为动力转向系统、空调等电机类大功率的电器提供电能。

（2）为汽车上各种需要直流电器的用电器供电，如汽车控制器、外接设备电源等。

（3）车载充电机（On-Board Charger，OBC），它是固定安装在电动汽车上的控制和调整蓄电池充电的电能转换装置，具有为电动汽车动力电池安全、自动充满电的能力，其依据电池管理系统（BMS）提供的数据，动态调节充电电流或电压参数，执行相应的动作，完成充电过程。

车载充电机由两大部分组成：电源部分和充电机控制主板。其中，电源部分主要作用是将 220 V 交流电转化为直流电；充电机控制主板主要是对电源部分进行控制、监测、计算、修正、保护以及与外界网络通信等功能，是车载充电机的“中枢大脑”。目前，国内车载充电机功率主要有 3.3 kW、6.6 kW，其他还有 2 kW、10 kW、20 kW、40 kW 等。

Project 11

项目十一

新能源汽车电子及计算机基础

任务一　数制、编码及常用基本门电路

核心知识点

常见的数制包括二进制、八进制、十进制和十六进制。不同数制之间可以相互转换，如十进制转换为二进制可以使用除 2 取余法，二进制转换为十进制可以使用位权展开法。ASCII 码是最常见的字符编码，用于表示英文字母、数字和一些常见符号。Unicode 编码则可以表示几乎世界上所有的字符，包括各种语言的字符。常用基本门电路：与门、或门、非门、与非门、或非门、异或门。这些是数字电路和计算机科学的基础，对于理解计算机的工作原理和数字系统的设计至关重要。

11.1.1　数制的类型和转换方法

一、数制的类型和转换方法

（一）数制的概述

1. 数制分类

数制是一种进位计数的方法，它指用一组固定的符号和统一的规则来表示数值。进位计数制由数位、基数、位权三个要素组成。数位是指数字符号在一个数中所处的位置；基数是指在某种进位计数制中数位上所能使用的数字符号的个数，例如之前介绍过的十进制，所使用的数字符号是 0 到 9；位权是指在某种进位计数制中数位所代表的大小。

生活中常用的数制有六十进制、二进制、十进制和十六进制等，采用数字加字母的方式进行表示区分。

2. 数制表示方法

数制表示方法有前缀法和后缀法。在后缀法中，b 表示二进制，o 表示八进制，d 表示十进制或者不加后缀，h 表示十六进制，例如十六进制的 12 则表示为 12 h。前缀表示法中，o 表示八进制，不加前缀表示十进制，0x 表示十六进制，例如十六进制的 12，则表示为 0x12。

对于任何一个数，可以用不同的进位制来表示，但它们所代表的数值都是一样的。

（二）数制的表示原理

1. 十进制的表示方法

十进制数值为每一位数字与其位权之积的和。例如 12，可以表示为 1 乘以 10 的 1 次方和 2 乘以 10 的 0 次方之和。因此可以把任何数制下的数字，通过这种方法进行表示。这种表示的方法称之为按权展开法。

2. · 转换方法

二进制采用除二求余法来完成。例如十进制数字 9 转换为二进制数字：

9 除以 2 商 4 余 1，4 除以 2 商 2 余 0，2 除以 2 商 1 余 0，1 除以 2 商 0 余 1，然后将余数从低向高进行排列，得到的 **1001** 就是十进制数字 9 的二进制数字值。

通过之前介绍的方法对 **1001** 这个二进制数字转换成十进制数进行验证，1 乘以 2 的 3 次方，加上 0 乘以 2 的 2 次方，加上 0 乘以 2 的 1 次方，加上 1 乘以 2 的 0 次方，答案正好是 9。

由此得到了十进制数字转换成任意进制的数字的转换方法。如果需要用十六进制表示，就可以通过除十六求余来完成。具体把这种方法总结为："除 n 取余，逆序排列"法：

（1）将 n 作为除数，用十进制整数除以 n，可以得到一个商和余数；

（2）保留余数，用商继续除以 n，又得到一个新的商和余数；

（3）仍然保留余数，用商继续除以 n，还会得到一个新的商和余数；

（4）如此反复进行，每次都保留余数，用商接着除以 n，直到商为 0 时为止；

（5）把先得到的余数作为 n 进制数的低位数字，后得到的余数作为 n 进制数的高位数字，依次排列起来，就得到了 n 进制数字。

二进制的使用为数字式计算机的发展提供了坚实的基础，通常计算机存储和传输采用十六进制，因此需要将二进制数据转换为计算机易于使用的十六进制数据。如果仍然采用二进制转换为十进制，再将其转换为十六进制的话，效率就显得有点低。

通过观察，可以发现 16 是 2 的 4 次方，因此可以通过 4 位二进制数字来表示 1 位十六进制数字，例如 **1001 0010**，根据刚才介绍的方法，高四位是 **1001**，可以用十六进制 9 进行表示；低 4 位 **0010**，可以用十六进制 2 进行表示，所以 **1001 0010** 的十六进制表示为 92h。

二进制和十六进制之间可以通过这种方法进行转化，那么二进制和八进制之间也是可以按照这个方法来完成。二进制整数转换为八进制整数的方法是：每三位二进制数字转换为一位八进制数字，运算的顺序是从低位向高位依次进行，高位不足三位用零补齐。

3. 小数部分的转换方法

十进制小数转换成 n 进制小数采用"乘 n 取整，顺序排列"法。具体做法是：

（1）用 n 乘以十进制小数，可以得到一个积，这个积包含了整数部分和小数部分；

（2）将积的整数部分取出，再用 n 乘以余下的小数部分，又得到一个新的积；

（3）再将积的整数部分取出，继续用 n 乘以余下的小数部分；

（4）如此反复进行，每次都取出整数部分，用 n 接着乘以小数部分，直到积中的小数部分为 0，或者达到所要求的精度为止；

（5）把取出的整数部分按顺序排列起来，先取出的整数作为 n 进制小数的高位数字，后取出的整数作为低位数字，这样就得到了 n 制小数。

例如十进制小数 0.687 5 转换成二进制小数的过程：

0.687 5 乘以 2，得到 1.375 0，整数部分记为 1，取其小数 0.375 再乘以 2，得到整数部分记为 0，再取小数 0.75，乘以 2，得到 1.5，再取整数部分 1，得到小数部分是 0.5，继续乘以 2，得到整数部分为 1，小数部分为 0，因此，十进制小数 0.687 5 转换成二进制小数的结果为 **0.1011**。

如果一个数字既包含了整数部分又包含了小数部分，那么将整数部分和小数部分分开，分别按照方法完成转换，然后再合并在一起就可以。

二、编码的类型和特点

（一）编码的定义

编码是指将信息从一种形式转换为另一种形式的过程，通常将信息转换为数字、符号或其他特定的格式，以便于存储、传输、处理和解释。

编码的目的是在信息的发送者和接收者之间建立一种共同的理解和约定，使得信息能够准确无误地传达和处理。例如，在计算机领域，将字符转换为二进制编码，以便计算机能够识别和处理；在通信领域，对语音、图像、数据等进行编码，以便在信道中传输。

编码可以基于不同的规则和算法，根据具体的应用需求和场景来设计。编码是代码的编制过程。代码是指具有特定意义的二进制数码。例如我国的邮政编码就是一种为了实现信件分拣自动化的编码方案。

常用的编码类型有二-十进制编码和其他常用的编码，包括 ASCII 编码、Unicode 编码、UTF-8 编码、莫尔斯电码等。二-十进制编码，又称为 BCD 码，是一种用四位二进制代码表示一位十进制数字的编码方法。

（二）BCD 码的由来

11.1.2　编码的类型和特点

BCD 码（Binary-Coded Decimal）即二进制编码的十进制数，它的由来主要是为了在数字系统中方便地表示十进制数。

在许多实际应用中，人们更习惯于使用十进制数进行计数、计算和表示数量。然而，数字系统通常基于二进制进行运算和处理。为了能在数字系统中直接处理十进制数，就产生了 BCD 码这种编码方式。常用的 BCD 码。

例如二进制数 **0110** 代表数字 6，但是人们更习惯，也更喜欢的数是阿拉伯数字 6，也可以是中文六。

我们使用计算器，输入十进制数 25，但是计算机使用二进制数来处理信息，那么就得将 25 转化成二进制数 **0001 1001**，同样，如果计算 6+25 时，计算机也是处理二进制的 6 与 25

相加，运算结果是 **0001 1111**，同样需要将结果转化为十进制 31。

计算机处理人类的计算时需要增加两步转换。计算次数越多，效率损失就越大。前人想出了一种特别适合十进制系统的二进制编码特殊形式，即将 1 位十进制的 0～9 这十个数字分别用 4 位二进制的组合来表示，在此基础上能够按位对任意十进制数进行编码。于是，BCD 码就此诞生。

（三）BCD 码的分类

生活中常用的 BCD 码又可分为 8421 码、5421 码和余 3 码等，见表 11-1 所示。

表 11-1　几种常用的 BCD 码

十进制数	8421 码	5421 码	余 3 码
0	**0000**	**0000**	**0011**
1	**0001**	**0001**	**0100**
2	**0010**	**0010**	**0101**
3	**0011**	**0011**	**0110**
4	**0100**	**0100**	**0111**
5	**0101**	**1000**	**1000**
6	**0110**	**1001**	**1001**
7	**0111**	**1010**	**1010**
8	**1000**	**1011**	**1011**
9	**1001**	**1100**	**1100**

1. 8421 码

8421 BCD 码中从左至右看每一位“**1**”分别代表数字“8”“4”“2”“1”，故得名 8421 码。选取 **0000～1001** 表示十进制数 0～9，按自然顺序的二进制数表示所对应的十进制数字。其中每一位“**1**”代表的十进制数称为这一位的权。因为每位的权都是固定不变的，所以 8421 码是恒权码。特别注意：**1010～1111** 这六种状态是不用的，称为禁用码。

例：（1986）10=（**0001 1001 1000 0110**）8421 BCD。

2. 5421 码

选取 **0000～0100** 和 **1000～1100** 这十种状态表示数字 0～9。它也是有权码，从高位到低位的权依次为 5,4,2,1，故称为 5421 码。

0101～0111 和 **1101～1111** 等六种状态为禁用码。

通过观察 5421 码，会发现它的显著特点是最高位连续 5 个 **0** 后连续 5 个 **1**。当计数器采用这种编码时，最高位可产生对称方波输出。

3. 余 3 码

选取 0011～1100 这十种状态表示数字 0～9，与 8421 码相比，对应相同十进制数均要多 3（**0011**），故称余 3 码。

余 3 码的特点：当两个十进制数的和是 10 时，相应的二进制编码正好是 16，于是可自动产生进位信号，而不需修正。例如，0 和 9，1 和 8，5 和 4 的余 3 码互为反码，这在求对于模 9 的补码很方便。

余三码是一种对 9 的自补代码，因而可给运算带来方便。其次，在将两个余三码表示的十进制数相加时，能正确产生进位信号，但对“和”必须修正。修正的方法是：如果有进位，则结果加 3；如果无进位，则结果减 3。

（四）其他常用编码

1. 格雷码

格雷码因 1953 年公开的弗兰克 · 格雷专利而得名，最初是为了通信，现在则常用于模拟-数字转换和位置-数字转换。

在一组数的编码中，若任意两个相邻的代码只有一位二进制数不同，其余位都相同，则称这种编码为格雷码，又称为循环码或反射码。

在数字系统中，常要求代码按一定顺序变化。例如，按自然数递增计数，若采用 8421 码，则数 **0111** 变到 **1000** 时四位均要变化，而在实际电路中，4 位的变化不可能绝对同时发生，则计数中可能出现短暂的其他代码，例如 **1100**、**1111** 等。因此在特定情况下可能导致电路状态错误或输入错误。使用格雷码可以避免这种错误。

格雷码有多种编码形式。它的特点是：属于可靠性编码；是一种绝对编码方式；是一种变权码。

在机械工具中，汽车制动系统有时需要传感器产生的数字值来指示机械位置，格雷码制成的角度传感器正好可以解决这个问题。

如图 11-1 中这个是使用格雷码制作的分度盘。

十进制	格雷码	十进制	格雷码
0	0000	8	1100
1	0001	9	1101
2	0011	10	1111
3	0010	11	1110
4	0110	12	1010
5	0111	13	1011
6	0101	14	1001
7	0100	15	1000

图 11-1　格雷码制作的分度盘

2. 奇偶校验码

在数字系统中，经常要进行二进制信息的传输和存取。在信息的传输或者存取过程中，会由于受到某种干扰而发生错误。因此需要对接收到的信息或者读取的信息进行检错或者纠错，从而出现了检错编码和纠错编码。

见表 11-2 所示，奇偶检验码是一种具有检错能力、能发现奇数个代码位同时出错的情况。它的构成是由信息位和一位校验位组成。其中校验位数码的编码方式为奇校验和偶检验。

奇校验时，使校验位和信息位所组成的每组代码中含有奇数个 **1**。

偶校验时，使校验位和信息位所组成的每组代码中含有偶数个 **1**。

表 11-2　奇偶校验码的编码

十进制数	奇效验码		偶效验码	
	信息位	效验位	信息位	效验位
0	**0000**	**1**	**0000**	**0**
1	**0001**	**0**	**0001**	**1**
2	**0010**	**0**	**0010**	**1**
3	**0011**	**1**	**0011**	**0**
4	**0100**	**0**	**0100**	**1**
5	**0101**	**1**	**0101**	**0**
6	**0110**	**1**	**0110**	**0**
7	**0111**	**0**	**0111**	**1**
8	**1000**	**0**	**1000**	**1**
9	**1001**	**1**	**1001**	**0**

3. 字符码

字符码专门用来处理数字、字母及各种符号的二进制代码。

常用的有美国标准信息交换码，也就是 ASCⅡ码。它是用七位二进制数来表示字符，因此可以表示 2 的七次方共 128 个字符。它是基于拉丁字母的一套电脑编码系统。ASCⅡ码表主要用于显示现代英语和其他西欧语言。ASCⅡ码见表 11-3 所示，大致可以分作三部分：第一部分是 ASCⅡ非打印控制字符，第二部分是 ASCⅡ打印字符，第三部分是扩展 ASCⅡ打印字符。

当通过计算机等设备进行文字录入时，键盘上每输入的一个数字、字母或者控制命令，键盘内的数字电路或者微处理器都会产生相应的 ASCⅡ码送到计算机系统中。

表 11-3　美国标准信息交换码的编码

$b_3b_2b_1b_0$ 位	B6b5b4 位［注：( ) 内为 ASCⅡ码的十进制数］							
	000 (00～15)	**001** (16～31)	**010** (32～47)	**011** (48～63)	**100** (64～79)	**101** (80～95)	**110** (96～111)	**111** (112～127)
0000	NUL	DLE	SP	0	@	P	'	p
0001	SOH	DC1	!	1	A	Q	a	q
0010	STX	DC2	"	2	B	R	b	r
0011	ETX	DC3	#	3	C	S	c	s
0100	EOT	DC4	S	4	D	T	d	t
0101	ENQ	NAK	%	5	E	U	e	u
0110	ACK	SYN	&	6	F	V	f	v
0111	BEL	ETB	'	7	G	W	g	w
1000	BS	CAN	(	8	H	X	h	x

续表

$b_3b_2b_1b_0$ 位	B6b5b4 位[注：( ) 内为 ASCⅡ码的十进制数]							
	000 (00～15)	**001** (16～31)	**010** (32～47)	**011** (48～63)	**100** (64～79)	**101** (80～95)	**110** (96～111)	**111** (112～127)
1001	HT	EM	)	9	I	Y	i	y
1010	LF	SUB	*	:	J	Z	j	z
1011	VT	ESC	+	;	K	I	k	{
1100	EF	FS	,	<	L	\	l	|
1101	CR	GS	-	=	M	]	m	}
1110	S0	RS	.	>	N	^	n	~
1111	S1	US	/	?	O	_	o	Del

三、常用基本门电路

11.1.3　常用基本门电路

（一）逻辑电路定义

逻辑门电路是指用于实现各种各样的基本逻辑运算和复合逻辑运算的电子电路，简称门电路。

门电路是数字电路中最基本的逻辑单元。它可以使输出信号与输入信号之间产生一定的逻辑关系。在数字电路中，信号大都是用电位（电平）高低两种状态表示，利用门电路的逻辑关系可以实现对信号的转换。

基本的逻辑关系有 3 种：逻辑与、逻辑或、逻辑非；与之相对，在逻辑代数中，基本的逻辑运算也有三种：与运算、或运算、非运算。

基本逻辑门电路参照基本逻辑运算有：与门、或门、非门、与非门、或非门等。

下面对三种基本门电路进行说明：

1. 与　门

与门电路，即采用与门逻辑关系形成的电路，它是指只有在一件事情的所有条件都具备时，事情才会发生。

逻辑代数表达式为：$Y=A\times B$。

与门电路的基本结构和逻辑符号如图 11-2 所示。在与门电路功能示意图中，只有在开关 A 和 B 都闭合时，灯才会亮，如果 A 和 B 中任意一个处于开路状态，灯就不会亮。这种逻辑关系就是逻辑与关系。

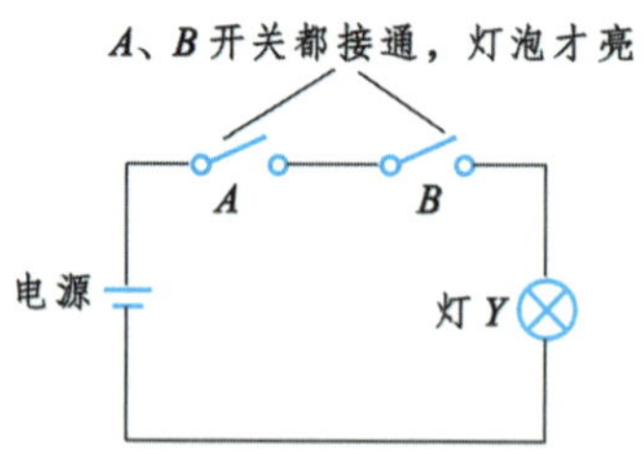

（a）功能示意图

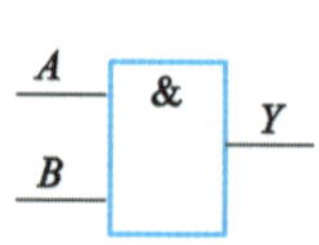

（b）逻辑符号

图 11-2　与门电路的基本结构与逻辑符号

与门电路真值表如表 11-4 所示。

表 11-4　与门电路真值表

输入变量		输出变量
A	*B*	*Y*
0	0	0
0	1	0
1	0	0
1	1	1

下面我们看一下由分立元件二极管和电阻器构成的与门电路，*A* 和 *B* 为两个输入变量，*Y* 为输出变量：

图 11-2 中，当 *A*、*B* 均为高电平时，二极管截止，*Y* 为高电平；当 *A* 和 *B* 只要有一个为低电平，D_1 和 D_2 会有一个二极管导通，*Y* 就为低电平。

与门电路实物，如图 11-3 所示。现实生活中，常用的与门芯片有：

（1）CD4082：有两个独立的 4 输入端与门。

（2）CD4081：有四个独立的 2 输入端与门。

（3）74X11：有三个独立的 3 输入与门。

（4）74X21：有两个独立的 4 输入与门。

（5）7409TTL：集电极开路，有四个独立的 2 输入与门。

（6）7408TTL：有四个独立的 2 输入与门。

图 11-3　与门电路实物图

2. 或　门

或门电路，即采用或门逻辑关系形成的电路，是指只要有一个或一个以上条件满足时，事情就会发生。

逻辑代数表达式为：$Y=A+B$。

或门电路的基本结构和逻辑符号如图 11-4 所示，通过分析可知，只要开关 *A*、*B* 中有一个开关闭合，电流就能通过开关进入灯，灯点亮，只有两个开关都断开，灯才不会亮。

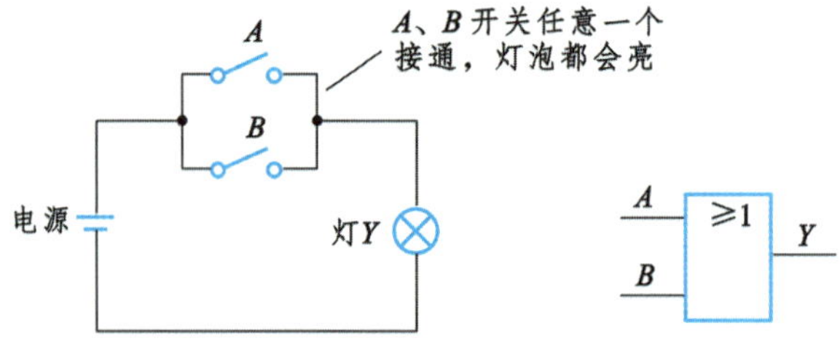

（a）功能示意图　　（b）逻辑符号

图 11-4　或门电路的基本结构和逻辑符号

或门电路真值表如表 11-5 所示。

表 11-5　或门电路真值表

输入变量		输出变量
A	*B*	*Y*
0	0	0
0	1	1
1	0	1
1	1	1

同与门电路一样，最简单的或门电路也是由二极管和电阻器构成的。

A、*B* 为两个输入变量，*Y* 为输出变量。当 *A*、*B* 均为低电平，二极管截止，*Y* 才为低电平，*A*、*B* 只要有一个为高电平，或两个都为高电平，二极管导通，*Y* 为高电平。

现实生活中，常用的或门芯片有：

（1）具有 4 个输入的或门芯片：74LS20、74LS21、74LS22。

（2）具有 3 个输入的或门芯片：74LS10、74LS11、74LS15。

（3）具有 2 个输入的或门芯片：74LS00、74LS01、74LS02、74LS03。

3. 非　门

非门电路又叫“否”运算，也称求“反”运算，因此非门电路又称为反相器。

逻辑函数表达式：$Y=\overline{A}$。

非门电路的基本结构和逻辑符号如图 11-5 所示，在非门电路中，当开关 *A* 闭合时，电路短路，灯 *Y* 不亮；如果开关断开，灯亮。

非门电路的真值表如表 11-6 所示。

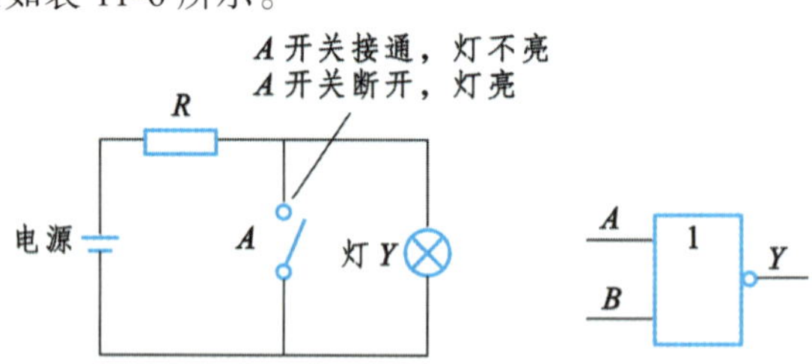

（a）功能示意图　　（b）逻辑符号

图 11-5　非门电路的基本结构和逻辑符号

表 11-6　非门电路的真值表

输入变量	输出变量
A	Y
0	**1**
1	**0**

最基本的非门电路是利用晶体三极管的开关特性构成的，可以实现非逻辑关系。

由晶体三极管和外围元件组成的非门电路：A 为输入变量，Y 为输出变量，利用晶体三极管的反相放大特性，当 A 为低电平，三极管截止，输出端 Y 为高电平。当输入高电平，三极管处于饱和区，输出端 Y 为低电平。

现实生活中，标准的非门集成电路有 74X04 和 CD4049。74X04TTL 芯片有 14 个引脚，4049CMOS 芯片有 16 个引脚，两种芯片都各有 2 个引脚用于电源供电/基准电压，12 个引脚用于 6 个反相器的输入和输出（CD4049 有 2 个引脚悬空）。

在数字电路中最具代表性的 CMOS 非门集成电路是 CD4069。

（二）逻辑代数

采用逻辑运算来描述事物变化规律的数学称为逻辑代数。它是研究逻辑电路的数学工具。

逻辑代数中，也用字母来表示变量，这种变量叫作逻辑变量。逻辑变量的取值只有 **0** 和 **1** 两个，这时 **0** 和 **1** 不再表示数量的大小，只表示两种不同的逻辑状态。如 **1** 和 **0** 只表示是和非、开和关、高和低等。

逻辑代数中的定理和规则，如交换律、结合律、分配律、德摩根定律等，为简化和分析逻辑表达式提供了理论依据，有助于设计更简洁、高效的逻辑电路。

1. 逻辑代数的基本定律

（1）0-1 律：$A\cdot\mathbf{0}=\mathbf{0}$，$A+\mathbf{1}=\mathbf{1}$。

（2）自等律：$A\cdot\mathbf{1}=A$，$A+\mathbf{0}=A$。

（3）重叠律：$A\cdot A=A$，$A+A=A$。

（4）互补律：$A\cdot\overline{A}=\mathbf{0}$，$A+\overline{A}=\mathbf{1}$。

（5）交换律：$A\cdot B=B\cdot A$，$A+B=B+A$。

（6）结合律：$A\cdot(B\cdot C)=(A\cdot B)\cdot C=ABC$，$A+(B+C)=(A+B)+C=A+B+C$。

（7）分配律：$A\cdot(B+C)=AB+AC$，$(A+B)\cdot C=(A+B)(A+C)$。

（8）吸收律：$A(A+B)=A$，$A+AB=A$。

（9）反演律（摩根定律）：$\overline{A\cdot B}=\overline{A}+\overline{B}$，$\overline{A+B}=\overline{A}\cdot\overline{B}$。

（10）非非律（还原律）：$\overline{\overline{A}}=A$。

2. 逻辑代数的基本规则

（1）代入规则：将等式两边的同一个逻辑变量均以一个逻辑函数取代之，则等式仍然成立，这一规则称为代入规则。

利用代入规则，可将前面所讲过的基本定律和常用公式推广，掌握这些推广的形式，对逻辑函数化简非常有用。

（2）反演规则：对于任意一个逻辑函数式 Y，若将其中所有的“×”换成“+”，“+”换成“×”，“**0**”换成“**1**”，“**1**”换成“**0**”，原变量换成反变量，反变量换成原变量，得到的函数式就是$\overline{Y}$，这就是反演规则。

（3）对偶规则：如果将函数 F 中所有的“+”变为“×”，“×”变为“+”，“**1**”变为“**0**”，“**0**”变为“**1**”，并保持原来的运算优先级，而变量保持不变，得到新的函数式 F'，则 F' 称为 F 的对偶式。

任务二　组合逻辑电路及其在汽车上的应用

核心知识点

组合逻辑电路是指在任何时刻，输出状态只取决于当前输入状态的组合，而与电路过去的输入状态无关。其特点包括无记忆性、输出与输入的即时对应关系等。组合逻辑电路中的门电路、编码器、译码器等广泛应用于汽车电路，包括汽车传感器信号处理、故障诊断系统、仪表盘显示、安全系统和发动机控制系统。通过学习，有助于深入理解组合逻辑电路的原理以及其在汽车领域的重要作用和具体应用方式。

11.2.1　逻辑电路认知

一、逻辑电路认知

（一）组合逻辑电路的概述

逻辑电路是一种离散信号的传递和处理、以二进制为原理、实现数字信号逻辑运算和操作的电路，分为组合逻辑电路和时序逻辑电路。

组合逻辑电路由若干逻辑门电路组成，没有存储单元和反馈回路，其输出状态仅取决于该时刻的输入状态，而与电路原来所处的状态无关。其特点包括：输出与输入之间不存在反馈延迟；电路结构相对简单，易于设计和分析；但功能相对较为单一，只能实现特定的逻辑功能。

常见的组合逻辑电路有编码器、译码器、数据选择器、加法器、比较器等。这些电路在计算机、通信、控制等领域中得到广泛应用，如在计算机的指令译码、数据通路等部分，以及各种数字系统的控制和数据处理环节。

1. 组成和功能

组合逻辑电路是数字电路的基础，它通常是由与门、或门、与非门、或非门等几种逻辑门电路组合而成。组合逻辑电路的分析是根据已知的组合逻辑电路，确定其输入与输出之间的逻辑关系，验证和说明此电路逻辑功能的过程。

2. 组合逻辑电路的分析方法

分析方法一般按以下步骤进行：

（1）根据给定的逻辑电路图，写出输出端的逻辑函数表达式。

（2）对所得到的表达式进行化简和变换，得到最简式。

（3）根据最简式列出真值表。

（4）分析真值表，确定电路的逻辑功能。

3. 组合逻辑电路设计的方法与步骤（见图 11-6）

（1）根据逻辑要求列真值表。

（2）根据真值表，写出逻辑表达式（最小项表达式）。

（3）化简逻辑函数。

（4）画逻辑图，电路实现。

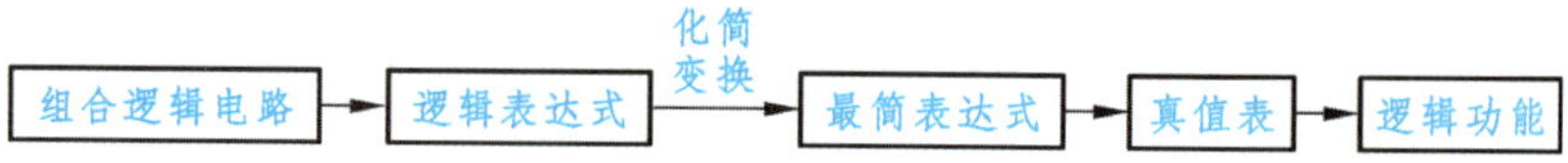

图 11-6　逻辑电路步骤图

（二）常见组合逻辑电路

1. 半加器

半加器是实现两个一位二进制数相加，而且不考虑低位向本位进位的电路。它有两个输入端（加数 A、被加数 B）和两个输出端（和数 S、进位 C），如图 11-7 所示。

其逻辑表达式为：本位和 $S=A\oplus B$（异或运算），进位 $C=AB$（与运算）。

半加器能完成两个一位二进制数的相加，但不考虑低位向本位的进位。在实际的多位加法运算中，通常需要多个半加器和全加器来实现。

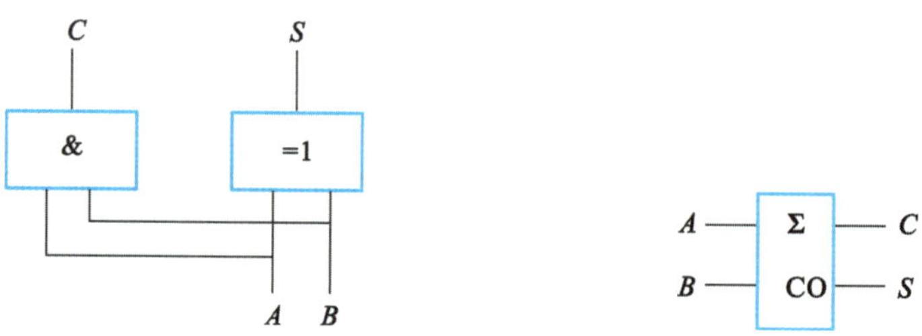

（a）逻辑图　（b）符号

图 11-7　半加器逻辑图及符号

2. 全加器

全加器是实现两个一位二进制数相加，并考虑低位向本位进位的电路。它有三个输入端（加数 A_i、被加数 B_i、低位的进位 C_{i-1}）和两个输出端（和数 S_i、本位向高位的进位 C_i），如图 11-8 所示。

其逻辑表达式为：本位和 $S=A\oplus B\oplus C_i$（异或运算），进位 $C_i=A_iB_i+A_iC_{i-1}+B_iC_{i-1}$。

全加器在多位二进制加法运算中起到关键作用，多个全加器级联可以实现多位二进制数的加法运算。

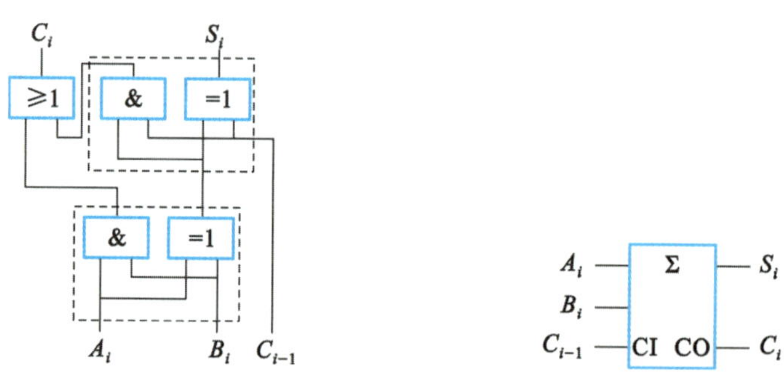

（a）逻辑图　（b）符号

图 11-8　全加器逻辑图及符号

3. 编码器

所谓编码，就是把二进制数码“0”和“1”按一定的规律组合起来，使每组数码都表示一定的含义的过程。例如，车管部门给每辆车一个车牌号，电信部门给每个用户一个号码，都是进行编码。能够实现编码功能的组合逻辑电路称为编码器。其主要作用是将一系列具有特定含义的输入信号，如数字、字符、控制指令等，转换为对应的二进制编码。

常见的编码器有普通编码器和优先编码器。普通编码器在任何时刻只允许一个输入信号有效，当多个输入同时有效时，可能会产生错误输出。优先编码器则允许多个输入同时有效，但会按照预先设定的优先级顺序，对优先级最高的输入进行编码输出。例如，8 线-3 线编码器可以将 8 个输入信号编码为 3 位二进制码输出。

编码器在数字系统中有着广泛的应用，如在计算机键盘输入、数据选择和控制系统中，用于将各种输入信息转换为便于处理和传输的编码形式。

8421 BCD 码（10 线-4 线）编码器，是一种二-十进制编码器，它能将十进制数 0 ~ 9 转换为 8421 BCD 码。10 线是指输入的逻辑变量有 10 个，分别用 $A_0 \sim A_9$ 来表示，4 线是指编码器的输出代码是四位的 BCD 码，用 $Y_0 \sim Y_3$ 来表示（其中 Y_3 为最高位）。其真值表，如表 11-7 所示。

表 11-7　8421 BCD 真值表

十进制数	输入	输出			
		Y_1	Y_2	Y_3	Y_4
0	A_0	0	0	0	0
1	A_1	0	0	0	1
2	A_2	0	0	1	0
3	A_3	0	0	1	1
4	A_4	0	1	0	0
5	A_5	0	1	0	1
6	A_6	0	1	1	0
7	A_7	0	1	1	1
8	A_8	1	0	0	0
9	A_9	1	0	0	1

（三）译码器

译码是编码的逆过程。编码是将某种信号或十进制的十个数码（输入）编成二进制代码（输出），译码是将二进制代码（输入）按其编码时的原意译成对应的信号或十进制数码（输出）。实现译码操作的电路称为译码器。译码器是数字系统和计算机中常用的一种逻辑部件。

译码器 74LS138 就是典型二进制译码器，它有 3 条输入线 A_0、A_1、A_2，用来输入 3 位二进制代码，有 8 条输出线 $Y_0 \sim Y_7$，用来输出还原后的输出信号。74LS138 引脚图见图 11-9 所示。

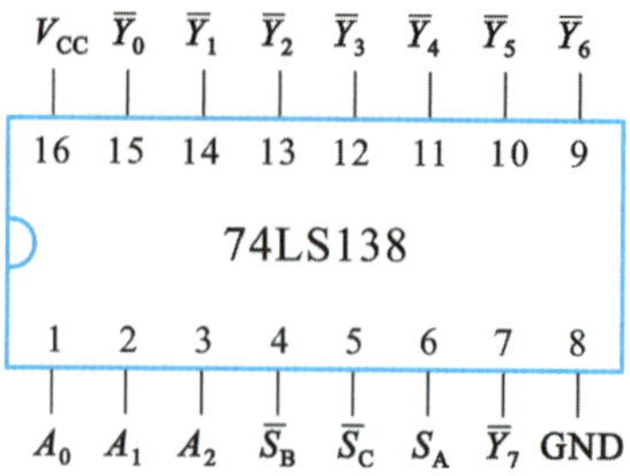

图 11-9　74LS138 引脚图

1. 二进制译码

二进制译码器是将输入的一组二进制代码转换成对应的输出信号。

二进制译码器的输入是一组二进制代码，输出则是与输入代码对应的多个信号。例如，对于一个 3 位二进制译码器，输入是 3 位二进制代码（共有 8 种组合 **000** ~ **111**），输出则是 8 个独立的信号，每个信号对应一种输入代码组合。

常见的二进制译码器有 2 线-4 线译码器、3 线-8 线译码器、4 线-16 线译码器等。译码器在数字电路中有着广泛的应用，如地址译码、指令译码等，能够将输入的二进制编码转换为相应的控制信号或选择信号，以实现对电路的精确控制和数据的准确选择。

如图 11-10 所示是三位二进制译码器的逻辑功能图，该电路具有 3 路输入、8 路输出。该译码器输入是二进制数，输出端输出低电平为有效。

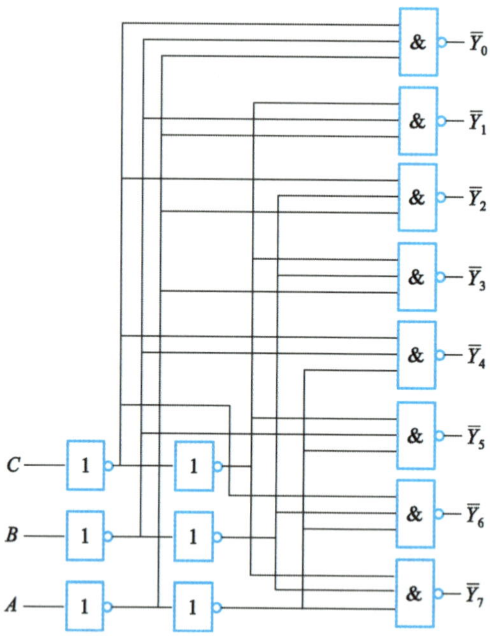

图 11-10　三位二进制译码器的逻辑功能图

2. 七段显示译码器

七段显示译码器是一种将输入的二进制代码转换为驱动七段数码管显示数字或字符的逻辑电路。

七段数码管由七个发光二极管组成，分别称为 *a*、*b*、*c*、*d*、*e*、*f*、*g* 段。通过控制这七个段的亮灭组合，可以显示出 0 ~ 9 十个数字以及一些字母。

七段显示译码器的输入通常是 4 位二进制代码，例如常见的 8421 BCD 码。根据输入的代码，译码器输出相应的电平信号，使得数码管的各个段按照特定的组合点亮，从而显示出对应的数字或字符。

数码显示器件是用来显示数码、文字以及符号的器件。常见的数码显示器件有：荧光数码管、液晶数码管（LCD）、发光二极管数码管（LED）等，如图 11-11 所示。发光二极管数码管显示器广泛应用于各种数码管。

图 11-11　七段显示译码器实物图

发光二极管数码管是将 7 个发光二极管排列成“日”字形，如图 11-12 所示，7 个发光二极管分别用 *a*、*b*、*c*、*d*、*e*、*f*、*g* 小写字母代表，不同的发光线段组合在一起，就能显示出相应的十进制数字，如图 11-11 所示。

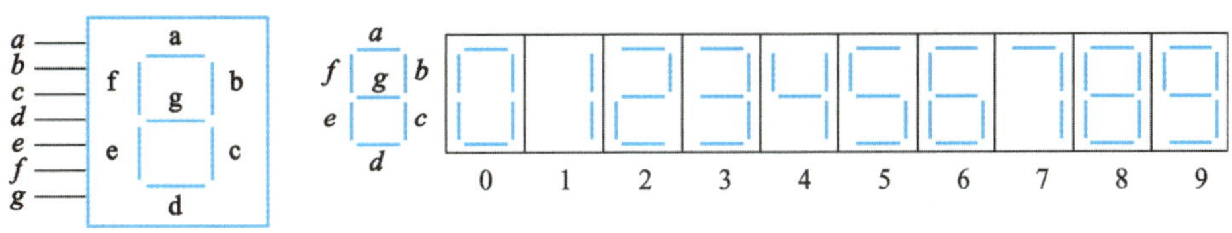

图 11-12　字形结构

在发光二极管数码管中，7 个发光二极管内部接法可分为共阴极和共阳极两种，显示接法如图 11-13 所示。

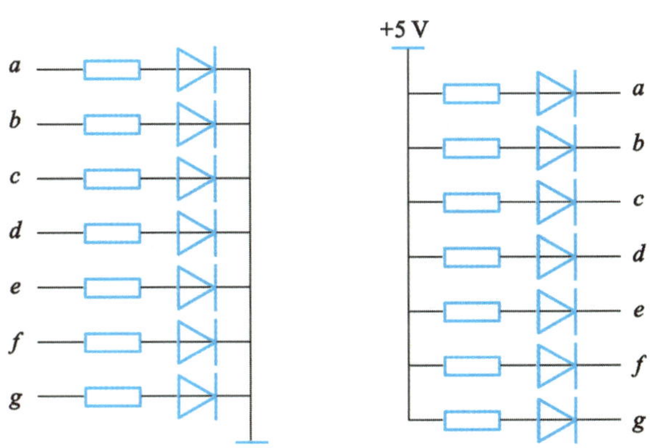

（a）共阴极　　（b）共阳极

图 11-13　共阴极、共阳极接法图

在共阴极接法中，是把 7 个发光二极管的负极连接在一起，它们的正极用以输入电平信号。在 $a\sim g$ 引脚中，输入高电平的线段发光。

在共阳极接法中，把各发光二极管的正极连接在一起，它们的负极用以输入电平信号。$a\sim g$ 引脚中，输入低电平的线段发光。控制不同的发光段，就可显示 0 ~ 9 不同的数字。

3. 数据选择器

数据选择器又称多路选择器或者多路开关。它是一个多路输入、单端输出的组合逻辑电路，能在控制信号作用下，从多路输入数据中，选择其中需要的一路并送往输出端。

如图 11-14 所示为 4 选 1 数据选择器，有 4 个数据输入端 $D_0\sim D_3$，2 个地址输入端 A_0、A_1，根据 A_0 和 A_1 的值（**00**、**01**、**10**、**11**）来选择 D_0、D_1、D_2、D_3 中的一个数据输出。

数据选择器常用于数据传输、信号切换、逻辑函数实现等场合，能够有效地提高数字系统的灵活性和效率。

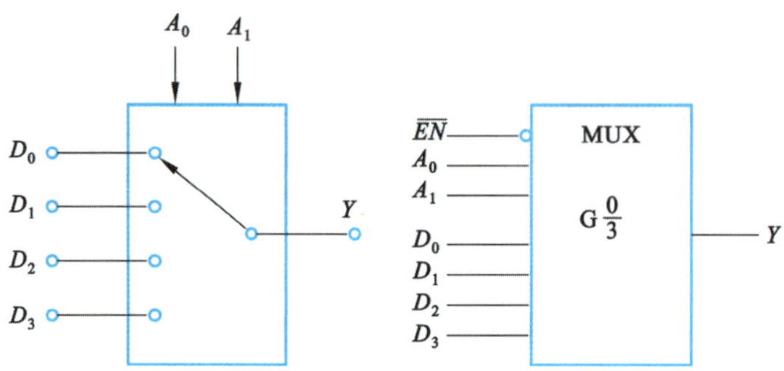

图 11-14　4 选 1 数据选择器

4. 数据分配器

数据分配器的功能与数据选择器功能相反，它是将一路输入变为多路输出的逻辑电路。

它具有一个数据输入端、多个地址输入端和多个数据输出端。地址输入端的状态决定了输入数据被传送到哪一个输出端。

如图 11-15 所示为四路数据分配器，其中 D 为数据输入端，$Y_0\sim Y_3$ 为输出端，A_1、A_0 为控制端或地址输入端，用以控制数据 D 传送到不同的通道（$Y_0\sim Y_3$）上去。

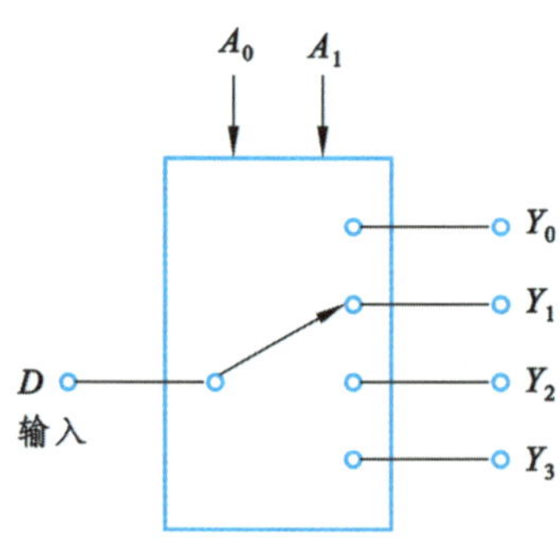

图 11-15　四路数据分配器

当 A_1A_0=**00** 时，数据 D 从 Y_0 通道输出，有 $Y_0=D$；
当 A_1A_0=**01** 时，数据 D 从 Y_1 通道输出，有 $Y_1=D$；
当 A_1A_0=**10** 时，有 $Y_2=D$；
当 A_1A_0=**11** 时，$Y_3=D$。

二、逻辑电路在汽车电子电路中的应用

大部分汽车的操纵与控制功能采用电子控制和计算机电路，如发动机运行工况控制系统、自动防抱死系统、电子悬架系统、电控动力转换和管理控制系统。组合逻辑控制电路是这些系统能够正常工作的基础，因此学习这些知识是汽车故障检修所必需的，如图 11-16 所示。

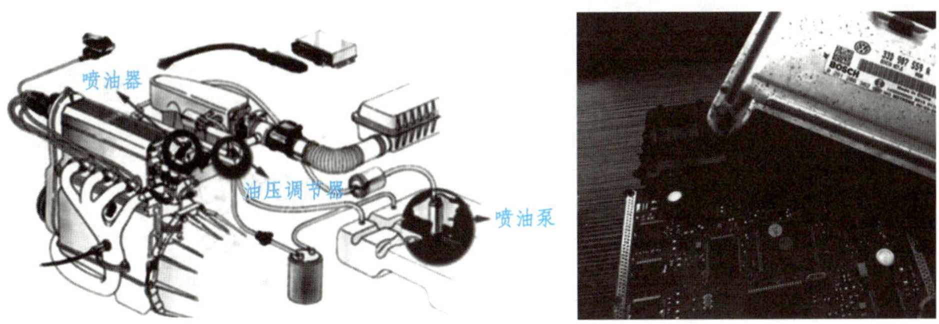

图 11-16　汽车电路实物图

（一）编码器的应用

在汽车驾驶模拟器中，也采用了测量方向盘旋转角度的编码器。汽车方向盘是双向的，所以可以顺时针和逆时针旋转。当编码器顺时针旋转时，门电路需要通过逻辑运算控制计数脉冲通过；当编码器逆时针旋转时，门电路同样需要逻辑运算对双向计数器 74LS193 进行控制，保证车辆的方向正常控制。

11.2.2　逻辑电路在汽车电子电路中的应用

（二）门锁控制系统

门锁控制系统是为了开关车门以及发生异常情况时提醒驾驶员注意而专门设计的。该系统由控制电路和执行机构组成。

现代轿车都装有门锁装置，为了防止驾驶员将钥匙忘在点火开关内而下车关门，专门设计了门锁控制电路。图 11-17 所示为门锁控制电路。电路由非门、与门、与非门和或门电路组成。输入信号包括：①发动机钥匙检测开关，钥匙插入点火开关内为闭合，拔出为断开；②车门状态检测开关，车门打开为闭合，车门关闭为断开；③解锁位置检测开关，处于解锁位置为闭合，处于锁止位置为断开；④车门钥匙的锁止位置和开锁位置；⑤车内门锁控制开关的锁止位置和开锁位置。

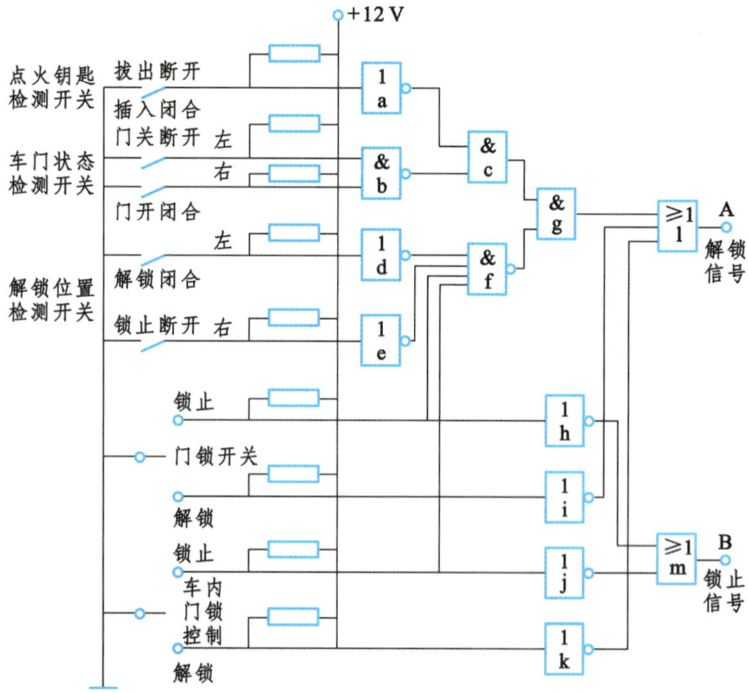

图 11-17　门锁控制电路

在正常情况下，当驾驶员拔出发动机钥匙，准备锁车时，发动机钥匙检测开关断开，非门 a 输入高电平，输出低电平。与门 c、g 均输出低电平，控制解锁信号 A 的或门 l 的状态完全由车门锁或车内门锁控制开关实现控制。当车门锁插入钥匙旋向锁止位置时，非门 h 输入低电平，输出高电平；控制锁止信号的或门 m 输出高电平，发出锁止信号 B。

相反，当车门钥匙旋向解锁位置时，非门 i 输入低电平，输出高电平；控制解锁信号的或门 1 输出高电平，发出解锁信号 A。与此类似，当车内门锁控制开关被扳向锁止或解锁位置时，或门 m 或 l 也会发出响应的锁止信号 B 和解锁信号 A。

当车门未关好，准备锁车时，由于车门状态检测开关中的一个必为闭合状态，与非门 b 有一个输入为低电平，所以输出为高电平，相应地使与门 c、g 均输出高电平，控制或门 l 输出高电平，发出解锁信号 A，使得车门无法锁止，提醒驾驶员车门未关好。

当解锁时，如果解锁装置没有到位，开关断开，解锁位置检测开关输入为高电平，非门 d、e 中有一个输出为低电平，或门 f 输出为高电平，与门 g 输出为高电平，或门 l 输出为高电平，发出解锁信号 A，使解锁过程到位。

当驾驶员将发动机钥匙遗忘在点火开关内，准备锁车时，发动机钥匙检测开关闭合，非门 a 输入低电平，输出高电平，使得与门 c、g 均输出高电平，其他开关均正常，或门 l 输出高电平，发出解锁信号 A，不能锁止车门，提醒驾驶员钥匙遗忘在车内。

（三）汽车散热器水位过低报警电路

如图 11-18 所示为汽车水箱水位报警电路。该报警器由铜棒探测器、六非门 C033、发光二极管 LED、压电陶瓷片 HTD、电源等组成。

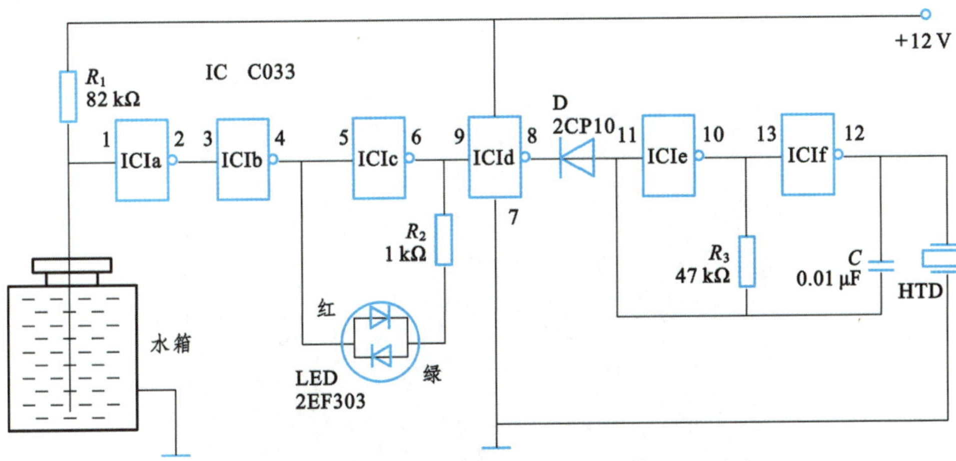

图 11-18　汽车水箱水位报警电路

压电陶瓷片是一种结构简单、轻巧的电声器件，用于超声波和次声波的发射和接收。其工作原理是利用压电效应的可逆性，在其上施加音频电压，就可产生机械振动，从而发生声音。

探测器放入水箱内，铜棒的直径可依具体情况而定，一般选用 Φ2 mm 的漆包线。探测器的下端置于水箱最低水位处，且不与接地的水箱体接触。当水箱水位处于最低水位以下时，探测器与水箱体之间呈开路状态，结果使反相器 IC1a 的输入端为高电平，相应 IC1c 的输出端为低电平，LED 中的红灯亮，指示水箱水位已处于最低水位以下。同时，IC1d 输出高电平，使二极管 D 截止，IC1e 和 IC1f 组成的振荡器工作，其输出信号促使 HTD 发出声响报警。

当水箱内水位正常，即最低水位以上时，探测器与水箱体之间的电阻较小，结果 IC1a 的输入端为低电平，相应 IC1c 输出高电平，LED 中的绿灯变亮，指示水位正常。

同时 IC1d 输出低电平使二极管导通相应 IC1e 和 IC1f 组成的振荡器停振，HTD 不发声，电路不发生报警。汽车水箱中的水量减少，将直接影响汽车正常安全行驶，而该报警器恰能在水箱水位处于最低水位以下时发出声光报警，及时提醒驾驶员加水，防止事故发生。

（四）汽车仪表专用显示集成电路 LM3914

1. 显示译码器

显示译码器是一种用于将数字编码转换为能够驱动显示器件（如数码管、液晶显示屏等）显示出相应数字、字符或符号的组合逻辑电路。

它的输入通常是二进制编码形式的数字信息，例如 BCD 码（二-十进制编码）或其他特定的数字编码格式。经过译码器的处理，输出端会产生适合驱动显示器件的信号，控制显示器件的各个段或像素的亮灭，从而显示出清晰的数字、字符等内容。

显示译码器的种类多样，常见的有针对七段数码管的七段显示译码器、针对液晶显示屏的特定译码器等。其设计和功能会根据所驱动的显示器件的特性和要求而有所不同，但基本原理都是将输入的数字编码转换为对应的显示控制信号。

在汽车当中常常需要将温度、转速和压力等信息通过仪表直观地显示出来。如今汽车显示仪表已经由指针显示发展到了数字显示，如汽车多媒体设备的显示单元或者汽车数字显示仪表盘（见图 11-19）等。而数字显示电路一般由译码器、驱动器和显示器组成。译码器和驱动器集成在一起，用以驱动显示器，这就是译码器的一种具体应用，称为显示译码器。

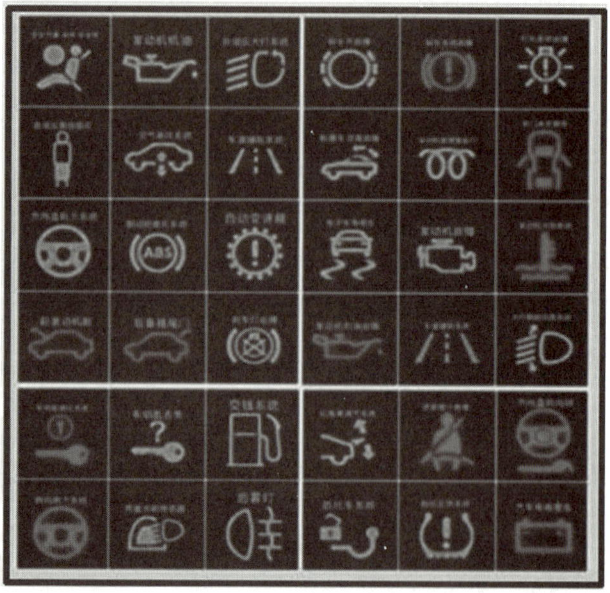

图 11-19　汽车数字显示仪表盘

2. 汽车仪表专用显示集成电路 LM3914

LM3914 是 10 位发光二极管驱动器，可以把输入模拟量转换为数字量输出驱动 10 位发光二极管来进行点显示或柱显示。

如图 11-20 所示，仅需集成电路 LM3914 以及少量元件，便可制成一个通用的电平显示器。该显示器通过 10 个 LED 能够即时显示输入端电平的变化规律，十分直观且方便。

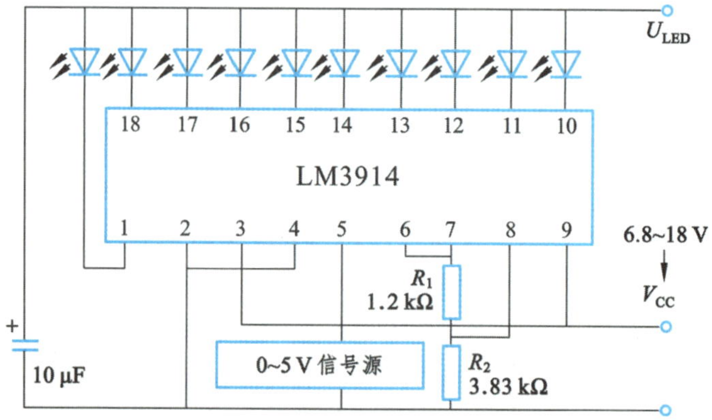

图 11-20　集成电路

其中，4 脚和 6 脚之间连接有 10 个精密分压电阻，7 脚和 8 脚之间是一个参考电压源，9 脚为点/柱模式选择，5 脚为信号输入端。输入端电平信号可以是通过各类传感器和变换电路探测的各种物理量，例如电压、电流、温度、湿度、距离、质量等等。因此，将汽车内部的模拟信号按照要求传送到 LM3914 芯片中，就可以将车辆信息通过仪表盘显示出来。

任务三　触发器、时序逻辑电路、555 定时器及其在汽车上的应用

核心知识点

触发器用于存储和记忆数字信息，如在汽车的电子控制单元（ECU）中存储故障代码或关键的运行状态信息，能够实现数据的锁存和同步，保证汽车各系统之间的数据传输准确和稳定。时序逻辑电路用于产生和控制时序信号，协调汽车电子系统中不同部件的工作顺序；可以实现计数器和移位寄存器的功能，例如在汽车的里程计数、转速测量等方面发挥作用。555 定时器常被用作多谐振荡器来产生稳定的脉冲信号，用于汽车的传感器信号处理和时钟信号生成；也可构成单稳态触发器，以实现定时控制功能，如汽车的雨刮器间歇控制、车窗升降的定时控制等。这些知识点在汽车电子系统的设计和优化中起着重要作用，有助于提高汽车的性能、安全性和可靠性。

一、触发器电路

11.3.1　触发器电路

触发器具有两个稳定状态，可以在外部输入信号的作用下改变状态，并能保持状态直至接收到新的输入信号。

触发器在数字电路中广泛应用于数据存储、时序控制、计数器、寄存器等，是构建复杂数字系统的重要基础。

（一）触发器的定义

触发器是时序逻辑电路的最基本电路单元，是能够存储一位二值信息的基本单元电路，如图 11-21 所示。在实际的数字系统中往往包含大量的存储单元，而且经常要求它们在同一时刻同步动作。为达到这个目的，在每个存储单元电路上引入一个时钟脉冲（CLK）作为控制信号，只有当 CLK 到来时电路才被“触发”而动作，并根据输入信号改变输出状态。这种在时钟信号触发时才能动作的存储单元电路称为触发器，以区别没有时钟信号控制的锁存器。

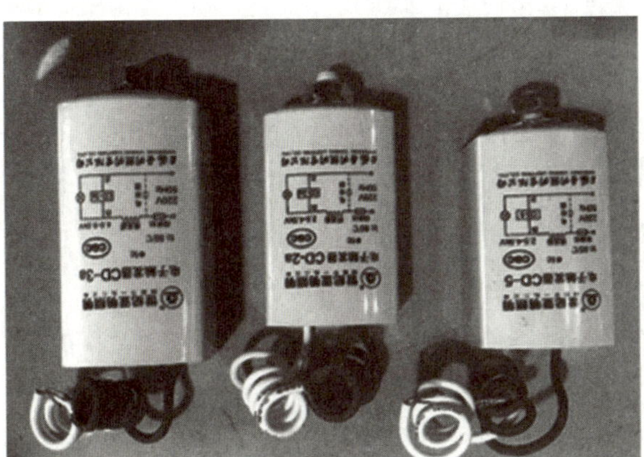

图 11-21　触发器实物图

1. 触发器的特点

（1）具有两个能够自行保持的稳定状态，用来表示逻辑状态 **0** 和 **1**。

（2）根据不同的输入信号，可将输出置成 **0** 和 **1**。

（3）输入信号小时后，能将获得的状态保存下来。

2. 触发器的分类

（1）按电路结构分为基本触发器、同步触发器、主从触发器、维持阻塞触发器和边沿触发器。

（2）按逻辑特性分为 RS 触发器、JK 触发器、D 触发器和 T 触发器等。

根据功能要求的不同，触发器还具有置位、复位、使能、选择等功能。

（二）基本 RS 触发器

1. 电路组成

基本 RS 触发器是由 2 个与非门组成，包含有 2 个输入端 $\overline{R}_D$ 和 $\overline{S}_D$，2 个输出端 Q 和 $\overline{Q}$。将两个与非门的输入端与输出端交叉反馈连接就构成了基本 RS 触发器，如图 11-22 所示。

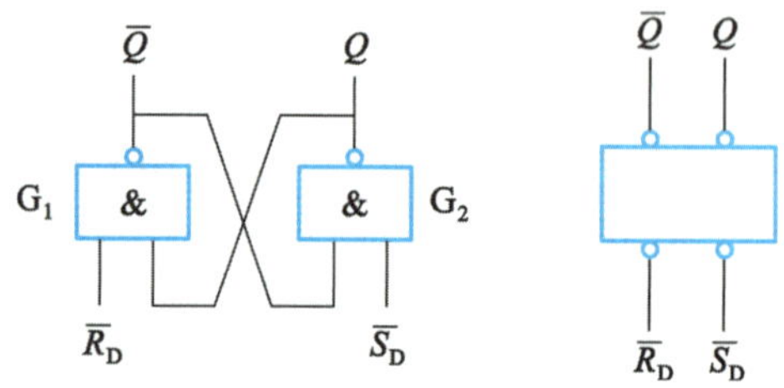

（a）逻辑图　　（b）逻辑符号

图 11-22　基本 RS 触发器

2. 逻辑功能

（1）当 $\overline{R}_D=\overline{S}_D=\mathbf{1}$ 时，触发器有两个稳定状态：Q=**0**，$\overline{Q}$=**1**，称为触发器的 **0** 态；Q=**1**，$\overline{Q}$=**0**，称为触发器的 **1** 态。

电路处于 **0** 态时，Q=**0**，$\overline{Q}$=**1**，则 Q=**0** 使 G_1 门输出为 **1**，即 $\overline{Q}$=**1**；而 $\overline{Q}$=**1**，$\overline{S}_D$=**1** 送到 G_2 门的两个输入端，保持 Q=**0**，则 **0** 是稳态。

电路处于 **1** 态时，Q=**1**，$\overline{Q}$=**0**，则 $\overline{Q}$=**0** 使 G_2 门输出为高电平，即保持 Q=**1**；而 Q=**1**，$\overline{R}_D$=**1** 送到 G_1 门的两个输入端，保持 $\overline{Q}$=**0**，则 **1** 是稳态。

（2）在输入低电平触发信号的作用下，触发器的状态可以转换。

当 $\overline{S}_D$=**0**，$\overline{R}_D$=**1** 时，则 $\overline{S}_D$=**0** 使 Q=**1**，$\overline{Q}$=**0**，触发器被置为 **1** 态，$\overline{S}_D$ 端称为置 **1** 端或置位端。

当 $\overline{S}_D$=**1**，$\overline{R}_D$=**0** 时，则 $\overline{R}_D$=**0** 使 Q=**0**，$\overline{Q}$=**1**，触发器被置为 **0** 态，$\overline{R}_D$ 端称为置 **0** 端或复位端。

（3）不允许在两个输入端同时加低电平触发信号。

$\overline{R}_D$=**0**，$\overline{S}_D$=**0**，Q 和 $\overline{Q}$ 同时被迫为 **1**；而当 $\overline{R}_D$、$\overline{S}_D$ 同时返回 **1** 时，Q 和 $\overline{Q}$ 的状态不能确

定，即可能为 **0** 态，也可能为 **1** 态。

实际应用中，禁止出现 $\overline{R}_D$ 端和 $\overline{S}_D$ 端同时为 **0** 的情况，以免出现逻辑混乱或错误。

触发器刚接电源时，触发器的状态是随机的，既可以是 **0** 态，也可以是 **1** 态。

（三）真值表

基本 RS 触发器状态真值表如表 11-8 所示。

表 11-8　基本 RS 触发器状态真值表

输入		输出		动作状态
$\overline{R}_D$	$\overline{S}_D$	Q	$\overline{Q}$	
0	**1**	**0**	**1**	复位
1	**0**	**1**	**0**	置位
1	**1**	Q	$\overline{Q}$	保持
0	**0**	**1**	**1**	禁止

（四）同步 RS 触发器

同步 RS 触发器是在基本 RS 触发器的基础上增加了时钟脉冲控制端，只有在时钟脉冲有效时，输入信号才能影响触发器的状态。

1. 电路组成

同步触发器的电路组成如图 11-23 所示：G_1 和 G_2 在组成的基本 RS 触发器的基础上又增加了 G_3 和 G_4 两个引导控制门，这样就构成了同步 RS 触发器。

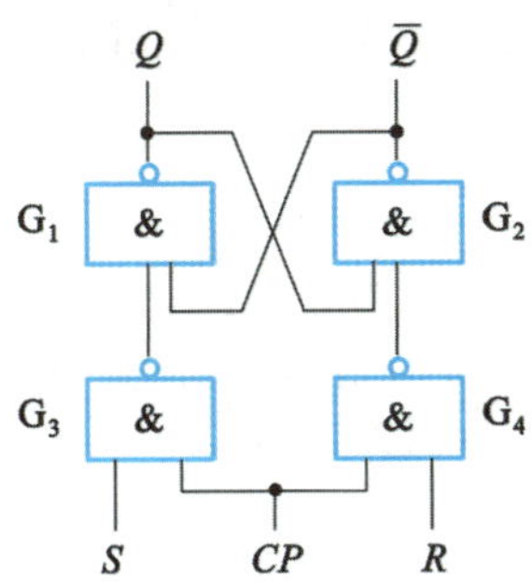

图 11-23　电路组成图

2. 工作原理

同步 RS 触发器工作原理如下：

当 CP=**0** 时，G_3、G_4 门被关闭，输入信号 R、S 被封锁，基本 RS 触发器的 $\overline{R}_D=\overline{S}_D$，触发器的状态保持不变。

当 CP=**1** 时，G_3、G_4 门被打开，输入信号 R、S 经倒相后被引导到基本 RS 触发器的输入端，$\overline{R}_D$、$\overline{S}_D$ 可以直接控制基本 RS 触发器。

3. 同步 RS 触发器的真值表

同步 RS 触发器的真值表如表 11-9 所示

表 11-9　同步 RS 触发器真值表

S	R	Q^n（初态）	Q^{n+1}（初态）		说明
0	**0**	**0**	**0**	Q^n	输出状态不变
0	**0**	**0**	**1**		
0	**0**	**0**	**0**	**0**	输出状态与 S 的状态相同
0	**0**	**0**	**0**		
0	**0**	**0**	**1**	**1**	输出状态与 S 的状态相同
0	**0**	**0**	**1**		
0	**0**	**0**	—		输出状态不定
0	**0**	**0**	—		

其中 Q^n 表示 CP 作用前触发器的初态，Q^{n+1} 表示 CP 作用后触发器的新状态或次态。CP 脉冲从 **0** 上跳到 **1** 的时刻是初、次态的时间分界。

（五）JK 触发器

1. JK 触发器的结构

JK 触发器的逻辑结构如图 11-24 所示，图中 CP 是下降沿触发有效。它是由两个同步 RS 触发器和一个非门构成，其中两个同步 RS 触发器中一个称为“主触发器”，另一个称为“从触发器”，非门使得加到这两个触发器的时钟信号反相。输入信号 J、K 位于主触发器的输入端，输出信号 Q、$\bar{Q}$ 由从触发器输出，并将 Q、$\bar{Q}$ 端的状态作为一对附加的控制信号接回到主触发器的输入端。

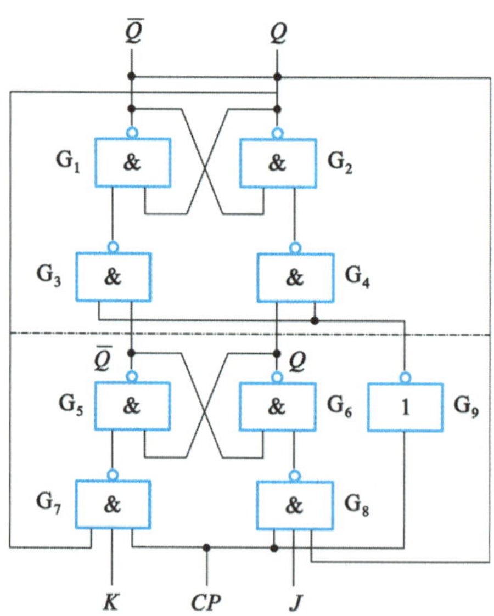

图 11-24　JK 触发器的结构

2. JK 触发器的功能

J=**1**、*K*=**0** 时，*CP* 信号到来后，触发器置 **1**。

J=**0**、*K*=**1** 时，*CP* 信号到来后，触发器置 **0**。

J=*K*=**0** 时，主从触发器的状态均保持不变。

J=*K*=**1** 时，*CP* 信号到来后，触发器翻转端。

3. JK 触发器的真值表

JK 触发器的真值表如表 11-10 所示

表 11-10　JK 触发器

J	K	Q_n	Q_{n+1}	说明
0 **0**	**0** **0**	**0** **1**	**0** **1**	保持
0 **0**	**1** **1**	**0** **1**	**0** **0**	置 **0**
1 **1**	**0** **0**	**0** **1**	**1** **1**	置 **1**
1 **1**	**1** **1**	**0** **1**	**1** **0**	翻转

（六）D 触发器

1. D 触发器的电路组成

D 触发器是一种常见的数字电路元件，具有存储一维数据的功能。

D 触发器是只有一个输入信号端的 JK 触发器，如图 11-25 所示。

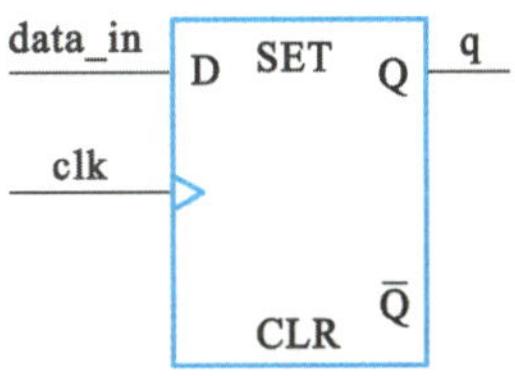

图 11-25　D 触发器

图中 D 为信号输入端，clk 为时钟控制端，Q 为信号输出端。这种触发器的逻辑功能是：不论触发器原来的状态如何，输入端的数据 *D*（无论 *D*=**0**，还是 *D*=**1**）都将在时钟 clk 的上升沿被送入触发器，使得 *Q*=*D*。

2. D 触发器的真值表

D 触发器逻辑功能真值表如表 11-11 所示。

表 11-11　D 接触器逻辑功能真值表

D	Q_{n+1}	说明
0	**0**	输出状态总与输入状态相同
1	**1**	输出状态总与输入状态相反

（七）T 触发器

T 触发器是一种在数字电路中常见的触发器类型。

1. T 触发器的电路组成

将 JK 触发器的输入端 J、K 连接在一起，作为输入端 T，就构成了 T 触发器。

T 触发器的逻辑符号如图 11-26 所示。

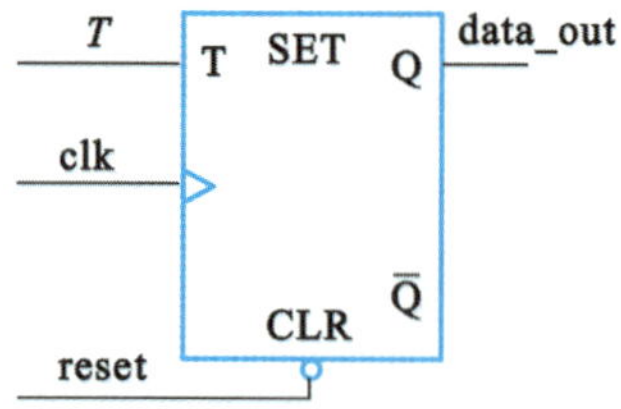

图 11-26　T 触发器的逻辑符号

T 触发器的特性方程为：$Q_{n+1}=T\oplus Q_n$（其中“⊕”表示异或运算）。

T 触发器常用于构成计数器，通过将 T 触发器级联，可以实现对时钟脉冲的计数功能。

2. T 触发器的逻辑功能

逻辑功能为：当时钟的有效边沿到来时，如果 T=1，则触发器翻转；如果 T=0，则触发器的状态保持不变。reset 为复位端，异步复位，低电平有效。

（八）触发器的应用

触发器在当前数字化电子电路中主要应用为计数器、分频器、移位寄存器和存储寄存器。

11.3.2　时序逻辑电

二、时序逻辑电路

（一）时序逻辑电路的概述

虽然每个数字电路系统可能包含有组合电路，但是在实际应用中绝大多数的系统还包括存储元件，这样的系统描述为时序电路。

时序电路是由最基本的逻辑门电路加上反馈逻辑回路或器件组合而成的电路，与组合电路最本质的区别在于：时序电路具有记忆功能。

1. 组　成

时序逻辑电路又称时序电路，是数字逻辑电路的重要组成部分，主要由存储电路和组合逻辑电路两部分组成。与其他电路不同，时序逻辑电路在任何一个时刻的输出状态由当时的输入信号和电路原来的状态共同决定，而它的状态主要是由存储电路来记忆和表示的。同时时序逻辑电路在结构以及功能上的特殊性，相较其他种类的数字逻辑电路而言，往往具有难度大、电路复杂并且应用范围广的特点。

2. 特　点

数字电路通常分为组合逻辑电路和时序逻辑电路两大类。组合逻辑电路的特点是输入的变化直接反映了输出的变化，其输出的状态仅取决于输入的当前的状态，与输入、输出的原始状态无关。而时序电路是一种输出不仅与当前的输入有关，而且与其输出状态的原始状态有关，其相当于在组合逻辑的输入端加上了一个反馈输入，在其电路中有一个存储电路，可以将输出的状态保持住。

如图 11-27 所示，时序逻辑电路输出是输入及输出前一个时刻的状态的函数，这时无法用组合逻辑电路的函数表达式的方法来表示其输出函数表达式。在这里引入了现态（Present state）和次态（Next State）的概念，当现态表示现在的状态（通常用 Q_n 来表示），而次态表示输入发生变化后其输出的状态（通常用 Q_{n+1} 表示），那么输入变化后的输出状态表示为

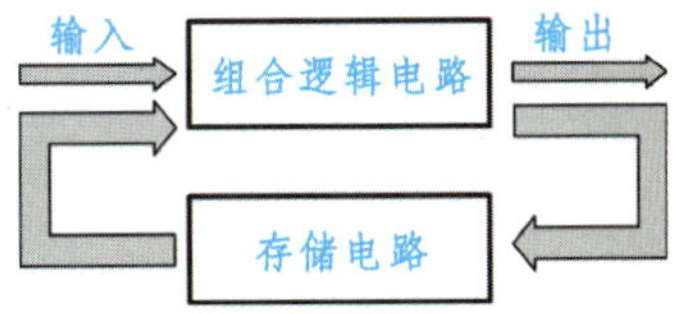

图 11-27　时序逻辑电路的结构框图

$Q_{n+1}=f(X, Q_n)$，其中：X 为输入变量。

3. 时序逻辑电路的分类

（1）按动作特点可分为同步时序逻辑电路和异步时序逻辑电路。

同步时序逻辑电路是指所有触发器状态的变化都是在同一时钟信号操作下同时发生。

异步时序逻辑电路是指触发器状态的变化不是同时发生。

（2）按输出特点可分为米利型时序逻辑电路和穆尔型时序逻辑电路。

米利型时序逻辑电路是指输出不仅取决于存储电路的状态，而且还决定于电路当前的输入。

穆尔型时序逻辑电路是指输出仅取决于存储电路的状态，与电路当前的输入无关。

4. 时序逻辑功能描述方法的分类

时序逻辑功能描述方法有逻辑方程组、状态表、卡诺图、状态图、时序图和逻辑图。

（二）逻辑功能描述方法

1. 逻辑方程组

（1）驱动方程（激励方程），即触发器的控制端 J、K、D、T 与其他参量的函数关系为

$$J,K,D,T=f(Q_n, X)$$

（2）状态方程，即将触发器特征方程改造而成的触发器的次态输出 Q_{n+1} 与现态输出 Q_n 的关系为

$$Q_n+1=f(Q_n, J,K,D,T)$$

（3）输出方程，即电路最终输出与触发器输出 Q_n 的关系为

$$Y=f(Q_n, X)$$

三种方程中，驱动方程、状态方程最重要，输出方程往往可以不要，因为电路简单时，触发器的输出 Q_n 一般就是电路的最终输出。

2. 状态转换表

将任何一组输入变量及电路的初态的取值代入状态方程和输出方程，即可算出电路的状态和现态下的输出值；以得到的次态作为新的初态，和这时的输入变量取值一起再代入状态方程和输出方程计算，又得到一组新的次态和输出方程。如此下去，将全部的计算结果列成真值表的形式，就得到了状态转换表，见表 11-12 所示。

表 11-12　状态转换表

CP 顺序	Q_3	Q_3	Q_3	Y
0	0	0	0	0
1	0	0	1	0
2	0	1	0	0
3	0	1	1	0
4	1	0	0	0
5	1	0	1	0
6	1	1	0	1
7	0	0	0	0
0	1	1	1	1
1	0	0	0	0

3. 状态图

反映时序电路状态转换规律，及相应输入、输出取值关系的图形。

具体转换关系见图 11-28 所示。

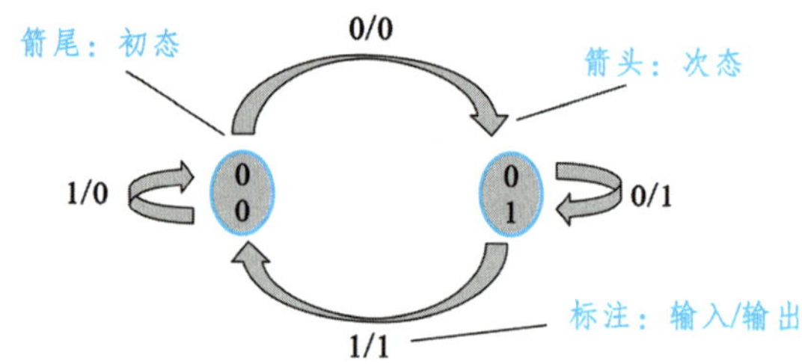

图 11-28　转换关系图

4. 时序图

时序图又叫工作波形图，它用波形的形式形象地表达了输入信号、输出信号、电路的状态等的取值在时间上的对应关系，如图 11-29 所示。

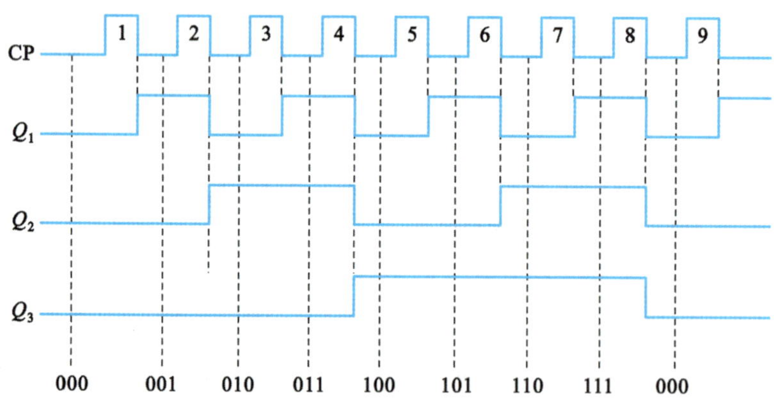

图 11-29　工作波形图

（三）时序逻辑电路的分析方法

时序逻辑电路的分析方法如图 11-30 所示：

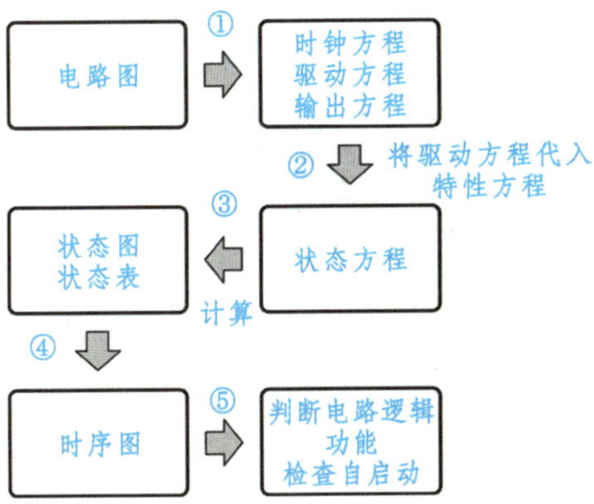

图 11-30　逻辑电路分析方法

（1）分析电路的组成；
（2）根据电路写出三个方程；
（3）列出状态转换真值表和状态表；
（4）画出状态转换图；
（5）描述电路逻辑功能。

（四）典型时序逻辑器件

时序逻辑电路应用广泛，根据所要求的逻辑功能不同进行划分，其种类繁多。这里选取了应用较广、具有典型时序逻辑电路特征的逻辑器件进行简要说明。

1. 计数器

计数器是数字电路中用于累计输入脉冲个数的时序逻辑电路。

计数器能对输入脉冲进行计数，按照计数进制可分为二进制计数器、十进制计数器和任意进制计数器。按计数增减可分为加法计数器、减法计数器和可逆计数器。

2. 组　成

计数器是数字工程中最常见、最基本的部件之一，它主要由触发器组成，用以统计输入计数脉冲的个数。当输入脉冲的频率一定时，又可作为定时器使用。

计数器的输出通常为现态的函数，计数器累计输入脉冲的最大数目称为计数器的“模”，用 M 表示。例如 M=6 计数器，又称六进制计数器。所以，计数器的“模”实际上为电路的有效状态数。

3. 计数器的分类

（1）按计数器中触发器脉冲引入方式是否同步分为异步计数器和同步计数器。
（2）按计数进制分为二进制计数器、十进制计数器、任意进制计数器。
（3）按计数增减可分为：加法计数器、减法计数器、加/减计数器（又称可逆计数器）。

4. 加法计数器

每输入一个脉冲，就进行一次加 1 运算的计数器称为加法计数器。

如图 11-31 所示，是用三个主从 JK 触发器组成的一个三位二进制加法计数器的逻辑图。

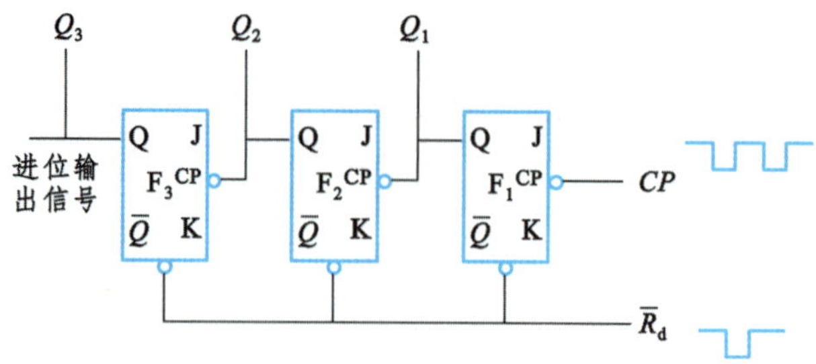

图 11-31 三位二进制加法计数器的逻辑图

计数前，先将计数器清“0”，即在各触发器的 $\bar{R}_D$ 端加上负脉冲。使 F1 ~ F3 全部处于“0”态（$Q_3Q_2Q_1=\mathbf{000}$）。

5. 二进制计数器

根据三位二进制加法计数器时序图 11-32 可以看出，在第 1 个计数脉冲下降沿到来后，Q_1 由 **0** 翻转 **1**，二进制数 $Q_3Q_2Q_1=\mathbf{001}$。

在第 2 个计数脉冲下降沿到来后，Q_1 由 **1** 翻转 **0**，触发器 F_2 使得 Q_2 由 **0** 翻转为 **1**，二进制数 $Q_3Q_2Q_1=\mathbf{010}$。

在第 3 个计数脉冲下降沿到来后，Q_1 由 **0** 翻转 **1**，Q_1 上升沿并不触发 F_2，仍保持 $Q_2=\mathbf{1}$，因此二进制数 $Q_3Q_2Q_1=\mathbf{011}$。

以此类推，当第七个计数脉冲作用后，$Q_3Q_2Q_1=\mathbf{111}$，当第八个计数脉冲作用后，$Q_3Q_2Q_1=\mathbf{000}$。

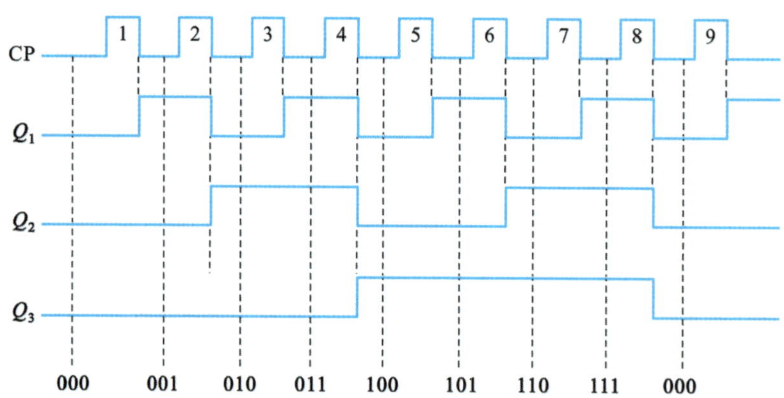

图 11-32 二进制加法计数器时序图

6. 十进制计数器

如图 11-33 所示，是由主从 JK 触发器组成的 8421 BCD 码十进制计数器的逻辑图。

该电路是在 4 位二进制计数器基础上，令其跳过 6 个状态来实现十进制计数的。

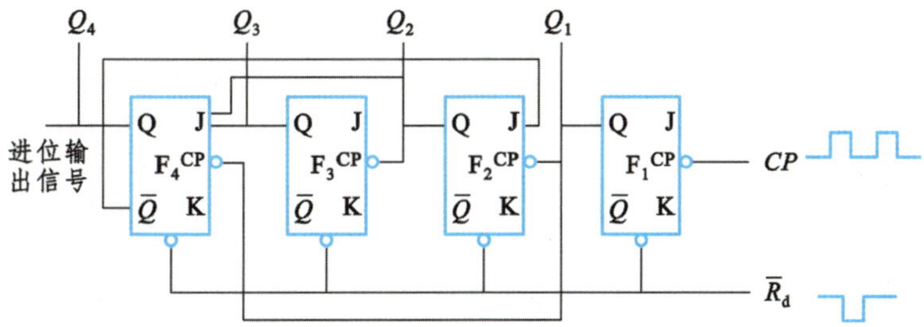

图 11-33　8421 BCD 码十进制计数器的逻辑图

其计数原理如下：

计数前先清“0”。在 1～5 个计数脉冲期间，计数原理与二进制计数器相同，且在此期间 Q_2 和 Q_3 中总有一个为 **0**，则 F_4 的 J 端有 **0** 输入，在 CP 的下降沿，F_4 为“**0**”。

第 6 个计数脉冲到来后，Q_1 由 **1** 变为 **0**，使得 Q_2 由 **0** 变为 **1**，Q_2 的正跳变对 F_3 无影响，这时计数器 $Q_4Q_3Q_2Q_1$ 状态由 **0101** 变为 **0110** 状态。

第 7 个计数脉冲到来后，Q_1 由 **0** 变为 **1**，此正跳变对其他各触发器均无影响，此时计数器呈 **0111** 状态。

第 8 个计数脉冲到来后，F_1 由 **1** 变为 **0**，此负跳变使 F_2 由 **1** 变为 0，Q_2 的负跳变又使 F_3 由 **1** 变为 **0**，同时，由于第七个计数脉冲已使 F_4 的 J 端输入为 **1**，故 Q_1 的负跳变也使 F_4 翻转，Q_4 由 **0** 变为 **1**，这时计数器变成 **1000** 状态。

第 9 个计数脉冲使 F_1 翻转，Q_1 由 **0** 变为 **1**，Q_1 的正跳变对触发器无影响，计数器为 **1001** 状态。

第 10 个计数脉冲输入后，F_1 翻转，Q_1 由 **1** 变为 **0**，分别给 F_2、F_4 的 CP 端一个负跳变，F_2 因 J 端有 **0** 输入，维持“**0**”状态不变；F_4 因 K 端为 **1**，J 端为 **0** 而翻转为“**0**”状态，这样计数器由 **1001** 回到 **0000** 状态，同时向高位输送一进位信号，实现了一位二-十进制的计数功能。

7. 数据寄存器

数据寄存器是用来暂时存放数码并可以随时取出的寄存器。数据寄存器通常具有 4 种功能：清除数码、接收数码、寄存数码和输出数码。由于触发器具有两个稳定状态，因此可以保存二进制信息。一个触发器可以寄存一位二进制代码，若要寄存 *n* 位二进制代码，就需要 *n* 个触发器，如图 11-34 所示。

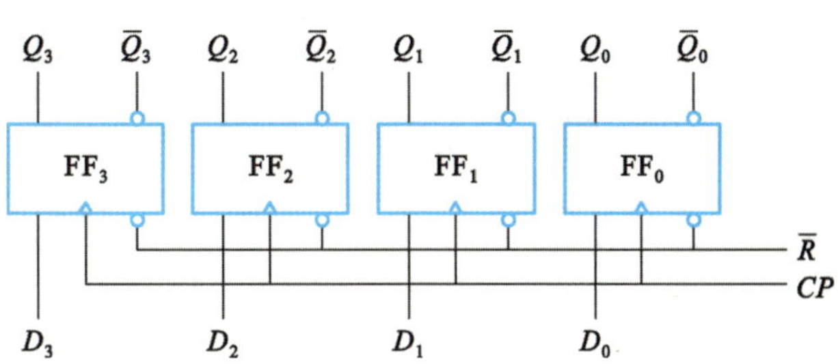

图 11-34　四位数据寄存器的逻辑图

8. 移位寄存器

在数字系统中，常常遇到要把寄存器中的数据向左或向右移动的操作，具有移位逻辑功能的寄存器称为移位寄存器。移位寄存器在移位脉冲的作用下锁存的数码能逐位左移或右移。所以，移位寄存器在计算机系统中应用十分广泛，如图 11-35 所示。

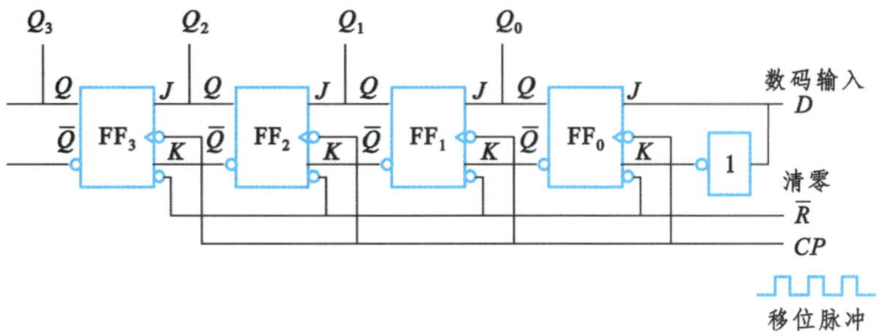

图 11-35　四位移位寄存器

三、555 定时器及应用

11.3.3　555 定时器及应用

（一）555 定时器的概述

555 集成定时器是目前应用很广泛的一种电路，是一种模拟电路和数字电路相结合的集成电路。利用它能极方便地构成施密特触发器、单稳态触发器和多谐振荡器等多种电路，实现定时、整形、脉冲信号的产生、检测和控制等功能。在汽车电子电路中，主要应用于汽车转向闪光器、雨刷间歇控制器、防盗报警器、发动机转速表、自动变光器电路中。

1. 特　点

由于 555 定时器内部电压标准使用三个 5 kΩ 电阻，故取名 555 电路，如图 11-36 所示。其电路类型有双极性和 CMOS 型两大类，二者的结构与工作原理类似。几乎所有的双极性产品型号最后的三位数码都是 555 或 556；所有的 CMOS 产品型号最后四位数码都是 7555 或 7556，二者的逻辑功能和引脚排列完全相同，易于互换。555 和 7555 是单定时器，556 和 7556 是双定时器。

图 11-36　NE555 定时器

2. 引脚定义

CB555 定时器引脚如图 11-37 所示。

1 脚—接地端；

2 脚—低电平触发输入端；

3 脚—输出端；

4 脚—复位端；

5 脚—控制端；

6 脚—高电平触发输入端；

7 脚—放电端；

8 脚—电源端。

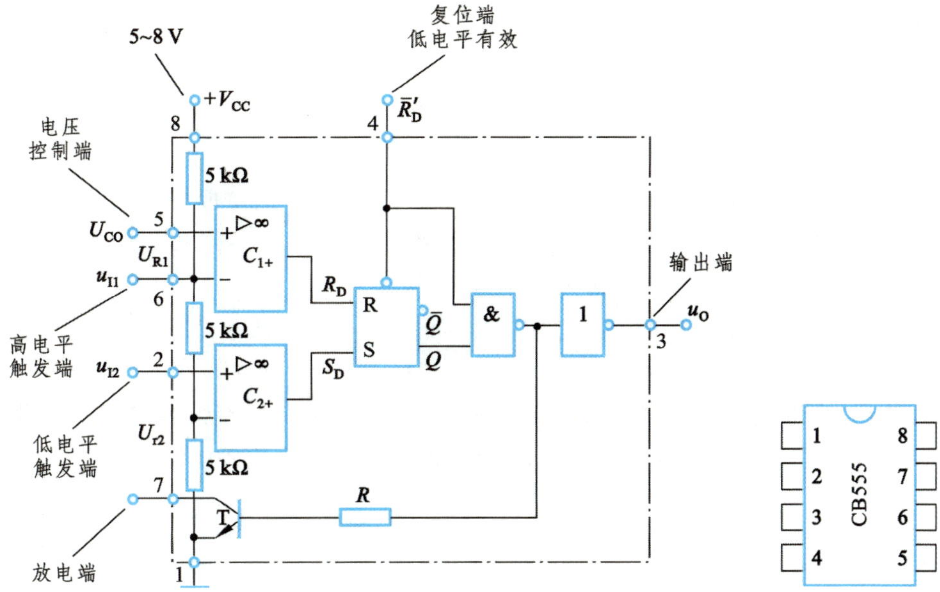

（a）内部电路　（b）引脚图

图 11-37　内部电路引脚

（二）电路组成

555 电路的内部电路结构如图 11-38 所示。它含有两个电压比较器，一个基本 RS 触发器，一个放电开关 T，比较器的参考电压由三只 5 kΩ 的电阻器构成的分压器提供。它们分别使高电平比较器 A_1 的同相输入端和低电平比较器 A_2 的反向输入端的参考电平为 $2/3V_{CC}$ 和 $1/3V_{CC}$。A_1 和 A_2 的输出端控制 RS 触发器状态和放电开关状态。

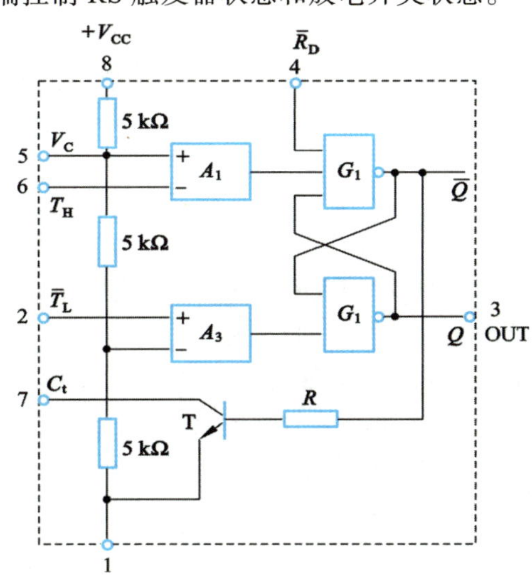

图 11-38　555 电路结构图

1. 工作原理分析

当输入信号自 6 脚，即高电平触发输入并超过参考电平 $2/3V_{CC}$ 时，触发器复位，555 的输出端 3 脚输出低电平，同时放电开关管导通。

当输入信号来自 2 脚并低于 $1/3V_{CC}$ 时，触发器置位，555 的输出为高电平，同时放电开关管截止。

4 脚 $\overline{R}_D$ 是复位端，当 $\overline{R}_D$ 为低电平时，555 电路输出为低电平，一般情况下，此端开路或接 V_{CC}。

5 脚外接一个输入电压，即改变了比较器的参考电平，从而实现对输出的另一种控制。在不接外加电压时，通常接一个 0.01 μF 的电容器到地，起滤波作用，以消除外来的干扰，以确保参考电平的稳定。

7 脚为放电端，当 T 导通时，为 7 脚所连接的电容器提供放电通路，555 定时器主要是与电阻、电容构成充放电电路，并由两个比较器来检测电容器上的电压，以确定输出电平的高低和放电开关管的通断，这样就能很方便地构成从微秒到数十分钟的延时电路，继而搭建单稳态触发器、多谐振荡器、施密特触发器等脉冲产生或波形变换电路。

2. 工作过程分析

以 NE555 为例，定时器工作过程如下：

分压电路：三个 5 kΩ 电阻可以把电源电压分成三等份。若第 5 脚 CONT 没有外接固定电压 V_{CO}，则 $V_H=2/3V_{CC}$，$V_L=1/3V_{CC}$；否则 $V_H=V_{CO}$，$V_L=V_{CO}/2$。V_H 和 V_L 作为两个比较器的参考电压。

比较器：C_1 的输出电压为 V_{C1}，C_2 的输出电压为 V_{C2}。第 6 脚 THRES（阈值端）接输入 IN_1，第 2 脚 TRIG（触发端）接输入 IN_2。比较器用于判断各自的输入电压与参考电压的大小。

RS 触发器：比较器后边接 RS 触发器，第 4 脚 RESET 是触发器的复位端。当 RESET 接低电平时，芯片的输出为低电平。

放电三极管 Q：RS 触发器后接放电三极管 Q，如果 Q 导通，相当于把第 7 脚 DISCH 接到 GND 上。

缓冲器 G：作用是提高电路的带负载能力，让 555 的第 3 脚 OUT 能够输出较大的电流。

（三）555 定时器的典型应用

1. 单稳态触发器

图 11-39 为由 555 定时器和外接定时元件 *R*、*C* 构成的单稳态触发器。稳态时 555 电路输入端处于电源电平，内部放电开关管 T 导通，输出端输出低电平。当有一个外部负脉冲触发信号加到输入端，并使 2 端电位瞬时低于 $1/3V_{CC}$，低电平比较器动作，单稳态电路即开始一个稳态过程，电容 *C* 开始充电，u_C 按指数规律增长。当 u_C 充电到 $2/3V_{CC}$ 时，高电平比较器动作，比较器 A_1 翻转，输出从高电平返回低电平，放电开关管 T 重新导通，电容 *C* 上的电荷很快经放电开关管放电，暂态结束，恢复稳定，为下个触发脉冲的来到作好准备。

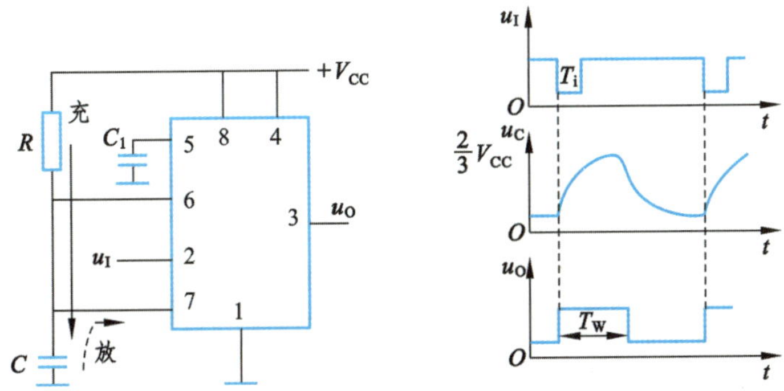

（a）原理电路　　（b）工作波形

图 11-39　单稳态触发器

2. 单稳态触发器的一般应用

（1）定时器：由于单稳态触发器能产生一定宽度 t_W 的矩形输出脉冲，如利用这个矩形脉冲作为定时信号去控制某电路，可使其在 t_W 时间内动作或不动作。

（2）脉冲整形：利用单稳态触发器能产生一定宽度的脉冲这一特性，可以将过窄或过宽的输入脉冲整形成固定宽度的脉冲输出。

3. 单稳态触发器在汽车电子电路中的应用

图 11-40 是汽车发动机转速表原理图，通过电子电路对点火系统各个点火周期进行积分处理，然后通过电流表指示出发动机的转速。

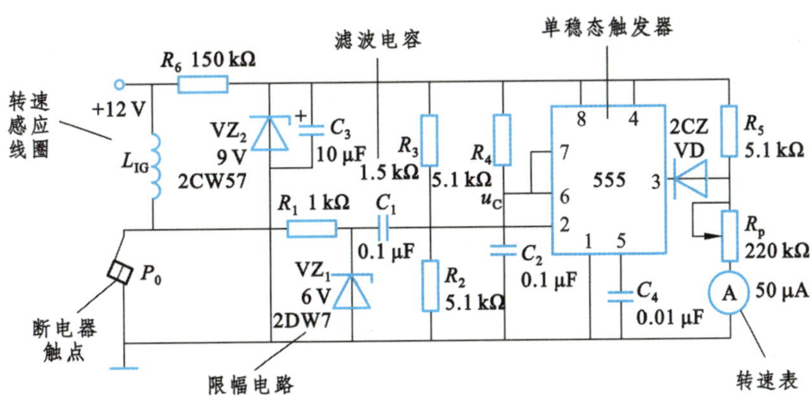

图 11-40　汽车发动机转速表原理图

（四）多谐振荡器

多谐振荡器又称为无稳态触发器，它没有稳定的输出状态，只有两个暂稳态。在电路处于某一暂稳态后，经过一段时间可以自行触发翻转到另一暂稳态。两个暂稳态自行相互转换而输出一系列矩形波。多谐振荡器可用作方波发生器，如图 11-41 所示。

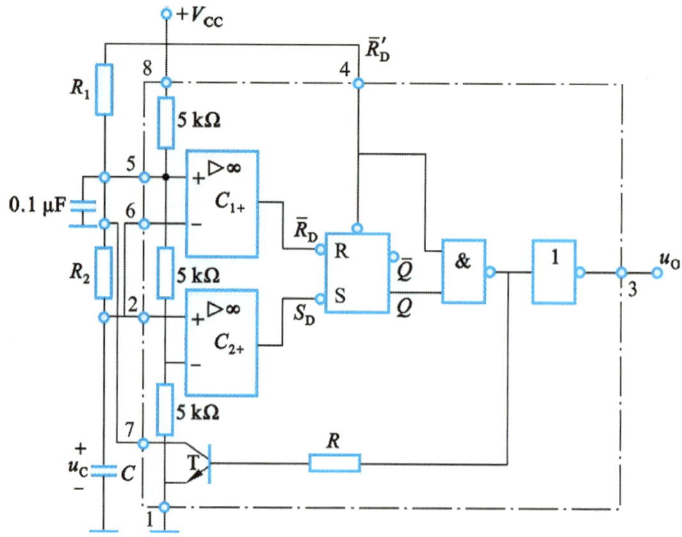

图 11-41　多谐振荡器电路图

1. 多谐振荡器的工作原理

如图 11-42 所示，接通电源后，假定是高电平，则 T 截止，电容 C 充电。充电回路是：$V_{CC}\to R_1\to R_2\to C\to$地，按指数规律上升，当上升到 TH 端电平大于 $2/3V_{CC}$ 时，输出翻转为低电平。假定输入是低电平，T 导通，C 放电，放电回路为 $C\to R_2\to$T→地，按指数规律下降，当下降到 TH 端电平小于 $1/3V_{CC}$ 时，输出翻转为高电平，放电管 T 截止，电容再次充电，如此周而复始，产生振荡。

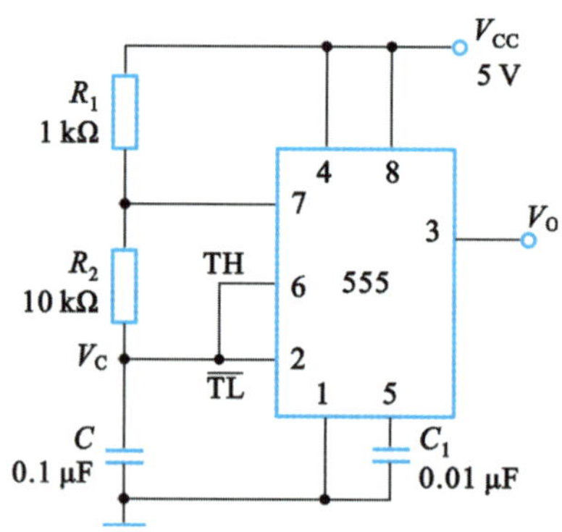

图 11-42　多谐振荡器工作原理图

2. 多谐振荡器在汽车电子电路中的应用

多谐振荡器在汽车电子电路中主要用于汽车转向灯闪光控制器、汽车防盗报警器和汽车刮水器控制器。

（五）施密特触发器

如图 11-43 所示为 55 定时器构成的施密特触发器，引脚 2 和 6 连接在一起，输入通过电容器提供给该公共点。在电阻器 R_1 和 R_2 形成的分压器电路的帮助下，该公共点获得 $V_{CC}/2$ 的外部偏置电压。

施密特触发器的重要特征是滞后。如果输入电压大于上限阈值，施密特触发器的输出为高电平；如果输入电压低于下限阈值，施密特触发器的输出为低电平；当输入在两个阈值之间时，输出保持其值。

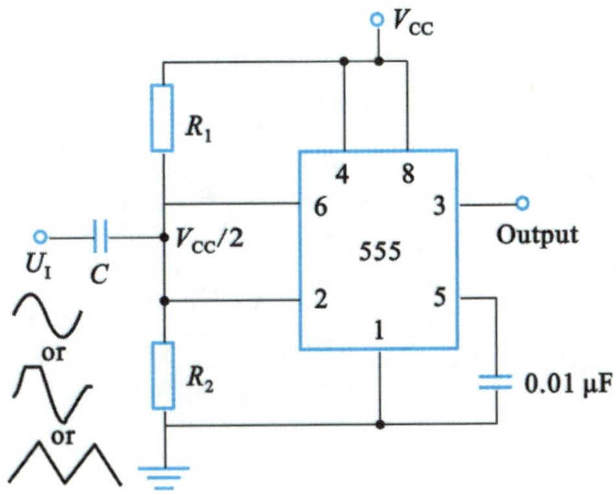

图 11-43　555 定时器构成的施密特触发器

Project 12

项目十二

新能源汽车电动门窗升降器

任务一　直流电动机、步进电动机

核心知识点

本任务主要包括以下几个方面：汽车电机认知，永磁直流电动机的结构和原理，直流电动机工作原理及控制，步进电动机的结构和原理。掌握这些知识点有助于深入理解这两种电动机的特性和应用，为实际工程应用提供理论基础。

12.1.1　汽车电机认知

一、汽车电机认知

电机是电能的变换装置，包括旋转电机和静止电机，如图 12-1 所示。

旋转电机是根据电磁感应原理实现电能与机械能之间相互转换的一种能量转换装置。

静止电机是根据电磁感应定律和磁势平衡原理实现电压变化的一种电磁装置，也称其为变压器。

（a）旋转电机

（b）静止电机

图 12-1　旋转电机与静止电机

众所周知，电机是传动及控制系统中的重要组成部分，随着现代科学技术的发展，电机在实际应用中的重点已经从过去简单的传动向复杂的控制转移；但电机根据不同的应用会有不同的设计和驱动方式。因此人们根据旋转电机的用途，进行了基本的分类。

1. 电动机的分类

电动机包括旋转电机和静止电机。

如图 12-2 所示，旋转电机分为控制电机、功率电机、信号电机。

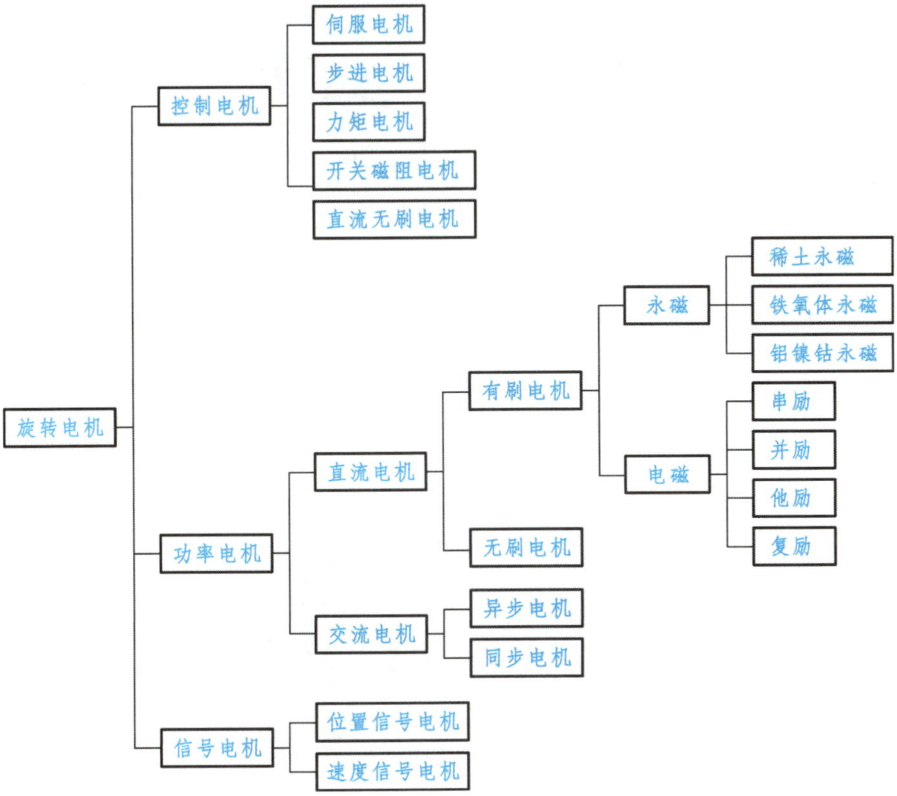

图 12-2　旋转电机分类

2. 直流电动机

直流电机包括有刷电机和无刷电机。

有刷电机又称直流电机或碳刷电机，常说的直流电机就是指有刷直流电机。有刷电机采用机械换向，磁极不动、线圈旋转。电机工作时，线圈和换向器旋转，磁钢和碳刷不转，线圈电流方向的交替变化是随电机转动的换相器和电刷来完成的，如图 12-3 所示。

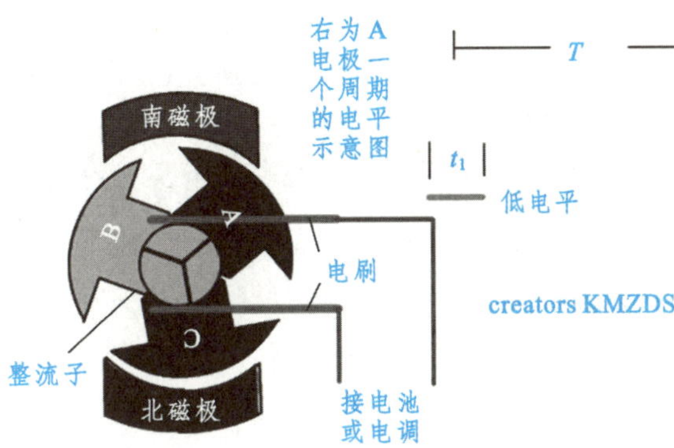

图 12-3　有刷直流电机

有刷电机缺点为：碳刷与换向器相互滑动，会摩擦碳刷，造成损耗，需要定期更换碳刷；碳刷与线圈接线头之间通断交替，会产生电火花，产生电磁波，干扰电子设备。

无刷电机采取电子换向，线圈不动、磁极旋转，如图 12-4 所示，无刷电机使用一套电子设备，通过霍尔元件感知永磁体磁极的位置，根据这种感知，使用电子线路，适时切换线圈中电流的方向，保证产生正确方向的磁力，来驱动电机，消除了有刷电机的缺点。

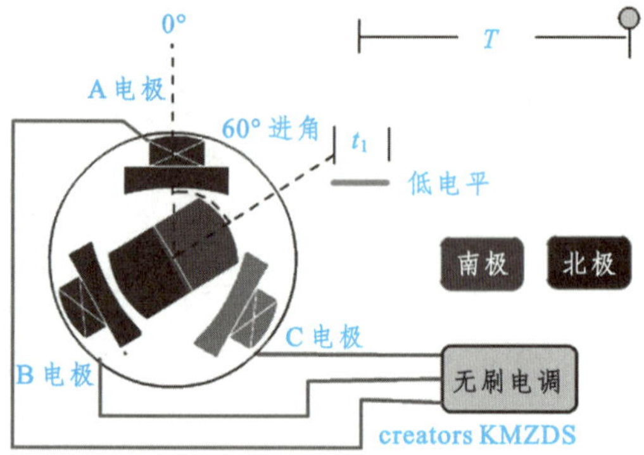

图 12-4　无刷直流电机

无刷直流电机由电动机主体和驱动器组成，是一种典型的机电一体化产品。由于无刷直流电动机是以自控式运行的，所以不会像变频调速下重载起动的同步电机那样在转子上另加起动绕组，也不会在负载突变时产生振荡和失步。

3. 有刷电机与无刷电机调速方式的区别

实际上有刷电机与无刷电机的控制都是调压，只是由于无刷直流采用了电子换向，所以要有数字控制才可以实现。而有刷直流是通过碳刷换向的，利用可控硅等传统模拟电路都可以控制，比较简单，如图 12-5 所示。

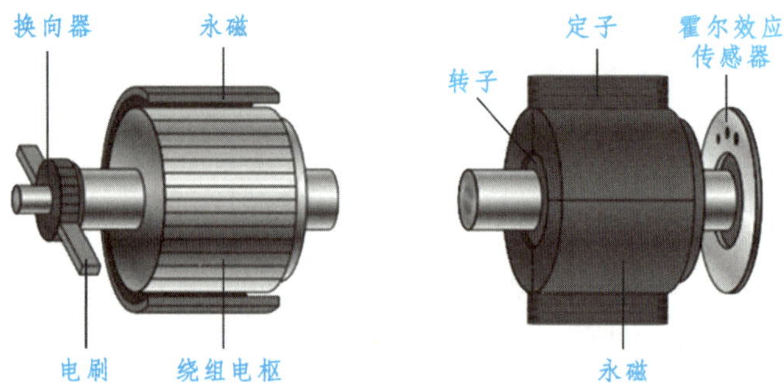

（a）有刷电机　　（b）无刷电机

图 12-5　有刷电机与无刷电机对比

（1）有刷电机调速过程是调整电机供电电源电压的高低。调整后的电压电流通过整流子及电刷的转换，改变电极产生的磁场强弱，达到改变转速的目的。这一过程被称为变压调速。

（2）无刷电机调速过程是保持电机的电源电压不变，改变电调的控制信号，通过微处理器再改变大功率 MOS 管的开关速率，来实现转速的改变。这一过程被称为变频调速。

4. 有刷电机与无刷电机差异

（1）有刷电机结构简单、开发时间久、技术成熟；

（2）直流有刷电机响应速度快，起动扭矩大；

（3）直流有刷电机运行平稳，起、制动效果好；

（4）直流有刷电机控制精度高；

（5）直流有刷电机使用成本低，维修方便；
（6）直流无刷电机无电刷、低干扰；
（7）直流无刷电机噪声低，运转顺畅；
（8）直流无刷电机寿命长，低维护成本。

5. 电动汽车对驱动电机的需求

（1）高功率密度，高比功率。驱动电机需要作为动力能源要驱动整车进行运动，且相应速度要足够快，故要求驱动电机具备高的功率密度。

（2）高效率。为提高电动汽车的续航行驶里程，需要降低电机各部分损耗值，并能够在汽车减速制动时进行能量回收提高能源利用率。

（3）高过载能力。电机的起动转矩要足够大，以满足电动汽车的加速能力和爬坡能力。

（4）宽调速范围。为了满足频繁起动和停车、低速爬坡、高速行驶以及非常宽的运行速度范围等特点，驱动电机输出特性需要在电机低速与高速运行范围内都能达到精准的控制要求，而且不失去其他动力性指标要求。

（5）高可靠性。新能源汽车的动力电池组及电机绕组中的电压很容易到达 300 V 以上范围，故要求驱动电机的电气系统的安全防护等级较高，以保证安全。

（6）高动态响应性能。以满足汽车频繁起停等复杂工况的要求及多台电机协调运行的要求。

（5）小体积，轻质量。受到整车空间的限制，以及必须考虑与传动系之间的连接与安装等问题，要求驱动电机具有体积小、质量轻等特点，如图 12-6 所示。

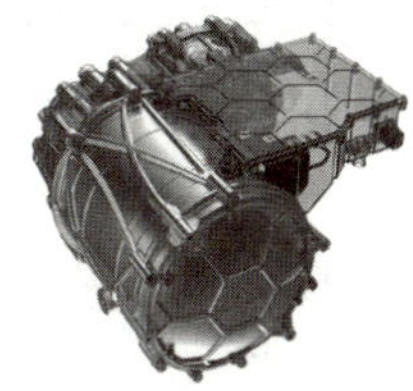

图 12-6　电动汽车驱动电机

6. 电动汽车驱动电机对比

应用于新能源汽车驱动电机有以下几种类型，不同类型电机对比如表 12-1 所示。

（1）直流电机。早期新能源汽车驱动用电机大多是直流电机，因为其转矩速度特性能够较好满足新能源汽车的性能要求，且控制简单。但由于其结构的缺陷，导致其对使用环境要求高、寿命短、保养困难。随着电子器件和微控制器的技术进步，目前交流电机已基本取代直流电机。

（2）交流异步电机（也称交流感应电机）。其结构简单、可靠性高、控制技术相对成熟；但异步电机转子容易发热，在高速运行时需要较大的冷却功率，对控制器技术要求较高；且低速性能不好，需要减速机构。

（3）永磁同步电机。与传统电励磁同步电机不同，其转子采用永磁体，该结构省去了传统同步电机中的电刷、集电环以及励磁绕组，从而无以上转子部件所引起的铜耗，具有高效、高功率密度、高可靠性、体积小等优点。

（4）开关磁阻电机。开关磁阻电机是一种比较新型的电机，比之其他类型电机，在结构上没有永磁体、电刷和滑环等零部件，具有结构简单、制造成本低、适于高速运行等优点。但是其扭矩性能低，转矩脉动和噪声水平较其他类型电机都大，因此开关磁阻电机电驱动系统在新能源汽车中的开发与应用受到一定限制。

不同电机类型有不同的优劣势。从行业配套角度看，新能源汽车主要使用的是交流感应电机和永磁同步电机。但高效、低损耗使得永磁同步电机相比异步电机更加节能。从装机量角度看，永磁同步电机由于其优异的综合性能，一直占据最高比例，2019 年，我国新能源汽车中永磁同步电机的比例已超过 90%。

表 12-1　电动汽车驱动电机对比

比较项	直流电机	交流异步电机	永磁同步电机	开关磁阻电机
功率密度	低	中	高	较高
功率因数/%	/	82~85	90~93	60~65
峰值效率/%	85~89	90~95	95~97	80~90
负荷效率/%	80~87	90~92	85~97	78~86
过载能力/%e	200	300~500	300	300~500
转速范围/（转/分）	4000~6000	12 000~15 000	4 000~15 000	>15 000
过载系数	2	3~5	3	3~5
可靠性	中	较高	高	较高
结构坚固性	低	高	较高	高
体积	大	中	小	小
重量	重	中	轻	轻
调速控制性能	很好	中	好	好
电机成本	低	中	高	中
控制器成本	低	高	高	中

7. 电动汽车驱动电机发展方向

电动汽车驱动电机发展方向主要有：高功率密度、电机冷却方式发展多样化、低成本化、高集成化、良好的振动噪声特性和高效率。

二、永磁直流电动机的结构和原理

12.1.2　永磁直流电动机的结构和原理

（一）直流电动机的组成及作用

直流电动机由定子和转子两部分组成，其结构如图 12-7 所示。定子的主要作用是产生气隙磁场，由主磁极、换向极、机座和电刷装置组成。转子是直流电动机的转动部分，俗称电枢。转子部分包括电枢铁心、电枢绕组、换向器、转轴、轴承等。

图 12-7　直流电动机结构

1. 定子-主磁极

主磁极的作用是建立主磁场。主磁极由主磁极铁心和套装在铁心上的励磁绕组构成。铁心一般用0.5～1.5 mm厚的硅钢板冲片叠压铆紧而成，分为极身和极掌两部分：上面套励磁绕组的部分称为极身；下面扩宽的部分称为极掌。极掌宽于极身，既可以调整气隙中磁场的分布又便于固定励磁绕组。励磁绕组用绝缘铜线绕制而成，套在主磁极铁心上。整个主磁极用螺钉固定在基座上，如图 12-8 所示。

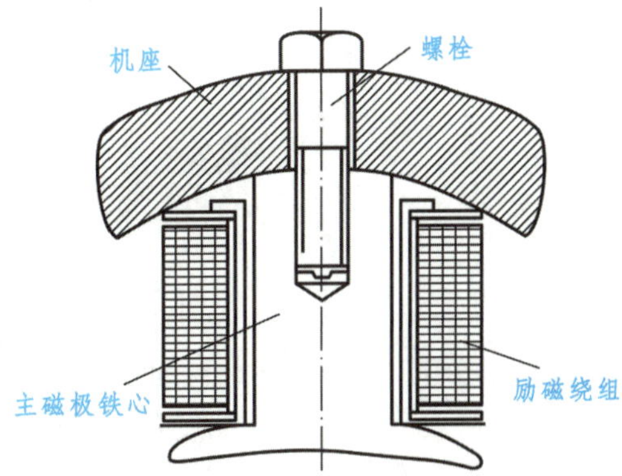

图 12-8　主磁极

如图 12-9 所示，机座内壁装有四个磁极，相对的是同极，相邻的是异极。磁场线圈采用串联或复联，一端与外壳上的绝缘接柱（即磁场接柱）相连，另一端与正电刷相连。当给励磁绕组通入直流电时，各主磁极均产生一定极性，相邻两主磁极的极性是 N、S 交替出现的。

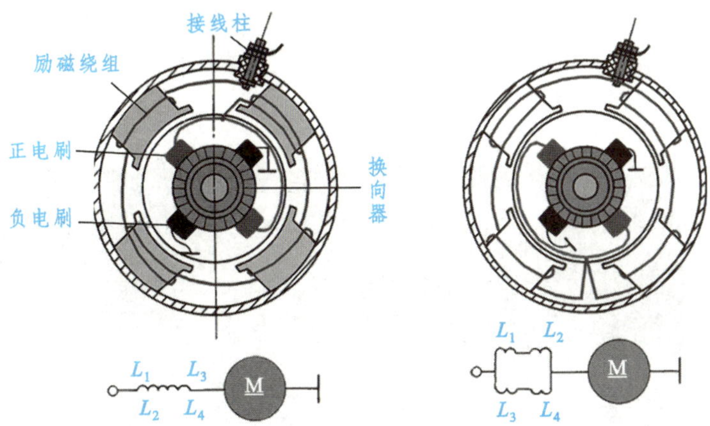

（a）串联　（b）并联

图 12-9　主磁极位置

2. 定子-机座

电机定子的外壳称为机座。机座的作用有两个：用来固定主磁极、换向极和端盖，并起整个电机的支撑和固定作用；机座本身也是磁路的一部分，借以构成磁极之间磁的通路。磁通通过的部分称为磁轭。

为保证机座具有足够的机械强度和良好的导磁性能，机座一般为铸钢件或由钢板焊接而成，如图 12-10 所示。

图 12-10　机座

3. 定子-换向极

换向极的作用是改变换向、减小电机运行时电刷与换向器之间可能产生的换向火花，一般装在两个相邻主磁极之间，由换向极铁心和换向极绕组组成，如图 12-11 所示。

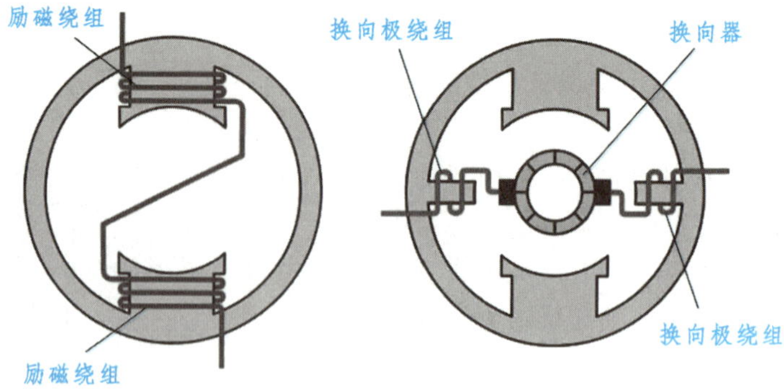

图 12-11　换向极

换向极绕组用绝缘导线绕制而成，套在换向极铁心上，换向极的数目与主磁极相等。

换向极铁心可根据换向要求用整块钢制成，也可用厚 1 ~ 1.5 mm 厚钢板或硅钢片叠成，所有的换向极线圈串联后称换向绕组，换向绕组与电枢绕组串联。

换向极数目一般与主极数目相同，但在功率很小的直流电机中，只装主极数一半的换向极或不装换向极。换向极极性根据换向要求确定。

4. 定子-端盖

端盖装在基座两端并通过端盖中的轴承支撑转子，将定子连为一体，同时对直流电动机内部还起防护作用，如图 12-12 所示。

图 12-12　端盖

5. 定子-电刷装置

电刷装置的作用是通过电刷和旋转的换向器表面的滑动接触，把转动的电枢绕组与外电路连接起来。电刷装置由电刷、刷握、刷杆和刷杆座等组成，如图 12-13 所示。

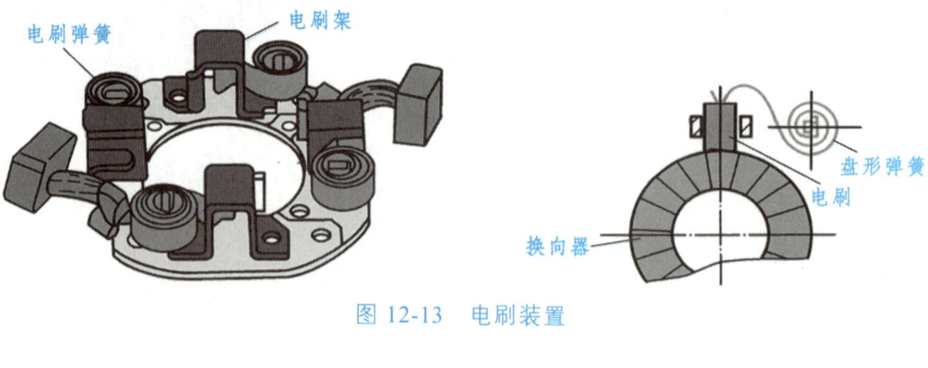

图 12-13　电刷装置

电刷是用石墨制成的导电块，电刷放在刷握内，用弹簧压紧，使电刷与换向器之间有良好的滑动接触。刷握固定在刷杆上，刷杆装在圆环形的刷杆座上，相互之间需绝缘，如图 12-14 所示。

刷杆与刷杆座之间是绝缘的，以免正、负电刷短路。刷杆座装在端盖或轴承内盖上，圆周位置可以调整，调好以后加以固定。

图 12-14　电刷装置结构

6. 转子-电枢铁心

直流电机电枢铁心是主磁路的主要部分，同时用以嵌放电枢绕组。一般电枢铁心采用由 0.5 mm 厚的硅钢片冲制而成的冲片叠压而成，以降低电机运行时电枢铁心中产生的涡流损耗和磁滞损耗。

叠成的铁心固定在转轴或转子支架上。铁心的外圆开有电枢槽，槽内嵌放电枢绕组。转轴起转子旋转的支撑作用，需有一定的机械强度和刚度，一般用圆钢加工而成。

7. 转子-电枢绕组

电枢绕组是直流电动机的电路部分，也是感生电动势、产生电磁转矩进行机电能量转换的部分。电枢绕组的作用是产生电磁转矩和感应电动势，是直流电机进行能量变换的关键部件，所以叫电枢，如图 12-15 所示。

图 12-15　电枢铁心及电枢绕组

电枢绕组由许多线圈按一定规律连接而成，线圈采用高强度漆包线或玻璃丝包扁铜线绕成，不同线圈的线圈边分上下两层嵌放在电枢槽中，线圈与铁心之间以及上、下两层线圈边之间都必须妥善绝缘。为防止离心力将线圈边甩出槽外，槽口用槽楔固定。线圈伸出槽外的端接部分用热固性无纬玻璃带进行绑扎，如图 12-16 所示。

图 12-16　电枢绕组结构

8. 转子-换向器

在直流电动机中，换向器配以电刷，能将外加直流电源转换为电枢线圈中的交变电流，使电磁转矩的方向恒定不变，也能将电枢线圈中感应产生的交变电动势转换为正、负电刷上引出的直流电动势。换向器是由许多换向片组成的圆柱体，换向片之间用云母片绝缘，如图12-17所示。

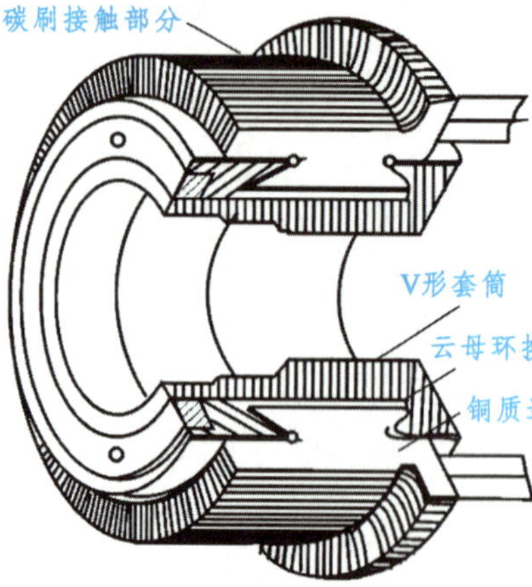

图 12-17 换向器结构示意图

9. 转子-转轴、支架和风扇

对于小容量直流电机，电枢铁心就装在转轴上，如图12-18所示。对于大容量直流电机，为了减少硅钢片的消耗和转子的质量，轴上装有金属支架，电枢铁心装在支架上。此外轴上还装有风扇，以加强对电机的冷却。风冷电机装有风扇，为电机提供冷却气流；对于水冷电机，则无风扇，需要外部的冷却水路为其提供冷却液，进而对电机进行冷却。

图 12-18 转轴

三、直流电动机工作原理及控制

12.1.3 直流电动机工作原理及控制

（一）直流电动机的参数

1. 直流电动机的主要性能参数

额定电压 U_N：额定工作情况下的电枢上加的直流电压。

额定电流 I_N：额定电压下轴上输出额定功率时的电流。

额定功率 P_N：电机轴上输出的机械功率。

额定转速 n_N：电机在额定电压、额定电流和输出额定功率的情况下运行时，电机的旋转速度。

额定效率 η_N：额定输出功率与额定输入功率的比值。

2. 直流电动机的绝缘等级

电动机的绝缘等级是指其所用绝缘材料的耐热等级，分为A、E、B、F、H级，允许温升是指电动机的温度与周围环境温度相比升高的限度。见表 12-2 所示。

表 12-2　电动机绝缘等级与温度对应关系

绝缘温度等级	最高允许温度/°C	绕组升温限值/K	性能参考温度/°C
A 级	105	60	80
E 级	120	75	95
B 级	130	80	100
F 级	155	100	120
H 级	180	125	145

（二）直流电动机的励磁方式

由励磁绕组形成磁场的直流电动机，根据励磁绕组和电枢绕组的连接方式的不同，分为他励直流电动机、并励直流电动机、串励直流电动机和复励直流电动机。

不同励磁方式的直流电动机有着不同的特性，如图 12-19 所示。

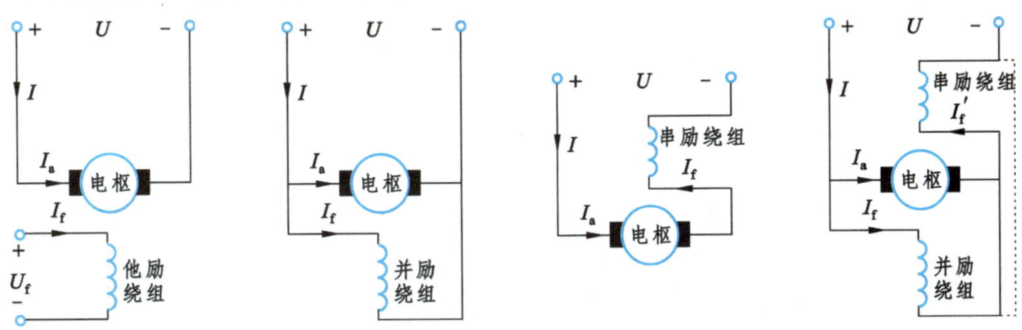

（a）他励　（b）并励　（c）串励　（d）复励

图 12-19　直流电机各种励磁方式接线图

1. 他励直流电机

励磁绕组与电枢绕组无联接关系，而由其他直流电源对励磁绕组供电的直流电机称为他励直流电机。永磁直流电机也可看作他励或自激直流电机，一般直接称作励磁方式为永磁。

2. 并励直流电机

并励直流电机的励磁绕组与电枢绕组相并联。作为并励发电机来说，是电机本身发出来的端电压为励磁绕组供电；作为并励电动机来说，励磁绕组与电枢共用同一电源，从性能上讲，与他励直流电动机相同。

3. 串励直流电机

串励直流电机的励磁绕组与电枢绕组串联后，再接于直流电源。这种直流电机的励磁电流就是电枢电流。

4. 复励直流电机

复励直流电机有并励和串励两个励磁绕组。若串励绕组产生的磁通势与并励绕组产生的磁通势方向相同称为积复励。若两个磁通势方向相反，则称为差复励。

（三）直流电动机的工作原理

直流电动机是将电能转变为机械能的设备，它是根据载流导体在磁场中受到电磁力作用而发生运动的原理进行工作的，如图 12-20 所示。

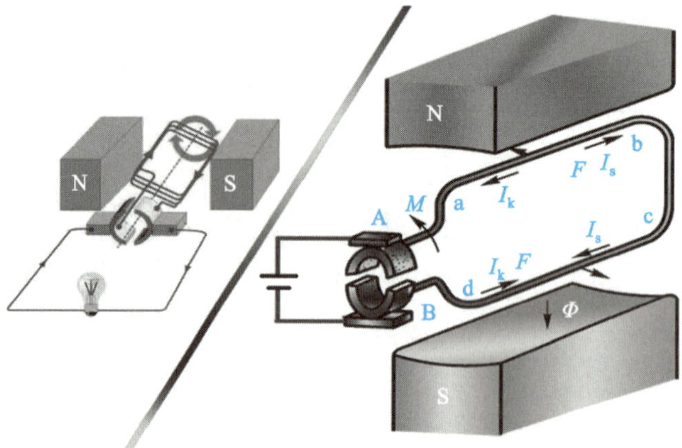

图 12-20　直流电机工作原理

如图 12-21（a）所示，换向片 A 与正电刷接触，换向片 B 与负电刷接触，绕组中的电流方向为 a→b→c→d，根据通电导体在磁场中受电磁力的原理（左手定则），绕组 ab 边、cd 边均受到电磁力 F 的作用，由此产生逆时针方向的电磁转矩 M 使电枢转动；电枢转动至换向片 A 与负电刷接触，换向片 B 与正电刷接触时，电流改由 d→c→b→a（换向器适时地改变了电枢绕组中的电流方向），如图 12-21（b）所示，但电磁转矩的方向仍保持不变，使电枢按逆时针方向继续转动。

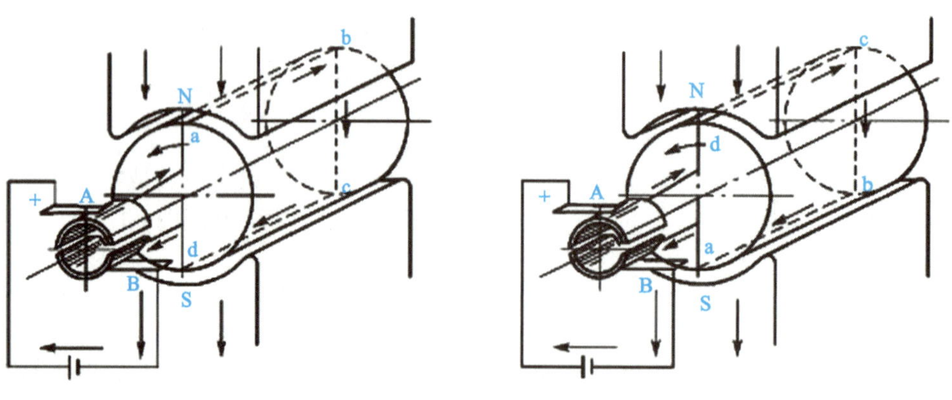

（a）电流方向为 a→b　　（b）电流方向 a→a

图 12-21　直流电机工作过程

1. 直流电动机的起动

（1）直接起动。将电动机的电枢绕组直接接入额定电压的电源上，称为直接起动，或全压起动。直接起动只适用小型直流电动机，其优点是操作简单，无须复杂的起动设备。

（2）电枢回路串变阻器起动。为了限制起动电流，起动时可在电枢回路中串入起动变阻器。为了在起动过程中保持较大的起动转矩，加速起动过程，随着转速上升，应逐渐切除起动电阻，直到全部切除。

串变阻器起动所需设备不多，在中、小直流电动机起动中广泛应用。其缺点是起动变阻器笨重，能耗较大，故容量较大的直流电动机宜采用降压起动。

（3）降压起动。开始起动时，电动机电枢两端加一低电压，随着转速的上升，反电动势的增大，逐步升高电枢电压，直至额定值。这样可以使起动电流限制在一定范围内。

采用降压起动，需要一套调压电源。以前采用直流发电机作为调压电源，通过改变发电机的励磁电流来控制发电机的端电压大小。目前多采用晶闸管整流电源，通过调节晶闸管的触发信号来控制直流输出电压大小。

降压起动法的优点是起动电流小，起动过程平滑，能量损耗少；缺点是电源投资较高。

2. 直流电动机的调速

（1）电枢串电阻调速。

优点：设备简单，操作方便。

缺点：调速的平滑性差；低速时特性曲线斜率较大，转速的相对稳定性较差，这限制了调速范围；电机的损耗较大，效率较低；而且转速越低，所串联电阻越大，效率越低。所以这种调速方法是不经济的，如图 12-22 所示。

（2）降低电压调速。

特点：电源电压能够平滑调节，可以实现无级调速；调速前后机械特性的斜率不变，硬度较高，负载变化时，速度稳定性好；无论轻载还是重载，调速范围相同，且调速范围较宽，如图 12-23 所示。

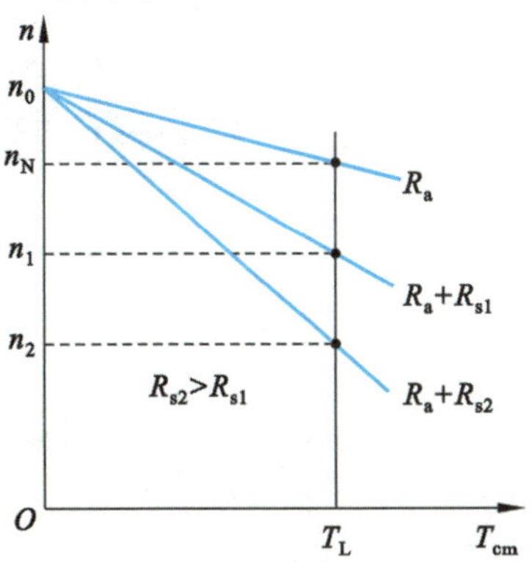

图 12-22　直流电机电枢电阻调速原理

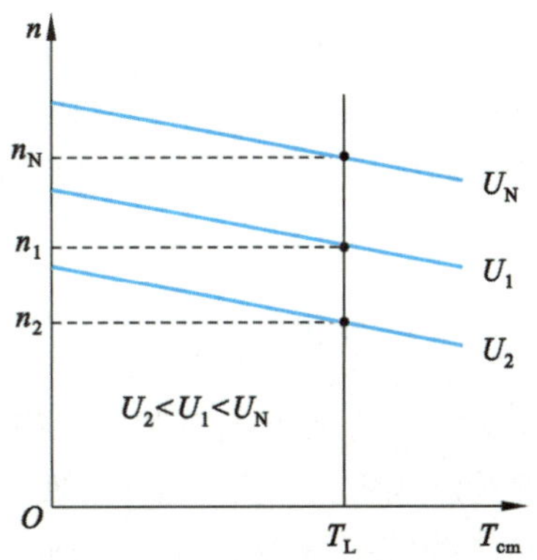

图 12-23　直流电机降低电压调速原理

（3）减弱磁通调速

优点：控制方便，能量损耗小，设备简单，而且调速平滑性好，经济性好。

缺点：减弱磁通使机械特性的斜率变大，特性变软；转速的升高受到电机转向性能和机械强度的限制，因此升速范围不可能很大，如图 12-24 所示。

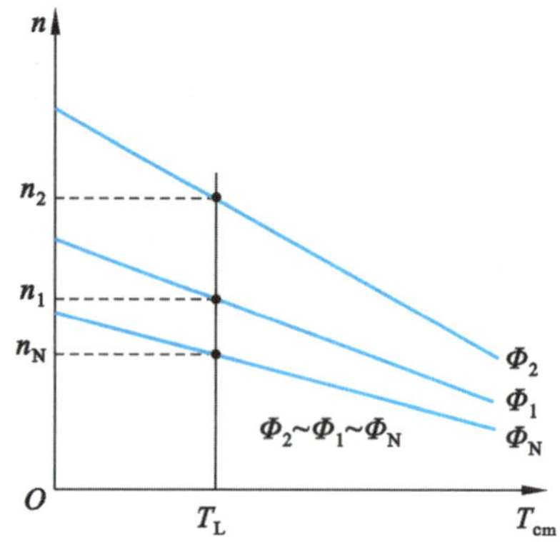

图 12-24　直流电机减弱磁通调速原理

3. 直流电动机的反转

直流电动机的反转方法分为：改变电枢电流的方向和改变主磁场的方向。

四、步进电动机的结构和原理

12.1.4　步进电动机的结构和工作原理

步进电动机是一种特殊的电机，由于它的运动形式是步进式的，所以称为步进电动机（脉冲电动机）。步进电动机发展迅速，尤其是随着计算机技术、微电子技术和数字技术的发展，其应用领域日益广阔，涉及冶金、电力、纺织、电子、化工、医疗、印刷以及航空航天、船舶、汽车等。

目前，在汽车上的应用主要有步进电动机全数字仪表、电动车窗、电动车电子油门控制、汽车制动测试系统、汽车步进电动机型怠速控制阀等。步进电动机在生活中应用相当广泛，但步进电动机并不能像普通的直流电动机、交流电动机在常规下使用。它必须由脉冲信号、功率驱动电路等组成控制系统方可使用，因此，要用好步进电动机并非易事。

（一）步进电动机结构

磁阻式步进电动机与其他普通电动机一样，主要分为定子和转子两部分。它是由磁性转子铁心通过与由定子产生的脉冲电磁场相互作用而转动的。磁阻式步进电动机的结构形式很多，按定转子铁心的段数分为单段式和多段式两种，如图 12-25 所示。

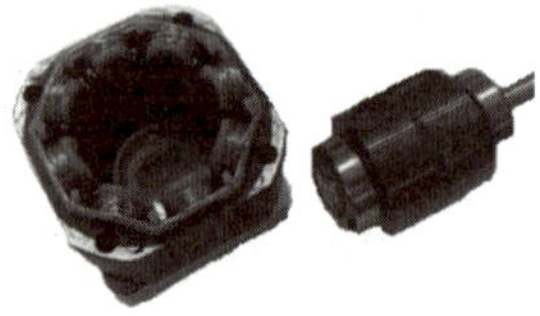

图 12-25　步进电机结构

（二）步进电动机工作原理

当步进电机的 A 相通电，B 相和 C 相不通电时，由于 A 相绕组产生的磁通要经过磁阻最小的路径形成闭合磁路，这样将使转子齿 1、3 和定子的 A 相对齐，如图 12-26（a）所示。

当 A 相断电，改为 B 相通电时，同 A 相通电时情况一样，磁通也要经过磁阻最小的路径形成闭合磁路，这样转子顺时针转过一定角度，使转子齿 2、4 与 B 相对齐，转子在空间转过的角度为 30°，如图 12-26（b）所示。

当由 B 相改为 C 相通电时，同样可使转子顺时针转过 30°空间角度，如图 12-26（c）所示。

若按照 A-B-C-A 的通电顺序往复下去，则步进电机的转子将按一定速度沿顺时针方向旋转。步进电机的转速取决于三相控制绕组的通、断电源的频率。

当按照 A-C-B-A 顺序通电时，步进电机的转动方向将改为逆时针。

（a）a 相通电　（b）b 相通电　（c）c 相通电

图 12-26　步进电机工作原理

在步进电机控制过程中，定子绕组每改变一次通电方式，称为一拍。

上述的通电控制方式，由于每次只有一相控制绕组通电，称为三相单三拍控制方式。除此种控制方式外，还有三相单、双六拍工作方式和三相双三拍控制方式。

在三相单、双六拍工作方式中，控制绕组通电顺序为 A-AB-C-CB-B-BA-A（转子逆时针旋转）或 A-AC-C-CB-B-BA-A（转子顺时针旋转）。

在三相双三拍控制方式中，控制绕组的通电顺序为 AB-BC-CA-AB 或 AC-CB-BA-AC。

步进电机每改变一次通电状态（一拍）转子所转过的角度称为步进电机的步距角。三相单三拍的步距角为 30°，而三相单、双六拍为 15°，三相双三拍的步距角为 30°。

步进电机的步距角 θ_b

$$\theta_b = \frac{360^\circ}{NZ_R} \tag{12-1}$$

式中，N 为转子转过一个齿距的运行拍数；Z_R 为转子齿数。

1. 步进电动机分类

步进电动机分为机电式步进电动机、磁电式步进电动机和直线式步进电动机。

其中，磁电式步进电动机又分为永磁式步进电动机、磁阻式步进电动机和混合式步进电动机。

2. 步进电动机的特点

（1）在非超载的情况下，电机的转速和停止的位置只取决于脉冲信号的频率和脉冲数，而不受负载变化的影响。当步进驱动器接收到一个脉冲信号，它就驱动步进电机转动一个固定的角度，称为“步距角”，它的旋转是以固定的角度一步一步运行的。

（2）可以通过控制脉冲个数来控制角位移量，从而达到准确定位的目的；同时可以通过控制脉冲频率来控制电机转动的速度和加速度，从而达到调速的目的。

（3）步进电机是一种感应电机，它的工作原理是利用电子电路，即驱动器，将直流电变成分时供电的多相时序控制电流。

（4）步进电机虽然由直流电流供电，但是不能理解为直流电机。直流电机是将直流电能转换为机械能的动力电机，而步进电机是将电脉冲信号转变为角位移的开环控制电机。

3. 步进电动机和直流电动机控制方式的区别

步进电动机控制系统与普通交、直流电动机控制系统有较大区别，它必须有驱动器、控制器、电源才能驱动步进电动机正常工作。

控制器包括信号发生器、缓冲寄存器、环形分配器、控制逻辑及正反转控制门等，其作用是产生脉冲信号并转化为环形脉冲加到驱动器上，使步进电动机按选定的运行方式工作。

驱动器实质上就是脉冲功率放大器，因为从控制器输出的电流很小，而步进电动机工作时一般需要几安到几十安的电流。

4. 步进电动机的优势与缺点

（1）在负载能力范围内，电压、电流、负载及温度等因素变化并不能影响到电动机的步距值。换句话说，步进电动机的总位移量和转速主要与输入脉冲信号有关。

（2）步进电动机每转动一周都有固定的步数，虽然从某一步到任何一步总会有一定的误差，但因每转一圈的累积误差为零，所以步进电动机只要在不失步的情况下运行，其步距误差不会长期积累。

（3）控制性能好，起动、制动、转向、调速等运行方式的改变都可以在少数脉冲内完成。

（4）有些步进电动机具有自锁功能。

任务二　汽车起动机、电动门窗升降器的结构与原理

核心知识点

本任务主要包括以下几个方面：汽车起动机结构，汽车起动机工作原理，电动门窗升降器结构，电动门窗升降器工作原理。掌握这些知识点有助于深入了解汽车起动机和电动门窗升降器的性能特点和使用方法，为汽车维护和故障排除提供理论基础。

12.2.1　起动机结构及工作原理

一、起动机结构及工作原理

（一）汽车起动机的分类

汽车起动机由电动机、传动机构及控制装置三个组成部分组成。电动机部分一般没有本质的差别，按照所用直流电动机的形式可分为普通起动机和永磁起动机。控制装置和传动机构则有很大差异，因此一般是按控制装置和传动机构的不同来分类的。

（1）按控制装置分类如图 12-27 所示。

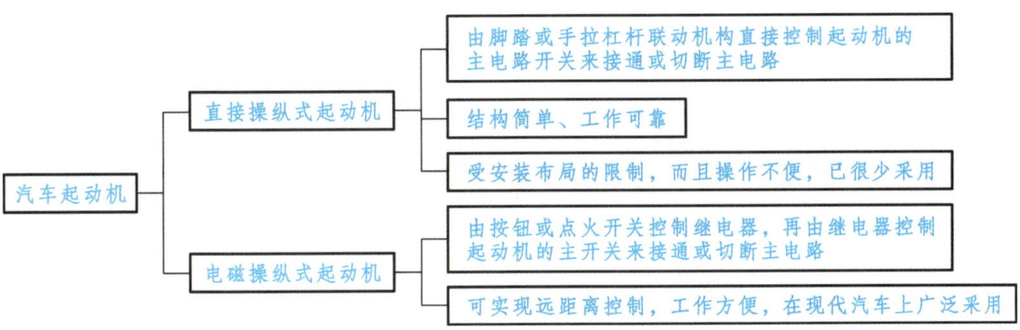

图 12-27　按控制装置分类

（2）按传动机构的啮合方式分类为：

惯性啮合式：已淘汰。

强制啮合式：工作可靠、操纵方便、广泛应用。

电枢移动式：结构较复杂，大功率柴油机。

齿轮移动式：电磁开关推动啮合杆。

减速式：质量体积小，结构工艺复杂。

（二）汽车发动机起动系统的组成

汽车发动机的起动机是起动系统的核心部分，它的作用是将蓄电池的电能通过导线传递给起动机，在起动机处将电能转变成机械能，然后传给发动机飞轮，使发动机开始运转，如图 12-28 所示。

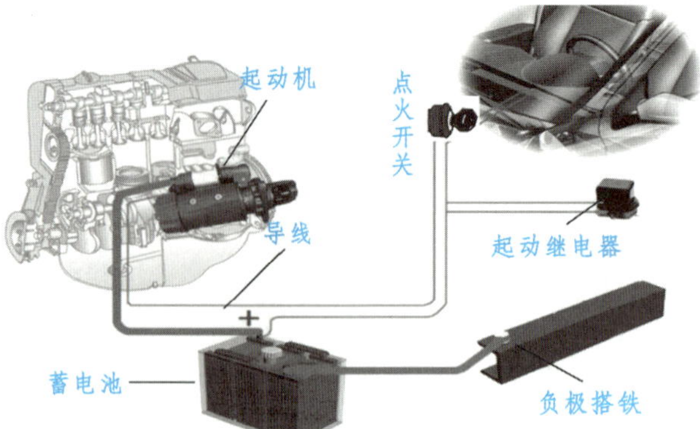

图 12-28　发动机起动系统

起动机由直流电动机、传动装置及控制装置组成，如图 12-29 所示。

（1）直流电动机：用于产生电磁转矩，将蓄电池的电能转变为机械能。

（2）传动装置（啮合机构）：发动机起动时，啮合传动，将能量从电机传递到发动机飞轮上，带动发动机工作；发动机起动后，起动机与发动机飞轮脱开，减少车辆的能耗。

（3）控制装置（电磁开关）：用于接通、切断电动机与蓄电池之间的电路，从而控制起动机的工作时间。

起动机详细构成如图 12-30 所示。

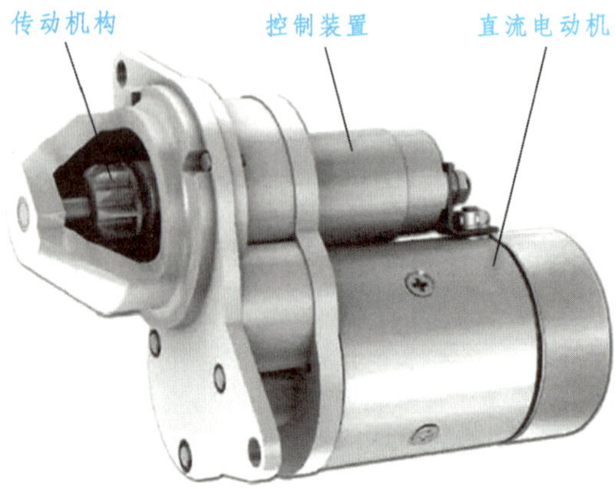

图 12-29　起动机构成

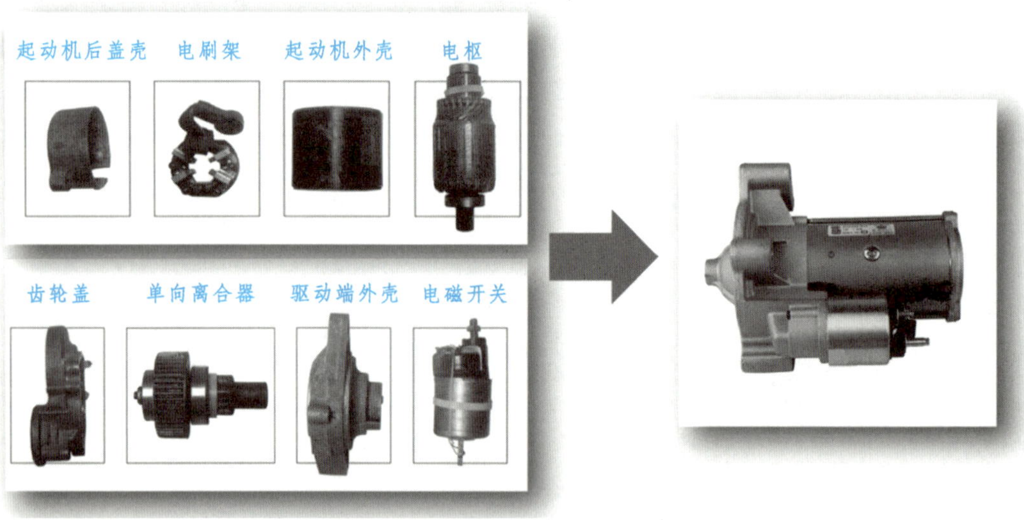

图 12-30　起动机详细构成

（三）起动机电磁操纵机构

起动机的操纵机构分为机械式和电磁控制式 2 类。现代汽车均采用电磁操纵机构，由电磁开关控制起动机的启停。电磁操纵机构安装在起动机的上部，控制起动机的接通和关断。

如图 12-31 所示，电磁操纵式起动机主要由以下部分组成：吸引线圈、保持线圈、复位弹簧、活动铁心和拨叉。

接通起动开关后，吸引线圈和保持线圈通电，在吸引线圈和保持线圈电磁力的共同作用下，使活动铁心克服弹簧力左移，活动铁心带动拨叉移动，起动机的离合器啮合；同时接触盘也被活动铁心推至与触点接触位置，使起动机通入起动电流，产生电磁转矩起动发动机。

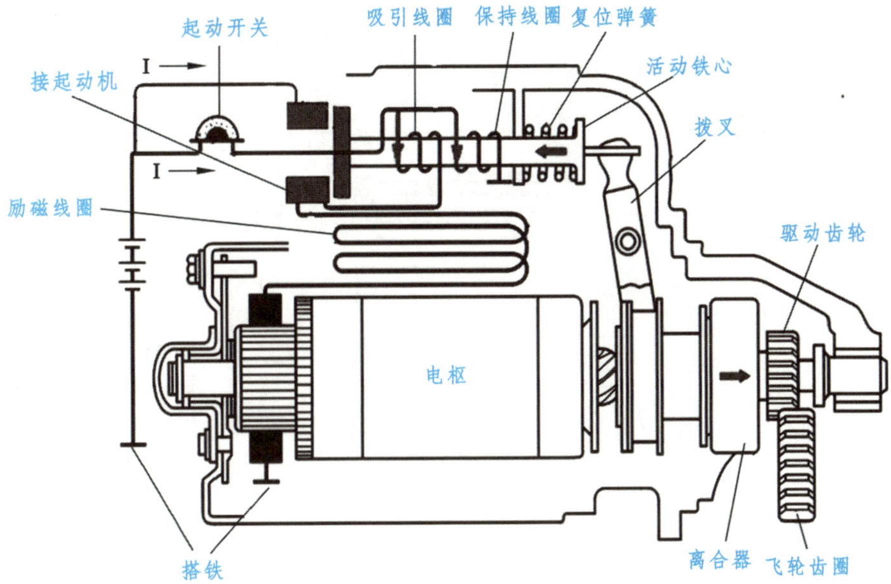

图 12-31　起动机电磁操纵机构

当起动机接触盘接通触点后，吸引线圈被断开，活动铁心靠保持线圈的电磁力保持其啮合位置，促使离合器啮合的同时，使电流不断从蓄电池进入起动机产生电磁转矩，如图 12-32 所示。

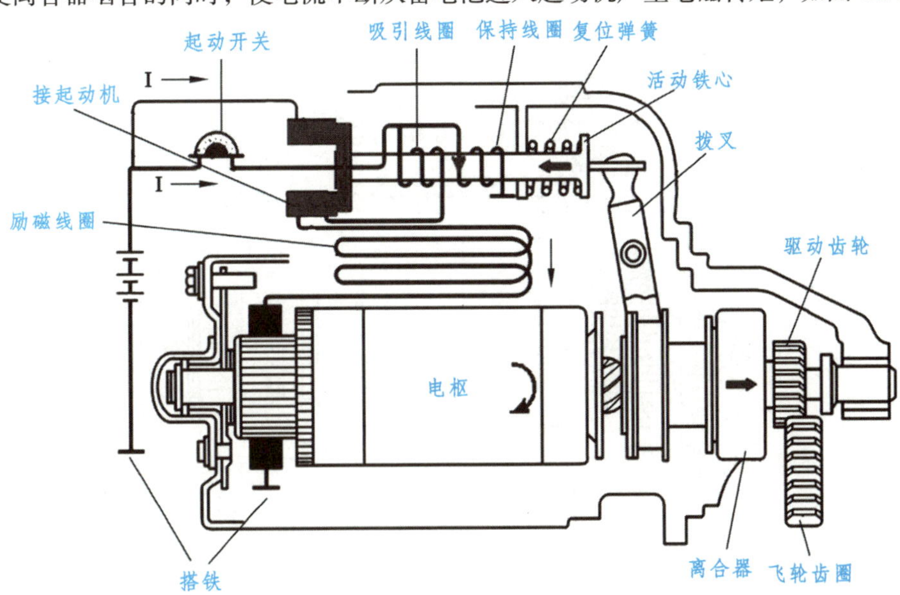

图 12-32　起动机电磁操纵机构

由于吸引线圈产生了与保持线圈相反方向的磁通，两线圈电磁力相互抵消，活动铁心在弹簧力的作用下回位，使驱动齿轮退出啮合状态，同时在复位弹簧的作用下，活动铁心带动接触盘开始右移，如图 12-33 所示。

发动机起动后，断开起动开关，此时流经电磁线圈电流为：蓄电池正极→上接线柱→接触盘→下接线柱→吸引线圈→保持线圈→搭铁→蓄电池负极。

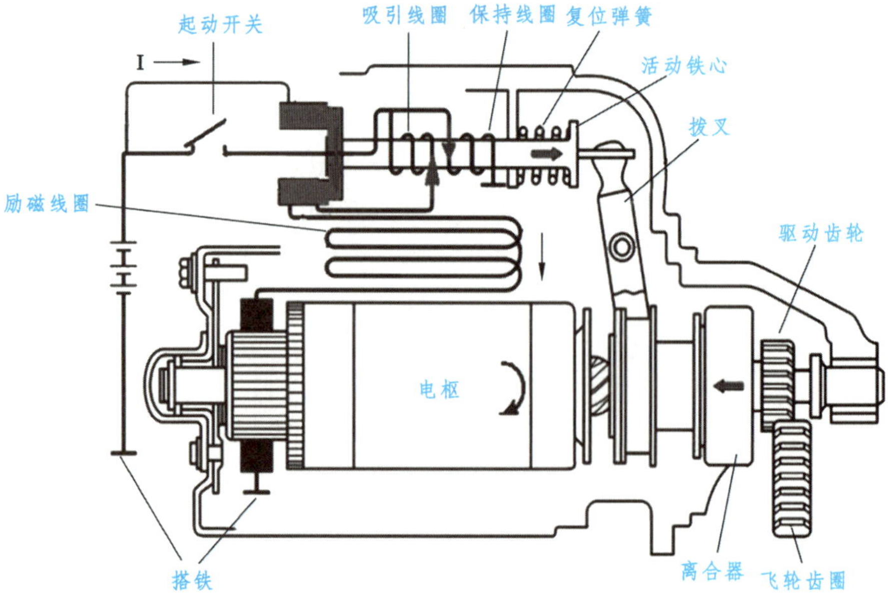

图 12-33　起动机电磁操纵机构

接触盘回位，与触电断开，切断了起动机电路，起动机停止工作，如图 12-34 所示。

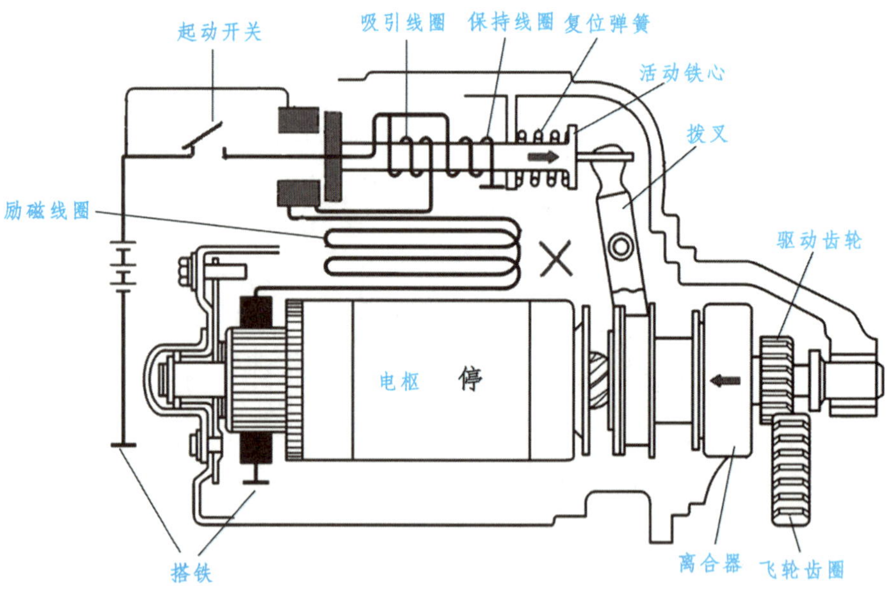

图 12-34　起动机电磁操纵机构

二、起动机电路及故障分析

12.2.2　起动机电路及故障分析

（一）起动机系统部件的位置

从图 12-35 可知，起动机一般位于发动机与变速器结合的位置，靠近发动机的下半部分，位于发动机的非排气侧；蓄电池位于前机舱；飞轮位于发动机的输出端。

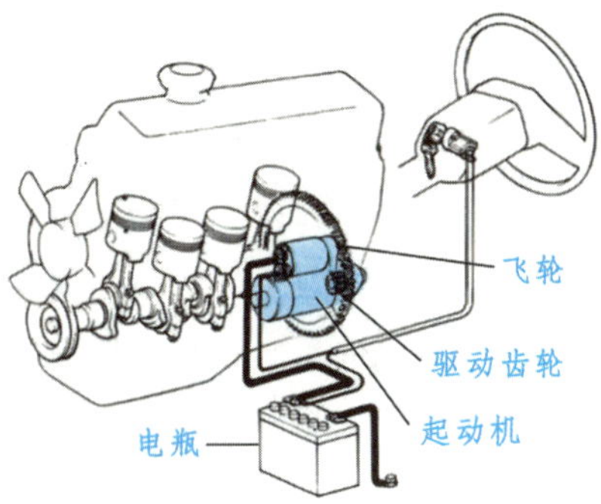

图 12-35　起动机位置

蓄电池通过电磁开关为直流电动机供电，从而使起动机的驱动齿轮产生机械运动；起动机的传动机构将驱动齿轮啮合入发动机飞轮齿圈，带动发动机旋转，并达到需要的转速；当发动机起动后起动机从发动机齿圈自动脱开。起动机电路的通断则由一个电磁开关来控制。

1. 汽车起动机电气原理

如图 12-36 所示为汽车起动机的电气原理示意图。蓄电池负极搭铁，蓄电池正极出来的电路分三路：其中一路连接至电磁开关的端子 30；一路连接至起动机继电器的常开触电；另外一路连接至点火开关。

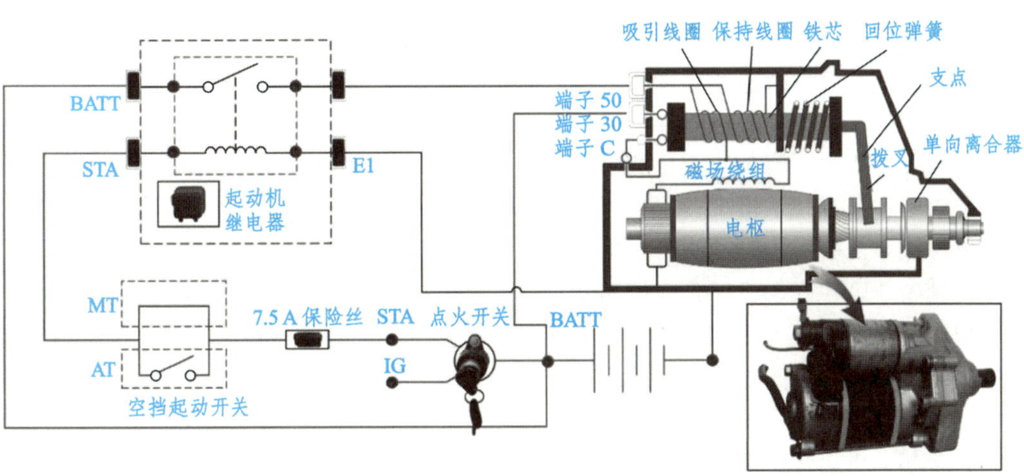

图 12-36　汽车起动机的电气原理示意图

当点火开关闭合时，从蓄电池来的电流通过 7.5 A 保险丝、空挡起动开关、起动机继电器线圈回到搭铁位置，形成回路。此时起动机继电器线圈通电产生磁吸力，将起动机继电器的常开触点吸合。

起动机继电器的常开触点吸合后，从蓄电池来的电流通过起动机继电器常开触点进入起动机的端子 50，为吸引线圈和保持线圈供电。然后电流从吸引线圈经磁场线圈到电枢线圈，以低速旋转线圈。在保持线圈和吸引线圈内的磁动势磁化磁铁心，这样，磁性开关的动铁心被吸入极芯。通过这一吸入操作，小齿轮被推出，并与齿圈啮合，接触板将主接触开到 ON。

当主接触点开到 ON 时，无电流流经吸引线圈，蓄电池通过端子 30 为起动机供电，磁场线圈和电枢线圈直接从蓄电池得到电流。电枢线圈随后便开始高速旋转，发动机进行起动。此时动铁心只是由保持线圈所施加的磁力固定到位，因为无电流流过吸引线圈。

当点火开关从 START 开到 ON 时，电流从主接触侧经吸引线圈流到保持线圈。此时，由于吸引线圈与保持线圈形成的磁力相互抵消，它们失去了保持住动铁心的力。因此，动铁心由复位弹簧的力拉回，并且接触关到 OFF，停止起动机的旋转。

（二）汽车起动机常见故障

1. 故障一：起动机不转

故障现象：点火开关旋至起动挡位时，起动机不转。

原因分析：

（1）电源部分的故障。蓄电池亏电或内部损坏，电瓶导线与电瓶接线柱接触不良，电瓶火线与起动机接线柱连接松动，电瓶搭铁线接触不良或连接松动，电瓶导线断路等。

（2）车辆进水短路。

（3）控制线路部分的故障。点火开关或起动继电器（或复合继电器）故障，电磁开关火线接线柱、点火开关起动继电器、电磁开关起动接线柱的导线断路、短路、搭铁。

（4）起动机故障。电磁开关触点烧蚀引起接触不良，电磁开关线圈断路、短路、搭铁，电枢轴弯曲或轴承过紧，换向器脏污或烧坏，电刷磨损过短、弹簧过软、电刷在架内卡住与换向器不能接触，电枢绕组或励磁绕组断路、短路、搭铁。

诊断与排除：

（1）检查蓄电池存电是否充足和电源线路有无故障。用电池高率放电计检查蓄电池技术状况，检查电源导线接触情况，也可用开大灯或按喇叭、查看灯光亮度和声音强度的方法，来检查电源线路是否有故障。

（2）判断故障在起动机还是在控制线路。短接电磁开关上的火线接线柱与起动接线柱，如果出现如下状况：其一，起动机运转，说明起动机良好，故障在控制线路；接着用短接的方法，检查出起动开关、继电器和导线是否正常，也可通过检查导线的电压情况确定故障部位。其二，起动机不转，说明故障在起动机；然后短接电磁开关上的火线接线柱与定子绕组接线柱，若起动机运转正常，则电磁开关有故障，若仍不转，则说明起动机的直流电动机部分有故障。

2. 故障二：起动机转动无力

故障现象：接通起动开关，起动机转动缓慢或不能连续运转。

原因分析：

（1）电源部分的故障。蓄电池存电不足，电源导线接头松动、脏污，接触不良。

（2）起动机部分的故障。电磁开关触点、接触盘烧蚀接触不良，电磁开关线圈局部短路；换向器表面烧蚀、脏污；电刷磨损过多，弹簧过软，使电刷与换向器接触不良；电枢绕组或磁场绕组局部短路，使起动机功率下降；电枢轴弯曲、轴承间隙过大，导致转子与定子碰檫；起动机轴承过紧，转动阻力过大。

诊断与排除：

（1）检查蓄电池存电是否充足；

（2）检查蓄电池极柱、火线和搭铁线接头等处是否接触良好。

（3）如蓄电池和电源导线线路良好，则说明故障在起动机部分。可拆检起动机，排除故障。

3. 故障三：起动机空转

故障现象：接通点火开关起动挡，起动机只是高速空转，不能带动发动机运转。

原因分析：

单向离合器打滑或损坏；拨叉变形或拨叉连动机构松脱；起动机驱动齿轮与飞轮齿圈之间的行程调整不当，或驱动齿轮不能自由活动；电磁开关铁心行程太短；起动机驱动齿轮或发动机齿圈严重磨损或打坏。

诊断与排除：

（1）起动机空转时转速很高，虽然驱动齿轮已与齿圈啮合，但不能带动飞轮旋转，可听到“嗡嗡”的高速旋转声，无碰齿声音，一般为单向离合器打滑或损坏。

（2）起动机空转，如有严重的碰擦轮齿的声音，说明飞轮轮齿或起动机驱动齿轮严重磨损，应拆下起动机进一步检查，根据实际情况更换驱动齿轮或飞轮齿圈。

（3）起动机空转，如有较轻的摩擦声音，即驱动齿轮没有和飞轮齿圈啮合，电磁开关就提前接通，说明铁心行程太短，应拆下起动机，进行起动机接通时刻的调整。

（4）若起动时伴有撞击声，应检查拨叉连动机构是否松脱，起动机固定螺栓是否松动。

（三）汽车起动机电路图

如图 12-37 所示为某汽车起动机电路图。起动机由点火开关控制，发动机控制单元负责识别驻车/空挡开关信号和起动信号。

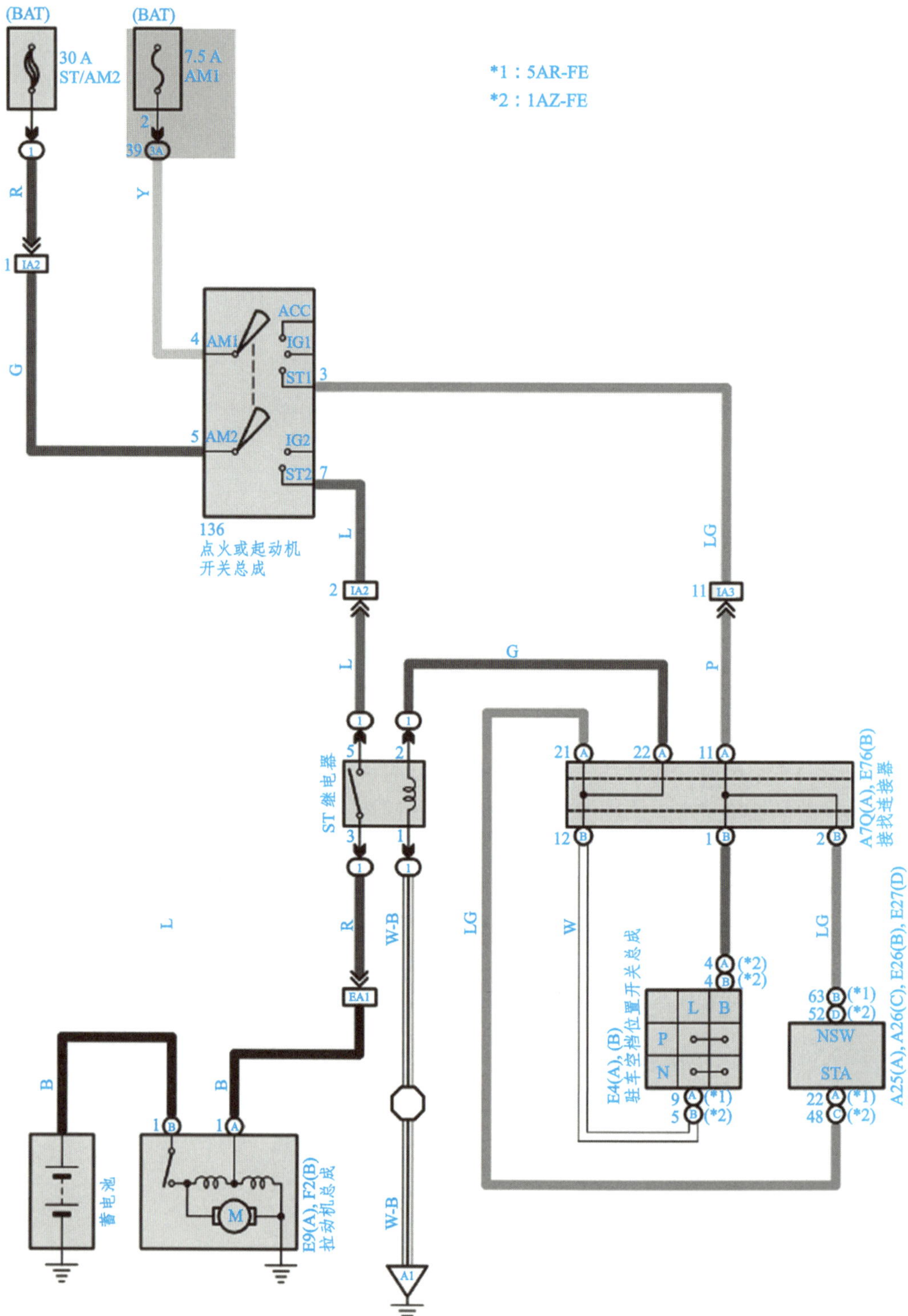

图 12-37　汽车起动机的电路

接通点火开关，发动机控制单元通过端子 NSW 输出 12 V 电压。若换挡杆处于 P 挡和 N

挡以外的挡位，驻车/空挡开关断开，发动机控制单元端子 NSW 上的电压为 12 V，发动机控制单元依此判定换挡杆位于 P 挡和 N 挡以外的挡位；若换挡杆位于 P 挡或 N 挡，驻车/空挡开关闭合，发动机控制单元端子 NSW、短接器、驻车/空挡开关和起动继电器形成回路。

此时发动机控制单元端子 NSW 内部串联的电阻产生压降，发动机控制单元端子 NSW 实际得到的电压小于 2.7 V，即起动继电器得到的供电小于 2.7 V，发动机控制单元依此判定换挡杆位于 P 挡或 N 挡。由此可知，发动机控制单元通过端子 NSW 上的电压识别换挡杆是否位于 P 挡或 N 挡。

起动继电器线圈通电以后，起动继电器吸合，起动继电器常开触点闭合，蓄电池、ST/AM2 熔断器、点火开关 AM2、ST 继电器常开触点、起动机总成形成回路，电磁开关线圈通电，使主触点吸合。电磁开关主触点吸合之后，蓄电池、电磁开关主触点、起动机绕组形成回路，电机起动。

12.2.3　电动门窗升降器结构及工作原理

三、电动门窗升降器结构及工作原理

汽车门窗升降器调整汽车门窗开度的大小，故玻璃升降器又称为门窗调整器，或摇窗机构，如图 12-38 所示。它是由驾驶员或乘员操纵开关接通车窗升降电动机的电路，使电动机产生动力，并通过一系列的机械传动完成车窗升降。

电动车窗系统是由车窗、车窗升降器、电动机和控制开关等组成。汽车门窗升降器主要分电动玻璃升降器与手动玻璃升降器两大类。

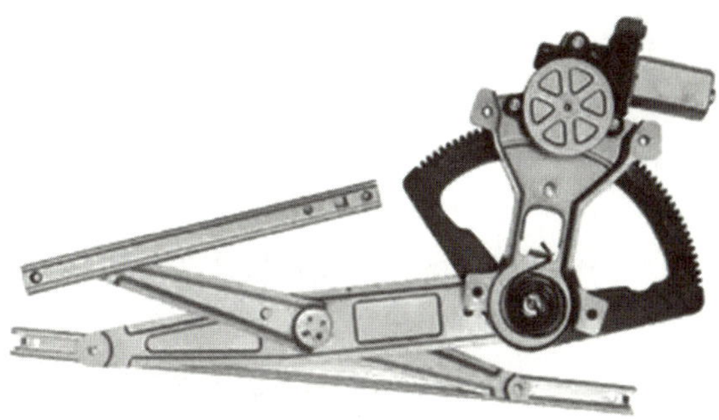

图 12-38　汽车玻璃升降器

现在许多轿车门窗玻璃的升降（关闭和开启）已经抛弃了摇把式的手动升降方式，一般都改用按钮式的电动升降方式，即使用电动玻璃升降器。

（一）汽车门窗升降器的功能

汽车门窗升降器的功能如下：

（1）调整汽车门窗开度的大小。

（2）保证车门玻璃升降平稳，门窗能随时顺利开启和关闭。

（3）当升降器不工作时，玻璃能停留在任意位置上。

（4）防夹功能，即当汽车的电动车窗机构感应到有异物时，就会停止上升车窗玻璃后自动下降车窗玻璃。

（二）汽车门窗升降器的分类

汽车门窗升降器的分类如图 12-39 所示。臂式玻璃升降器因其结构简单、加工方便、成本低，在我国车辆上使用较为普遍。

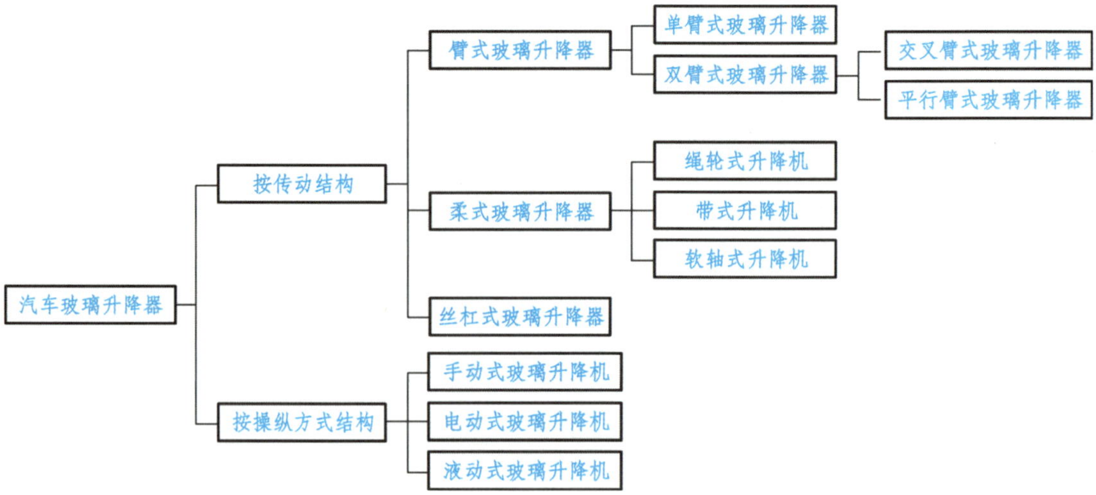

图 12-39 汽车玻璃升降器分类

1. 单臂式玻璃升降器

单臂式玻璃升降器只有一个升降臂，结构最为简单，但由于升降臂承点与玻璃质心之间的相对位置经常变化，玻璃升降时会产生倾斜、卡滞。该结构只适用于玻璃两侧为平行直边的情况，如图 12-40 所示。

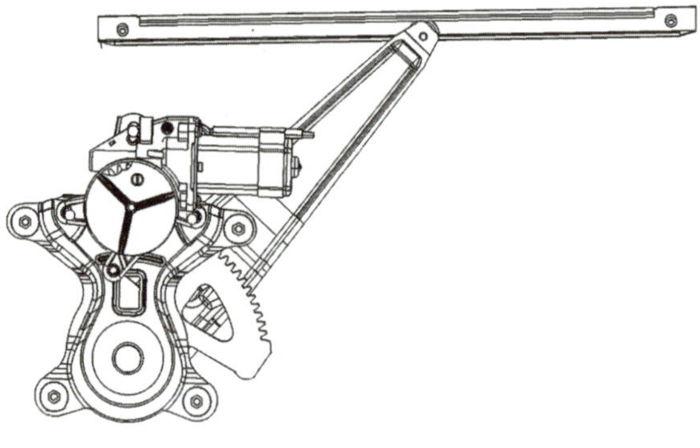

图 12-40 单臂式玻璃升降器

2. 双臂式玻璃升降器

双臂式玻璃升降器的结构特点是具有两个升降臂，依两臂的布置方式又分为平行臂式升降器和交叉臂式升降器。与单臂式玻璃升降器相比，双臂式玻璃升降器本身可保证玻璃的平行升降，提升力也比较大。其中交叉臂式玻璃升降器支撑宽度较大，运动比较平稳，被普遍采用，如图 12-41 所示。

图 12-41 双臂式玻璃升降器

3. 绳轮式玻璃升降器

在轿车上绳轮式的电动玻璃升降器运用得比较多，优点是适用于玻璃弧度变化较大，运行时噪声较小，而且只要钢丝绳质量过关，磨损量可以维持在较小水平时，可靠性并不比叉臂式差，如图 12-42 所示。反过来，叉臂式只能用在玻璃弧度变化较小的车型，运动噪声较大。

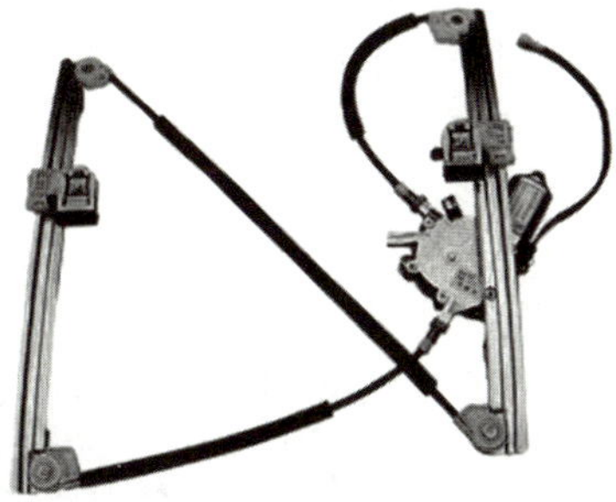

图 12-42　绳轮式玻璃升降器

（三）汽车电动门窗升降器的位置

部分汽车的车窗升降器都采用非常灵活的连杆来举升车窗玻璃，同时保持其处于水平状态。将小型的电动机连接到一个涡轮和几个其他直齿圆柱齿轮，以产生较大的齿轮减速比，从而提供足以升起车窗的扭矩。玻璃升降器安装在车门总成内部，如图 12-43 所示。

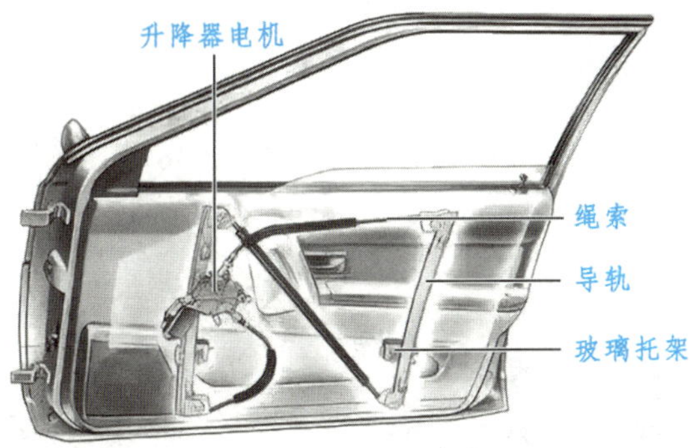

图 12-43　汽车玻璃升降器位置

（四）汽车电动门窗升降器的结构及组成

如图 12-44 所示为绳轮式电动玻璃升降器，由电机、钢丝绳索、导轨、导向滑轮组成。安装时，门窗玻璃固定在玻璃安装支架上，玻璃导向槽与钢丝绳导轨平行。打开电机，电机带动减速器输出动力，拉动钢丝绳移动玻璃安装支架，使门窗玻璃直线上升或下降。

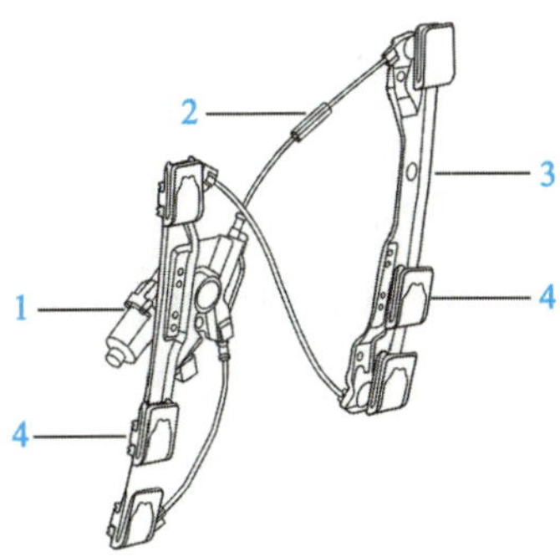

1—电机；2—钢丝绳索；3—导轨；4—导向滑轮。

图 12-44　绳轮式汽车玻璃升降器结构

如图 12-45 所示为叉臂式电动玻璃升降器，主要由驱动电机、玻璃托架、从动臂、调整滑轨、主动臂、扇形齿板、电机座板、驱动电机组成。电机转动驱动小齿轮旋转带动扇形齿轮转动，使主臂围绕旋转中心旋转，然后通过交叉臂式结构，带动玻璃沿滑轨上下运动，从而达到玻璃升降的目的。

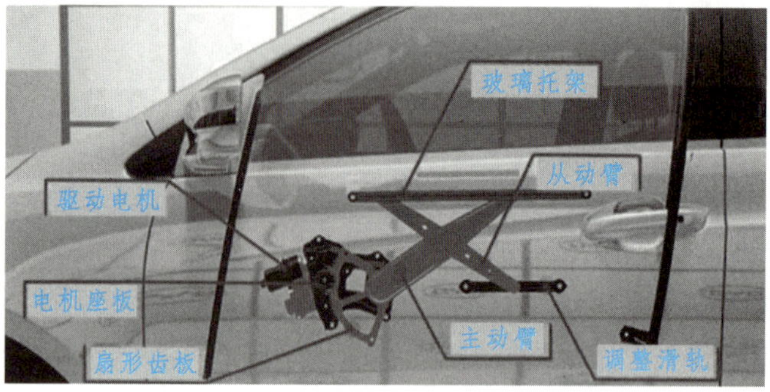

图 12-45　叉臂式汽车玻璃升降器结构

（五）汽车电动门窗升降器的电机

汽车电动玻璃升降器主要使用直流电机，如图 12-46 所示。直流电机是将直流电能转化成机械能的装置，通过改变其电枢电流的方向来改变旋转方向，从而使车窗玻璃上升或下降。

图 12-46　汽车电动玻璃升降器的电机

四、电动门窗升降器电路及故障分析

12.2.4　电动门窗升降器电路及故障分析

（一）汽车门窗升降器在整车上的位置

如图 12-47 所示为吉利 EV300 车型汽车门窗升降器在整车上的位置。

①——右前门玻璃升降器开关；

②——右后门玻璃升降器开关；

③——左前门玻璃升降器开关；

④——左后门玻璃升降器开关；

⑤——左后门玻璃升降器；
⑥——左前门玻璃升降器；
⑦——右后门玻璃升降器；
⑧——右前门玻璃升降器。

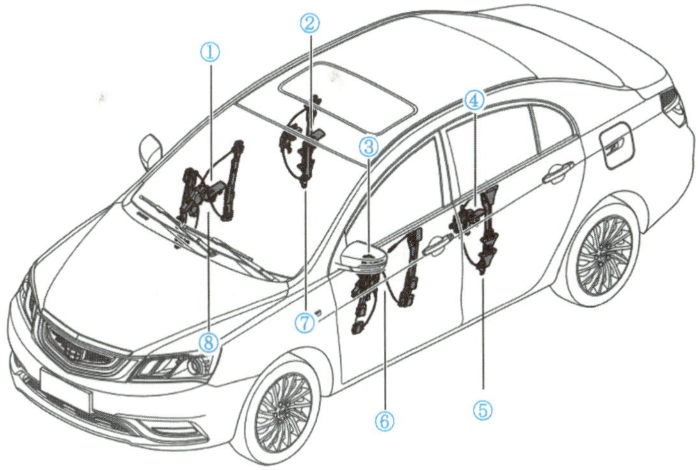

图 12-47　汽车电动玻璃升降器位置

（二）汽车门窗升降器的开关位置

如图 12-48 所示为汽车门窗升降器的开关位置。

图 12-48　汽车门窗升降器的开关位置

车窗锁止开关：当按下此开关时，可以禁用左、右后车窗以及副驾车窗调节开关，此时只有主驾车门上的开关按键可以进行车窗的调节。

车窗开关：通过按压和上拉开关，可以进行车窗的升降。

无一键升窗车型：一共三个挡位（升、降、一键降）。带一键升窗车型：主驾四个挡位（一键升、升、降、一键降），剩余 3 门车窗一共三个挡位（升、降、一键降）。

（三）汽车门窗升降器电路电气原理示意图

如图 12-49 所示为汽车门窗升降器电气原理示意图，左前电动窗调节开关通过线束连接左前电动窗电机、右前电动窗电机、左后电动窗电机、右后电动窗电机，通过主控开关控制四个电动窗电机，实现玻璃的升降。同时 BCM 通过 LIN 连接至左前电动窗电机、右前电动窗电机、左后电动窗电机、右后电动窗电机四个车窗升降器电机，用于采集车窗的状态信号。

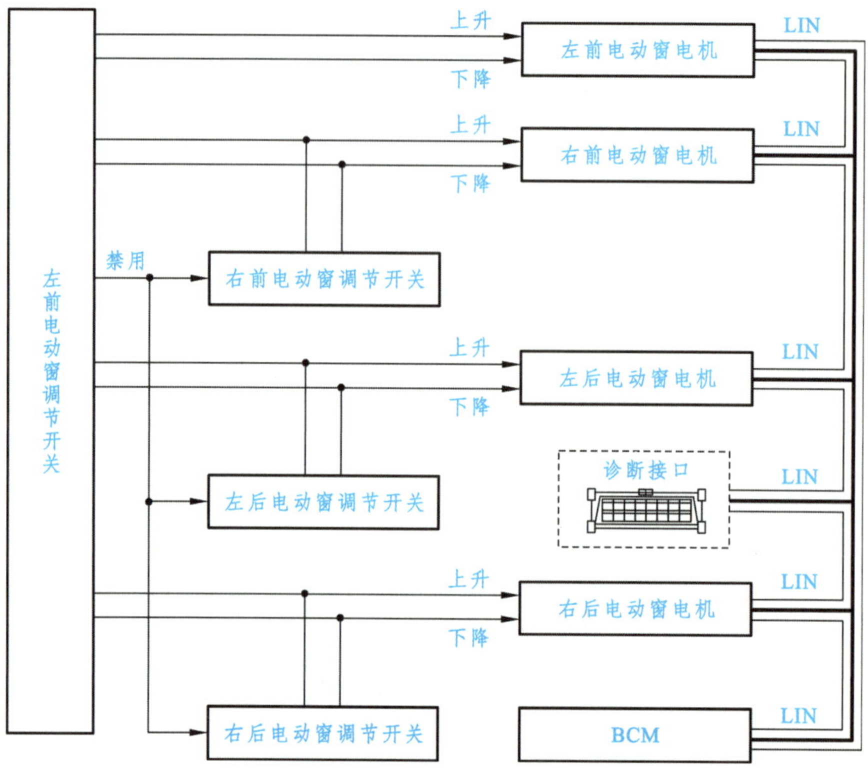

图 12-49　汽车门窗升降器电路原理图

当主控开关中的左后门窗开关拨到“Up”时，电流方向为：蓄电池正极→点火开关→电路断电器→主控开关中左后门窗“Up”触点→左后门窗分控开关“Up”触点→电动机→左后门窗分控开关“Down”触点→主控开关中左后门窗“Down”触点→搭铁。电动机旋转，带动左后门窗玻璃上升。

当主控开关中的左后门窗开关拨到“Down”时，电流方向为：蓄电池正极→点火开关→电路断电器→主控开关中左后门窗“Down”触点→左后门窗分控开关“Down”触点→电动机→左后门窗分控开关“Up”触点→主控开关中左后门窗“Up”触点→搭铁。电动机旋转，带动左后门窗玻璃下降。

汽车门窗升降器电路如图 12-50 所示。

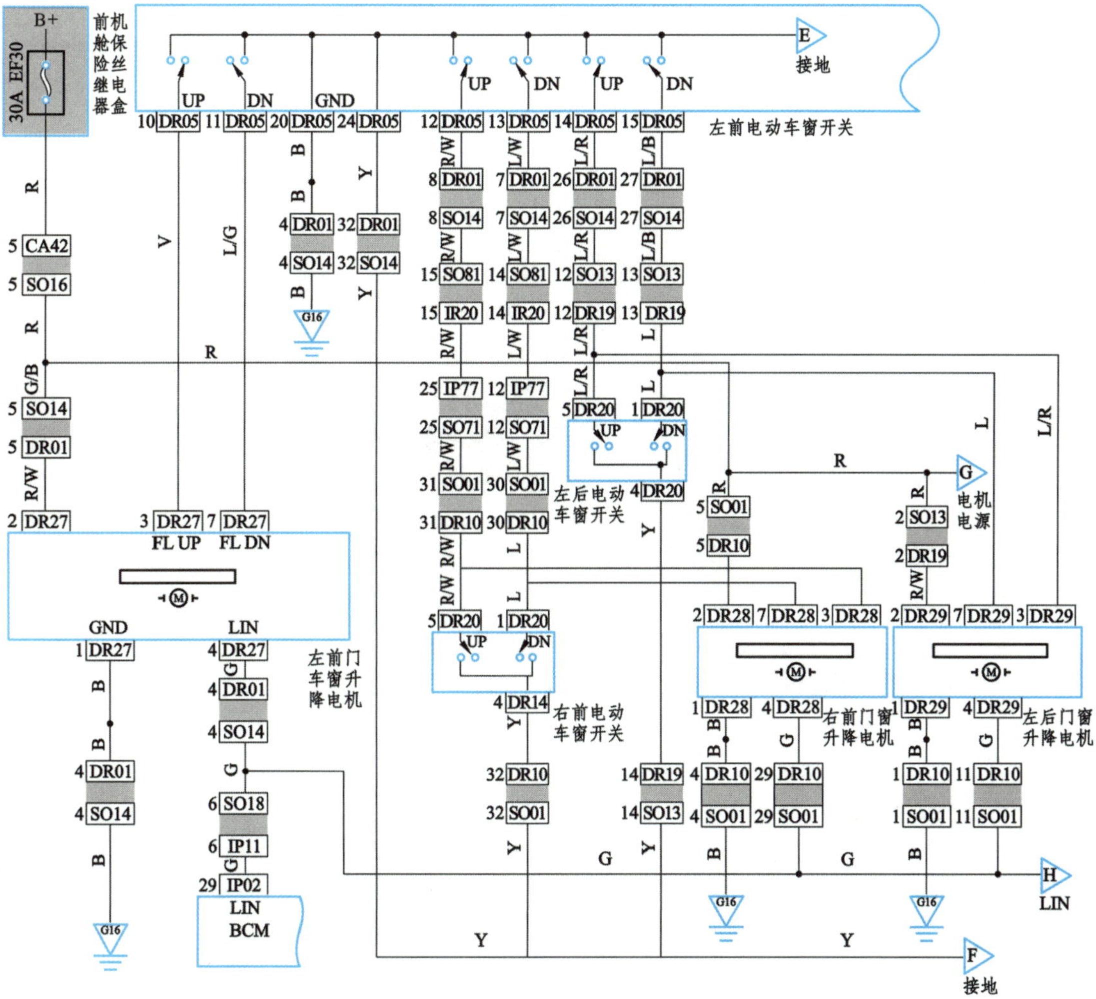

图 12-50　汽车门窗升降器电路图

（四）汽车电动门窗升降器常见故障

如表 12-3 所示为电动玻璃升降器常见故障及解决方案。

表 12-3　电动玻璃升降器常见故障及解决方案

电动玻璃升降器常见故障及解决方案		
常见故障	故障原因	解决方案
玻璃升降器刮碰太阳膜	1. 玻璃升降器导向滑轮安装处支架变形； 2. 升降器导向滑轮有间隙	更换玻璃升降器
玻璃震动异响	玻璃升降器螺丝松动	紧固升降器螺丝
玻璃升降器卡滞	1. 玻璃泥槽变形或损坏； 2. 升降器固定螺丝松动； 3. 导轨安装位置偏差； 4. 玻璃升降器损坏	1. 清洗/更换玻璃泥槽 2. 松开玻璃安装螺丝，调整玻璃位置

续表

电动玻璃升降器常见故障及解决方案		
常见故障	故障原因	解决方案
所有玻璃升降器不动作	1. 组合开关搭铁线脱落； 2. 总电源线脱落； 3. 继电器接触不良、损坏； 4. 锁定开关接触不良或未关闭	检修电路

接下来以所有电动门窗不工作故障为例进行电路分析和故障分析。

步骤 1：检查保险丝 IF25、IF02、EF30 是否熔断。

如果熔断，更换额定电流的保险丝后确认玻璃升降器是否正常工作。

步骤 2：如果保险丝正常，检查玻璃升降控制模块电源电路。用万用表分别测量玻璃升降控制模块线束连接器 SO92 端子 22、23、28 上的电压是否为标准值 11 ~ 14 V。如果电压不正常，修理玻璃升降控制模块电源电路的开路故障，修理玻璃升降控制模块线束连接器 SO92 端子 23 与保险丝 IF02 及端子 22、28 与保险丝 EF30 之间发生开路的故障点，最后再确认玻璃升降器是否正常工作。

步骤 3：如果步骤 2 电压正常，检查玻璃升降控制模块点火电源电路。打开点火开关，用万用表检查玻璃升降控制模块线束连接器 SO92 端子 19 上的电压是否为标准值 11 ~ 14 V。如果电压不正常，修理玻璃升降控制模块点火电源电路的开路故障，同时修理玻璃升降控制模块线束连接器 SO29 端子 19 与保险丝与 IF25 之间发生开路的故障点，最后再确认玻璃升降器是否正常工作。

步骤 4：如果步骤 3 电压正常，检查玻璃升降控制模块接地电路。分别用万用表测量玻璃升降控制模块线束连接器 SO92 端子 9、10、27 与接地电路之间的导通情况。如果电阻不符合标准值，修理玻璃升降控制模块接地电路的开路故障，同时修理玻璃升降控制模块线束连接器 SO29 端子 9、10、27 分别与接地电路之间发生开路的故障点，最后再确认玻璃升降器是否正常工作。

步骤 5：如果步骤 4 电阻值符合标准值，则更换电动门窗升降控制模块，更换后确认系统是否正常工作。

参 考 文 献

[1] 蔡兴旺，康晓清. 新能源汽车结构与维修[M]. 2 版. 北京：机械工业出版社，2019.
[2] 郭医军，于红花. 新能源汽车电力电子技术[M]. 北京：北京理工大学出版社，2021.
[3] 李子云，李树金，姜浩，等. 汽车电工电子技术[M]. 北京：清华大学出版社，2014.
[4] 梁振华，陈新. 汽车电气设备构造与维修[M]. 北京：人民邮电出版社，2013.
[5] 万捷. 汽车电工电子技术基础[M]. 2 版. 北京：机械工业出版社，2020.
[6] 王志敏，刘皓宇. 汽车电工电子技术[M]. 3 版. 北京：高等教育出版社，2022.
[7] 姚方方. 汽车电子控制技术[M]. 北京：北京理工大学出版社，2019.
[8] 张华，管秀君，白光泽. 汽车电工电子技术[M]. 北京：北京理工大学出版社，2014.
[9] 张建才. 汽车电子控制技术[M]. 北京：机械工业出版社，2021.
[10] 张建才. 新能源汽车电力电子技术[M]. 北京：机械工业出版社，2024.
[11] 翟秀军. 汽车电工电子技术[M]. 北京：北京邮电大学出版社，2021.